Dietrich Hermann Hegewisch

Geschichte der Regierung Kaiser Karls des Großen

Dietrich Hermann Hegewisch

Geschichte der Regierung Kaiser Karls des Großen

ISBN/EAN: 9783743447783

Hergestellt in Europa, USA, Kanada, Australien, Japan

Cover: Foto ©ninafisch / pixelio.de

Weitere Bücher finden Sie auf **www.hansebooks.com**

Geſchichte der Regierung

Kaiſer Karls des Großen.

Von

D. H. Hegewiſch,

Profeſſor zu Kiel.

Hamburg,
bey Carl Ernſt Bohn 1791.

Vorrede.

Gewiſſe Schickſale, die mich trafen, zum Theil Folgen des däniſchen Indigenatgeſetzes, veranlaßten mich, die Schriftſtellerbahn, zu der ich mich nicht berufen glaubte, zu betreten. In der traurigen Muſſe, worin jene Schickſale mich verſetzten, ſchrieb ich zu

Ham=

Vorrede.

Hamburg, aufgemuntert von meinen dorti=
gen Freunden den Versuch einer Geschichte
Kaiser Karls des Großen *). Der von
mir sehr gewünschte, aber kaum gehoffte
Beyfall, womit Kenner, womit ein Pütter,
womit ein Mensel, meine Arbeit beehrten, er=
zeugte bey mir den natürlichen, lebhaften
und festen Vorsatz, einem so gütig angenomm=
nen Werke alle - mögliche Vollkommenheit zu
geben. Allein Vorsätze dieser Art können nur
von Lieblingen des Glücks, denen es alle
äusserlichen Hülfsmittel zur Erreichung ihrer
Zwecke zuwendet, ausgeführt werden; und
ich war nie dieser Liebling. Indessen gab ich
meinen Vorsatz nie auf; manche Stunde ver=

wandt

*) Leipzig 1777.

wandt' ich auf die unangenehmste und beschwerlichste aller Beschäftigungen; auf die Umarbeitung jenes Versuchs, und gegenwärtiges neue Werk ist die Frucht meines Bestrebens.

Auf dem Felde der deutschen Geschichte sind seit jenem meinen Versuche der Männer viel erschienen, die es mit dem glücklichsten Erfolge bearbeitet haben, alle mit großen Talenten gerüstet, — alle durch einen großen, zum Theil durch einen beneidenswerthen Reichthum von Hülfsmitteln, weit mehr im Stande, wie ich, große Plane zu vollenden. Alles, was ich den Freunden meiner Schriften über meine künftigen Entschlüsse

*3   sagen

sagen kann, ist, daß ich vielleicht noch die
Periode von Konrad II. bis zu Maximilian I.
in ein paar Gemählden aufstelle, deren ein=
ziges Interesse dann vielleicht von dem Ge=
sichtspunkte abhängen wird, aus welchem
iene Zeiten jedem Deutschen, wie ich glaube,
am interessantesten und lehrreichsten erscheinen
müssen.

Erstes

Geschichte
Kaiser Karls des Großen.

Erstes Kapitel.

Inhalt.

Entstehung der fränkischen Nation — Veranlassung ihres Namens — Wahrscheinliche erste Epoche desselben — Ihr Vaterland — Ihr Zustand bey ihrer ersten Bekanntschaft mit den Römern — Sie hatten Ackerbau — Beweise davon — Sie hatten Obrigkeiten mit richterlicher Gewalt — Ihre Geseze Mord betreffend, wider den Vorwurf der Barbarey vertheidiget — Die Nachbarschaft der Römer und die Kriege mit ihnen hatten einen entscheidenden, mehr nachtheiligen, als heilsamen, Einfluß auf den Charakter der Deutschen — Sie lernten von den Römern, sich einige Bequemlichkeiten des Lebens zu verschaffen — Aber der Hang zum Kriege, Raubsucht und Gewaltthätigkeit bekam durch die gegenseitige Erbitterung das Uebergewicht — Abwechselndes Glück der Franken in ihren Kriegen gegen die Römer — Zwey Meinungen über die Art, wie sie die Eroberung Galliens zu Stande brachten — Die wahren Umstände von dieser Begebenheit — Damaliger Zustand Galliens — Staatsverfassung der Franken — In welchem Sinn die königliche Würde bey ihnen erblich war — Ceremonie, wodurch die neuen Könige vom Volke anerkannt wurden — Einkünfte der Könige — Verfassung des Hofes — Ansehn und Einfluß der Geistlichen —

Hegewisch Gesch.   A   Wann

Wann der Unterschied zwischen Franken und Galliern auf
gehört habe, und aus beyden eine Nation geworden sey —
Chledowichs Nachfolger — Ihre Lasterhaftigkeit — Ver
anlassungen der Revolution, wodurch die Merovinger gestürzt
wurden — Theilungen — Majores Domus — Vorfahren
Kaiser Karls des Großen — Pipin — Karls Vater wird
König — Anmerkungen über die Mitwirkung der Päbste
zu dieser Begebenheit.

Ueber den Ursprung der Franken konnten die Geschicht
forscher nur so lange verschiedner Meinung seyn, als sie
entweder Volkssagen zu viel Gewicht beylegten, oder sich
von Nationalvorurtheilen verblenden ließen, oder zu ihren
Untersuchungen mehr falsche Gelehrsamkeit als Urtheils
kraft mitbrachten, oder endlich auch durch die Begierde,
etwas Neues zu sagen, verführt wurden. Man braucht
nur die römischen Autoren, die von den Kriegen der
Römer und der Deutschen handeln, im Zusammenhange
mit Aufmerksamkeit gelesen zu haben, um sich von der
einzigen wahren Art, wie das Volk der Franken ent
stand, zu überzeugen. Sie entstanden, wie alle große
Völker entstanden sind, durch Verbindungen kleiner Völ
kerschaften, die durch verschiedene Umstände veranlaßt
wurden, sich, bald gezwungen, bald freywillig, einem ge
meinschaftlichem Oberhaupte zu unterwerfen. Die Rö
mer fingen unter dem August an, und fuhren, mit einer
Art von Hartnäckigkeit, Jahrhunderte fort, die Völker,
die vom Unterrhein bis zur Weser wohnten, ihrer Herr
schaft unterwerfen zu wollen. Diese Völker, die Bruk
terer, die Chamaver, die Chauder, die Sikambrer und
andere, deren Namen den Lesern der römischen Geschichte
bekannt sind, vertheidigten sich; oft mit unglücklichem
Erfolge, aber stets mit neuem Muthe: die meiste Zeit
einzeln, jedes für sich; selten mit vereinigten Kräften.
Endlich schlossen einige von ihnen einen neuen Bund ge
gen

gen den gemeinſchaftlichen Feind, und es iſt wahrſchein=
lich, daß ſie ſich bey dieſer Gelegenheit einen Namen ga=
ben, der ihren angelegenſten Wunſch, der den Gegenſtand
ihrer feurigen Beſtrebungen am beſten bezeichnete, den
Namen der Franken, das iſt, freyer, unabhängiger
Völker. Das Wort Frank hat noch heut zu Tage in
einigen deutſchen Mundarten dieſe Bedeutung. Frank
und frey iſt in ihnen ein gewöhnlicher Ausdruck, der
eine völlige Abweſenheit aller Arten von Zwang oder
Verpflichtung bedeutet. Völlige Freyheit von der Herr=
ſchaft der Römer, war die Abſicht des erwähnten Bundes.

Einige römiſche Verfaſſer gedenken eines ſolchen un=
ter den genannten Völkern geſchloſſenen Bundes [1]).
Ungefähr um eben die Zeit fangen ſie zuerſt an, der Fran=
ken zu erwähnen; der Name hingegen jener Völker kommt
ſelten mehr vor, oder wenn er irgend wo gebraucht wird,
ſo iſt es von ſolchen Perſonen, von welchen wir aus an=
dern Stellen wiſſen, daß ſie Franken waren [2]). Dieſe
Umſtände ſind hinlänglich, die Entſtehungsart der Na=
tion der Franken zu erklären. Ein faſt authentiſches
Zeugniß, daß dieſes ihr Urſprung war, hat uns die Na=

A 2   tion

---

[1]) Nazarius Paneg. in Conſtant. c. XVIII. Quid me=
morem Bructeros? quid Chamauos? quid Cheruſcos,
Vangiones, Alamannos, Tubantes? bellicum ſtrepunt
nomina, et immanitas barbariae in ipſis vocabulis ad=
hibet horrorem Hi omnes ſigillatim, dein pariter
armati, conſpiratione foederatae ſocietatis exarſerunt.

[2]) Als Chlodowich die Taufe bekommen ſollte, redete ihn
der heilige Remigius, der die Handlung verrichtete, an:
Mitis depone Sicamber colla etc. Gregor. Turon II, 31.
In der Tab. Peut ſteht: Chauci, Ampſiuarii, Cheruſci
Chamaui, qui et Franci.

tion ſelbſt durch eben die Bevollmächtigte, durch die ſie ihr
Geſetzbuch ſchreiben ließ, hinterlaſſen. Dieſe Bevollmächtigte nennen die Franken, in der Vorrede zu den
ſaliſchen Geſetzen, „eine durch Gott entſtandne, durch
den Bund, der ſie vereinige, ſtarke Nation, und rühmt
ſich durch, ihre Tapferkeit das harte Joch der Römer
zerbrochen zu haben [3])".

Ich habe geſagt, ein Bund, durch den dieſe Völker
ſich vereinigten, habe wahrſcheinlich veranlaßt, daß ſie
ſich Franken nannten. Eigentlich wurden dergleichen
Bündniſſe öfterer geſchloſſen, aber auch wieder getrennt,
bald durch die Liſt oder Uebermacht der Römer, bald
durch die Schuld der Bundesgenoſſen ſelbſt. Und was
den Namen Franken anbetrift, ſo muß man ſich nicht
vorſtellen, daß ſie ihn feyerlich annahmen, ſo wie ſich etwa die dreyzehn americaniſche Colonien, als ſie ſich unabhängig erklärten, den Namen der dreyzehn vereinigten
Staaten beylegten. Sondern die Sache ſcheint ſich ſo
zu verhalten. Die deutſchen Völkerſchaften auf der weſtlichen Seite des Rheins hatten ſich an eine gewiſſe Abhängigkeit von den Römern gewöhnt. Sie waren, einige
mehr, die andern weniger dienſtbar. Jene Völker aber,
die das römiſche Joch nicht tragen wollten, und die meiſtens zwiſchen dem Unterrhein, der Nordſee und der Weſer
wohnten, rühmten ſich ihrer errungenen Freyheit gegen
dieſe ihre dienſtbaren Landesleute, wie ſich der Engländer
lange dadurch, daß er ſich den freyen Britten nannte,

.über

---

[3]) Prologus Legis Salicae : Gens Francorum inclita, au-
ctore Deo condita, fortis in armis, firma pacis foedere
etc. Haec eſt enim gens, quae fortis dum eſſet et robore
valida, Romanorum jugum duriſſimum de ſuis cerui-
ibus excuſſit pugnando.

über andere Nationen zu erheben glaubte. Es ist also
eigentlich eben so unmöglich, die Zeit zu bestimmen, wo
das Beywort, franke Völker, angefangen hat, ein eigen-
thümlicher Name aller der zu ihrer gemeinschaftlichen
Vertheidigung zusammengetretenen Völker zu werden,
als es unmöglich ist einen Zeitpunkt zu bestimmen, wo
das Wort Eidgenosse, welches überhaupt die Genossen
eines Eides oder diejenigen bedeutet, die in eine eidliche
Verbindung eintreten, angefangen hat, ein eigenthümli-
cher Name der Schweizer zu werden. Ob also gleich
die Römer erst ungefehr zweyhundert und vierzig Jahr
nach Christi Geburt anfiengen, den Namen Franken, als
einen eigenthümlichen Namen dieser Völker zu brauchen,
so muß man doch natürlicherweise annehmen, daß er
schon lange vorher unter diesen Völkern im Gange war.

Die erste Veranlassung, daß einige deutsche Völker
sich als franken oder freye von denen unterschieden, die
der Römer Herrschaft muthlos oder willig ertrugen, wurde
vielleicht durch den anfangs glücklichen Erfolg der Unternehmungen des Civilis gegeben, die Tacitus im vierten
Buch seiner Geschichte beschrieben hat. Civilis, ein
Bataver aus einer der vornehmsten Familien hatte in
römischen Diensten gestanden. Einer erlittnen vermeinten Beschimpfung wegen verließ er sie, und brachte Verbindungen zwischen den Batavern, Friesen und andern
Völkerschaften gegen die Römer zu Stande. Ihre ersten
Bestrebungen gelangen ihren, und nun wurden sie in
ganz Gallien und Deutschland berühmt, als die ersten,
die andern Völkern auf dem Wege verangingen, auf
welchem sie ihre Freyheit wieder erlangen, auf welchem
sie franke Völker werden könnten *).

A 3   Die

---

*) Folgende Stelle beym Tacitus, Hiſtor. IV, 17. enthält
wahrscheinlich die wahre Epoche, da der Name franke
Völker

Die erſten Franken alſo wohnten urſprünglich in dem
Theile von Deutſchland, welcher durch den Rhein, die
Nordſee und die Weſer begränzt wird. Ein vollſtändi-
ges Gemälde ihrer Verfaſſung, ihrer Sitten und Gewohnheiten kann ich hier nicht liefern. Es würde eine
zu weitläuftige Arbeit für meine gegenwärtige Abſicht
ſeyn. Ich will mich mit einigen Anmerkungen begnügen,
welche vielleicht dazu dienen können, richtig zu beurtheilen, wie weit ſich dieſe Völker aus dem Stande der Wildheit zu einer regelmäßigen Verfaſſung erhoben hatten.
Nach der Behauptung einiger Neuern waren ſie noch
völlig Wilde, oder doch von allen den Einrichtungen,
die ein gebildetes Volk vorausſetzen, weit entfernt. Robertſon will eine vollkommne Gleichheit zwiſchen ihren Gewohnheiten und den Gewohnheiten der americaniſchen
Wilden bemerken. Mably ſtellt ſie wie die tartariſchen
Horden vor, die ohne feſten Sitz, ſtets herumziehend,
vorzüglich von der Jagd und Viehzucht leben. Mir hingegen hat es immer geſchienen, daß dieſe Völker einer
ordentlichen Verfaſſung merklich näher, als man gewöhnlich glaubt, gekommen waren. Ich halte daher für nöthig, dieſe Meynung gegen zwey Männer von ſo ver-
dientem Anſehen mit Gründen zu unterſtützen.

Schon

Völker zuerſt gebraucht wurde. Die Rede iſt von Civilis
und den Batavern, Frieſen und übrigen deutſchen Völkern,
die unter ſeiner Anführung a. u. c 822, nach Chriſti Geburt 69. die Römer am Unterrhein angriffen: Clara ea
victoria in praeſens, in poſterum uſui: armaque et
naves, quibus indigebant, adepti, magna per Germa-
nias Galliasque fama, libertatis auctores celebrabantur.
Möſers Osnabrückiſche Geſchichte 1. Th. 3 Abſchnitt § 19
iſt ein befriedigender Commentarius zu dieſer Stelle.

Erstes Kapitel. 7

Schon die bloße Geschichte der Kriege, welche diese
Völker mit den Römern führten, erweckt die Vermuthung, daß ihre Verfassung und ihre Sitten weit ge-
schikter waren, die Bevölkerung geschwind und stark zu
befördern, als es die Lebensart der Wilden oder noma-
discher Horden seyn kann. Man bedenke, daß die Römer, in ihren besten Zeiten, acht Legionen [5]) gebrauchten, nur den Strich Landes von dem Rhein bis an die
Weser zu bezwingen, und daß sie ihre Absicht nicht erreichten [6]), sie, die oft mit weniger, als die Hälfte die-

A 4   ser

[5]) Tacitus in Annal. 1. 37. seq. Die Armee unter dem
Commando des Germanicus am Rhein bestand aus folgenden acht Legionen: aus der ersten, der fünften, der
zwölften, der dreyzehnten, der vierzehnten, der sechszehn-
ten, der neunzehnten und der zwanzigsten.

[6]) Man hat gegen meine Behauptung eingewandt, die Vertheidigungsart der deutschen Völkerschaften mache es begreif-
lich, warum die Römer mit der Eroberung dieser Länder
nie hätten zu Stande kommen können; eine Vertheidigungsart, die auch bey einem geringen Grade von Bevölkerung die nämliche Wirkung hätte haben müssen. Die
Deutschen nämlich hätten es gemacht, wie die tartarischen
oder sonst wilde Horden, die bey Annäherung eines zu
starken Feindes erst alles verwüsten, dann sich tief ins
Land ziehen, und sich still halten, bis der Feind, genöthigt
vom Mangel an Lebensmitteln und Futter, vom schlechten
Wetter und von andern dringenden Umständen, den Rückzug nach seinem eigenen Lande wieder antritt, wo sie denn
immer hinter ihm her oder zur Seite, jede Gelegenheit,
die ihnen entweder seine Fehler oder ihre eigene Kenntnisse
des Terrains verschaffen, zu seinem Schaden nutzen. Wider diesen Einwurf weis ich nichts anders zu antworten,
als daß ich mir, wenn ich z. E. bloß nur die Expedition
des Germanicus beim Tacitus lese, eine ganz andre Vorstellung von der Vertheidigungsart der alten Deutschen
machen muß. Selbst nach verlohrner Schlacht verließen

sie

ſer Truppen, ganze Reiche gebildeter Völker erobert hatten. Nicht mehr als vier Legionen ſtellten ſie in jenen
Zeiten den Parthern entgegen 7). Man füge hinzu,
daß nicht alle Völker zwiſchen den genannten Flüſſen ſich
den römiſchen Heeren mit vereinigter Macht widerſetzten,
ſondern daß oft eine einzelne Völkerſchaft von ſo vielen,
die dieſen Strich Landes bewohnten, ſtark genug war,
ſo zahlreiche, ſo geübte, ſo gut angeführte Schaaren,
aufzuhalten, ja zu ſchlagen. Dieſer einzige Umſtand
ſcheint mir ein entſcheidender Beweis, daß dieſe Gegenden dichter bevölkert waren, als ein ſo rauhes Land von
nicht ſehr großem Umfang hätte ſeyn können, wenn ſeine
Einwohner nicht vom Ackerbau, ſondern vorzüglich von
der Jagd oder Viehzucht gelebt hätten. Ich müßte
mich ſehr irren, wenn nicht diejenigen, die über die Urſachen der Bevölkerung nachgedacht haben, aus dem An-
geführ-

ſie die Weſer nicht, wichen nicht bis zur Elbe hin, ſie hielten Stand. Ich muß noch bitten, zu bemerken, daß ich
jene ſtarke Bevölkerung nur von den am Rhein gelegnen
und von den bis zur Weſer hin ſich erſtreckenden Ländern
annehme; ſo dann, daß es in Vergleich mit den ſpätern
Zeiten immer nur eine ſchwache Bevölkerung war, denn
ſie wurde noch nicht durch ſtädtiſches Gewerbe, ſondern
nur durch Ackerbau verurſacht.

7) Als Corbulo eine faſt unbegrenzte Vollmacht zur Führung
des bedenklich gewordenen parthiſchen Krieges bekam, ſandte
er die ſehr geſchwächte vierte und zwölfte Legion zurück
nach Syrien, behielt nur die dritte und ſechſte, wozu er
aber noch die fünfte und funfzehnte ſtoßen ließ. Tacitus
Annal. XV, 26. Dieſer Feldzug des Corbulo geſchah 48
Jahr nach obigem des Germanicus. Man wird ſich alſo
nicht wundern, bey der Armee des Corbulo in den Gegenden am Euphrat zwey Legionen wieder zu finden, die ehmals unter dem Germanicus am Rhein gedient hatten.

geführten vielmehr das Gegentheil schließen und urtheilen werden, daß diese Völker nicht nur keine Wilden,
keine Nomaden, sondern dem Ackerbau eifrig ergeben
waren. Nur dann, wenn man dieß voraussetzt und hin-
zudenkt, daß sie keine Städte hatten, die dem Lande seine
Bearbeiter rauben, und keine Ueppigkeit, die so wohl
den genießenden, als den arbeitenden Theil einer Nation
aufreibt, nur dann kann man sich eine Sache erklären,
über die sich zwar noch kein Geschichtschreiber verwundert
hat, die aber in der That, ohne jene Voraussetzungen,
unbegreiflich wäre, dieses nämlich, daß aus einem Lande,
dessen Einwohner drey = bis vierhundert Jahre zu thun
hatten, den hartnäckigsten, zahlreichsten, geübtesten Feind
von ihren Grenzen abzuhalten, gleichwohl ein Heer nach
dem andern ausgehen konnte; Heere, die stark=genug
waren, die Römer aus ihren Provinzen zu vertreiben.

Man beruft sich auf einige Stellen beym Cäsar und
Tacitus, aus welchen man schließen will, daß diese Völker ein herumziehendes Leben festen Sitzen, wie der
Ackerbau erfordert, vorgezogen und keinen Begriff von
ländlichem Eigenthum gehabt hätten. Cäsar erzählt,
die Obrigkeiten oder die Fürsten der Deutschen hätten
jährlich die Aecker unter das Volk ausgetheilt, und nie
den nämlichen Acker dem nämlichen Besitzer über ein
Jahr gelassen; sie hätten diesen Gebrauch aus verschiedenen Gründen eingeführt, die alle darauf hinauslaufen,
zu verhüten, daß das Volk sich der Neigung zum Ackerbau nicht zum Nachtheil ihrer kriegerischen Verfassung
ergeben möchte. Diese Stelle, statt zu beweisen, daß
die Deutschen wenig Lust zum Landbau hatten, sagt vielmehr deutlich, daß diese Neigung bey dem Volke stärker,
als die Neigung zum Kriege war, und daß die Fürsten
jene Gewohnheit aufbrachten, um diese Neigung zum

Acker=

Ackerbau mit ihren kriegeriſchen Einrichtungen zu verbinden. Was die Stelle beym Tacitus betrifft, wo er
ſagt, daß die Deutſchen entweder im Kriege, oder auf
der Jagd, oder müßig wären, ſo muß dieſe bloß von der
Claſſe der Reichen verſtanden werden. Wenn ſie kein
ländliches Eigenthum hatten, wie konnte es Gutsbeſitzer
unter ihnen geben, die ihren Knechten gewiſſe Aecker unter der Bedingung einräumten, daß dieſe ihnen jährlich
eine beſtimmte Menge von Getraide liefern ſollten [8])?
Dieſe Knechte waren vielleicht bloß eine Art von Päch-
tern. Knechte hießen in der Sprache unſerer Vorfahren überhaupt alle, die ſich in einer gewiſſen Abhängigkeit
befanden, oder Befehle von andern annehmen mußten.
Endlich finden wir in den Geſetzen der Franken, von welchen es außer Zweifel iſt, daß ſie die uralten Gewohnheiten der deutſchen Völker enthalten, unwiderſprechliche
Beweiſe, daß ſie ländliches Eigenthum hatten. Von
vielen Exempeln, die ich anführen könnte, will ich bloß
erwähnen, daß ſelbſt die Waldungen [9]), die Jagd [10]),
die Fiſcherey [11]) nicht mehr frey, ſondern dem Eigenthum unterworfen waren.

Von einem Volke, das mit der Jagd und der Viehzucht den Ackerbau als eine Hauptnahrungsquelle ver-
bindet, kann man faſt mit Gewißheit annehmen, daß
es von dem Stande der Wildheit ſchon merklich entfernt iſt, und daß ſeine Einrichtungen und Sitten eine
gewiſſe Regelmäßigkeit, eine gewiſſe Ordnung werden
bekom-

---

8) Tacit. de Germania. 25.
9) Leg. Sal. Tit. VIII 4.
10) Leg. Sal. Tit. XXXVI. 1.
11) Leg. Sal. Tit. XXVII. 13.

bekommen haben. Diese Behauptung läßt sich aus der Natur der Sache erweisen. So bald die Menschen anfangen, Ackerbau zu treiben, fühlen sie das Bedürfniß bestimmter das Eigenthum und die allgemeine Sicherheit betreffender Gesetze und Anstalten weit dringender, als bloße Jäger und Hirten dieses Bedürfniß empfinden. Das erste Ackervolk hatte wahrscheinlich auch die erste gerichtliche Verfassung.

Die Obrigkeiten der Wilden oder vielmehr — denn jener Name kömmt ihnen nicht zu — ihre Häupter haben bloß Einfluß, keine Gewalt. Ihre Aussprüche, wenn zwey streitende Partheyen sich an sie wenden, sind nicht Anwendungen bekannter Gesetze auf den gegenwärtigen Fall, sondern ihre eigene Meinungen, die ihnen ihr eigener Verstand, oder ihr eigenes augenblickliches Gefühl eingiebt. Wenn diese ihre willkührlichen Aussprüche von den Partheyen befolgt werden: so ist es nicht aus Pflicht, sondern aus freiwilliger Folgsamkeit, und die Häupter haben so wenig das Recht, als die Macht, den Gehorsam von demjenigen, der ihn verweigert, zu erzwingen. Eben so, meynt Robertson, habe es der Obrigkeit der alten Deutschen an der eigentlichen obrigkeitlichen Gewalt gefehlt; der Graf, der Richter habe alles durch sein persönliches Ansehn bewirken müssen, habe nichts durch ihm anvertraute Macht bewirken können. In dieser Vorstellung liegt, was Robertson nicht ausdrücklich hinzusetzt, daß diese Grafen nach ihrem eigenen Gefühl oder Urtheil, nicht nach bekannten, von dem Volke selbst gegebenen Gesetzen gesprochen hätten. Dieß war nicht so. Erstlich hatten diese Völker deutliche und bestimmte Gesetze, die in den öffentlichen Versammlungen gegeben wurden. Dieses ist bekannt. Auf diese Gesetze beriefen sich die Partheyen, und der Ausspruch des

des Richters war nichts anders, als eine Erklärung,
unter welchem Geſetze der gegenwärtige Fall begriffen
ſey. Diejenige Parthey, welche glaubte, daß die Bey-
ſitzer des Gerichts aus Unwiſſenheit oder Ungerechtigkeit
nicht nach dem wahren Geſetze geſprochen hätten, konnte
ſie deswegen verklagen, und ſie wurden, wenn ſie über-
führt waren, beſtraft [1 2]). Auf der andern Seite hatten Richter und Obrigkeiten alle erforderliche Gewalt,
die Vollziehung dieſer Geſetze zu bewirken. Sie hatten das Strafrecht. In den ſaliſchen Geſetzen iſt jeder
Schritt, den die Partheyen zu thun hatten, vorgeſchrieben, und die Strafe beſtimmt, die der Ungehorſame in
jedem Fall leiden mußte; Strafe für den Beklagten,
wenn er auf geſchehene Vorladung nicht erſchien; Strafe
für den Kläger, wenn dieſer ſelbſt ausblieb; Strafe für
diejenigen, welche dem ausgeſprochenen Urtheile nicht
nachlebten, und ſo in andern Fällen, die in dem Laufe
einer gerichtlichen Streitigkeit kommen können [1 3]).
Uebrigens hat das ganze Verfahren, das dieſe Geſetze
beyden Partheyen ſo wohl als dem Richter vorſchreiben,
ein ſolches Anſehn von Urſprünglichkeit, daß niemand
eine Nachahmung der Römer darin erkennen wird.

Robertſon unterdeſſen führt, zur Beſtätigung ſeiner
Meynung, den beſondern Umſtand an, daß die Deutſchen das Recht der Selbſtrache auf eben die Art ausgeübt hätten, wie es heut zu Tage unter den Wilden in
Amerika gewöhnlich iſt. Bey dieſen hat der Beleidigte,
oder die Familie des Beleidigten, das Recht, den Beleidiger eigenmächtig zu ſtrafen, und ſie üben dieß Recht
oft.

[1 2]) Leg. Sal. LX. 11.
[1 3]) Leg. Sal. LIX.

oft mit Unverſöhnlichkeit, mit Grauſamkeit, aus. Bisweilen aber laſſen ſie ſich beſänftigen und nehmen von dem
Beleidiger eine Art von Vergütung an. Beſteht die
Beleidigung, die ihnen wiederfahren iſt, in der Er-
mordnung eines ihrer Verwandten; ſo ſchenkt ihnen der
Mörder, zur Vergütung, einen von ihm gemachten
Kriegsgefangnen, der von ihnen in ihre Familie aufgenommen, mit dem Namen des Ermordeten benannt, und
völlig, wie er, gehalten wird. Bey den Deutſchen, ſagt
Robertſon, war die nämliche Gewohnheit. Auch bey
ihnen wurde der Mord durch eine Vergütung gebüßt.
Aber es kam auf die Willkühr der Familie des Ermordeten an, ob ſie die Vergütung annehmen wollten.

Die anſcheinende Aehnlichkeit dieſer beyden Gewohnheiten verſchwindet, wenn wir ſie genauer betrachten. 1)
Bey den Wilden iſt die Vergütung, in Abſicht des Wer-
thes, unbeſtimmt; es kömmt auf die Forderung des
Beleidigten an, wie groß ſie ſeyn ſoll. Bey den Deutſchen iſt durch die Geſetze beſtimmt, wie viel der Beleidiger für jede Art und jeden Grad der Beleidigung bezahlen muß: [14] 2) Bey den Wilden hat es der Beleidiger in ſeiner Willkühr, ob er die Vergütung geben,
oder ſich der Rache der Beleidigten ausſetzen will. Bey
den Deutſchen wird er durch die Obrigkeit dazu gezwungen. Seine Verwandten, ſelbſt die entfernteſten, mußten für ihn haften, wenn er nicht im Stande war, ſo
viel als das Geſetz forderte, zu bezahlen [15]. 3) Bey
den Wilden bekömmt der Beleidigte die ganze Vergütung. Bey den Deutſchen gehört ein Theil davon dem
Richter.

[14] Man findet Beweiſe davon faſt auf allen Seiten in den
ſaliſchen und ripuariſchen Geſetzen.

[15] Leg. Sal. LXI.

Richter. Was den Beleidigten anbetrift, ſo finden wir
zwar kein ausdrückliches Geſetz bey den Deutſchen, das
ihm die Annehmung der Vergütung geboten hätte. —
Allein da den Gerichten, wo dergleichen Sachen unterſucht wurden, jeder freye Mann beywohnen durfte; da
die Angeſehenſten und Weiſeſten immer dahin arbeiteten,
den Frieden zu erhalten; ſo iſt wahrſcheinlich, daß der
Fall einer Weigerung von Seiten der Beleidigten ſelten
oder nie gekommen ſey. In der That macht Tacitus
die Anmerkung, ſie wären verſöhnlich und ihre Feind-
ſchaften nie von langer Dauer geweſen.

Man erlaube mir noch zwey Anmerkungen über dieſe
Gewohnheit der alten Deutſchen. Erſtlich in einer Verordnung des fränkiſchen Königs Childebert vom Jahr
595 wird das Geſetz, nach welchem die Verwandten
des Beleidigers für denſelben haften müſſen, abgeſchaft
und ausdrücklich geſagt, daß es aus den Zeiten des Hei-
denthums ſey, folglich aus den Zeiten, eh die Franken
Gallien erobert hatten. Ich ſchließe alſo aus dieſem
Umſtande, daß alle die übrigen Geſetze, welche mit jenem ſo genau zuſammen hängen, ebenfalls von ſo hohem
Alter ſind, daß wir folglich in ihnen zuverläßige Nachrichten von der Gerichtsverfaſſung der alten Deutſchen
finden.

Meine zweyte Anmerkung betrifft eine Beſchuldigung, die der Herr von Voltaire auf dieſe Gewohnheit
der deutſchen Völker gegründet hat. Und der Verfaſſer
der Geſchichte der Deutſchen hat dieſe Beſchuldigung
wiederholt. Jener nennt die alten Deutſchen nie anders,
als Barbaren, und um zu beweiſen, daß ſie dieſen Namen verdienten, beruft er ſich auf die Gewohnheit, nach
welcher Mordthaten und andere Verbrechen bloß durch
Geld-

Geldſtrafen gebüßt wurden. Er würde ſich dieſen ungerechten Tadel nicht erlaubt haben, wenn er ſich einer ſehr
richtigen Anmerkung erinnert hätte, die er ſelbſt bey einer andern Gelegenheit gemacht hat. Die Nothwendigkeit und die Zuträglichkeit ſind die beyden einzigen wahren Geſeßgeberinnen bey allen Völkern; von ihnen bekommen die Geſeße ihr Leben; ohne ſie ſind ſie todt.
Zugegeben alſo, daß die in den deutſchen Geſeßen beſtimmten Vergütungen eine gelinde Strafe waren: ſo folgt
daraus bloß dieſes, daß es keiner härtern bedurfte, dergleichen Verbrechen bey ihnen zu verhüten. Allein waren es denn wirklich gelinde Strafen? In Vergleichung
unſerer Zeiten war es eine Kleinigkeit, was der Beleidiger bezahlen mußte — Das war ſie aber damals nicht.
Das ganze Vermögen des Mörders reichte oft nicht hin;
und wenn, in dem Fall, auch ſeine Verwandte nicht im
Stande waren, das Fehlende an der Summe voll zu
machen, ſo mußte er Knecht bey den Verwandten des
Ermordeten werden. Beyläufig merke ich an, daß, eh
dieſe Völker durch die Kriege mit den Römern Geld kennen lernten, die Vergütung in einer gewiſſen Anzahl
Vieh oder andern natürlichen Dingen beſtand. Nach
ihren Kriegen mit den Römern, oder vielleicht erſt nach
ihren Eroberungen, wurde die Vergütung in Gelde
berechnet.

Unterdeſſen gebe ich zu, daß in der Folge, als die
Franken Gallien erobert hatten, und ein mächtiges reiches Volk geworden waren, dieſe Geſeße, die die Ordnung
unter einem armen, ländlichem Volke hatten erhalten
können, nicht hinreichten, auf einen Haufen troßiger,
übermüthiger Krieger eben die gute Wirkung zu haben.
So wie die Umſtände der Franken ſich geändert hatten,
ſo hätten ſie auch ihre Geſeße ändern ſollen. Dieſes thaten

ten ſie nicht gleich und daher mußte, faſt nothwendig,
eine Art von Verwilderung bey ihnen erfolgen. Denn
zu gelinde Geſetze, die eben ihrer Gelindigkeit wegen verachtet werden, ſind eben ſo unzweckmäßig als zu harte,
die ein Richter von Gefühl, oder der den Ruf der Menſchlichkeit nicht gern verlieren will, lieber unvollzogen läßt.
Beyde, die zu ſtrengen und die zu gelinden Geſetze veranlaſſen mehr Verbrechen, als völliger Mangel daran:
Nach und nach fühlten die Franken die Nothwendigkeit,
die ihrigen zu ändern und unter andern ſtrengere gegen den
Mord zu verordnen. Unter Childebert dem II im Jahr
595 wurde auf der allgemeinen Volksverſammlung verordnet, daß ein muthwilliger Mörder nicht länger mit
der Zahlung des Wehrgeldes abkommen, ſondern wieder
ſterben ſollte. Denn, ſügt die Verordnung hinzu, es
iſt gerecht, daß wer ungerechter weiſe zu tödten weis, gerechter weiſe ſterben lerne [16]).

Das bißher Angeführte ſcheint mir hinlänglich zu beweiſen, daß die Verfaſſung der alten Deutſchen, in denjenigen Stücken, welche der eigentliche Zweck aller politiſchen Geſellſchaft ſind, viel regelmäßiger und ausgebildeter war, als einige Neuere ſie vorgeſtellt haben: Vielleicht irre ich nicht, wenn ich annehme, daß ſie den Grad
von Vollkommenheit erreicht hatte, der bey einem Volke
möglich war, das ohne Geld, unbekannt mit den Wiſ
ſenſchaften und Künſten anderer Nationen, in allen
Schritten, die es zur Verbeſſerung ſeiner Einrichtungen
that, durch kein anderes Licht, als durch ſeine eigene Erfahrung, geleitet wurde.

Ein

---

[16]) Decretio Childeberti an. 595. ap Baluz. T. 1. p.
18. — Quia iuſtum eſt, vt qui iniuſte nouit occidere,
diſcat iuſte morire. Antitheſen und grammaticaliſche
Fehler, characteriſiren den elenden Geſchmack jener Zeiten.

Ein ländliches Volk, bey welchem Geld und Ueppigkeit unbekannte Dinge ſind, wird allemal, wenn es nicht
durch andre Urſachen verdorben oder verwildert iſt, einen
ehrbaren, billigen, treuen und redlichen Character haben. Die alten Deutſchen hatten ihn nach dem einſtim-
migen Zeugniſſe der römiſchen Verfaſſer. Durch die
Bekanntſchaft, durch die Kriege mit den Römern litt er
endlich weſentliche Veränderungen. Durch die Nothwendigkeit, die Jahrhunderte fortdauerte, ſich gegen die
Unternehmungen eines ſo herrſchſüchtigen Volkes zu vertheidigen; verwandelte ſich endlich der Muth der Deutſchen in eine Art von kriegeriſcher Wildheit. Dieß war
eine natürliche Folge von der Grauſamkeit und Treuloſig-
keit, womit die Römer ſich dafür zu rächen ſuchten, daß
ſie dieſen Völkern ihre Unabhängigkeit nicht rauben
konnten.

Ueber vierhundert Jahr währte ſo wohl die Nachbar-
ſchaft als der Kampf zwiſchen Römern und Deutſchen,
zwiſchen den rohen Söhnen der Natur und demjenigen
Volke, bey dem alle Arten der Cultur, bey dem Kriegs-
kunſt und Politik, Sitten und Künſte, Wiſſenſchaften
und geſellſchaftliche Einrichtungen einen ſehr hohen Grad
von Verfeinerung erreicht hatten. Natürlicher weiſe
mußte dieſe Lage in einem ſo langen Zeitraume von ent-
ſcheidendem Einfluß auf den Character der Deutſchen
ſeyn. In einigen Hinſichten war es ein guter Einfluß.
Es konnte doch nicht fehlen, die Deutſchen mußten aufmerkſam auf diejenigen Einrichtungen, Anſtalten und
Künſte der Römer werden, die dieſen ein angenehmes,
und gegen die mannigfaltigen Uebel, die der rohe Natur-
ſtand mit ſich bringt, geſichertes Leben verſchafften. Sollten ſie die bequemern, die wärmern, die feſtern Häuſer
der Römer, die zur Erleichterung der ländlichen ſo wohl

als häuslichen Arbeiten erfundenen Werkzeuge, die den
sinnlichen Genuß erhöhenden und befördernden Erfindun-
gen haben sehen können, ohne Lust zu bekommen, in allen
diesen Stücken nachahmende Versuche zu machen? Fangen
doch Huronen und Irokesen an, die Europäer in diesen
Dingen nachzuahmen, sie, bey denen Wildheit zur Natur geworden, welches sie bey den alten Deutschen gewiß nicht geworden war [17]). In der Mitte des vierten Jahrhunderts gab es schon in den Gegenden am Mayn
eine Menge nach römischer Art, bequemer eingerichteter
und besser gebauter Häuser [18]). Wie vielmehr ist zu
vermuthen, daß dergleichen schon in den Rheingegenden
angetroffen wurden? In der That bezeugen die alten
bairischen Gesetze, wie sehr sich der äußerliche Zustand
der Deutschen seit dem Tacitus verbessert hatte. Statt
der Hütten vonLehm, worin zu den Zeiten dieses Au-
tors Herren und Knechte beysammen lebten, hatten jetzt
die Herren ihre Säle und Stuben: Das Getraide wurde
nicht mehr in unterirrdischen Hölen, sondern in Scheuern
verwahrt. Die Anführer der Deutschen, ihre Herzoge
und Grafen nahmen ihre Wohnungen in den Bergfestun-
gen, die sie den Römern abgewannen. Man fing auch
an Gebäude von Steinen aufzuführen.

Die schnellsten Fortschritte thaten die Deutschen,
insbesondere die Franken, in allem, was die Bewaffnung des Krieges betrift. Eine Schaar Franken war in
Ansehung ihrer Rüstung und der Fertigkeiten des einzelnen Kriegers von einem Trupp Römer nicht mehr zu unterscheiden. Denn die Römer hatten den Harnisch ab-
gelegt

----

[17]) Die Deutschen waren der Kriegszucht fähig; kein
Wilden sind dieses.

[18]) Ammian. Marcell. XVI. 1.

gelegt ¹⁹). Alle übrige Waffen, Schild, Helm, Schwert und Lanze hatten die Franken ſo gut wie die Römer. Aber die Franken hatten den Muth, den die ſich fühlenden phyſiſchen Kräfte gaben, und den der Succeß erhöht. Der Römer war von der Verzagtheit befallen, die eine Folge von verfallner Diſciplin, hochgeſtiegnem Luxe, zunehmender Unzufriedenheit und anhaltendem Unglück iſt. Aber eine für beyde Völker, für Römer und Deutſche, ſehr nachtheilige Folge, die aus ihrer Bekanntſchaft mit einander entſprang, war die gegenſeitige Erbitterung, und für die Deutſchen war es in der That ein noch ſchlimmerer Umſtand, daß zugleich mit dem Haſſe gegen die Römer eine heftige Begierde nach Reichthum und Herrſchaft ſich aller Gemüther bemächtigte. Dieſe Leidenſchaften hatten zuletzt an den Unternehmungen der Franken vielleicht mehr Antheil, als das gerechtere Verlangen, ihre Freyheit zu behaupten.

Der Kampf zwiſchen beyden Nationen wurde einigemal durch Vergleiche, wohl gar durch freundſchaftliche Verbindungen unterbrochen. Es gab Perioden, wo die Franken Bundsgenoſſen der Römer waren, wo ſie für Geld die Kriege der Römer gegen andere deutſche Völker fochten, wo Franken, ſo wie Deutſche von andern Völkerſchaften häufig in römiſche Dienſte traten ²⁰) und

B 2   ſich

---

¹⁹) Es war der äuſſerſte Verfall der Diſciplin, daß man der ausgearteten Infanterie, der der Harniſch zu beſchwerlich geworden war, ihn abzulegen erlaubte. Ueber die Folgen dieſer wichtigen Veränderung S. Gibbon Vol. III. p. 67. der Edition in 4to.

²⁰) In der notitia dignitatum ap. Graev. in Theſ. Antiqu. Rom. T. VII. werden der fränkiſchen Truppen erwähnt, die in römiſchen Dienſten ſtanden. Salii Bructeri Ampſivarii p. 1821. ſq.

ſich die Gunſt und das Vertrauen der Kaiſer dergeſtalt erwarben, daß ſie zu den vorzüglichſten Stellen bey Hofe und bey der Armee befördert wurden ²¹). Wenn dann aber das gute Vernehmen wieder aufhörte, ſo ging der Streit mit neuer Lebhaftigkeit, mit größerer Erbitterung, oft mit einer Art von Wut wieder an. Conſtantin der I. ließ, noch bey ſeines Vaters Leben, einige gefangene Heerführer der Franken im Amphitheater mit wilden Thieren kämpfen. Die Franken, wenn ſie oft tief in Gallien ſtreiften, rächten ſich durch Raub und Brand.

Das Glück war nicht immer auf Seiten der Franken. Schon hatten ſie ſiebzig Städte in Gallien erobert, als Probus ſie in ihre Moräſte zurück trieb. So nannten die Römer jene niedrigen Gegenden am Unterrhein, die damals noch durch keine Dämme geſchützt, häufig überſchwemmt und dadurch Sümpfe wurden. Conſtantin der I. ſchlug ſie und nahm deswegen den Titel *Francicus* an. Denkmünzen wurden geſchlagen, auf denen man die fränkiſche Nation, wie ein weinendes Frauenzimmer, mit dem beygefügten Namen *Francia* erblickte. Dem damaligen verdorbenen Geſchmack gemäß hielten die beſoldeten Lehrer der Beredſamkeit feyerliche Reden zum Lobe des Siegers. Reden voll der Uebertreibungen und des Schwulſtes, der in Lobreden ſo ſchwer zu vermeiden iſt, zumal wenn ſie öffentlich ſollen gehalten werden ²²).

Auch

²¹) Ammian. Marc. XV. 5.

²²) Einer dieſer Lobredner war ſo ſchaamlos, daß er die oben erwehnte, von Conſtantin an den gefangnen frankiſchen Fürſten begangne Grauſamkeit lobte. Der von ſens ſeiner Zuhörer konnte nicht fehlen, dagegen den Einwurf zu

Auch Kaiser Julian trieb die Franken, die schon einige Stücke von Gallien erobert hatten, über den Rhein zurück.

Aber im ganzen waren doch die Unternehmungen der Franken von einem glücklichen Erfolge begleitet, und der endliche Ausgang des Kampfes war die Eroberung von Gallien.

Ueber die eigentliche Art, wie die Franken dieses schöne Land eroberten, giebt es zwey verschiedene Meynungen unter den Geschichtsforschern. Chlodowich und seine Franken, sagt die eine Parthey, führten einen offnen Nationalkrieg wider die Römer, und sie erwarben sich den Besitz von Gallien durch das Glück ihrer Waffen, durch das Recht der Eroberung also. Dieses war die beliebtere Meynung in Frankreich, so lange man sich dort von dem Vorurtheile beherrschen ließ, von dem die Nationen sich so schwer und so ungern losmachen, von dem Vorurtheile, daß ihre Vorfahren immer gleich brav, immer gleich groß und edel gehandelt hätten.

B 3   Eine

zu machen, daß jene Grausamkeit, wenn sie auch gerecht gewesen wäre, gleichwohl der Klugheit zuwiderliefe, indem dadurch die Franken zu unversöhnlichem Hasse gegen die Römer müßten angefeuert werden. Der Schmeichler wagt es, diesen Einwurf durch die Behauptung zu widerlegen zu wollen, daß Constantin, was er angefangen, auch ausführen könne. — Adfecisti poena temeritatis reges ipse Franciae, qui per absentiam patris tui pacem violaverant: non dubitasti ultimis punire cruciatibus: nihil veritus gentis illius odia perpetua et inexpiabiles iras. Cur enim ullam reputet justae severitatis offensam Imperator, qui *quod fecit, tueri potest?* Eumen. Paneg. VI. 10. Wider diesen Grund ließ sich damals freylich nichts weiter vorbringen. Aber wie nichtig er war, lehrten die folgenden Zeiten, die Eumenius, zu seiner Beschämung zu erleben, verdient hätte.

Eine andere Parthey ſagt, der letzte Krieg, durch den Chlodowich ſich Gallien erwarb, war ein Privatunternehmen von ihm, und zufällige Umſtände machten ihm die Ausführung ſeines Unternehmens leicht. Die Gallier ſelbſt, erdrückt von der Laſt der Auflagen, in deren Vermehrung und Erhöhung die kaiſerlichen Finanzminiſter eine Erfindſamkeit bewieſen, worin ſie kaum von den größten Männern in dieſem Fache, in neuern Zeiten übertroffen wurden, fiengen an zu wünſchen, daß den Barbaren ihre Unternehmungen nur gelingen möchten. Sie hielten die Herrſchaft der Barbaren für erträglicher, als die der Römer. Denn die Barbaren kannten nur eine Art dem Unterthan das Geld abzunehmen, Gewalt, und dieſe brauchten ſie nicht immer; in den Finanzkünſten aber, unaufhörlich das Geld von dem Unterthan zu erpreſſen, waren ſie ganz unwiſſend. Und die Hoffnung der Gallier, daß ſie den Barbaren, wenn ſie dieſe zu Herren bekämen, weit weniger als den Römern würden zu bezahlen haben, wurde wirklich erfüllt. Zu dieſem Wunſche, zu dieſer Hoffnung kam der Umſtand, daß die Römer ſchon zu geſchwächt waren, Gallien gegen die unaufhörlichen Angriffe und Streifereyen der Barbaren, denen dieſe Provinz am meiſten ausgeſetzt war, hinlänglich zu beſchützen. Unterwerfung unter die Franken konnte ihnen daher das ſicherſte Mittel ſcheinen, durch die Waffen dieſer Franken ſelbſt gegen die Einbrüche der übrigen Barbaren geſchützt zu werden. Sie ſcheinen ſich noch eine dritte Hoffnung gemacht zu haben, dieſe, die Franken würden ſich durch die Ueberredungsgabe der galliſchen Biſchöfe in Chriſten, und durch die chriſtliche Religion in weniger gewaltthätige, in beſſer geſittete Menſchen verwandeln laſſen. Auch dieſe Hoffnung wurde, aber nur zum Theil; bey weitem nicht nach der Erwartung der Gallier erfüllt. Die Franken ließen ſich taufen; aber die chriſtlichen Franken

wurden

wurden wilder, gewaltthätiger, lasterhafter, als sie vor ihrer so genannten Bekehrung gewesen waren.

Daß zu diesen Gesinnungen und geheimen Wünschen der Gallier auch noch ein geheimes Verständniß, wenigstens einzelner angesehner Personen mit Chlodowich gekommen sey, ist zwar keine unwahrscheinliche, aber unerweisliche Vermuthung.

Eigentlich waren die Gallier nicht mehr Unterthanen des römischen Staats, sondern eines gewesenen römischen Statthalters. Es gab keinen römischen Staat mehr; er war zehn Jahr vorher, ehe Chlodowich Gallien eroberte, vernichtet. Die Schlacht bey Soissons, wodurch die Eroberung entschieden wurde, geschah im Jahr 486. Zehn Jahr vorher, 476, hatte der letzte Kaiser, Romulus Augustulus, abdanken müssen. Italien, Rom, das Herz des römischen Reiches war eine Beute der Heruler geworden. Andere Barbaren hatten die übrigen Provinzen des Abendlandes an sich gerissen. Im südwestlichem Theile von Gallien saßen die Westgothen, im südöstlichen die Burgunder; im nordwestlichen die vor den Angelsachsen aus Britannien herüber geflohnen Britten. In dem, was übrig war, hatte sich Syagrius der Regierung angemaßt. Er war, eh das Kaiserthum zu Grunde ging, zum Statthalter von Gallien ernannt worden. Nach der Zertrümmerung des Kaiserthums hatte er selbst keinen Herrn mehr über sich; aber er fuhr fort die ihm anvertraute Provinz als unabhängiger Fürst zu regieren. Er hatte sich bey den Burgundern und selbst bey den Franken beliebt gemacht. Weder jene noch selbst diese waren ihm bey seinem Vorhaben, aus den Ueberbleibseln Galliens einen eigenen Staat zu errichten, hinderlich. Aber Chlodowich, Fürst der salischen Franken,

B 4

ken, fing aus Privatfeindschaft einen Krieg gegen ihn an. Die Salier, eine fränkische Völkerschaft, waren bis in das heutige Artois vorgedrungen, und da herum anseßig geworden. Es gab eine Menge anderer fränkischer Völkerschaften am Rhein, an der Maas, am Mosel, an der Schelde, deren jede ihre eigene Fürsten oder Könige hatte.

Chlodowichs Vater, Childerich, war jugendlicher Vergehungen wegen von den salischen Franken abgesetzt und vertrieben. Aegidius, Vater des Syagrius, hatte dazu geholfen und war von den Saliern zum König erwählt. Zwar vier Jahr nachher wurde Childerich wieder eingesezt mit Einwilligung des Aegidius, der ohne Zweifel die Anhänglichkeit der Franken an ihre gewissermaaßen erbliche Fürsten zu mächtig fand, um vergeblich gegen sie anzustreben. Aber Chlodowich, der als ein feuriger Jüngling von sechszehn Jahren, nach seines Vaters Tode das Glück hatte, von den versammelten salischen Franken auf dem Schilde herumgetragen, und durch allgemeinen Zuruf zum König der Nation anerkannt zu werden, Chlodowich nur zu Jagd und Krieg erzogen, konnte sich keine rühmlichere That denken, als die seinem Vater wiederfahrne Beleidigung an dem Sohn des Aegidius, am Syagrius zu rächen. Ein kühner junger Fürst, der eine Streiferey in ein so reiches Land vorhatte, wie Gallien damals war, konnte auf Tausende von Freywilligen rechnen, die sich als treue Kriegsgefährten seiner Führung unterwarfen, und denen er, je nachdem sie höhere oder geringere Befehlshaberstellen bekleideten, einen größern oder geringern Antheil an der Beute schuldig wurde. Chlodowich fing seinen Krieg gegen den Syagrius mit Streifereyen an, aber sein schneller und richtiger Blick entdeckte bald, daß die Zeit gekommen war, die Eroberung Galliens zu versuchen, daß er darüber

nicht

nicht mit den Galliern, nicht mit Rom, sondern mit einem bloßen Beamten des gewesenen Roms zu kämpfen hätte. In der That eine einzige Schlacht bey Soissons im Jahr 486 entschied den ganzen Krieg. Syagrius verlor sie; wo sollte er neue Kräfte zum Widerstande sammeln? Italien und alle Provinzen waren verloren. Die Gallier unterwarfen sich Chlodowichen nicht als siegendem Feinde, sondern als ihrem Befreyer von der durch die Menge und Härte der Auflagen allzuunerträglich gewordnen Herrschaft der Römer.

Diese Vorstellung von der Art, wie die Franken Gallien eroberten, ist zwar für den Stolz ihrer Abkömmlinge nicht so schmeichelhaft; aber wahrheitliebende Geschichtsforscher selbst unter den Franzosen, geben ihr den Vorzug vor jener alten, die Jahrhunderte lang ununtersucht geglaubt wurde.

Die Gerechtigkeit erfordert hinzuzufügen, daß es ein französischer sehr schätzbarer Schriftsteller [23]) war, der diese wichtige Begebenheit durch gründliche und fleißige Untersuchungen und durch treue Darstellung zuerst in ihr wahres Licht setzte.

Gallien, das seit fünfhundert Jahren eine Provinz der Römer gewesen war, wurde durch die Pyrenäen, durch die Alpen, durch den Rhein, und durch das Weltmeer begrenzt; es gehörten also, außer dem heutigen Frankreich noch die Schweiz, diejenigen deutschen Länder, welche die beyden rheinischen Kreise ausmachen, und die östreichischen Niederlande dazu. Die Regierung der

B 5

gan-

---

[23]) Du Bos Histoire critique de l' etablissement de la monarchie françoise dans les Gaules.

ganzen Provinz wurde, seit Konstantin dem Ersten,
durch einen kaiserlichen Statthalter, der den Titel Prä-
fectus Prätorio führte, verwaltet. Unter ihm standen
siebzehn Unterstatthalter; denn in so viel Diöcesen war
die Provinz abgetheilt. Jede dieser Diöcesen hatte ihre
Metropolis oder Hauptstadt. Das Land war durchge-
hends gut angebaut, voll großer und blühender Städte.
Die Handlung war lebhaft, besonders in den Städten
am mittelländischen Meere. Es gab viel Fabriken; in
Gallien waren die vornehmsten leinen, wollnen [24]) und
Waffenfabriken der Römer [25]). Die Wissenschaften
und Künste wurden geliebt. Es waren berühmte Aca-
demien zu Lyons, Marseille, Narbonne und in andern
Städten. Sehr viele von den Verfassern, besonders
den Dichtern und Rednern des dritten, vierten und fünften Jahrhunderts, waren Gallier.

Die christliche Kirche war schon gepflanzt, und hatte
was ihre äußerliche Einrichtung betrift, diejenige Form
bekom-

---

[24]) Die feinsten Tücher wurden zu Atrebetum oder Arres
gemacht. Als der leichtsinnige Gallienus hörte, daß die
Barbaren in Gallien eingebrochen wären, sagte er: „Ei
„nun; können wir denn nicht ohne Tücher von Arres leben‟?
S. vita Gallicai in der Historia Aug. Sollten diese
Wollen-Fabriken der Römer sich nicht erhalten, und zur
Entstehung der im Mittelalter so berühmten Niederlän-
dischen Anlaß gegeben haben?

[25]) In der Notitia dignitatum in Graevii Thesauro An-
tiq. Rom. T. VII p. 1864 sq. werden die Fabriken in
Gallien angeführt. Zu Strasburg wurden alle Arten von
Waffen verfertigt; zu Macon Pfeile und Wurfspieße; zu
Autun Panzer; zu Rheims Klingen u. s. w. Zu Vienne
war eine große Leinenfabrik auf Rechnung des Staats,
worüber ein Intendant oder Procurator die Aufsicht hatte.
ib. p. 1871.

bekommen, welche noch heut zu Tage in der französischen
Kirche fortdauert. Die Bischöfe in jeder Diöcese
waren dem Metropolitan, oder dem Bischofe der Metropolis untergeordnet. Diese Bischöfe hielten oft
Versammlungen, welche in der Kirchengeschichte berühmt sind.

Dieses schöne Land hatte, seit hundert Jahren, viel
durch die Völker gelitten, die aus ihren nördlichen und
östlichen Sitzen in die Provinzen der Römer drangen.
Die Hunnen, die Gothen, die Wandaler, waren durch
Gallien gezogen. Aber diese Völker eilten weiter nach
Italien, nach Spanien, nach Afrika. Die Franken,
nachdem sie das Land erobert hatten, behaupteten sich im
Besitz desselben, und unterwarfen sich auch die Westgothen
und Burgunder, wovon diese auf beyden Seiten des
Jura, jene zwischen den Pyrenäen und der Rhone, eigene
Reiche gestiftet hatten.

Die Nachrichten von den Königen der Franken bis
zu der Eroberung von Gallien sind mangelhaft und ungewiß. Nach der Eroberung wurden die kleinen Könige
der verschiedenen fränkischen Völkerschaften vom herrsch-
süchtigen Chlodowich treuloser- und grausamerweise vertilgt und er selbst wurde der einzige König aller Franken.
Chlodowich ist so viel wie Ludwig. Im damaligen Latein
schrieb man den Namen Chlodovaeus. Die Franzosen
schreiben ihn noch wohl nach alter Art Clovis, statt
Louis. Seine Nachkommen behielten die königliche
Würde über zweyhundert Jahre. Man nennt sie die
Merovinger, weil man aus einigen Stellen alter Schreiber vermuthet, daß Merovcus oder Merwig der erste
König aus diesem Hause gewesen sey.

E2

Es iſt bekannt, daß Chlodowich einige Jahre nach der Eroberung den chriſtlichen Glauben annahm. Der heilige Remigius, Biſchof zu Rheims, taufte ihn. Seine Franken folgten ſeinem Exempel.

Ich will jetzt von der Verfaſſung, welche die Franken dieſem ihrem neuen Reiche gaben, bloß dasjenige anführen, was zu meiner Abſicht nöthig iſt.

Man hat gefragt, ob die Könige der Franken durch die Wahl der Nation, oder durch Erbrecht zu ihrer Würde gelangten. Wir finden bey den alten Schriftſtellern hinlängliche Beweiſe, daß die Franken in dieſem Stücke eben ſo, wie die andern deutſchen Völker, verfuhren. Sie wählten ihre Könige, aber ſie blieben mit ihrer Wahl bey der nämlichen Familie, ſo lange jemand in ihr mit den erforderlichen Eigenſchaften vorhanden war. Dieſe perſönlichen Eigenſchaften waren der Punkt, worauf ſie mehr ſahen, als auf den Grad der Verwandtſchaft. Erbliche Folge war alſo bey ihnen anfänglich nicht eigentliches Recht einer gewiſſen Familie, ſondern Regel, die das Volk bey der Wahl ſich ſelbſt vorgeſchrieben hatte. Auch andere nordiſche Völker folgten dieſer Regel. Sie allein erklärt die anſcheinende Unordnung, in welcher manchmal Prinzen aus dem nämlichen Hauſe nach einander zur Regierung kommen. So gelangte bisweilen der Bruder des verſtorbenen Königs zum Throne, wenn gleich dieſer einen Sohn hinterlaſſen hatte. Nach dem Tode aber jenes Oheims wurde nun wieder deſſen Söhnen der vorhin übergangene Vetter vorgezogen. Es kam jedesmal auf die Eigenſchaften des zu wählenden und auf die Umſtände des Reiches an. Erforderten dieſe ein ſelbſt handelndes, thätiges Oberhaupt; ſo wurde die Ordnung der Verwandtſchaft ohne Bedenken

ken unterbrochen. Hingegen wich man von ihr nicht ab, wenn die Umstände so beschaffen waren, daß der Staat von einer minderjährigen oder schwachen Regierung nichts zu fürchten hatte.

Wir finden beym Tacitus ein merkwürdiges Exempel, wie sehr die Deutschen gewohnt waren, ihre Könige aus einerley Hause zu nehmen; wie sehr sie aber auch verlangten, daß ihre Erwartungen durch das Betragen des Gewählten erfüllt würden. Von dem königlichen Stamm der Cherusker war nur noch der einzige Italus übrig, der in Rom eine völlig römische Erziehung bekommen hatte. Gleichwohl verlangten ihn die Cherusker zum Könige. Aber Italus beleidigte sie durch seine zu große Anhänglichkeit an die römische Sitten. Er wurde vertrieben [26]).

Die Art, wie dem neuen Könige seine Würde übertragen wurde, war diese. Er stellte sich der Volksversammlung mit seinen Ansprüchen als Sohn oder Bruder, oder Vetter des abgegangenen Königs dar. Gefiel er, so huben ihn einige der Vornehmsten auf einem Schilde empor, und trugen ihn herum. Er gelobte die alten Gewohnheiten zu beobachten und jedem seine hergebrachten Rechte zu erhalten. Das Volk durch seinen Zuruf erkannte ihn zum König. Tacitus [27]) erwähnt dieser Ceremonie, und sie war schon zu seiner Zeit nicht mehr neu, sondern gewöhnlich. Er erzählt nämlich, daß die Caninefater, eine Völkerschaft in dem heutigen Holland ansässig, die dem ersten großen vom Civilis bewirkten Bunde gegen die Römer beytrat, auf diese bey ihnen herge-

26) Tacit. in Annal. II. 16.
27) Histor. IV. 15.

hergebrachte Art einen gewiſſen Brinno [28]) zum König
ernannten.

Ein beſonderes Vorrecht der Merovingiſchen Familie
war, daß die dazu gehörigen Männer allein langes hinten
in Locken herunterfallendes oder vielmehr geflochtenes
Haar tragen durften. Die übrigen Franken hatten es
hinten abgeſchoren, vorn über die Stirne gekämmt und
an den Seiten zwey Locken. In der nachmaligen Geſchichte der Merovingiſchen, wie auch der Carolingiſchen
Könige leſen wir, daß einem abgeſetzten Monarchen oder
einem Prinzen das Haar abgeſchoren wurde. Nach dieſer Ceremonie, wodurch man ihn, wie es ſcheint, für unfähig zu regieren, oder zu Geſchäften überhaupt erklärte,
wies man dem ſolchergeſtalt Entehrten ſeinen künftigen
Aufenthalt ſo wohl als ſeine künftige Beſchäftigung in
einem Kloſter an, daß er nicht wieder verlaſſen durfte.

Die Gewalt der fränkiſchen Könige war eingeſchränkt;
ihre Einkünfte gering. Alle öffentliche Angelegenheiten
mußten auf den Reichstagen oder Verſammlungen der
Franken, die anfangs im März, nachher im May gehalten wurden, abgehandelt und entſchieden werden. Das
Volk brachte den Königen auf dieſen Reichstagen freywillige Gaben, die theils im Gelde, theils in natürlichen
Producten beſtanden. Außer dieſen Geſchenken waren
nur noch drey Quellen, woraus die Könige Einkünfte
ſchöpften. Die ſchon von den Römern angeordneten
Zölle waren eine zu ſichtbare und zu ergiebige Quelle, als
daß die Franken ſie nicht hätten bemerken, beybehalten
und

---

[28]) Vielleicht war dieſes der in der nachmahligen deutſchen
Geſchichte ſo oft vorkommende Name Brun, oder mit
römiſcher Endigung, Bruno.

und begierigſt benutzen ſollen. Die Gallier waren ſo
glücklich, die Franken in Anſehung anderer von den Römern gemachten Auflagen völlig unwiſſend zu finden, und
ſie waren fein genug, ihnen keinen Unterricht darüber zu
geben [29]). Sodann bekamen die fränkiſchen Könige
ein Drittheil von allen Strafgeldern, und ſie hatten eine
große Menge eigner Güter, die Chlodowich bey der Eroberung des Landes für ſich und ſeine Nachkommen behalten hatte. Nicht bloß in Anſehung der Abgaben, ſondern überhaupt in Anſehung der ganzen Art, wie die
Römer ihre Provinz regiert hatten, waren die Franken
ganz unwiſſend. Sie bekümmerten ſich auch nicht da-
rum. Vielleicht war es Stolz. Da ſie die letzten Römer im Felde ſo verächtlich gefunden hatten, ſo erſtreckten
ſie vielleicht dieſe Verachtung auf alle übrige Einrichtungen dieſes ihnen verhaßten Volkes. Daher errichteten
ſie keine beſoldete Armeen, ob ſie gleich geſehen hatten,
daß die Römer bloß durch dieſes Mittel über die entfernteſten Völker herrſchten. Daher vertrauten ſie die Regierung der Provinzen Einem Herzoge oder Grafen, der
zugleich oberſter Richter, Anführer der zum Kriege ge-
ſtellten Mannſchaft und Einnehmer der öffentlichen Einkünfte war, ob gleich die Römer die Verwaltung dieſer
verſchiedenen Geſchäfte ſchon getrennt hatten. Endlich
iſt es ohne Zweifel dieſer Anhänglichkeit der Franken
an ihre vaterländiſchen Gewohnheiten zuzuſchreiben, daß
ſie auch jetzt noch fortfuhren, öffentlichen Bedienten ſtatt
einer Beſoldung, gewiſſe Güter auf ſo lange Zeit, als ſie
ihre Aemter verwalteten, zu geben. Dieſe Gewohnheit
hatte unter einem Volke, das kein Geld kannte, entſtehen können. Daß die Franken ſie in einem Lande bey-

behiel-

___

[29]) Mably Obſervations ſur l' hiſtoire de France.

behielten, wo das Geld nicht ſelten war, ſcheint die
Gleichgültigkeit zu beweiſen, womit ſie alles, was von
den Römern herkam, verwarfen, ohne zu unterſuchen,
ob es nicht den Vorzug vor ihren eigenen Gebräuchen
verdiente.

Es gab eine Menge angeſehener Bedienungen am
fränkiſchen Hofe. Man könnte vermuthen, in dieſem
Stücke hätten die Franken den Römern nachgeahmt.
Allein aus einer Stelle beym Tacitus iſt wahrſcheinlich,
daß ſchon früh an den Höfen der deutſchen Fürſten, wenn
man den Ausdruck Höfe von ihnen brauchen darf, aller-
ley Bedienungen von verſchiedenem Range waren ³⁰).
Auch giebt es kein ſo rohes Volk, wo nicht der Reiche
ſeine Reichthümer, der Mächtige ſeine Macht durch die
Menge ſeiner Bedienten zu verkündigen ſuchte. Es iſt
das erſte Mittel, worauf der Stolz noch uncultivirter
Menſchen verfällt, ſich ein gewiſſes Anſehen von Größe
und Erhabenheit zu verſchaffen. Sodann zeugen viele
Namen der franzöſiſchen Hofämter von ihrem deutſchen
Urſprunge; Schenken, Falkeniren, Marſchälle, und
Jägermeiſter waren urſprünglich weder zu Rom noch zu
Konſtantinopel üblich.

Aber die Franken waren auch nicht frey von der
Sucht roher Völker, alle Arten von Pracht, die ſie bey
cultivirten wahrnahmen, nachzuahmen. Und in dieſer
Nachahmung waren ſie vielleicht anfangs nicht viel weniger ungeſchickt und geſchmacklos, als die heutigen americaniſchen Wilden, wenn ſie ſich auf europäiſch putzen.
Gallien hatte eine Menge großer und ſchöner Städte.
Aber die Könige blieben beſtändig auf dem Lande. Sie
zogen von einem Gute zu dem andern. Unterweges ließen
ſie:

---

³⁰) Tacit. de German. 13.

sie sich in den Klöstern oder auf den Gütern der Landbesitzer bewirthen. Diese lieferten ihnen auch die nöthigen
Wagen und Pferde zur Fortsetzung ihrer Reise. Beym
Abschiede bekamen sie noch ein Ehrengeschenk. Die
Jagd, Fischerey, Reiten, Schwimmen und andere Leibesübungen waren die einzige Beschäftigung der Könige
auf ihren Gütern.

Die Bischöfe erschienen gleich unter ⬤⬤ ersten Königen auf den Reichstagen, anfangs vielleicht blos in
Angelegenheiten der Kirche; in der Folge aber als eine
Art von Reichsstand. Die eigentliche Zeit, da dieß zuerst geschah, ist unbekannt. Sie nahmen gleich den
Rang über die Weltlichen. Diese Bischöfe waren in
den ersten hundert Jahren Gallier. Ihre Namen, For-
tunatus, Leontius, Gregorius u. s. w. beweisen es.
Nicht eher als unter Dagobert dem I. finden wir Bischöfe mit fränkischen Namen, Adelbert, Hurold, Heri-
bold u. dergl. Zwar findet man Spuren, daß auch
wohl einmal ein Gallier einen fränkischen, und ein Franke
einen gallischen oder römischen Namen führte. Allein es
geschah nicht häufig; man wird vielleicht nicht über zwey
oder drey Exempel finden können. Indeß haben wir
einen stärkern und entscheidenden Beweiß, daß in den
ersten hundert Jahren keine Franken geistliche Stellen
bekleiden konnten. Sie waren dazu viel zu kriegerisch,
viel zu wild, und daher eben so abgeneigt als unfähig
sich die zu geistlichen Aemtern nöthigen Kenntnisse zu erwerben. Allein allmälich verwilderten auch die Gallier.
Mit jeder Generation nahm Barbarey und Unwissenheit
zu [31]); und die Franken, denen die Gelegenheit sich
durch

---

[31] Bey dem ersten Einbruch der Franken wurden Litteratur und Wissenschaften von den Galliern noch mit vielem

Hegewisch Gesch.　　　　C　　　　Eifer

durch ihr Schwert zu bereichern, nicht mehr ſo oft vor=
kam, als in den erſten Jahren nach der Eroberung, be=
kamen nun auch Luſt zu den Gütern der Kirche.   Doch
ohne Zweifel geſchah es auch oft aus redlichem Herzen,
daß Franken entweder ſich ſelbſt, oder ihre Söhne zu
Dienern der Religion beſtimmten.   Jene galliſchen
Biſchöfe

Eifer und nicht ohne guten Erfolg cultivirt, wie außer an=
dern Denkmälern die Schriften des Sidonius Apollinaris
beweiſen.   Wie tief=hingegen Litteratur und Wiſſenſchaf=
ten unter ihnen nach der Eroberung verfielen, darüber legt
Gregorius von Tour ein Zeugniß ab, und ſeine Schriften
dienen zum Beweis.   Er war von galliſcher Abkunft, kün=
digte als Knabe ein vortrefliches Genie an; und ſein Leh=
rer neſcio quid excelſum in puero conſpicatus, gab ihm
eine ſorgfältige Erziehung. S. die Nachrichten von ſeinen
Lebensumſtänden ap. Du Chesne T. I. p. 253.   Grego=
rius ſelbſt nun beſchreibt in ſeiner Vorrede den Zuſtand der
Litteratur folgendermaaßen: Decedente atque imo potius
pereunte ab urbibus Gallicanis liberalium cultura litte-
rarum — nec reperiri poſſet quisquam peritus Dialectica
in arte Grammaticus, qui haec aut ſtilo proſaico aut
metrico depingeret verſu, ingemiſcebant ſaepius pleri-
que dicentes: vae diebus noſtris, quia periit ſtudium
literarum a nobis, nec reperitur in populis, qui geſta
praeſentia promulgare poſſit. ib p 257 Zur Probe,
wie glücklich er durch jene ſorgfältige Erziehung gebildet
war, mögen folgende beyde Stellen dienen; die erſte aus
dem Anfange ſeiner Geſchichtbücher: Sed prius veniam
a legentibus precor, ſi aut in litteris aut in ſyllabis
grammaticam artem exceſſero, de qua adplene non
ſum imbutus. Illud tantum ſtudens, ut quod in ec-
claeſia credi praedicatur, ſine aliquo fuco aut cordis
haeſitatione retineam, qui ſcio, peccatis obnoxium
per credulitatem puram obtinere poſſe veniam apud
noſtrum pium Dominum.   Die andere aus ſeinem
Glaubensbekenntniß: credo Chriſtum hunc verbum eſſe
patris - hunc verbum carnem factum credo. ib. p. 257.

Bischöfe bekamen früh bey Hofe so wohl als auf t n
Reichstagen, einen merklichen Einfluß. Eine gewi e
Feinheit des Verstandes, die sie durch eine künstliche e
Erziehung vor den Franken, den rohen Söhnen der Natur voraus hatten, trug vielleicht nicht weniger dazu bey,
als die Achtung, welche die Franken ihnen, als Vätern
der Kirche, erwiesen. Beweise dieses Einflusses sind die
verschiedenen Vorrechte, die ihnen bewilligt wurden.
Das Recht der Kirchen, Freystäte für Verbrecher zu
seyn, wurde immer weiter ausgedehnt. Es wurde festgesetzt, daß niemand auf Güter, die der Kirche vermacht
oder geschenkt würden, aus irgend einem Grunde gültige
Ansprüche sollte machen können. Das höchste Gericht,
an das man in Abwesenheit des Königs appelliren konnte,
bestand aus Bischöfen ³²).

Die Franken und die Gallier waren lange zwey verschiedene Völker. Die Franken waren die herrschenden.
Aber man kann nicht sagen, daß die Gallier ihnen auf
die Weise unterthan gewesen wären, wie die Griechen
den Türken. Weder die Religion noch die Verfassung schloß
die Gallier von öffentlichen Bedienungen aus. Bloß
der Stolz der Franken und die Verschiedenheit der Sprachen machte den Unterschied zwischen beyden Völkern.
Er nahm unmerklich ab. Die Zeit, da er ganz ver-
schwand, läßt sich nicht bestimmen. Karl der Große
verstand noch deutsch, sagen einige französische Schriftsteller, als ob er es nicht gewöhnlich gesprochen hätte.
Deutsch war seine Muttersprache, Deutsch war damals
noch die Sprache der ganzen Nation der Franken. Selbst
am Hofe hörte man erst im Anfange des eilften

Jahr-

---

³²) S. die Capitular. und Concilia.

Jahrhunderts unter König Robert auf, Deutſch zu
ſprechen ³³).

Die Geſchichte der Nachfolger Chlodowichs iſt das
traurigſte und ekelhafteſte Gemälde der ſchrecklichen Verwilderung, in die rohe Menſchen gerathen können, wenn
ſie zum Beſitz ungewöhnlicher Macht und Reichthümer
gelangen. Ein philoſophiſcher Geſchichtſchreiber ³⁴) hat
ſich die Mühe gegeben die Anzahl der durch Gewalt, in
Schlachten, durch Meuchelmord, durch Gift, in einem
Zeitraum von ungefehr hundert und funfzig Jahren, von
Chlodowich bis zu Dagobert den I. umgekommenen Könige und Prinzen zu berechnen. Ihrer ſind über vierzig.
Aber auch nach Dagobert dem I. waren Meuchelmorde
und Vergiftungen nicht ſelten. Der nämliche Schriftſteller bemerkt, daß von den Königen, die keines gewalt-
ſamen Todes ſtarben, die wenigſten, nämlich nur drey
von achtzehn, über fünf und vierzig Jahr alt wurden.
Frühzeitige Erſchöpfung verkürzte ihre Tage. Greuel
aller Art ſind faſt der einzige Inhalt alles deſſen, was
man über die Geſchichte dieſer Merovinger ſchreiben kann.
Die ſchönen Perioden der griechiſchen und römiſchen Geſchichte erheben den Geiſt, erfüllen das Herz mit ſanfter
Freude über die Würde, über die Größe, der die mora-
liſche Natur der Menſchheit fähig iſt. Die Geſchichte
der Merovinger ſchlägt nieder, betrübt, erregt Ekel; ſie
zeigt mir nichts, als die Menſchheit in ihrer ärgſten Ver-
dorbenheit. Glücklicherweiſe haben wir von dieſem Theile der fränkiſchen Geſchichte zu unſerer Abſicht, bloß die
Revolu-

---

³³) Du Clos Memoire ſur l' origine et ſur les revolu-
tions de la langue françoiſe in den memoires de l' acad.
des Inſcr T. XVII.

³⁴) Gaillard vol. I. p. 219 ſq.

Revolution zu merken, durch welche die königliche Würde von den Merovingern an Pipinen, Karls des Großen
Vater, kam. Innerliche Fehler der fränkiſchen Verfaſſung, eine Reihe ſchwacher Könige, und der faſt erbliche
Ehrgeiß einer einzigen Familie bewirkten nach und nach
dieſe große Veränderung.

Die Franken hatten die Gewohnheit, ihr Reich nach
dem Tode ihres jedesmaligen Königs, unter deſſen Söhne, ſo oft er mehrere hinterlaſſen hatte, zu theilen.
Dieſe Gewohnheit war den Franken eigen; wir finden
ſie bey keinem der übrigen deutſchen Völker, die neue
Reiche in den römiſchen Provinzen geſtiftet hatten. Die
Wandaler, die Gothen, die Longobarden ꝛc. theilten nie.

Dieſe Theilungen geſchahen nicht immer auf die nämliche Weiſe. Die gewöhnlichſte Art indeſſen, wenn es
zwey Prinzen gab, war dieſe. Der eine bekam unter
dem Namen Auſtraſien, diejenigen Länder, die ſich von
der Loire oſtwärts über den Rhein bis in Deutſchland
erſtreckten. Dem andern wurden, unter dem Namen
Neuſtrien die Länder gegeben, die auf der weſtlichen
Seite der Loire gegen den Ocean und die Pyrenäen zu
gelegen ſind.

Von dieſen Theilungen hatten die Majores Domus [35]) den größten Vortheil. Dieſe Majores Domus waren Hofbediente, die urſprünglich ungefehr einerley Verrichtungen mit einem heutigen Oberhofmeiſter
hatten. Allein unter einigen ſchwachen Regierungen
zogen ſie nach und nach alle Gewalt an ſich, und zuletzt
waren ſie es, die im Namen der Könige regierten.
Wenn das Reich getheilt wurde; ſo gab es an jedem

C 3   Hofe

---

[35]) Den eigentlichen deutſchen Titel weiß man nicht.

Hofe einen eignen Major Domus. Wenn nun aber der Fall ſich ereignete, daß z. E. der König von Auſtraſien ohne Erben ſtarb, und alſo Auſtraſien mit Neuſtrien unter Einem Könige wieder ſollte vereinigt werden; ſo hatte der Major Domus in Auſtraſien nicht Luſt ſeine Bedienung niederzulegen. Das Volk war an ihn gewöhnt, und der König von Neuſtrien fand rathſam, ihm dieſe Stelle zu laſſen. Der Major Domus in Auſtraſien regierte alsdann nicht anders, wie ein abhängiger Herzog. Auch wurden die Majores Domus nicht mehr von den Königen, ſondern von der Nation ernannt.

Die Majores Domus in Auſtraſien waren wirklich diejenigen, die ſich dieſe Umſtände mit der größten Geſchicklichkeit zu Nutze machten. Seit Dagobert dem I. waren ſie alle aus Einer Familie, die wir etwas genauer kennen müſſen, weil ſie es iſt, die in der Folge den Thron beſtieg und von der Karl, deſſen Geſchichte wir beſchreiben, abſtammte.

Die Familie ſtammte, von mütterlicher Seite, von den Merovingern ab. Eine Tochter von Chlotarius dem III. wurde mit einem vornehmen Franken, Ansbert, vermählt. Aus dieſer Ehe wurde Arnulf gebohren, der erſte aus dieſem Hauſe, der die Stelle eines Major Domus verwaltete. In ſeinem Alter wurde er Biſchof zu Metz. Endlich begab er ſich in eine Einſiedeley, wo er ſeine letzten Jahre, nach dem Begriff der damaligen Zeiten, mit gottesdienſtlichen Handlungen und chriſtlichen Liebeswerken zubrachte [36]).

Sein

[36]) Du Chesne. T. II. p. r.

Sein Sohn, Ansegis, bekleidete die Stelle nicht lange. Er wurde in seinem besten Alter von einem Menschen, den er glücklich gemacht hatte, ermordet. Der Mensch war ein Fündling; Ansegis hatte ihn erziehen lassen und zu ansehnlichen Kriegsstellen befördert.

Ansegisens Sohn, Pipin von Heerstal, mit dem Zunamen der Aeltere, oder auch der Dicke, verwaltete die Stelle länger und mit ungleich mehr Gewalt. Im Jahre 680 starb Dagobert der II. König von Austrasien ohne Erben. Theodorich, König von Neustrien, wollte nun, nach der bisherigen Gewohnheit, beyde Reiche vereinigen. Die Austrasier machten Einwendungen. Theodorich wollte sie durch die Waffen zwingen; die Austrasier, unter Pipins Anführung widersetzten sich. Im Jahr 687 erhielt Pipin einen entscheidenden Sieg über die Neustrier, nahm Paris ein, bemächtigte sich der Person des Königs, und ließ sich, wider dessen Willen, zum Major Domus von Neustrien erklären. Theodorich starb im Jahr 692. Sein ältester Prinz Chlodowich der III. wurde König von Neustrien. Austrasien blieb ohne König: Pipin regierte es, als Major Domus und als Herzog; denn diesen Titel hatte er in dem Kriege wider Theodorich angenommen. Chlodowich der III. starb im vierzehnten Jahre seines Alters. Sein eilfjähriger Bruder, Childebert der III. folgte ihm in der Regierung und starb im Jahre 711. Dagobert der III. Childeberts Sohn, zwölf Jahr alt, wurde König. Alle diese Prinzen waren bloß Könige von Neustrien; Pipin war ihr Major Domus. Im Jahr 714 ernannte er, weil er alt und kränklich wurde, seinen Enkel, ein Kind, zu seinem Nachfolger in dieser Stelle. Niemand widersetzte sich. Aber er starb gleich darauf, und nun übernahm seine Wittwe, Plektrude, die Vormundschaft über

ihren

ihren Enkel, und alſo mittelbar zugleich über den König. Dieſe Vormundſchaft einer Frau verurſachte einen
bürgerlichen Krieg zwiſchen den Neuſtriern, die ihren
König bewegten, ſich ſelbſt einen Major Domus zu
ernennen, und den Auſtraſiern, die auf Plektrudens
Seite waren.

Ein Dritter zog allen Vortheil von dieſem Kriege.
Pipin hatte noch einen Sohn, Karl. Ob deſſen Mutter,
Alpaide, Pipins Maitreſſe oder Gemahlin war, und
ob, im letztern Fall, Pipin ſich von Plektruden hatte
ſcheiden laſſen, oder nicht, darüber ſind die Nachrichten
nicht recht deutlich. Sie erwehnen wenigſtens keiner
Eheſcheidung, und die Polygamie war unter den Franken
noch nicht abgeſchaft. Plektrude hatte nach Pipins Tode
dieſen Karl, den ſie fürchtete, zu Kölln in einer Art von
Verwahrung halten laſſen. Er entkam und wußte einen
Theil der Auſtraſier dergeſtalt zu gewinnen, daß ſie ihn
zum Major Domus und Herzog erklärten. Anfangs
war er unglücklich. Aber zuletzt ſchlug er bald Plektrudens Anhänger, bald die Neuſtrier. Jene mußte ihm
ihre Enkel und ihres Gemahls Schätze überliefern; die
Neuſtrier mußten ihn für ihren Major Domus erkennen. Er verwaltete darauf dieſe Stelle mit unwider-
ſprochnem Anſehn, in beyden Reichen, bis zu ſeinem
Tode. Die Kriege, die er wider die benachbarten Völker mit vieler Tapferkeit führte, machten ihn berühmt.
Den Beynamen Martellus, Hammer, ſoll er wegen
ſeiner vielen ſchnellen und völligen Siege, oder auch,
wie andre wollen, bloß wegen einer ſehr blutigen und
gewonnenen Schlacht wider die Saracenen, bekommen
haben. Im Jahr 738 zeigte ſich die ganze Größe der
Gewalt dieſes Major Domus. Durch den Tod Theoderichs des IV. wurde der Thron wieder ledig. Es iſt
unge-

ungewiß, ob dieſer König Söhne hinterließ, aber es
iſt gewiß, daß noch andre männliche Nachkommen von
Chlodowich dem I. lebten. Gleichwohl ließen die Franken geſchehen, daß der Thron unbeſetzt blieb, und daß
Karl die Regierung unter dem bisherigen Titel fortſetzte.
Im Jahre 740 berief er einen Reichstag, nicht einen
König zu wählen, ſondern um ſeine Gewalt ſeinen Söhnen zu hinterlaſſen. Karloman, der älteſte, bekam
Auſtraſien; Pipin der jüngſte, Neuſtrien, jeder unter
dem Titel eines Major Domus und Herzogs. Ein
dritter Sohn, Griſo, bekam einige Güter. Karl ſtarb
im Jahre 741.

Ungefehr drey Jahre nach ſeinem Tode war das Verlangen der Nation, den Thron wieder mit einem merovingiſchen Prinzen beſetzt zu ſehen, zu lebhaft, als daß
die beyden Brüder hätten wagen wollen, ſich länger dagegen zu ſetzen. Die Nation verſammelte ſich alſo zur
Wahl im Jahr 743, und ſie erwählte Childerich den III.
von dem es ungewiß iſt, ob er ein Sohn, oder ein Bruder,
oder ein Vetter des zuletzt erwehnten Theoderichs war.
Der Major Domus von Auſtraſien Karloman, ein
ſtiller, religiöſer Mann, legte ſeine Würde nach ſechs
Jahren nieder, that eine Wallfahrt nach Rom, und
gieng darauf in das damals ſehr berühmte Kloſter zu
Mont Caſſin.

Obgleich Karloman Söhne hatte; ſo wurde doch
Pipin ſein Nachfolger als Major Domus in Auſtraſien.
Sein Betragen war ganz darauf eingerichtet, ſich nun
auch in dieſer Hälfte des fränkiſchen Reichs eine allgemeine Zuneigung zu erwerben, ſo wie er ſie in der andern
Hälfte bereits erlangt hatte. „Er ſchien mit nichts
„anders beſchäftigt“ ſagt ein franzöſiſcher Verfaſſer,

C 5   „als

„als das Glück der Völker zu befördern. Allenthalben
„ſtiftete er Tribunäle, um den Unterdrückten Gerechtigkeit
„zu verſchaffen. Die Kirchen fanden an ihm einen Be-
„ſchützer; das Verdienſt einen Belohner; die Unſchuld
„einen Vertheidiger; das Verbrechen und die Empörung
„einen ſtrengen Rächer. — Auf dieſer Stufe der Größe,
„des Ruhms und der Macht“, ſo fährt der angeführte
Verfaſſer unmittelbar fort, „war Pipin im Ernſte be-
„dacht, ſich zum König erklären zu laſſen. — Das ein-
„zige Hinderniß, das ihm im Wege ſtand, war der Eid
„der Treue, den die Franken Childerichen geſchworen
„hatten. Pipin wußte auch dawider Mittel zu
„finden ³⁷)“.

Die Stadt Rom hatte ſeit einiger Zeit Gelegenheit
gefunden, ſich von der griechiſchen Abhängigkeit, worin
ſie bisher geſtanden hatte, loszumachen. Der Pabſt, damals noch bloß Biſchof, ohne alle weltliche Macht, regierte gleichwohl die Römer durch ſeinen Einfluß. So
wie es ihm und den Römern gelungen war, ſich der griechiſchen Herrſchaft zu entziehen; ſo bekamen ſie auf der
andern Seite gefährliche Nachbarn an den Longobarden,
die, nachdem ſie die Obermacht in Italien erhalten hatten, ſich auch Rom unterwerfen wollten. Dieſes neue
Joch ſuchten die Päbſte, durch Hülfe der Franken, abzuwenden. Zacharias, Pabſt zu der Zeit als Pipin auf
die Ausführung ſeiner Abſichten bedacht war, hielt es
für nöthig, ſich des Beyſtandes der Franken durch jede
Gefälligkeit zu verſichern. Da er ſah, daß Pipin ſchon
wirklich alle Macht beſaß; ſo trug er kein Bedenken,
ihm, zur Erſteigung des Throns, die Hand zu bieten.

Seit

---

³⁷) Velly.

Seit Dagobert dem I. waren die meisten fränkischen Könige minderjährig zur Regierung gekommen. Die üblen Folgen, die daraus entstanden, beschreibt Eginhard mit folgenden Worten: „Schon lange hatte die ganze „Familie (der Merovinger) alle Thätigkeit, alles Leben „der Seele verlohren, und von dem alten Glanz war „ihnen nichts, als der Königstitel übrig. Die wirkliche „Macht und Gewalt des Reichs war in den Händen der „ersten Hofbedienten, welche Majores Domus genannt „wurden".

Diese Unthätigkeit der jungen Könige wußte Pipin und sein Anhang den Franken als eine unleidliche Sache vorzustellen. Schon hatte Pipin die Gemüther zu der Revolution vorbereitet. Eine Schwierigkeit war nur noch im Wege. Die Franken waren, wie alle deutschen Völker, der einmal zur Regierung erhobnen Familie redlich zugethan. Ihre treue Anhänglichkeit an ihren jungen Monarchen konnte durch bloße Bewegungsgründe von der Heilsamkeit einer Veränderung nicht erschüttert werden. Diese Wirkung hervorzubringen wurde ein Instrument von stärkerm Nachdruck erfordert. Pipin wußte es zu finden. Er sandte zwey Vertraute, den Bischof Burchard von Wirzburg und den Hofgeistlichen Folard an Pabst Zacharias, um ihn zu fragen, ob es recht und billig sey, daß einer König genannt werde, der das Amt eines Königs nicht verwalte; ob nicht vielmehr derjenige, der die Geschäfte eines Königs besorge, auch den Titel verdiene? Der mit Pipinen ohne Zweifel schon einverstandne Pabst antwortete, wie es der Fragende wünschte, und mehr brauchte es nicht, als seine Entscheidung, um die Franken zu bereden, daß sie nun den Abkömmling ihrer alten Könige nicht allein mit gutem Gewißen verlaßen könnten, sondern auch müßten. Die

Auto-

Autorität und der Befehl des Pabstes — diese Ausdrücke braucht Eginhard [38]) bewog sie auf dem Reichstage zu Soissons 750 Childerichen der königlichen Würde zu entsetzen. Statt ihm die üblichen Geschenke zu
bringen, schoren sie ihm das Haar ab; die gewöhnliche
Ceremonie, wodurch man damals jemanden seiner weltlichen Rechte verlustig erklärte und zum Kloster verurtheilte. Childerich soll drey oder vier Jahr nachher gestorben seyn.

War Pipin nicht offenbar ein Usurpateur? Und der
Pabst begünstigte seine Usurpation? machte sie möglich,
da sie es, ohne seine Entscheidung nicht gewesen wäre?
Einige französische Schriftsteller wünschten diese Frage,
deren

---

[38]) Eginh. vita Caroli c. 1 und III. Annal. Eginhardi ad
an. 749 und 750. Aber muß nicht vielleicht der Ausdruck Befehl (jussu) in diesen Stellen in etwas gelinderer
Bedeutung genommen werden? Einige behaupten dieß
und meinen, der Pabst habe auf Pipins Verlangen, als
Casuist bloß sein theologisches Gutachten gegeben, um die
Gewissen der Franken zu beruhigen. Allein Eginhard
scheint mir der römischen Sprache zu mächtig gewesen zu
seyn, um einen seinen Sinn so falsch darstellenden Ausdruck zu brauchen, als jussu in dem angenommenen Fall
gewesen wäre. Und warum hätte Zacharias sich weniger
Anmaßung erlauben sollen, als Stephan III Dieser
befahl den Franken sogar, die Krone in Pipins Familie
erblich zu machen. Denn der Fluch, womit er sie bedrohte,
wenn sie Könige aus einer andern Familie machen würden,
war sicherlich so gut, als ein Befehl. Endlich sehe ich
nicht, daß es für die Ehre des Pabstes und der Franken,
etwas sehr verschiednes wäre, ob jener die Revolution
befahl oder sie durch sein Gutachten rieth; ob die
Franken diese Revolution aus Achtung gegen des Pabstes
Befehl oder gegen sein Gutachten unternahmen.

deren Bejahung weder Pipinen, noch den Franken, noch
dem Pabst Ehre macht, verneinen zu können. Sie suchten daher Zweifel gegen die angeführten Umstände zusammen. In einigen alten Chroniken wird ihrer nicht erwehnt, nicht im Leben des Pabstes Zacharias von Anastasius; nicht im Leben des heiligen Bonifacius von seinem Schüler Wilibad; nicht in den Briefen des Pabstes
an Pipin und Bonifacius. Allein das Stillschweigen
aller dieser kann das ausdrückliche Zeugniß Eginhards
nicht entkräften. Aber sagt man, warum kommt sogar
nichts davon in den Briefen des Pabstes vor? Sollte
eine so wichtige Frage nur mündlich gethan, und die
Antwort nur mündlich gegeben seyn? Allerdings ist dieses zu vermuthen. Eine solche Frage schriftlich zu thun,
fand Pipin ohne Zweifel bedenklich, und der Pabst fand
bedenklich eine solche Antwort schriftlich zu geben. Die
Vorsicht erforderte, bey einer Unterhandlung von so
zarter Beschaffenheit, sich einander lieber mündlich durch
Vertraute, als durch Briefe zu erklären.

Pipin wurde König. Die Ceremonie, wodurch die
Franken bisher einen neuen König in seiner Würde zu bestätigen pflegten, wurde bey dieser Gelegenheit verändert.
Pipin wurde durch den heiligen Bonifacius, Erzbischof
von Maynz und Legaten des Pabstes, zum König der
Franken gesalbet. Durch diese Nachahmung einer jüdi-
schen Sitte gewöhnte man sich allmälig die Könige als
Gesalbte des Herrn [39]) und als von Gott eingesetzt zu
betrachten. „Diese bisher ungebräuchliche Ceremonie,
sagt Velly, wurde so vortheilhaft gefunden, daß alle
„nach-

---

[39]) Im Predigerstil scheint der Ausdruck noch in Deutschland hin und wieder selbst von ungesalbten Fürsten gebraucht zu werden. S. Schlözers Briefwechsel XIV p. 94.

„nachherigen Könige Pipins Exempel darin folgten".
Mit der Salbung wurde die Krönung verbunden. Auch
Pipins Gemahlin Bertha wurde gekrönt, ohne Zweifel,
um dadurch ihren Söhnen ein Erbrecht an die Krone zu
verſchaffen. Der Pabſt, Zacharias, ſtarb bald nach
dieſer Begebenheit. Sein Nachfolger Stephanus III.
kam in den Fall, der fränkiſchen Hülfe wirklich ſehr zu
bedürfen. Aſtolf, König der Longobarden, drohte Rom
zu belagern, wenn ſich die Stadt ihm nicht unterwürfe.
Der Pabſt ließ Pipinen durch Geſandte bitten, daß er
ſich der Römer annehmen möchte. Allein Pipin wurde,
es iſt ungewiß, durch was für Hinderniſſe, abgehalten.
Dieſe Verzögerung bewegte den Pabſt, ſelbſt nach Franken zu gehen und Pipin in Perſon um Beyſtand zu bitten.

Pipin machte ſich die Gegenwart des Pabſtes zu
nuße, den Franken alle Bedenklichkeiten, die ſie wegen
ihrer an Childerich begangnen Untreue etwa noch haben
mochten, zu benehmen. Stephanus ſalbte und krönte
ihn zum zweytenmahl, und zugleich mit ihm ſeine Söhne
Karl und Karloman. Er ſalbte ſie zu Königen der
Franken und zu Patriciern von Rom. Er ſprach dabey den Fluch aus gegen alle diejenigen Franken, die
künftig einen König aus einem andern Hauſe, als aus
Pipins Nachkommenſchaft, erwählen würden 40).

Etwa

---

40) Clauſula de Pipini in Francorum regem conſecra-
tione, S. Recueil T. v. p. 9. Dieſer fünfte Band des
Recueil oder der von Dom. Bacquet zuerſt beſorgten,
großen, ſchönen und leider von uns Deutſchen, noch nicht
nachgeahmten Sammlung der Scriptorum Rerum Galli-
carum et Francicarum enthält alle, Karl den Großen
betreffende Nachrichten und Urkunden. Wenn ich daher
in der Folge, der Kürze wegen, bloß Recueil citire, ohne
den Band zu nennen, ſo verſtehe ich darunter den fünften.

Etwa nach zwephundert Jahren müssen die Franken diesen Fluch entweder vergessen, oder sich nicht mehr vor ihm gefürchtet haben. Sie erhoben eine andere Familie auf den Thron, obgleich noch männliche Nachkommen von Pipin übrig waren.

Nach diesem Vorgange fing endlich der König mit den Longobarden an, dessen ich an einem andern Ort etwas weitläufiger gedenken werde.

Pipin starb im Jahr 768, nachdem er 54 Jahre gelebt, und 17, als König, regiert hatte.

Die Sammlung von Kirchengeseßen, die der Pabst Karln
schenkte — Die Eroberung des longobardischen Reichs
wird vollendet — Der Sachsenkrieg geht wieder an im
Jahre 774 — Wahrscheinliche Ursachen, daß die Sachsen immer unterlagen — Empörung und Hinrichtung
des Herzogs von Friaul — Vergleich mit den Sachsen
zu Paderborn im Jahre 777.

Karl [1]) war der älteste Sohn von Pipin und Bertha.
Er war im Jahre 742 gebohren, am zehnten April,
wenn einem alten Kalender zu glauben ist, von welchem
Mabillon ein Kenner in dergleichen Sachen urtheilte,
daß er im neunten Jahrhunderte geschrieben sey [2]).
Karls Geburtsort ist unbekannt. Die Gelehrten haben
darüber verschiedene Muthmaßungen. Eginhard, der
in Karls Hause lebte, versichert, er habe über alles,
was die ersten Jahre des Monarchen betrift, keine zuverläßige Nachrichten finden können. Er hielt es daher
für thöricht, sich bey diesen Umständen aufzuhalten. Die
Thorheit wäre wohl nicht geringer, wenn man sich
schmeicheln wollte, in einer historischen Untersuchung, die
ein Zeitgenoß von Einsicht und Verstand für vergeblich
hielt, tausend Jahre später glücklich zu seyn.

Wir müssen uns also, was Karls Erziehung betrift,
mit der bloßen Vermuthung begnügen lassen, daß sie
von der gewöhnlichen Erziehung vornehmer Franken
nicht

---

[1]) Aus Carolus Magnus haben die Franzosen den Namen
Charlemagne gemacht, mit dem sie gewöhnlich unsern
Monarchen benennen. Dasselbige thun die Engländer
und Italiener.

[2]) Mabillon in Supplem. ad Opus de Re Diplom. c. IX.
§ I. p. 38.

Hegewisch Gesch.   D

nicht verſchieden war.   Der Gebrauch der Waffen,
Reiten und Jagen waren die einzigen Stücke, worin ihre
jungen Leute geübt wurden.   An Unterricht in Wiſſenſchaften oder Künſten wurde nicht gedacht.   Die leb-
hafte Neigung, die Karl in ſeinen reifern Jahren für ſie
faßte, war mehr eine Folge ſeines natürlichen Genies,
als ſeiner Erziehung.   Er ſprach, nach Eginhards
Zeugniß, das Latein gut und fließend; er verſtand das
Griechiſche.   Jenes hatte er vermuthlich früh durch den
Umgang gelernt, wie die Franken überhaupt dieſe Sprache
lernten, nachdem ſie Gallien erobert hatten.

Außer dem Unterricht und der Aufſicht, welche das
ausmachen, was man gewöhnlich Erziehung nennt, giebt
es eine andere, welche zur Bildung des Charakters mehr
wirkt, als jene beyde.   Sie beſteht in den Eindrücken,
die durch gewiſſe Begebenheiten früh auf den Geiſt und
das Herz eines unerfahrnen Jünglings gemacht werden.
Karl hatte acht Jahre, als ſein Vater, Pipin, zum
erſtenmal zum König der Franken geſalbt wurde; er
hatte zwölf, als der Pabſt Stephanus, Pipinen zum
zweytenmal, und zugleich deſſen Söhne, unſern Karl
und ſeinen Bruder Karloman zu Königen der Franken
und zu Patriciern, oder Schutzherren des päbſtlichen
Stuhls und der Stadt Rom ſalbte. Dieſe beyden feyerlichen
Auftritte, dieſer Aufenthalt des Pabſtes an Pipins Hofe;
die Unterredungen, die der Pabſt wahrſcheinlich mit
dem jungen Karl gehalten, und dazu genutzt haben wird,
ihm Geſinnungen der Hochachtung, der Ehrerbietung und
Erkenntlichkeit gegen den römiſchen Stuhl einzuflößen;
die große Meinung, die man an Pipins Hofe von den
Vorrechten und der Würde des Pabſtes entweder wirklich hatte, oder zu haben vorgab; der Gedanke, auf den
Karl bey allen dieſen Vorfällen nothwendig kommen
                                                      mußte,

mußte, daß sein künftiges Recht zum Throne, so wie damals das Recht seines Vaters, lediglich auf die Rechtmäßigkeit des päbstlichen Ausspruchs über Childerich gegründet sey; alle diese Umstände gaben vermuthlich den Ideen und Neigungen des jungen Prinzen diejenige Richtung, welche in der Folge seinen Charakter bestimmte. Er bekam Geschmak an feyerlichen Aufzügen; seine Ruhmgier entzündete sich; er faßte jenen hohen Begriff von der Kirche und dem Stuhle des heiligen Petrus; der Titel eines Beschützers von beyden, schien ihm das äußerste Lob zu seyn, das sich ein Monarch erwerben könnte, und der Wunsch, dieß bald zu verdienen, wurzelte tief in seiner Seele. Ferner, mit einem so scharfen Verstande, als Karl von Natur besaß, mußte er früh einsehn, daß sein Vater zu seiner Größe, bloß durch die Ueberlegenheit seiner persönlichen Eigenschaften gekommen war. Er fühlte also früh die Nothwendigkeit, sich alle die persönlichen Vorzüge zu erwerben, ohne welche selbst gebohrne Prinzen nie eine Herrschaft in dem wahren Sinne des Worts erlangen; alle die Vorzüge, deren Mangel die Merovinger zu blößen Scheinkönigen, und in der That zu Sclaven ihrer Minister machte.

Karl war sieben und zwanzig Jahre alt, als Pipin starb. Eine Chronik von einem Zeitgenossen Eginhards berichtet, Pipin habe in dem letzten Jahre seines Lebens, mit Einwilligung der Nation eine Verordnung gemacht, vermöge welcher der älteste seiner Söhne Austrasien, und der jüngste Neustrien bekommen sollte [3]). Eginhard sagt das Gegentheil: dem ältesten sey Neustrien, dem jüngsten Austrasien bestimmt worden. Thatsachen, die zum

D 2 Theil

---

[3]) Continuat. Fredeg. Recueil p. 9.

Theil bey Eginhard, zum Theil in andern glaubwürdi-
gen Nachrichten vorkommen, beweiſen, daß die Theilung
weder auf die eine noch auf die andere Art geſchah. Wie
ſie aber geſchah, dieſes zu beſtimmen hat ſeine Schwierigkeiten [4]). Indeſſen da die Theilung wegen des frühen
Todes des jüngern Bruders, Karlomans, bald wieder
aufhörte, und das ganze Reich unter Karln wieder vereinigt wurde; ſo iſt an einer genauen Beſtimmung dieſer
Theilung nicht viel gelegen.

Die Theilung wurde auf einem außerordentlichen
Reichstage, den die Franken gleich nach Pipins Tode
hielten, vollzogen, und beyde Prinzen wurden in der
königlichen Würde beſtätigt [5]).

Ueber die Ceremonie bey dieſer Beſtätigung lauten
die Nachrichten verſchieden. Einige Chroniken gedenken
der Salbung [6]); andre nicht [7]). Man könnte es wahrſcheinlich finden, daß keine geſchehen ſey, weil ſie ſchon
vorher durch den Pabſt Stephanus beyden Brüdern ertheilt war. Allein Handlungen dieſer Art, wodurch
man ſeinem Beſitz Rechtmäßigkeit zu verſchaffen glaubte,
wiederholte man gern in jenen Zeiten, als ob jede Wie-
der-

---

[4]) Man ſehr über dieſe Schwierigkeiten Eginhardi Vita Caroli M. ed. Schminckii in der Note p 28. ingleichen ein
von Mr. de la Bruëre ſeiner hiſtoire de Charlomagne
beygefügtes memoire.

[5]) Franci ambo ſibi reges *conſtituunt*. Eginh. in vita
Caroli. M. Recueil p. 90. *confenſu* omnium Francorum
reges *creati* Annal. Eginhardi ib. p. 100

[6]) Contin. Fredegarii, Recueil p. 9. Confecratione
Sacerdotum ſublimati ſunt in regno Annal. Francor.
ſub .a. 768 Recueil p. 13. uncti fuerunt in reges.

[7]) Die meiſten übrigen Anna-es.

derholung solcher Handlungen eine Verstärkung seiner
Rechte gewesen wäre. Die beyden Brüder vertrugen
sich nicht gut mit einander. Von dem eigentlichen Anlaß ihrer Uneinigkeit haben wir zwar keine Nachricht.
Sie entstand aber ohne Zweifel aus der Mißgunst, die
sich bey Theilungen einer Erbschaft auch nicht sehr gie-
riger Gemüther leicht bemächtigt. Eginhard rechnet es
Karln zu einer großen Tugend an, daß er die neidische
und zänkische Gemüthsart seines Bruders mit der äußersten Geduld ertragen habe. Karl sey oft von ihm beleidigt; er habe aber jedesmal eine Gelassenheit bewiesen,
die von jedermann bewundert worden. Einige Wirkungen dieser Uneinigkeit zeigten sich in dem aquitanischen
Kriege, dem ersten, den Karl bald nach dem Antritt
seiner Regierung glaubte führen zu müssen.

Dieser aquitanische Krieg hatte folgende Veranlassung. Das römische Aquitanien erstreckte sich von
der Loire bis zu den Pyrenäen. Aquitanien unter den
Franken scheint nicht immer einerley Grenzen gehabt zu
haben. Gewiß gehörte dazu der ganze Landstrich zwischen
der Garonne und den Pyrenäen, nebst dem Gebiet von
Toulouse, und Toulouse war die Hauptstadt. Als die
Westgothen im südlichen Gallien ein Reich errichteten,
war Aquitanien ein Stück davon. Nachdem aber Chlodowich das westgothische Reich erobert hatte; so gab er
auch hier einigen seiner Franken die Güter der Ueberwundenen zu Lehnen, damit sie als eine kriegerische Colonie oder Besazung das Land in der Unterwürfigkeit erhalten sollten. Doch verhielt sich die Anzahl der Franken, die sich solchergestalt hier niederließen zu den übrigen
Einwohnern weit geringer, als in den andern gallischen
Provinzen, ohne Zweifel weil die vielen Kriege und Eroberungen Chlodowichen nicht viel Franken übrig gelassen

hatten,

hatten, die nicht ſchon in andern Provinzen mit Lehnen
wären verſorgt und als Beſatzung nöthig geweſen. Aus
alten authentiſchen Urkunden, aus zuverläßigen Nachrichten hat der Fleiß eines ſcharfſehenden Geſchichtfor-
ſchers dargethan, daß, bey den unter den Prinzen des
merovingiſchen Hauſes gewöhnlichen Theilungen, Aquitanien ſeine eigenen Könige aus einer jüngern Linie dieſes
Hauſes bekam, daß aber dieſe Könige von den mächtigen
Königen der ältern Linie genöthigt wurden, ſich ſtatt des
königlichen, mit dem herzoglichen Titel zu begnügen, ſich
zu einer gewiſſen Abhängigkeit zu verſtehen, und einen
jährlichen Tribut zu bezahlen. Aber dieſe Herzoge, die
alſo keine bloße Statthalter waren, konnten ihre Abſtammung und ihre ehmalige Unabhängigkeit nicht vergeſſen, und es gab einige unter ihnen, die Muth genug
hatten, und die Umſtände für günſtig genug hielten, den
königlichen Titel wieder anzunehmen, und ſich als unabhängige Fürſten zu betragen [8]). Indeſſen waren ſie doch
zu ſchwach ihre Abſichten auszuführen. Herzog Hunold
mußte ſich im Jahr 744 bequemen, Pipinen, der damals nur noch Major Domus war, den Eid der Treue
zu leiſten. Er ging darauf in ein Kloſter und übergab
ſeinem Sohn, Waifar, die Regierung. Unter dieſem
ging der Krieg von neuem an. Waifar ſchlug Pipinen
ver.

[8]) Die Abſtammung der aquitaniſchen Herzoge von den Merovingern und ihre urſprüngliche Unabhängigkeit waren
lange unbekannt, bis der gelehrte Benedictiner Dom Vaiſ-
ſette dieſe Entdeckungen machte. Ausführlichere Nachrichten ſ. beym Gaillerd vol. II. p. 60. ſq. und p. 201 ſq.
Dieſen Nachrichten zufolge ſollen die Barone von Mon-
tesquiou (nicht die von Montesquieu, von denen der berühmte Verfaſſer des Eſprit des Loix war) von jenen
alten aquitaniſchen Herzogen abſtammen.

verschiedene Forderungen ab, insbesondre die Auslieferung
einiger mißvergnügten Franken, die nach Aquitanien ge-
flüchtet waren. Pipin brach daher im Jahr 760 mit
einem Heere in Aquitanien ein. Aber der Krieg zog sich
in die Länge. Wir finden bey den alten Verfassern zwey
Ursachen dieser langen Dauer des Krieges. Aquitanien
war voll fester Pläze. Ein wichtigerer Umstand war
die Besorgniß, worin Pipin verschiedene Jahre war,
einen neuen Feind an dem mächtigen Herzoge von Bayern
zu bekommen [9]). Dieser hatte großen Verdacht gegen
sich erweckt, daß er nach Unabhängigkeit trachtete, und
vielleicht mit den Aquitaniern gemeinschaftliche Sache
machen würde. Diese Furcht nöthigte Pipinen, sich
einige Jahre gegen die Aquitanier bloß vertheidigungs-
weise zu halten. Sobald er von der Seite der Bayern
nichts mehr zu befürchten glaubte; setzte er den Krieg in
Aquitanien mit Nachdruck fort. Das Jahr 768 schien
entscheidend. Die Franken hatten die meisten Oerter
erobert. Des Herzogs Mutter, Schwester, und andre
von seiner Familie wurden gefangen. Der Herzog selbst,
der von allen verlassen, durch die Wälder nach Vasconia,
dem heutigen Gascogne, zu entkommen suchte, wurde
entweder von seinen eigenen Leuten erschlagen [10]) oder,
nach einer andern Nachricht, gefangen und auf Pipins
Befehl getödtet [11]). Pipin überlebte ihn nur einige
Monate. Auf die Nachricht von diesem doppelten Tode,
Waifars und Pipins, verließ der alte Hunold das
Kloster, um seinen Sohn zu rächen, und die Franken

D 4 aus

---

[9]) Eginhardi Annal. a. 764. Recueil p. 199.

[10]) Contin. Fredeg. Recueil p. 8.

[11]) Annal. Laur. a. 768. Eginh. Annal. a. 768 Recueil
p. 200.

aus Aquitanien zu vertreiben. Die Aquitanier nahmen ihn, als ihren Herzog auf. Die Umſtände ſchienen ſeinem Vorhaben günſtig. Das fränkiſche Reich ſollte eben unter Pipins Söhne getheilt werden, und das Mis-trauen, das zwiſchen dieſen war, ſchien ein wichtiger Umſtand, der ſie von auswärtigen Unternehmungen ab-halten mußte. Indeß bekam Karl Aquitanien mit zu ſeinem Antheil.

Vermöge einer Gewohnheit der Franken, nach wel-cher ſie, wenn gleich das Reich getheilt war, dennoch jeden Krieg, in den einer dieſer Könige mit auswärti-gen Feinden gerieth, als einen Krieg der ganzen Nation betrachteten, verlangte Karl Hülfe zu dem aquitaniſchen Kriege von ſeinem Bruder Karloman. Dieſer verſprach ſie. Allein, wie Karl mit ſeinen Völkern ſchon nach Aquitanien aufgebrochen war, folgte ihm Karloman aus Neid, ſagen einige alte Schriftſteller, nicht nach, ſondern ging mit ſeinen Völkern nach ſeinen Staaten zurück. Karl indeſſen ließ ſich durch das Ausbleiben ſeines Bru-ders nicht abhalten, den Zug mit der Geſchwindigkeit, die ſo oft entſcheidend iſt, fortzuſetzen. Seine ſchnelle Ankunft in Aquitanien hatte die Wirkung, daß alles ſich ergab. Hunold entfloh, es gelang ihm, nach Vaſconien zu kommen.

Nach der Sitte der Merovinger pflegte auch Aqui-tanien, wenn der daſelbſt regierende Herzog mehr Söhne hinterließ, unter ſie getheilt zu werden. Die jüngern Söhne bekamen Vaſconien, oder das heutige Gaſcogne. Der damalige Herzog in Vaſconien war Lupus, ein Bruderſohn von Hunold. An dieſen ſchickte Karl, und verlangte unter verſchiedenen Drohungen die Auslieferung des alten Hunolds. Der Vaſconier gehorchte. Hunold
hatte

hatte nun das Schicksal, das in diesen Zeiten überwundenen Fürsten gewöhnlich zu Theil wurde. Er mußte
ins Kloster. In der Folge fand er Gelegenheit, aus dem
Kloster zu entkommen. Er floh zu dem Könige der
Longobarden Desiderius, dessen Hof eine Zuflucht aller
derer war, die sich über Karln glaubten beklagen zu
müssen [12].

Durch diesen Ausgang des aquitanischen Krieges
im Jahr 770 wurde Karls Reich mit einer wichtigen
Provinz vermehrt. Er setzte keinen neuen Herzog oder
Statthalter über sie, denn er hielt dergleichen Statthalter
großer Provinzen für bedenklich, weil man in jenen Zeiten keine Mittel hatte, sich ihrer Abhängigkeit zu versichern, ein ehrsüchtiger Herzog hingegen in der Provinz
viel Gelegenheit hatte, die Unterthanen dergestalt an
sich zu gewöhnen, daß sie ihn gern unterstützten, wenn er
sich gegen seinen Oberherrn auflehnte; sondern zertheilte
das Land in verschiedene Grafschaften, deren jede durch
einen eigenen Grafen regiert wurde.

Um seine Grenzen von dieser Seite noch mehr zu
sichern, ließ er an den Fluß Dordogne ein Schloß
bauen, das die damaligen Verfasser Castellum Franci-
cum, die spätern Franciacum oder Franciac nennen.
Es ist das heutige Fronsak. Wenn der Name ursprünglich so viel, als die Burg der Franken, bedeutete, wie
Gaillard meint, so mußte er von den Franken anders
ausgesprochen oder aus einer andern als der fränkischen
Sprache abgeleitet werden [13].

D 5   Schon

_____

12) Sigeb. Gembl. a. 771. Recueil p. 376. Vita Stephani Papae ib. p. 434.

13) Wer sich mit Etymologisiren gern beschäftigt, dem wird
folgende Vermuthung vielleicht einen Augenblick unterhalten.

Schon im folgenden Jahre verlor Karl seinen Bruder, oder vielmehr er wurde von einem zwar, wie es
scheint, nicht gefährlichen, aber doch seinen Absichten
sehr hinderlichen Gegner befreyt. Karloman starb im
Jahre 771 im December. Er hinterließ zwey Söhne,
die beyde Kinder waren. Seine Unterthanen erwählten
gleich nach seinem Tode Karln zu ihrem König. Wir
müssen weder ihnen noch Karln ein Verbrechen daraus
machen, daß sie Karlomans Kinder, übergingen. Es
war, wie im ersten Kapitel bemerkt ist, die Regel bey den
deutschen und nordischen Völkern, daß sie statt der Söhne
des verstorbnen Königs, wenn sie sehr jung waren, lieber
seinen Bruder, oder jeden andern ihnen würdiger schei-
nenden Prinzen aus der Familie zum Könige nahmen.
Es fiel ihnen nicht ein, daß sie jenen Kindern dadurch
ein Unrecht erwiesen. Denn wenn sie die Söhne ihrer
Könige auf den väterlichen Thron erhoben; so thaten sie
dieß nicht, weil sie den Thron für ein Erbgut hielten,
sondern weil sie wußten, daß es der öffentlichen Ruhe am
zuträglichsten sey, mit ihrer Wahl so viel möglich bey
Einer Familie und in dieser Familie bey der geraden
Linie zu bleiben.

Karlomans hinterlaßne Witwe, Gerberge, hielt
jetzt den Aufenthalt ihrer kleinen Söhne in Karls Staaten

ten, wenigstens ihm Anlaß zu lächeln geben. Ac ist eine
Endung, die sehr häufig in den Namen der Städte und
Schlösser in Guienne und insbesondere in Gascogne vor-
kömmt, wie Burg im Deutschen, und polis im Griechischen; z. E. Armagnac, Cognac, Fesenzac. Ac bedeutete also vermuthlich in der dortigen Landessprache eine
Burg oder Stadt. Fronsac oder wie es vermuthlich anfangs ausgesprochen wurde, Fransch-ac wäre also nach
Gaillards Vermuthung, so viel als die Frankenburg.

ten nicht für sicher. In der That, das gelindeste, was
damals dergleichen vom Thron verstoßne Prinzen zu erwarten hatten, war Einsperrung in ein Kloster. Nicht
selten wurden sie geblendet. Durch Besorgniße also solcher Schicksale geängstigt, floh Gerberge mit ihren Kindern zu Desiderius, dem König der Longobarden, an
dessen Hofe Karls geheime und öffentliche Feinde Zuflucht fanden.

Das ganze Reich der Franken, welches nun unter
Karln wieder vereinigt war, bestand aus einem Theile
des heutigen Deutschlandes und dem heutigen Frankreich.
Seine Grenzen waren gegen Norden die Nordsee, das
Land der Friesen, und das Land der Sachsen, das ist,
die heutigen vereinigten Niederlande, Westphalen und
Niedersachsen. Gegen Osten waren die Thüringer, die
von der Fulda bis über die Saale wohnten, und die Ba-
joarier oder Bayern, deren Land außer dem heutigen
Bayern das heutige Salzburg und das meiste von Oestreich mit unter sich begriff. Gegen Süden waren das
mittelländische Meer, und seit der Bezwingung Aquita-
niens, die Pyrenäen; gegen Westen das atlantische
Meer und Britannien oder das heutige Bretagne, das
aber schon einigemal eine gewisse Oberherrschaft der fränkischen Monarchen anerkannt hatte. Von diesen Völkern waren die Thüringer schon von den Franken bezwungen, und wurden durch Grafen regiert. Eben dieses war
das Schicksal der Friesen. Die Sachsen hatten sich gegen Pipin zu einem Tribut verstanden. Bayern hatte
einen Herzog, der aber die Oberherrschaft der fränkischen
Könige oft hatte erkennen müssen.

In so weit Verschiedenheit der Sprache und Verschiedenheit der Abstammung ein hinlänglicher Grund
sind,

ſind, die Einwohner eines Reichs in verſchiedene Nationen zu theilen, war dieſes alte Frankreich von zwey Hauptnationen bewohnt. In der weſtlichen Hälfte, die von der öſtlichen ungefehr durch die nämliche Grenzlinie geſchieden wurde, die das jetzige Frankreich theils von den ihm gehörigen deutſchen Provinzen, theils von Deutſchland ſcheidet, waren die Gallier das zahlreichſte, aber die Franken das herrſchende Volk. In der öſtlichen Hälfte wohnten lauter deutſche Völker. Von der Nordſee an bis ohngefehr zu Elſaß und Lothringen hin auf beyden Seiten des Rheins, in den heutigen öſterreichiſchen Niederlanden und in den Ländern des heutigen Unter = und Oberrheiniſchen Kreyſes war der eigentliche Sitz der Franken, den ſie in ihren Krlegen wider die Römer, bey deren erſtem Anfange ſie noch vom Unterrhein bis zur Weſer hin wohnten, erobert hatten. Der heutige Elſaß und Schwaben waren der Sitz der Allemannier, die auch Schwaben genannt wurden. Und die Burgunder wohnten in dem heutigen Bourgogne, Franche Comte und in der Schweiz. In jenen beyden waren aber die Burgunder eigentlich auch nicht die einzigen Einwohner, ſondern nur die herrſchenden. Die zahlreichen Gallier waren unterwürfig. Was auch für kleine Verſchiedenheiten in den Sitten und Gewohnheiten der Burgunder, Allemannier und Franken ſeyn mochte, ſo waren ſie doch in Hinſicht auf die Staatsverfaſſung Eine Nation, wie heut zu Tage in dieſer Hinſicht Schotten und Engländer, oder Preußen und Brandenburger einerley Nationen ſind.

Obgleich einige von den fränkiſchen Königen zu Paris in dem vom Kaiſer Julian erbauten Pallaſt reſidirt hatten; ſo war doch Paris nicht die Hauptſtadt. Es gab keine. Die Könige lebten meiſtens, wie ſchon erwehnt

wehnt worden, auf dem Lande, bald auf dem einen,
bald auf dem andern Schloße. Auch die Reichstage
wurden an keinem bestimmten Orte gehalten. Die
Verfassung der Franken war noch völlig so, wie sie im
ersten Kapitel beschrieben ist.

Von den übrigen damals bekannten Nationen unterschieden sich vorzüglich die Araber und die Griechen.
Das Kaiserthum der Griechen hatte, auf allen Seiten
viel von seinen vormaligen Besitzungen verlohren. Es
begriff nur noch das heutige Romanien, Griechenland,
einen Theil von Kleinasien und etwas von Italien. Der
Sitz war Konstantinopel. Beyde, der Hof und die Nation, waren äußerst verdorben. Zu weit getriebene
Verfeinerung, Bigotterie, Weichlichkeit und Gewinn-
sucht hatten jede männliche Tugend verdrungen.
Schwerlich wird man einen einzigen Zug von Größe
des Geistes oder Herzens in ihrer Geschichte finden.
Der Hof kannte keine wichtigere Staatsgeschäfte, als
theologische Streitigkeiten. Das, was man in einem
gewissen unedlen Sinn Politik nennt, war der einzige
Weg zu Ehrenstellen, die oft Verschnittenen zu Theil
wurden. Die Landmacht der Griechen war zahlreich
genug, aber in wesentlichen Dingen unbedeutend. Besser waren ihre Flotten. Durch diese Flotten, durch
sein Geld und durch seine Politik erhielt sich dieser Staat
bey dem Ansehn, das er seinen Stiftern, den vormaligen römischen Kaisern zu danken hatte.

Das glänzendste, das größte der damaligen Völker
waren die Araber. Sie hatten Syrien, Egypten, die
Küste von Africa und den größten Theil von Spanien
erobert. Die Gothen, welche bis zum Einbruch dieses
mahomedanischen Volkes Spanien beherrscht hatten,

waren

waren in die nordischen Gebürge geflohen. Die Araber
waren eben so kriegerisch als die Franken. Aber um diese
Zeit bewiesen sie auch schon in den Wissenschaften und in
der Handlung eben den glücklichen Eifer, mit welchem
sie ihre Siege erfochten hatten. In beyden Stücken
waren die Franken tief unter ihnen.

In Italien besaßen die griechischen Kaiser noch etwas
von dem Königreiche Neapel, und einige Plätze am adri-
atischen Meere. Rom, unter dem Einfluße der Päbste,
hatte sich der griechischen Herrschaft zu entziehen gewußt.
Alles übrige in Italien war den Longobarden unterworfen.
Die Italiener waren zwar nicht so verdorben, wie die
Griechen, aber eben so wenig kriegerisch. Selbst die
Longobarden hätten den Muth und die Streitbarkeit ihrer
Vorfahren verlohren.

In England waren die Angelsachsen mit den Britten
schon ein Volk geworden. Das ganze Land war in verschiedene kleine Reiche getheilt.

Im eigentlichen Deutschland waren nur noch zwey
Völker, die sich gegen die Uebermacht der Franken zu
behaupten suchten, die Sachsen und die Bayern.

Die slavischen Völker, die von der Ostsee an auf
beyden Seiten der Oder wohnten, breiteten sich immer
weiter aus. Die Hunnen oder Avaren bewohnten das
heutige Ungarn. Alle diese Völker, die Italiener und
Griechen ausgenommen, hatten wenige oder gar keine
Verbindung mit einander. Sie machten sich daher eines
von des andern Macht, Verfassung, Sitten und Religion
sehr mangelhafte und falsche Begriffe. Nationen, die
einander sehr nahe lagen, die nur durch eine Meerenge,
durch einen Fluß oder durch ein Gebürge getrennet wurden,

den, kannten einander weniger, als wir jetzt die entferntesten Völker kennen.

Gleich in dem auf Karlomans Tod folgenden Sommer 772 that Karl seinen ersten Feldzug wider die
Sachsen, und fing dadurch einen Krieg an, der verschie-
denmal durch Friedensvergleiche beygelegt, aber immer
erneuert, drey und dreyßig Jahr mit immer zunehmender Hartnäckigkeit und Grausamkeit von beyden Seiten
geführt wurde.

Zu Tacitus Zeiten waren die Sachsen den Römern,
wenigstens unter diesem Namen, noch nicht bekannt.
Die Traditionen von ihrer ältesten Geschichte sind, wie
alle mündlichen Ueberlieferungen mangelhaft und ungewiß.
Wahrscheinlich wohnten sie erst auf der nördlichen Seite
der Elbe. Als aber der Geist der Auswanderung und
Eroberung die deutschen Völker ergriffen hatte, scheinen
auch die Sachsen seinen Anstoß, wenigstens auf eine
Zeitlang empfunden zu haben. Es ist bekannt, daß
ein Theil von ihnen, die Angelsachsen, über die Nordsee
nach Britannien gingen, und sich die südliche Hälfte
dieser Insel unterwarfen. Die Zurückgebliebenen breiteten sich über die Weser bis an den Rhein aus, so wie
die Völker, die bisher in diesen Gegenden gewohnt hatten,
weiter in die römischen Provinzen drangen. Die Sachsen selbst hatten eine Sage unter sich, daß sie übers
Meer gekommen wären [14]). Es ist nicht unwahrscheinlich,
daß sie ursprünglich ein mit den Dänen und Schweden
am höchsten verwandter Volkszweig waren. Daß sie
wenigstens ein ursprünglich von den Franken verschiede-
nes

---

[14]) Wittich. monach. ap. Meibom. T. I. Das Loblied
auf den heil. Anno ap. Schilter.

nes, und erſt nach den Zeiten des Tacitus in Deutſchland eingewandertes Volk waren, ſcheinen mir zwey Umſtände zu beweiſen. Die Sachſen hatten jenen weichen
Dialect, der dem Däniſchen am nächſten kommt [15]),
und den wir, ich weis nicht warum, den platten nennen,
da er eigentlich der ſanftere heißen ſollte. Der Dialect
hingegen der Franken war rauh, voll breiter Diphthon-
gen, mit Conſonanten und insbeſondre mit Guttural
Buchſtaben überladen [16]). Sodann aßen die Sachſen,
wie

[15]) Es iſt aber doch eine ſo wichtige Verſchiedenheit zwiſchen
der däniſchen und plattdeutſchen Sprache, daß, wenn ſie
einander einſt ähnlicher waren, entweder mit jener oder
mit dieſer eine große Veränderung vorgegangen ſeyn muß.
Dahin gehört erſtlich die große Menge eigner Wörter der
däniſchen Sprache, die mit dem Plattdeutſchen nicht die
geringſte Aehnlichkeit haben z. E. ein Pferd heißt im Däniſchen Heſte, im Plattdeutſchen Pehrd. Zweytens der
Gebrauch im Däniſchen den unbeſtimmten Artikel durch
Anhängung deſſelben hinten an das Wort in den beſtimmten Artikel zu verwandeln z. E. en Konge, ein König;
Kongen, der König; et Kinre, ein Meſſer; Kinret,
das Meſſer. Wo hingegen die plattdeutſche Sprache für
den Begriff des beſtimmten und des unbeſtimmten zwey
verſchiedene Artikel hat; en König, de Köwig. Drittens hat die däniſche Sprache die ſo kurze Form des Paſ-
ſivi, die durch den einzigen Buchſtaben s am Ende des
Verbi gebildet wird: jeg Caller, ich nenne oder rufe;
jeg Calles, ich werde genannt oder gerufen. Entweder
iſt die däniſche Sprache, die vielleicht vormals auch in dieſen Stücken mehr Aehnlichkeit mit der Deutſchen hatte,
durch die Einwanderung, etwa des Odin, oder die nieder-
ſächſiſche, falls ſie vormals in obigen Stücken, wie in der
Ausſprache, der Däniſchen näher kam, durch das Verkehr
der alten Sachſen mit den eigentlichen Deutſchen Völkern,
mit den Franken, verändert worden.

[16]) Wittekind ſprachen die Sachſen; Wittechind die
Franken. Die Sachſen Lüder; die Franken Chlothar.

wie die Dänen, Schweden und Normänner viel Pferde=
fleisch. Dieß that keins der deutschen Völker, deren
Sitten Tacitus beschrieben hat. Und eben dieser Unter=
schied macht es mir fast gewiß, daß die Sachsen zu
Tacitus Zeiten, noch weiter hin in Norden oder Osten
wohnten unter den Völkern, die die Römer nur aus den
unvollständigen und unsichern Erzählungen etwa ihrer in
jene Gegenden reisenden Kaufleute, oder aus den Nach=
richten der am Rhein wohnenden Deutschen kannten.
Denn Tacitus würde, wenn er von den Sachsen und
ihrer Lebensart umständlichere Nachrichten gehabt hätte,
ohne Zweifel als eine Merkwürdigkeit angeführt haben,
daß es deutsche Völker gäbe, die Pferdefleisch äßen, zumal
da der Genuß desselben bey den Römern für etwas scheus=
liches gehalten würde, wozu Menschen nur durch die
dringendste Noth könnten gezwungen werden [17].

Die nach Tacito lebenden römischen Schriftsteller
erwehnen der Sachsen zuerst in der zweyten Hälfte des
vierten Jahrhunderts [18]. Hieronymus erwehnt ihrer
in dem Briefe, wo er über den Verfall des Reichs,
über die Plünderung und Verheerung Galliens durch die
deutschen Barbaren jammert. Indem er alle diese barba=
rischen Völker herzählet, nennt er auch die Sachsen [19].

In

---

[17] Wir finden beym Tacitus selbst eine Stelle, wo er seinen
römischen Abscheu gegen Pferdefleisch sehr stark ausdrückt.
Er beschreibt hist. IV. 69. die Hungersnoth, die die
vom Claßieus eingeschlossenen Legionen erlitten; er sagt:
absumtis *jumentis equisque* ceterisque animalibus,
quae *profana foedaque* in usum *necessitas* vertit.

[18] Prosper ap. Scaliger. in Eusebio p. 51.

[19] Hieron. Epist. 91. (Pariser Edition von 1706. fol.)
T. IV. p 748.

In dem ſtatiſtiſchen Aufſaße, der unter dem Titel, Notitia dignitatum bekannt, und der um des Kaiſers Ho-
norius Zeiten geſchrieben iſt, kommt ein Comes ntoris
Saxonici per Britannias [20]) vor, und eben daſelbſt
wird ein Theil der Küſte des damaligen Galliens littus
Saxonicum genannt. Sachſen ſtanden damals auch in
römiſchen Dienſten [21]). Die Nation der Sachſen war
berühmt

[20]) Ap. Graev. in Theſ. T. VII. p. 1788. it. p. 1939. Man
kann über die Veranlaſſung der Benennung Littus Saxonicum nur Vermuthungen haben, deren ſich drey denken
laſſen. Entweder nannten die Römer dieſe Küſte ſo, weil
ſie dem Lande der Sachſen gegen über und ihren Streifereyen ausgeſetzt lag, oder weil daſelbſt Sachſen in römi-
ſchem Solde ihre Standquartiere hatten, oder weil Sachſen,
(ſie fiengen ſchon in dieſen Zeiten an auszuwandern) ſich
auf dieſer Küſte niederließen. Die zweyte dieſer Vermuthungen wird vielleicht anfänglich manchen meiner Leſer
unwahrſcheinlich; ſie wird ihnen aber hoffentlich ſehr
wahrſcheinlich vorkommen, ſo bald ſie hören, daß um dieſe
Zeit mehr ſächſiſche Corps in römiſchen Dienſten ſtanden.
Vielleicht entſteht bey ihnen gar, wenn ſie dieſen Umſtand
erwegen, eine ganz neue Vermuthung über die Veranlaſſung, die die erſte Sachſen nach Britannien brachte. Vielleicht kamen ſie nicht als Seeräuber, oder als von den
Britten zu Hülfe gerufne Schutzvölker, ſondern als römiſche Soldtruppen hin. Es iſt hier nicht der Ort, dieſe
Vermuthung weiter zu verfolgen. — Ich muß nicht vergeſſen hier einer die Benennung des Litoris Saxonici und
die erſte Niederlaſſung der Sachſen betreffenden Anmerkung
zu erwehnen, die der bloſſe Geſchichtforſcher da, wo ſie
ſteht, wohl nicht leicht ſuchen wird, und von der ich doch
gewiß bin, daß er mir Danck wiſſen wird, ſie ihm anges
zeigt zu haben. Es iſt die erſte Anmerkung zum erſten
Akt der Minona des Herrn von Gerſtenberg.

[21]) Eine Ala Saxonum ſtand in Afrika, Notitia dignitatum ap. Graev. in Theſ. T. VII p. 1717. Wo dienten
nicht Deutſche ſchon in jenen Zeiten?

berühmt und furchtbar wegen ihrer Unternehmungen zur
See, und Sidonius Apollinaris [22]), der 482 als Bischof von Auvergne starb, rühmt sie als die kühnsten See-
fahrer und Seekriegsvölker.

Die Sachsen zu Karls Zeiten werden von den Geschichtschreibern in vier Hauptvölkerschaften eingetheilt,
in die Westphalen, Angrarier, Ostphalen und Nord-
oder Transalbingier. Eine fünfte scheinen die Einwohner des Landes Wihmodi, welches das heutige Herzogthum Bremen ist, ausgemacht zu haben.

Die Verfassung dieser Völker war, zu Karls Zeiten,
wo nicht völlig dieselbige, doch eine sehr ähnliche, wie die
Deutschen vor ihrer Bekanntschaft mit den Römern
hatten. Die Adlichen und Freyen, zwey verschiedene
Stände, waren allein Besitzer der Ländereyen, die sie
durch unfreye, welche nicht immer Knechte waren, be-
arbeiten ließen [23]).

In den öffentlichen Versammlungen der verschiedenen
Völkerschaften wurden sowohl die nöthigen Gesetze, als
andere das Allgemeine betreffende Verabredungen beschlossen. Die Ausführung von beyden wurde gewählten Grafen, Herzogen oder Fürsten aufgetragen.

Die Sachsen hatten schon früh Kriege mit den
Franken. Pipin hatte nie völlig sichern Frieden mit
ihnen. Im Jahr 758 schloß er den letzten Vergleich;
sie gelobten ihm einen jährlichen Tribut von dreyhundert
Pferden.

E 2

Die

---

[22]) Lib. VIII. ep. 6.

[23]) Die Liti waren eine von den Frilingis verschiedne Classe;
sie waren aber keine Servi oder mancipia.

Die Geschichtschreiber sagen es zwar nicht ausdrücklich; aber es ist wahrscheinlich, daß die Sachsen nach Pipins Tode, sich weigerten, diesen Tribut zu bezahlen. Denn sie thaten mehr; Streitigkeiten, die unter den Grenzbewohnern beyder Völker oft entstanden, gaben den Sachsen Anlaß zu wiederholten Streifereyen in das Land der Franken. Diese Streifereyen waren, nach Eginhards Zeugniß, von so vielen Grausamkeiten begleitet, daß die aufgebrachten Franken allgemein wünschten, nicht sowohl sich an ihnen durch einen offenbaren Krieg zu rächen, als sich dadurch Ruhe vor ihnen zu verschaffen [24]). Dieser Wunsch stimmte mit Karls andern Absichten überein.

Er sah wahrscheinlich vorher, daß die Streitigkeiten der Päbste mit den Longobarden ihn mit der Zeit nach Italien rufen würden. Er wußte, daß Pipin seine Eroberungen in Italien, unter andern auch der Sachsen wegen, hatte aufgeben müssen. Karl hielt daher für nöthig, auf jenen Fall eines italienischen Krieges, sich vorher von dieser Seite Sicherheit zu verschaffen.

Aber die Art von Ruhm, die Karl vorzüglich zu erlangen suchte, für einen Ausbreiter und Beschützer der Kirche bekannt zu werden, verleitete ihn, sich auch ein anderes Ziel bey diesem Kriege vorzusetzen. Er hielt ihn für das Mittel die Sachsen zum christlichen Glauben zu bringen. Wir haben der Ursachen oben erwähnt,

die

---

24) Von der Glaubwürdigkeit dieses Zeugnisses, daß die Franken diesen Krieg zu führen, durch die Wildheit und Grausamkeit der Sachsen genöthigt wurden, hängt die Beurtheilung der Maaßregeln ab, die Karl in diesem Kriege befolgte.

die seiner Ruhmgier diese besondere Richtung gegeben hatten. Einige Neuere haben deswegen seinen Charakter sehr herabgesetzt. Sie behaupten, es sey unmöglich, daß ein Geist von seiner Größe nicht eingesehen habe, wie verkehrt und tyrannisch es sey, die Menschen durch Zwang überzeugen zu wollen. Sie beschuldigen ihn daher gerade zu, daß er die Religion bloß zum Vorwande dieses Krieges genommen habe. Allein daß Karl es aufrichtig mit der Religion meinte, erhellt aus seinem ganzen übrigen Betragen. Was seine Einsichten betrift, so weis ich zwar, was man von dem Genie, daß es sich durch seine angebohrne Stärke über alle Vorurtheile erheben müsse, zu rühmen pflegt. Allein diejenigen, die, mit der Natur des menschlichen Verstandes genauer bekannt, eine bescheidnere Meinung von seinen Kräften haben, werden Karln in diesem Stücke mehr Gerechtigkeit wiederfahren lassen. Zu seinen Zeiten gab es kein Buch, und vielleicht keinen einzigen Menschen, der, auch nur zufälligerweise, den Gedanken bey ihm hätte veranlassen können, daß es eher ein Verbrechen als ein verdienstliches Werk ist, die Menschen zu zwingen, etwas für Wahrheit anzunehmen, was sie nicht dafür erkennen.

Vielleicht irre ich nicht, wenn ich vermuthe, daß folgender Umstand nicht wenig beytrug Karln in seinem Vorurtheil zu bestärken, und ihn Ruhm in der Bekehrung dieser Völker suchen zu lassen. Die damalige Größe der Saracenen schien die Frucht ihres Eifers für ihren Glauben zu seyn. Es ist die Natur des Ehrgeizes, seine Zeitgenossen in denjenigen Eigenschaften, die am meisten an ihnen bewundert werden, übertreffen zu wollen. Dieses macht es nicht unwahrscheinlich, daß Karl, von dem ich gern zugebe, daß er den Ruhm liebte, seinen Namen dadurch unvergeßlich bey den Christen zu

E 3 machen

machen ſuchte, daß er für ihren Glauben eben ſo viel
that, als die Saracenen für den ihrigen zum Erſtaunen
ſelbſt der Chriſten verrichtet hatten. Hat nicht jedes
Jahrhundert ſeine eigene Ideen von Verdienſt, von Größe,
wodurch die Ruhmſüchtigen in der Wahl der Mittel,
ſich einen Namen zu machen, beſtimmt werden?

Karls Plan war alſo aus den Sachſen neue Unterthanen ſeines Reichs und Chriſten zu machen. Aber
beyde Abſichten wurden von den Sachſen als das größte
Unglück angeſehen, das ihnen begegnen konnte, und ſie
ſuchten es mit einer Standhaftigkeit, die von den fränkiſchen Geſchichtſchreibern Hartnäckigkeit genannt wird,
abzuwenden. Ein freyes und dabey unverdorbnes Volk
wird ſich der Dienſtbarkeit nicht eher, als bis es nach
langem Kampf erſchöpft iſt, ergeben. Und was die
Religion betrift, ſo iſt es in der Natur des menſchlichen
Herzens gegründet, daß wir uns allem Aufdringen neuer,
von den unſrigen verſchiedner Meinungen über die Gottheit und über ihr Verhältniß zu dem Menſchen, als der
ärgſten Tyranney, ſo lange unſere Kräfte noch etwas
vermögen, widerſetzen. Die Anhänglichkeit der Sachſen
alſo an die Religion ihrer Väter war natürlich um ſo
viel ſtärker, jemehr ſie überhaupt gegen allen Zwang
Abſcheu hatten. Die damaligen Chriſten aber ſahen die
Religion der Sachſen für Teufelsverehrung an, und bildeten ſich ein, den Sachſen eine Wohlthat zu erweiſen,
wenn ſie ſie aus den Stricken des Teufels befreyten.

Im Frühlinge des Jahrs 772 hielt Karl einen
Reichstag zu Worms, auf welchem der Krieg wider die
Sachſen, mit allgemeiner Einwilligung der Franken, beſchloſſen wurde. Mit allgemeiner Einwilligung wurde
der Krieg beſchloſſen. Ich wiederhole dieſes, weil es
wichtig

wichtig ist. Unleugbar waren die Könige der Franken in Absicht auf Krieg und Frieden eingeschränkt. Ohne Genehmigung der Nation, mit der sie die dahin gehörigen Angelegenheiten in der gewöhnlichen, oder auch in einer außerordentlichen Versammlung überlegen mußten, durften sie keinen Krieg anfangen. Die Schriftsteller dieser Zeiten erwehnen sehr oft, ich könnte vielleicht sagen, immer, der Einwilligung, die die Volksversammlung zu einem Krieg ertheilte. Und daß diese Einwilligung nicht bloß eine Feyerlichkeit, sondern etwas wesentliches war, erhellet aus einem unten anzuführenden merkwürdigen Exempel Pipins. Wir werden sehen, daß ihm die Nation ihre Einwilligung zu einem Zuge nach Italien versagte. Ohne Zweifel wird man nun fragen, wer denn die Nation war, deren Einwilligung erfordert wurde? ob jeder Franke in der Versammlung erschien und seine Stimme mit geben konnte? oder ob es gewisse Repräsentanten der Nation gab? und wer dann diese Repräsentanten waren? Hier scheint der bequemste Ort zu seyn, über diesen Punkt das Nöthige zu sagen.

So wie die gegenwärtige Verfassung von Frankreich und von Deutschland aus der Verfassung der Karolingischen Monarchie durch die Mitwürkung verschiedner, zum Theil, zufälliger Begebenheiten, entstanden ist, so war die Verfassung der Karolingischen Monarchie aus den ursprünglichen Einrichtungen der deutschen Völkerschaften, zu der Römer Zeiten, entsprungen. Und wenn Montesquieu Recht hatte zu sagen, daß der Keim der Staatsverfassungen, die wir heut zu Tage in den meisten europäischen Staaten antreffen, in den deutschen Wäldern zu suchen sey, so können wir mit Grund hinzusetzen, daß dieser Keim zu Karls Zeiten schon zu einem ansehnlichen Stamm aufgeschossen war, der aber erst

E 4 nach

nach diesem Monarchen Zweige ansezte, die sich auf so
mannigfaltige Weise in so verschiedene Richtungen aus
einander breiten.

Es ist nicht leicht sich von der eigentlichen Beschaffenheit der Verfassung zu Karls Zeiten einen deutlichen
und richtigen Begriff zu machen. Alle Nachrichten davon, die uns aus jenen Zeiten selbst übrig geblieben, sind
in einer Sprache geschrieben, der die Verfasser dieser
Nachrichten zu wenig mächtig waren, um von jeder
Sache den angemeßnen Ausdruck zu brauchen. Ihre
Worte, wenn sie von der Verfassung reden, sind schwan-
kend, vieldeutig, und geben daher Anlaß, daß nicht
zwey Leser völlig einerley Begriffe damit verknüpfen.
Wie unbestimmt sind nicht die Ausdrücke: die Großen
(optimates) die Vornehmern (magnates, meliores)
die angesehenern (nobiliores) die ältern (seniores)
die jüngern (juniores) die Menge (multitudo) die
Ehrenstellen (honores) die Versammlung (conuentus).

Es scheint mir, daß man, um die fränkische Verfassung zu Karls Zeiten, richtig darzustellen, sich vor
dem Fehler hüten muß, der Kunst, oder der Wahl der
Menschen bey ihrer Entstehung alles oder auch nur vieles
zuzuschreiben, vielmehr haben auch hier die Natur und
gelegentlichen Ursachen das meiste gethan. Die Natur
hat die Völker durch gewisse Umstände auf gewisse Anordnungen geleitet, die unter den nämlichen Umständen
die nämlichen seyn müssen. Sie hat die Menschen in
solche Lagen gesetzt, wo ihnen die Erfindung, wenn ich
so sagen darf, gewisser moralischer Werkzeuge zur Erhaltung der allgemeinen Sicherheit und Handhabung der
Ordnung eben so leicht werden mußte, als die Erfindung
mechanischer Werkzeuge, sich ihre Nahrung durch Jagd,

durch

durch Fischen, durch Anbau des Bodens zu verschaffen. Schon die Verfassung der Deutschen zu Tacitus Zeiten war nicht ein Werk ihrer Ueberlegung, sondern ihrer Bedürfnisse. Auch über diesen Punkt finde ich, hat bisher ein großes Vorurtheil allgemein geherrscht. Man hat von der ursprünglichen Verfassung der Deutschen als von einem Werke, von einer Erfindung der Deutschen, als von einer durch Ueberlegung und Wahl errichteten Verfassung geredet, da doch bey jedem Volke, das unter den nämlichen Umständen die nämlichen Bedürfnisse empfand, wie unsere Vorfahren, die nämliche Verfassung hat entstehen müssen. Vielleicht wird es manchem auch neu scheinen, wenn ich hinzufüge, daß schon zu Tacitus Zeiten zwey Keime zwey verschiedner Verfassungen unter den deutschen Völkern vorhanden waren.

Aus Familien, die lange neben einander bestanden, die sich an einander gewöhnt hatten, die anfiengen, in einem Landstriche den Acker zu bauen und die Weiden und Hölzungen unter sich zu theilen, entstanden zuerst kleine Völkerschaften. Mit ihrer Entstehung war auch gleich die Nothwendigkeit da, daß die Häupter der Familien, daß die Hausväter sich zu gewissen Zeiten versammelten, um gewisse Verabredungen zur Erhaltung des Friedens unter ihnen zu nehmen. Eben so mußte die Erfahrung sie bald von der Nothwendigkeit belehren, gewissen Personen eine gewisse Gewalt zur Ausführung jener Verabredungen zu vertrauen. So entstand ganz natürlich eine gesetzgebende und eine vollziehende Gewalt, weil diese beyden Arten von Gewalt natürlicherweise das einzige Mittel waren, wodurch der Zweck, um dessentwillen diese Familienväter zusammentraten, die Sicherung des Friedens unter ihnen, erreicht werden konnte. Eben so natürlich behielten die Familienväter sich die gesetzge-

E 5

bende

bende Gewalt ſelbſt vor, es konnte ihnen nicht einfallen,
daß die Regeln, von denen jeder von ihnen die Sicherheit ſeines Eigenthums erwarten ſollte, anders als von
ihnen ſelbſt durch die Einwilligung eines jeden könnten
beſtimmt werden.

Dieſes iſt die älteſte, einzige, natürlichſte Entſtehungsart wahrer, freyer bürgerlicher Verfaſſungen. Sie
entſtanden durch einen Vertrag. Natürlicherweiſe nahmen ſie bey kleinen Völkerſchaften ihren Anfang. Solcher Völkerſchaften, die gern in Ruhe ihren Acker beſtell-
ten, und ihrer Heerden warteten, gab es in Deutſchland
gewiß. Auf ſie paßt die Stelle beym Tacitus von Volksverſammlungen zu beſtimmten Zeiten und von jährlichen
Wahlen obrigkeitlicher Perſonen.

Eine ganz andere Verfaſſung mußte unter Horden
entſtehen, wo der Zweck, weswegen Menſchen ſich zu-
ſammengeſellten, Krieg und Unterdrückung anderer war.
Daß ſolche Zuſammengeſellungen früh geſchahen, war
eine natürliche Folge theils von der unruhigen Thätigkeit
phyſiſch kräftiger Menſchen, theils von ihrer Abneigung
gegen ruhige einförmige Beſchäftigung, theils von dem
Muthe und von dem Gefühle der Stärke, der die Menſchen von Natur zugeneigt ſind, ſich zur Befriedigung
ihrer Bedürfniße nicht nur, ſondern auch ihrer Leidenſchaften und launigten Einfällen und Begierden ²⁵) zu
bedie-

---

²⁵) Launigte Einfälle und Begierden haben weit mehr Ein-
    fluß auf die Handlungen der Menſchen, als man insge-
    mein zu glauben ſcheint. Man beobachte zuſammen ſpie-
    lende Kinder; man beobachte oder leſe, was vernünftige
    Reiſende von wilden, halbwilden und rohen Völkern be-
    richtet haben: man leſe die Geſchichte der mittlern Zeiten,
                                                          und

bedienen. Auch diese Zusammengesellungen konnten nicht
anders als durch Verabredungen möglich werden.
Denn der Stärkste kann viele minder starke nicht zwingen, ihm beständig in allen seinen Unternehmungen bey-
zustehen. Da aber der Zweck ihrer Zusammengesellungen nicht ohne große Gefahr erreicht werden konnte, so
begriffen sie bald die Nothwendigkeit, dem Bande ihrer
Vereinigung durch die stärksten Versprechungen und
durch verabredete Strafen, wenn jemand diese Versprechungen nicht hielte, alle mögliche Festigkeit zu geben.
Sie begriffen auch die Nothwendigkeit, daß ihr Anführer
uneingeschränkte Gewalt alles zur Ausführung ihrer Unternehmungen Erforderliche anzuordnen, besitzen müßte.
Nur da diese Zusammengesellungen nicht gleich auf beständig, sondern nur auf einzelne Unternehmungen errichtet wurden, so blieb jedem, der zu dergleichen Verbindungen Neigung hatte, das Recht, erst zu hören, zu
was für Unternehmungen man ihn einlud, und dann
nachdem es ihm gefiel, oder mißfiel, sein Versprechen
zu geben oder nicht, seine Treue zu geloben, oder zu ver-
weigern. Der Beweggrund, warum er dem Anführer
Treue versprach, konnte kein anderer seyn, als daß dieser
ihm Antheil an der künftigen Beute geben sollte. Also
wurde auch diese Verfassung durch einen Vertrag errichtet. Von dieser gleich seit ihrer Entstehung vermöge
ihres Wesens auf Alleingewalt leitenden kriegerischen
Verfassung redet Tacitus ebenfalls an verschiednen
Stellen.

Sobald kriegerische Horden entstanden, von denen
die friedsamen Völker angegriffen wurden, mußten auch
diese

und man wird sich durch eine Menge von Beyspielen von
der Würklichkeit und Würksamkeit dieser allgemeinen
Triebfeder der menschlichen Handlungen überzeugt finden.

diese friedsamen Völker kriegerische, aber bloß auf Vertheidigung gerichtete Anstalten machen. Natürlicherweise mußte jeder Hausvater sich mit zur Vertheidigung
stellen. Wo jeder etwas zu verlieren hatte, da mußte
jeder das Seinige dazu thun, daß Keiner um das Seinige kam. Zwischen der kriegerischen Verfassung dieser
friedsamen Völker also und der vom Krieg lebenden Horden war ein wesentlicher Unterschied.

Aus diesen beyden ursprünglichen Arten von Horden
oder Völkerschaften, die alle anfangs nur klein seyn
konnten, entstanden auf dreyerley Weise größere Völkerschaften, Völker oder Nationen.

Erstlich, mehrere kriegerische Horden vereinigten
sich entweder freywillig, oder weil die schwächern von den
mächtigern dazu gezwungen wurden.

Zweytens, friedsame Völkerschaften wurden von
kriegerischen unterjocht.

Drittens, friedsame Völkerschaften vereinigten sich
freywillig, um durch ihre vereinigten Kräfte den kriegerischen desto wirksamer widerstehen zu können.

Eh durch diese dreyerley Begebenheiten Reiche oder
Staaten entstanden, mußten bey den friedsamen Völkerschaften schon zwey verschiedne Klassen von Menschen,
Vornehmere und Geringere, Edle und Unedle entstanden seyn.

Wenn bey den friedsamen Völkerschaften auch anfänglich alle Hausväter einander gleich waren, d. i. gleich
große Heerden und Ländereyen besaßen, und daher keiner
mehr Achtung genoß, als der andere, so mußten doch
bald einige reicher, andere ärmer werden. Einige waren
fleißiger, erfahrner, erbten, hatten mehr Glück mit ihren
Heerden,

Heerden, mit ihren Ernten; andere waren träger, nicht
so erfahren, erlitten Unglücksfälle; Krankheiten und
Sterben raubten ihnen ihre Heerden; ihre Ernten fielen
schlecht aus. In den Volksversammlungen hatten die
Reichern nun schon mehr Ansehn, mehr Einfluß. Die
Menschen sind von Natur zu sehr geneigt, sich äußerlicher
Vorzüge wegen für besser zu halten, wie andre, und so
bald sie sich für besser halten, sich von den übrigen abzu-
sondern, und eine eigene Klasse zu formiren, worin sie
keine andere, als von gleichen vermeinten Vorzügen, zu-
lassen wollen, bald sucht diese Klasse, sich in allen Stücken,
wo sie nur kann, Vorrechte und Vorzüge vor den übrigen zu verschaffen. In den Volksversammlungen, wo
sie am meisten vermag, wird nur beschlossen, was sie
will, und natürlicherweise will sie nichts, was ihr nach-
theilig, oder auch nur lästig seyn kann; will sie alles,
was ihr nur Vortheile verschafft. So bald Umstände
eintreten, die die Einrichtung gewisser Aemter mit Einkünften veranlassen, so sorgt diese Klasse gleich dafür,
daß diese Aemter nur mit Personen aus ihrem Schooße
besetzt werden. Durch diese natürliche Reihe von Ursachen hat ganz nothwendig bey allen Völkern, sobald
Eigenthum eingeführt war, eine Art von Adel, eine Art
von Aristokraten entstehen müssen. Das erste Glied in
dieser Kette von Ursachen, sieht man, ist der Reichthum, und dieser wird zu allen Zeiten, bey allen Völkern die nothwendige Würkung haben, daß, wenn auch
irgendwo der Name Adel oder Aristokraten verbannt ist,
die Sache gleichwohl existiren wird bis ans Ende der
Tage, selbst die dreyzehn amerikanischen Staaten, selbst
das wiedergebohrne Frankreich), wenn auch seine neu em-
pfangenen Lebenskräfte durch keine Zufälle wieder vernichtet
oder geschwächt werden, nicht ausgenommen.

Von

Von dieſer Entſtehungsart des Reichthumsadels iſt die des Kriegsadels verſchieden. Dieſer entſteht nicht eher, als bis friedſame Völkerſchaften von Kriegshorden unterjocht werden. Die ſiegenden Krieger ſehn die Ueberwundenen als ihre Unterthanen, als ihre Knechte an. Bey jenen erhebt ſich der ſtolze Gedanke, ſie wären von Natur edlere Menſchen, als ihre durch ihr Schwert ihnen unterwürfig gewordenen Unterthanen; ſie gewöhnen ſich dieſe als eine ſchechtere Gattung von Menſchen zu betrachten: ſie fangen an, ſich einzubilden, ihr Adel läge in ihrem Blute. Sodann eignen ſich die Sieger ausſchließend den Gebrauch der Waffen zu. So groß auch ihre Verachtung gegen das überwundene Volk ſeyn mag; ſo halten ſie es doch, ihrer Sicherheit und der Fortdauer ihrer Herrſchaft wegen, für nöthig, dieſen keine Waffen zu geſtatten.

Sobald eine Kriegshorde Conſiſtenz bekommen hatte; ſo bald ihr Anführer oder König nicht mehr nöthig hatte, ſeine Kriegsgenoſſen, oder Geſellen zu ſuchen, ſo bald ſie häufig zu ihm kamen und Kriegsdienſte bey ihm ſuchten — und dieſes mußte der Fall bald ſeyn, da die Bemerkung des Tacitus nicht von den Deutſchen allein, ſondern von den Menſchen überhaupt gilt, daß ſie lieber ſich in Gefahren begeben, um ſich geſchwind Ueberfluß, als durch mühſam anhaltende Arbeiten nur ein kümmerliches Auskommen zu erwerben: — ſo bald alſo der König wegen der Menge derer die Dienſte bey ihm ſuchten, Herr und Meiſter war, die Bedingungen zu beſtimmen: ſo war nun natürlich die Bedingung, unter welcher er ſie annahm, dieſe: ihm allenthalben zu folgen, ihm zu dienen, wann und wo er es verlangte. Nur unter dieſer Bedingung gab er ihnen Antheil an der Beute, gab er ihnen Güter in den eroberten Ländern,

gab

gab ihnen diese Güter nur auf so lange Zeit, als sie ihm dienen konnten. Der Kriegsadel war also von Anfang an, so lange die Könige ihnen die Güter nur unter dieser Bedingung verliehen, nichts weniger als frey.

Aber wenn mehrere kleinere Horden, die schon ihre Anführer hatten, sich mit einer größern vereinigten, wenn jene Anführer der kleinern Horden den Anführer der größern, für ihren Oberanführer, für ihren König erkannten, so konnten sie, wenn sie dieses nicht aus Zwang, sondern freywillig thaten, die Bedingungen, unter welchen sie von ihm abhängig seyn wollten, bestimmen. Der Oberanführer, der König aller sich vereinigenden Horden mußte den Anführern dieser gewisse Vorzüge zugestehn, weil die Horden selbst nur von einem, an den sie gewöhnt waren, sich unmittelbar befehlen ließen. Wenn der Oberkönig manchmal nöthig fand, den Anführer einer einzelnen Horde, dem er nicht traute, abzusetzen, so mußte er dazu die Einwilligung dieser Horde zu erlangen suchen, und er durfte ihnen keinen neuen geben, der nicht nach ihrem Sinne war, und um dieses zu seyn, mußte er selbst, der Regel nach, von der Horde seyn, wenn nicht etwa der Fremde, den der König über sie zu setzen dachte, sich schon vorher ihre Liebe und Zuneigung erworben hatte. Der Anführer vertrat die Horde in allen ihren Angelegenheiten bey dem Oberkönige. Er war in der That ihr Repräsentant, obgleich der Begriff eines Repräsentanten damals noch von keinem Menschen deutlich gedacht wurde. Diese Anführer, sie mochten Fürsten, Herzoge, oder Grafen genannt werden, wurden natürlicherweise von dem Oberanführer, von dem Könige über alle seine kriegerische Angelegenheiten zu rathe gezogen, und um ihre Treue zu erhalten, um ihren Diensteifer zu beleben, mußte er allerley Vorzüge und Ehrenstellen

ſtellen erdenken, womit er diejenigen belohnte, die ſich
durch ihren Eifer oder durch den glücklichen Erfolg ihrer
Dienſte unterſchieden. So mußte gleich in den durch
Krieger errichteten Staaten unter dem Kriegsadel oder
Kriegsſtande eine angeſehnere Klaſſe, eine Art von höhe-
rem Adel entſtehen.

So groß auch der Stolz der Menſchen iſt, ſo iſt
ihre Habſucht doch wirkſamer. Die glücklichen Krieger
mochten eine unterjochte Völkerſchaft noch ſo ſehr verachten; wenn nicht etwa die Religion eine unzerſtörbare
Scheidemauer zwiſchen beyden errichtet hatte, ſo bekamen
die Krieger doch mit der Zeit Luſt, ſich mit ihnen zu be-
freunden, um ſich dadurch auf eine gütliche Weiſe die
Beſitzungen der reichern, adlichen Familien der unterjochten Völkerſchaft zu verſchaffen. Denn da dieſes, ſo
bald die Unterjochung vollendet war, nicht mehr durch
Gewalt geſchehen konnte, da dem Könige ſelbſt daran
gelegen war, dieſes nicht zu geſtatten, ſo konnte es nur
durch Verträge, insbeſondre durch Heirathen geſchehen.
Und der Kriegsadel der Eroberer und der Reichthums-
adel der unterjochten ſchmolzen allmälig zuſammen.

Sobald ein König einer Kriegerhorde eine oder
mehr Völkerſchaften unterdrückt hatte, ſo hatte er eine
ganz natürliche Veranlaſſung, ſeine ſämmtlichen Krieger, — die nun ſeine Lehnmänner waren, das iſt, denen
er für ihre geleiſteten und noch zu leiſtenden Dienſte gewiſſe Güter gegeben oder vielmehr geliehen hatte, jährlich einmal oder öfter zu verſammeln; dieſe nämlich,
Revue über ſie zu halten. Er hatte eine eben ſo natürliche Veranlaſſung, die verſchiedenen Anführer, die Fürſten, die Grafen, mit andern Worten, die Officiere entweder zu beſtimmten Zeiten, oder außerordentlich zu verſammeln.

ſammeln. So lange nämlich die Schreibkunſt noch
nicht erfunden oder noch bey einem Völke nicht in Gebrauch war, ſo lange alſo die Könige von ihren Officie-
ren noch keine ſchriftliche Berichte bekamen, ſie ſelbſt
ihnen noch keine ſchriftliche Befehle und Inſtructionen
zuſenden konnten: ſo war kein andrer Weg, wie ſie ſich
von dem Zuſtande ihrer Heere unterrichten, wie ſie ihre
Befehle, Abſichten und Anordnungen bekannt machen
konnten, als Zuſammenberufung der Officiere, die nur
mündliche Berichte geben, nur mündliche Befehle und
Inſtructionen empfangen konnten.

Die Abſicht einer Kriegerhorde, wenn ſie friedſame
Völkerſchaften unterdrückte, war gewiß nicht, Gerechtigkeit zu handhaben, oder das allgemeine Beſte zu befördern. Sondern, ſo wie ſie, eh ſie ganze Länder eroberten, Kriege führten, um von der Beute beſſer zu
leben, als ſie von Arbeiten hätten leben können; ſo hätten ſie bey Eroberung ganzer Länder keine andere Abſicht,
als ſich durch die ihren neuen Unterthanen aufgelegten
Dienſte und Abgaben, das möglich höchſte Wohlleben,
das ſie konnten, zu verſchaffen. Daher war das eigentliche Regieren, das Regieren im edlern Sinn des Worts,
das Erfinden und Anwenden der beſten Mittel, um ihren
Unterthanen den möglich höchſten Grad von Glück zu
verſchaffen, ihre Sache nicht. Vielmehr waren ihnen
Regierungsgeſchäfte in dieſem Sinn nur läſtig, daher
ließen ſie alle die Einrichtungen, insbeſondre die gerichtliche Verfaſſung, die ſie bey den überwundenen Völkern
fanden, ferner beſtehen. So machten es die Franken in
Gallien, die Weſtgothen in Spanien, die Longobarden in
Italien, ſo machten es die Türken im ehmaligen griechiſchen Kaiſerthum. Nur gaben die Sieger mit eiferſüch-
tigem Auge fleißig Acht, daß alles abgeſchaft wurde,

Hegewiſch Geſch.   F   was

was den Ueberwundenen Anlaß geben konnte, gegen die
Sieger etwas zu unternehmen, z. E. die allgemeinen
Volksverſammlungen. Aber Verſammlungen einzelner
Provinzen oder Diſtricte, die nicht gefährlich werden
konnten, und die zur Beſorgung der Provinzial = oder
Diſtrictsangelegenheiten nöthig waren, verboten ſie nicht.
Ueber die verſchiedene Provinzen und Diſtricte ſetzte der
König Beamte, die daſelbſt die Oberaufſicht führen und
die Abgaben für den König in Empfang nehmen mußten.
Dieſe Beamte waren denn die nämlichen, die über die in
der Provinz oder in dem Diſtricte mit Lehngütern ver-
ſorgten Krieger als Fürſten, Herzoge oder Grafen geſetzt
waren. Hieraus ergiebt ſich ein zweyter Grund, warum
die Könige zu gewiſſen Zeiten dieſe große Beamten ver-
ſammlen mußten, nämlich um von ihnen mündlich den
Zuſtand der Provinzen zu erfahren, über die daſelbſt zu
machenden Einrichtungen rathzuſchlagen, und ihnen
die darauf ſich beziehende Befehle zu geben. Denn ſchriftlich konnte alles dieß damals nicht geſchehen, weil die
erobernden Völker nicht ſchreiben konnten.

Von den eigentlichen Regierungsgeſchäften waren die
oberrichterlichen die einzigen, die von den Siegern am
erſten übernommen wurden, aus zwey Urſachen. Die
ſtreitenden Partheyen aus der überwundenen Völkerſchaft,
die mit den Ausſprüchen ihrer Nationalgerichte nicht zufrieden waren, wandten ſich bald entweder an den König
ſelbſt, oder an ſeine Fürſten und Grafen. Das ſchmei-
chelte ihrem Stolze. Sodann wurden ihre Einkünfte
dadurch vermehrt, und es konnte nicht anders ſeyn, dieſe
Könige, dieſe Fürſten, dieſe Grafen, bey denen Haabſucht
eine Haupttriebfeder aller ihrer Unternehmungen geweſen
war, mußten die richterliche Gewalt als eine neue Quelle
von Einkünften betrachten, und ſie als ſolche aufs mög-
lichſte zu benutzen ſuchen.

Dieſes

Dieses ist die allgemeine in der menschlichen Natur gegründete Entstehungsart der Staatsverfassungen aller uncultivirten Völker, und wer die Geschichte solcher Völker, es sey alter oder neuer Zeiten, in dieser Hinsicht untersuchen will, wird finden, daß alle diese Staatsverfassungen im wesentlichen einander völlig ähnlich sind. Man braucht sich daher nicht zu verwundern, daß man die so genannte Lehnsverfassung schon bey den ältesten asiatischen Völkern angetroffen hat; man braucht noch weniger darüber zu streiten, welches Volk sie zuerst empfunden habe; der Schluß, weil man diese Art von Verfassung schon bey alten Völkern der so genannten asiatischen Tartarey antrift, so wären die Völker des europäischen Nordens, die auch diese Verfassung haben, aus der asiatischen Tartarey ausgegangen, ist vollends unrichtig [26]). Das Wesentliche der Lehnsverfassung verdient so wenig eine menschliche Erfindung genannt zu werden, als das Wesentliche des häuslichen Lebens, die Unabhängigkeit des Mannes, die Abhängigkeit der Frau und beyder Herrschaft über Kinder und Gesinde eine menschliche Erfindung ist.

Alles, was die Menschen selbst bey diesen Einrichtungen, worauf die Natur sie führte, eigentlich erfanden, waren die Zeichen, die bildlichen Handlungen, wodurch sie die Verhältnisse, worein sie mit einander traten, ausdrükten. Der König übergab dem Fürsten oder Grafen, dem er eine Befehlshaberstelle über eine Anzahl Krieger, über eine Provinz, oder über einen District anvertraute, ein Schwert, oder eine Lanze, oder eine Fahne, die dieser

F 2   mit

---

[26]) Richardson's Abhandlung über Sprachen, Litteratur und Gebräuche morgenländischer Völker — übersezt von Federau, das dritte Kapitel; erster und zweyter Abschnitt.

mit gewiſſen Zeichen der Ehrerbietung und Dankbarkeit,
indem er nämlich etwa kniete oder dem Könige wohl gar
den Fuß küßte, entgegen nahm. Dieſe ſymboliſchen
Handlungen konnten bey den verſchiedenen Völkern ſehr
verſchieden ſeyn, obgleich einerley dadurch ausgedruckt
wurde; ſo wie es ſehr verſchiedene Ceremonien giebt,
wodurch eheliche Verbindungen bey verſchiedenen Völkern
errichtet werden.

Es ſcheint mir, daß man dieſe allgemeine Entſte⸗
hungsart der urſprünglichen Staatsverfaſſungen roher
Völker vor Augen haben muß, um die Verfaſſung der
Karolingiſchen Monarchie und überhaupt die der euro⸗
päiſchen Nationen in den mittlern Zeiten, richtig zu
beurtheilen.

Gleich unter den erſten Königen der Franken wurden
mehrere Arten von Verſammlungen gehalten; ſo auch un⸗
ter Karln. Die franzöſiſchen Geſchichtforſcher und
Publiciſten — in beyden Fächern hat Frankreich vor⸗
treffliche, ſcharfſinnige, mit wahrer Philoſophie ausge⸗
rüſtete Männer gehabt — haben ſich von dieſen verſchie⸗
denen Arten von Verſammlungen ſehr verſchiedne Be⸗
griffe gemacht [27]. Alle ſcheinen ſie mir den Fehler
begangen zu haben, daß ſie ſich bey den Verſammlungen
eines rohen Volks, wobey alles durch das gegenwärtige
Bedürfniß, oder durch ein ſchwankendes Herkommen be⸗
ſtimmt

---

[27] Z. E. Hotomanni Francogallia; Boulainvillier in ſ.
Hiſtoire des anciens Parlemens. Mably in den Ob⸗
ſervations ſur l' hiſtoire de France. Dom. Bouquet
in der Vorrede zu dem Recueil. Baluzius in der Praefa⸗
tione zu den capitularib. Dom. Ruinart in der Praef. ad
Gregor. Turon.

ſtimmt wurde, eine eben ſo regelmäßige Organiſation,
eine durch feſtgeſetzte Regeln eben ſo beſtimmte Ordnung
im Verfahren und eben ſo genau abgemeſſene Rechte des
Königs auf der einen und der Verſammlung auf der andern Seite, in Anſehung in der von beyden Theilen zur
Gültigkeit eines Geſetzes erforderlichen Einwilligung
dachten, als nur bey ſehr cultivirten Nationen denk-
bar ſind.

Zwey allgemeine Verſammlungen oder Reichstage
wurden jährlich unter Karln gehalten. Hinkmar, Erzbiſchof von Rheims unter Karls Enkel, giebt uns ſehr
umſtändliche Nachrichten davon, die er ſelbſt aus einer
Schrift nahm, worin ein Zeitgenoße und Verwandter
Karls, der Abt Adelhard von Corbie ²⁸), die Staats-
und Hofverfaſſung der Karolingiſchen Monarchie beſchrieben hatte ²⁹). Allein ſo umſtändlich dieſe Nachrichten
ſind, ſo ſind ſie dennoch mit ſo ſchwankenden, unbeſtimmten Ausdrücken abgefaßt, daß ſowohl diejenigen
franzöſiſchen Publiciſten, nach deren Behauptung die
höchſte Gewalt von Anfang an zwiſchen dem Könige
und der Nationalverſammlung getheilt war, als diejenigen, die urſprünglich eine uneingeſchränkte Monarchie
annehmen, ſich auf Hinkmar berufen.

F 3 Drey

²⁸) In Picardie.
²⁹) Hincmari Remorum Archiepiſcopi ad Epiſcopos
quosdam Franciae Epiſtola, quam pro recta nqui ac
juuenis Regis inſtitutione ſcripſit, et ex Adalhardi
Abbatis Corbienſis, Caroli M. propinqui, Libello
accurate expoſuit, quis ordo et modus non in palatio
ſolum regio, ſed toto etiam regno pacifice admini-
ſtrando debeat obſeruari. ap. Du Chesne T. II.
p. 487. ſq.

Drey Behauptungen in Anſehung dieſer Verſammlungen ſcheinen mir außer allem Zweifel zu ſeyn. Erſtlich, auch der uneingeſchränkteſte König hätte in jenen Zeiten unter ſo uncultivirten Völkern ohne dergleichen Verſammlungen nicht regieren können. Da man ihm keine
ſchriftliche, ſondern nur mündliche Berichte von dem
Zuſtande der Provinzen geben konnte; da alle Geſchäfte, — die der Geiſtlichen ausgenommen, — mündlich mußten verhandelt; da die Entſchließungen und Anordnungen noch mündlich mußten genommen und bekannt
gemacht werden; da es noch keine Poſten und Couriere
gab, um allgemeine Befehle durch das ganze Land zu
ſenden; da es noch keine Archive gab, wo alle Urkunden
und Nachrichten den Zuſtand des Reichs und der Provinzen betreffend aufbewahrt wurden; da man ſich in
Anſehung aller dieſer Dinge auf das Gedächtniß der Alten,
der Erfahrnen verlaſſen mußte: ſo war ohne Verſammlung und Zuziehung der in den Geſchäften und Angelegenheiten des Reichs Erfahrenſten und Geübteſten überall
keine Verwaltung dieſer Geſchäfte, keine Beſorgung
dieſer Angelegenheiten möglich. Zweytens. Die Vornehmen, die Grafen, die Fürſten, (ſeniores, principes)
die zu der Verſammlung berufen wurden, waren zwar
Beamte des Monarchen, die er aber nicht nach ſeinem
Gutdünken ernennen oder abſetzen konnte. Sie waren
zugleich Repräſentanten der unter ihnen ſtehenden Krieger oder Lehnleute. Drittens. Da bey dieſen Verſammlungen keine Protocolle gehalten, nichts ſchriftlich
abgefaßt, ſondern alles mündlich abgethan wurde, ſo
erhellet, wie ungewiß und ſchwankend die Ordnung im
Verfahren, und wie unbeſtimmt die Regeln beym Pro-
poniren, Debattiren und Decidiren ſeyn mußten. In
der That gab es kaum eine ſolche Ordnung oder ſolche
Regeln. Daraus folgt, daß es auf die perſönlichen Ei-
gen-

genschaften des Monarchen und der zur Versammlung
Berufnen ankam, ob der Wille des ersten oder der letzten
den Ausschlag geben sollte. Karln scheint nie von der Volksversammlung widersprochen worden zu seyn; seinen schwachen Nachfolgern wurde sehr oft widersprochen. Jener
wußte immer seinen Willen durchzusetzen, diese mußten
die meiste Zeit nachgeben, und der Wille der Versammlung wurde entscheidend. Es scheint aber auch, daß
die Versammlungen ihren Willen dem Willen der Nachfolger Karls desto öfter und desto nachdrücklicher entge-
gensetzten, je nachgebender sie gegen Karls Willen gewesen waren ³⁰). Und man kann von der alten fränkischen

F 4 Ver-

³⁰) Nachrichten von dem Geschlechte derer von Schlieffen.
S. 15. Daß diese Vorstellung von der fränkischen Verfassung richtig ist, erhellet auch noch aus einigen Briefen
der Päbste im Codice Carolino ꝛc. geschrieben zu Pipins
Zeiten. Als die Päbste damals, aus Furcht vor den
Longobarden, so oft und sehnlich Pipinen um Beystand
baten, richteten sie ihre Briefe nicht immer an ihn allein,
sondern einigemal auch mit an das Volk der Franken.
Auch an dieses sich zu wenden, hielten sie ohne Zweifel für
rathsam, seit dem sie erfahren hatten, daß alle Kriegszüge
in der Volksversammlung beschlossen werden mußten, und
daß die Franken keine Lust zu einem Zuge nach Italien
hatten. So hat ein Brief von Pabst Stephanus II.
vom Jahr 755 folgende Ueberschrift: Dominis excel-
lentissimis Pipino, Carolo et Carolomanno tribus regibus et nostris Romanorum patriciis, seu omnibus
Episcopis, Abbatibus, Presbyteris et Monachis, seu
*gloriosis Ducibus, Comitibus, vel cuncto exercitus regni
et Prouinciae Francorum,* Stephanus Papa etc Recueil
p. 490. So ein andrer von eben dem Pabste — ib. p.
495. In dem Briefe selbst werden Bitten und Schmei-
cheleyen nicht weniger an die Nation, als an den König
und seine Prinzen gerichtet z. E. peculiares inter omnes
gentes vos omnes Francorum populos habemus — de-
clara-

Verfaſſung keine angemeßenere Vorſtellung geben, als
der trefliche Schriftſteller, der ſich ſo ausdrückte: „der
fränkiſche Staat ſey, wie der türkiſche, ein mangelhaf-
tes Gemiſch von Volkswillen und oberhäuptlicher Gewalt
geweſen ³¹).“

In

claratum quippe eſt, quod ſuper omnes gentes, quae
ſub coelo ſunt, veſtra Francorum gens prona mihi
Apoſtolo Dei Petro extitit etc.

³¹) Theorie des natürlichen Staatsrechts iſt eine Frucht der
cultivirten Vernunft. Bey rohen Völkern haben Zeit und
Lokalumſtände, gegenwärtige Bedürfniſſe, Leidenſchaften,
und perſönliche Eigenſchaften auf das würkliche Staatsrecht
entſcheidenden Einfluß. Man kann behaupten, daß bey
ſolchen Völkern, wenn auch die Form dieſelbige zu bleiben
ſcheint, der Geiſt mit jeder Generation ein andrer iſt. So
ſehr der Geiſt der fränkiſchen Verfaſſung unter Kaiſer Karln
monarchiſch und faſt despotiſch war, ſo ariſtokratiſch war er
unter ſeinen Enkeln. Die Form blieb immer die ge-
miſchte. In den Capitularien Karls des Kahlen haben
die franzöſiſchen Publiciſten längſt die Definition eines Geſetzes gefunden, die das franzöſiſche Staatsrecht ſchon in
den vorigen Zeiten anerkannte, die der Hof in neuern
Zeiten in Vergeſſenheit zu bringen ſuchte, und die die
Nationalverſammlung jetzt wieder zur Grundlage der neuen
Verfaſſung gemacht hat. Ein Geſetz, heißt es in beſagtem
Capitulare, wird durch die Einwilligung des Volkes und
durch die Beſtätigung des Königs gemacht. Lex fit con-
ſenſu populi et conſtitutione regis. S. Edictum Pi-
ſtenſe a. 863. cap. III. (S. Baluzii Commentar. darüber
in Praefat. ad Capitul.) it. Capit. apud Cariſiacum a. 873.
In einem andern Capitulare erkennt dieſer König ſogar,
daß ihm ſeine Königswürde aufgetragen ſey, daß er ſie von
ſeinen Getreuen empfangen. Quia vero debitum eſſe
cognoſcimus, ut a quibus honorem (die königliche
Würde, das königliche Amt — honor hieß damals ein Amt —)
ſuſcipimus, eos juxta dictum Dominicum honoremus,
volumus ut omnes fideles noſtri certiſſimum teneant,
nomi-

In der Volksversammlung also zu Worms im Jahr
772 wurde der Krieg wider die Sachsen beschloßen.
Das Heer, gleich nach diesem Schluße aufgeboten und
zusammengezogen, rückte unter Karls Anführung in
Sachsen ein. Eresburg, vermuthlich das heutige Stadt-
berg im Paderbornschen, eine Hauptfestung der Sachsen, wurde erobert. Karl ließ an diesem Orte eine Art

F 5

Tempel

neminem cujuslibet ordinis aut dignitatis deinceps
nostro inconvenienti libidine — — promerito honore
debere priuari, nisi justitiae judicio etc   Capitula in
Conuentu in villa Colonia a 843. III. Freylich war es
nicht das Volk, es waren die Großen, die Bischöfe, die
Mächtigen von Adel, von denen Karl hier sein Königs-
amt zu haben bekennt, und mit denen er in diesem Capitulare einen neuen Vertrag einging. Jene Großen benutzten
die günstigen Umstände, die sich ihnen nicht unter Karl
dem Großen, aber unter seinem Enkel, Karl dem Kahlen
darboten, diesen letzten zum ausdrücklichen Geständniß zu
bringen, daß die Rechte eines Fürsten aus keiner andern
Quelle als aus einem Vertrage mit denen, die ihn zum
Fürsten annehmen, fließen könne. Es ist interessant und
gewiß nicht ohne Nutzen, nachzusehen, wie man über dergleichen Dinge in den sogenannten barbarischen Jahrhunderten gedacht hat. Ich habe bey einer andern Gelegenheit
eine hieher gehörige Stelle aus dem Mönch Bruno aus
dem eilften Jahrhunderte angeführt. In diesem einzigen
Stücke vielleicht waren jene sonst so finstern Zeiten aufgeklärter, als die so gepriesnen Zeiten der wiederhergestellten
Wissenschaften. Denn da erst wurde, durch falsche Gelehrsamkeit, die Idee von einer durch Gott selbst geschehnen
Anordnung der Obrigkeit allgemein ausgebreitet, und allen
Köpfen so tief eingeprägt, daß die so natürliche, und allen
Theilen, dem herrschenden nicht minder als dem be-
herrschten gleich vortheilhafte Idee von einem gesellschaft-
lichen Vertrage, die jenen bloß vom Licht ihres natürlichen
Verstandes geleiteten Barbaren so geläufig war, lange Zeit
nur bey den wenigsten Eingang finden konnte.

Tempel und eine von rohen Händen verfertigte Bildsäule zerstören, von welcher letztern er und seine Geistlichen glaubten, daß sie ein Abgott der Sachsen wäre. Ob sie würklich das Bild irgend einer Gottheit, oder wie einige Geschichtsforscher vermuthet haben, Herrmans, des berühmten Befreyers der Deutschen, gewesen sey, läßt sich nicht mit Gewißheit bestimmen. Irmensäule nennen sie die alten fränkischen Geschichtschreiber.

Karl drang bis an die Weser vor. Hier kam es zu einem Vergleich. Die Sachsen gaben zwölf Geißeln, und Karl gieng nach Franken zurück.

So erzählen die Chroniken die Begebenheiten und den Ausgang des dießjährigen Feldzuges, ohne zu erwehnen, aus was für Bedingungen dieser Vergleich bestanden habe. Es ist wahrscheinlich, daß es bloß Eine von den sächsischen Völkerschaften, vermuthlich bloß die Angrarier waren, die sich dießmal Karln unterwarfen. Diese Völkerschaften machten überhaupt, während des ganzen Krieges, selten gemeinschaftliche Sache. Es ist also glaublich, daß dieses jetzt, da Karl so unerwartet mit seinem Heer in Angrarien eindrang, noch weniger geschehen sey. Ich vermuthe ferner, daß Karl sich dießmal mit allgemeinen Versicherungen der Unterwürfigkeit begnügen ließ, ohne Tribut oder den Uebergang zum Christenthum von ihnen zu verlangen. Die Chroniken würden diese Bedingungen, wenn Karl sie gemacht hätte, nicht mit Stillschweigen übergangen haben. Dazu kömmt, daß damals in Italien gefährliche Entwürfe wider Karln entdeckt wurden, die seine ganze Aufmerksamkeit dahin ziehn und ihn bewegen mußten, sich des Friedens von den Sachsen je eher je lieber, zu versichern.

Desi-

Desiderius, König der Longobarden hatte diese feind-
lichen Absichten. Eh ich ausführlich erzähle, wie Karl
sie vereitelte und das ganze Reich der Longobarden in
Einem Feldzuge eroberte, muß ich einige Nachrichten
von diesem alten Volke und seinem in Italien gestiftetem
Reiche geben.

Die Longobarden waren ursprünglich ein deutsches
Volk. Die Aehnlichkeit ihrer Sitten mit den Sitten
der Deutschen, und die deutschen Wörter, die in ihren
Gesetzen vorkommen, beweisen es. Sie hatten ihren
Namen von den langen Bärten, die ihre verheyratheten
Männer trugen, eine Gewohnheit, wodurch sie sich insbesondre von den Franken unterschieden. Zu Tacitus
Zeiten wohnten sie in den nördlichen Gegenden von
Deutschland. Sie waren damals ein kleines aber ta-
pferes Volk. Seit dem Tacitus finden wir ihren Namen
nicht eher wieder, als im sechsten Jahrhundert. Sie
hatten, binnen diesem Zeitraum, gleich andern deutschen
Völkern, ihre väterlichen Wohnungen verlassen. Sie
hatten sich in Pannonien gesetzt, wo sie den Griechen
sehr nützliche Bundesgenossen wurden. Aber im Jahr
568 kehrten sie ihre Waffen wider die Griechen. Ihr
eigener Geschichtschreiber [32]) erzählt die Sache folgender
Weise. Der griechische General Narses hatte mit Hülfe
der Longobarden die letzte entscheidende Schlacht wider
die Gothen gewonnen, und dadurch Italien dem griechischen Kaiser wieder erobert. Dieses wichtigen Dienstes
ungeachtet mußte er eine schimpfliche Begegnung von der
Kaiserin erfahren. Aus Verdruß darüber lud er die Longobarden ein, statt länger auf einen so leichtsinnigen Hof

---

[32]) Paulus Diaconus.

zu rechnen, sich für ihre bisherige Dienste selbst bezahlt
zu machen, und sich des schönen Landes zu bemächtigen,
das durch ihr Schwert gewonnen war. Diese Einladung
mag geschehen seyn oder, nicht, die Longobarden rückten
im gedachten Jahr 568, unter ihrem Könige Alboin
durch Friaul in Italien ein. Binnen drey Jahren hatten sie sich den obern Theil und ein großes Stück von
dem mittlern unterworfen. Alboin erklärte sich zum
König von Italien, und nahm seinen Sitz zu Pavia.
Aber er wurde im Jahr 571 ermordet. Die darauf
entstehende Uneinigkeit der Häupter, die Gegenanstalten
der Exarchen, und die Bemühungen der Päbste verhinderten
die weitere Ausbreitung der longobardischen Herrschaft.
Sie wurde auch nie viel weiter ausgedehnt, obgleich die
königliche Regierung wieder eingeführt wurde, und verschiedene ihrer Könige tapfer und unternehmend waren.
Ihre Bemühungen, sich des übrigen Italiens zu bemächtigen, wurden mehrentheils durch die Päbste vereitelt.
So gieng es Liutbranden, der von der Ausführung seiner
Absichten durch den Pabst Gregorius den II. auf eine
ganz außerordentliche Art abgehalten wurde.

Die Päbste so wohl, als die Stadt Rom, erkannten
damals noch die Oberherrschaft der griechischen Kaiser.
Die wichtigste Angelegenheit, welche den Hof zu Konstantinopel beschäftigte, war der Streit über die Verehrung der Bilder. Kaiser Leo aus Isaurien erklärte sich
wider diese Verehrung mit der größten Heftigkeit. Er
schickte die strengsten Befehle durch das ganze Reich,
die Bilder aus allen Kirchen zu werfen. Dieses brachte
insbesondre die Italiener, die sich bisher der schwachen
Herrschaft der Griechen nicht zu entziehen gesucht hatten,
dergestalt auf, daß sie es wagten, lieber unter die Gewalt
der Longobarden zu kommen, als einen nach ihrer Denkungsart

kungsart so abſcheulichen Befehl vollziehen zu laſſen.
Das Volk widerſetzte ſich allenthalben durch einen öffentlichen Aufſtand.

Liutprand, König der Longobarden wollte ſich dieſe
Gährung zu nutze machen. Gregorius ſah des Longobarden Abſichten vorher, und ſuchte ſie zu verhindern.
Er that dem Kaiſer eine Vorſtellung nach der andern, um
ihn zu bewegen, jenen Befehl zu widerrufen. Aber
dieſer beharrte mit einer Art von Wut auf ſeinem Vorſatz.
Er gab ſogar Befehle, ihm den Pabſt lebendig oder todt
zu liefern. Bey dieſer Hartnäckigkeit glaubte endlich
der Pabſt, daß es ſeine Pflicht ſey, ſich öffentlich zu
widerſetzen. Ohne ſich von der Unterwürfigkeit unter
dem Kaiſer loszuſagen, ermahnte er nicht nur die Römer
und die übrigen italieniſchen den Griechen noch gehörigen
Städte, ſondern ſelbſt die Longobarden, die Ausführung
des kaiſerlichen Befehls mit Gewalt zu verhüten. Die
Stadt Rom gieng weiter; ſie hörte auf, obgleich der
Pabſt es mißbilligte, den Griechen den bisherigen Tribut
zu bezahlen; es wurde ein eigener Magiſtrat ernannt,
der bis zur Erwählung eines rechtmäßigen Kaiſers regieren ſollte.

Die meiſten übrigen Städte in dem mittlern Italien,
die nicht mächtig genug waren, ſich für unabhängig
zu erklären, unterwarfen ſich dem Könige der Longobarden.

Unterdeſſen ſchickte Leo einen andern Exarchen, Eu-
tychius, nach Italien. Dieſem ſchlauen Mann gelang
es, die Sache der Griechen beſſer, als zu erwarten war,
wieder herzuſtellen. Durch ſeine Politik wußte er das
Mißtrauen, das der Pabſt und Liutprand gegen einander hatten, dergeſtalt zu vermehren, daß der letzte anfieng,

den

den Pabst als seinen heimlichen, aber desto wirksamern Gegner zu betrachten. Die Folge war, daß Liutprand sich mit dem Exarchen vereinigte; beyde giengen mit ihren Heeren nach Rom, und lagerten sich vor der Stadt an der Tiber.

Gregorius rettete die Römer. Die Stadt war zwar fest, und Gregorius hatte ihre Festungswerke verbessern lassen. Aber er hielt es nicht für sicher, eine Belagerung abzuwarten. Er wählte ein anderes Mittel. An der Spitze der Geistlichkeit und vornehmer Römer gieng er nach dem longobardischen Lager, und verlangte vor den König gelassen zu werden.

Liutprand, durch diesen unerwarteten Besuch überrascht, empfieng ihn mit ehrerbietigem Erstaunen. Gregorius, ein beredter Mann, hielt ihm darauf, mit Würde und Nachdruck, die Versprechungen vor, die er ehmals gegeben hätte, sich der Kirche anzunehmen: er malte ihm alles das Unheil, das aus seiner gegenwärtigen ungerechten Unternehmung, wenn er sie fortsetzte, entstehen würde; er ermahnte, bat und beschwor ihn, sie aufzugeben und seine ehmalige beßre Denkungsart wieder anzunehmen. Liutprand wird so gerührt, daß er, der Gegenwart des Exarchen ungeachtet, sich dem Pabst zu Füßen wirft, seinen Fehler gesteht, mit dem Pabst zur heiligen Peterskirche wandelt, nach verrichteter Andacht sein Schwert und seinen Dolch, seinen Harnisch und seinen Mantel, seinen silbernen Scepter und seine goldene Krone auf das Grab des Apostels niederlegt und gelobt, nie zuzugeben, daß der Kirche oder ihrem Oberhaupte eine Beleidigung widerführe. So viel vermag Beredsamkeit, wenn sie sich mit einer gewissen persönlichen Würde vereinigt; aber nie sind ihre Wirkungen so unwi-

dersteh-

verstehlich, so erstaunenswürdig, als bey gefühlvollen,
aber unaufgeklärten Menschen.

Der Exarch erinnerte den Longobarden vergeblich an
die Verabredung, die sie mit einander genommen hatten.
Er mußte zufrieden seyn, daß Liutprand eine Versöhnung
zwischen ihm und dem Pabste bewirkte. Liutprand
kehrte nach seinem Reiche zurück. Der Exarch suchte
die Provinzen, die er wieder gewonnen hatte, in der
Treue gegen den Kaiser zu erhalten. Rom fuhr fort,
unter dem Einfluß des Pabstes sich als unabhängig zu
betragen.

Aber Gregorius und seine Nachfolger sahen alles das
Gefährliche dieser Lage. Es war zu befürchten, daß die
Griechen mit der Zeit mehr Thätigkeit beweisen würden,
die Herrschaft über die Stadt Rom wieder zu erlangen.
Von der andern Seite war dem Ehrgeiz der Longobar=
den nicht zu trauen. Liutprands Nachfolger konnten
eben so begierig seyn, wie er gewesen war, sich ganz Ita=
lien zu unterwerfen, ohne sich wie er durch bloße Vor=
stellungen aus der Religion genommen, abhalten zu lassen.
In diesen bedenklichen Umständen hatte entweder Gre=
gorius II. oder wie andere wollen, sein Nachfolger Gre=
gorius III. zuerst den Gedanken, sich des Beystandes der
Franken wider die Longobarden zu bedienen. Er schickte
Gesandte an den Major Domus, Karl Martel, um
einen Vertrag mit ihm zu schließen. Wir haben keine
genaue Nachricht von dem Erfolge dieser Unterhandlung.

Die Päbste und Longobarden blieben einige Jahre
ungefähr in der nämlichen Lage. Die Longobarden mach=
ten neue Versuche ihre Herrschaft zu erweitern, und die
Päbste widersetzten sich. Wir haben gesehn, daß der
Pabst Zacharias, um der fränkischen Hülfe gewiß zu
                                                    seyn,

seyn, die Absetzung Childerichs, und die Erhebung Pipins auf den Thron befördert hatte. Endlich kam der Fall, den die Päbste lange befürchtet hatten. Astolf, der zwänzigste König der Longobarden, bemächtigte sich des Exarchats, und die Griechen behielten bloß die äußersten neapolitanischen Provinzen, und einige am adriatischen Meer gelegne Städte. Astolf, Besitzer des mittlern Italiens, machte nun auch an die Stadt Rom Ansprüche. Er lagerte sich im Jahr 753 vor ihren Mauern, und verlangte, daß die Römer sich ihm unterwerfen und einen jährlichen Tribut versprechen sollten. Der damalige Pabst Stephanus III. hatte schon, als er Astolfs erste glückliche Unternehmungen gegen das Exarchat sah, nach Konstantinopel geschickt, und um Absendung hinlänglicher Hülfe bitten lassen. Allein seine wiederholten und dringenden Vorstellungen hatten keine andere Wirkung, als daß der Hof Gesandte an Astolfen schickte, um ihn durch Unterhandlung von seinem Vorhaben abzubringen. Astolf hörte die beredten Griechen an, setzte seine Eroberungen fort, und rückte vor Rom. Solchergestalt auf das äußerste gebracht, sah Stephanus keinen andern Weg, als sich selbst zu Pipinen zu begeben und ihn zu bewegen, die Beschützung des heiligen Stuhls wider die Longobarden zu übernehmen 33). In

dieser

---

33) Bey diesem ganzen, die Auftritte zwischen den Päbsten, den griechischen Kaisern und den Longobarden betreffenden Abschnitte, kann ich jetzt auf keinen ausführlichern, lehrreichern und die Quellen sorgfältiger anzeigenden Autor verweisen, als auf Gibbon. Die bey seinem Werke jedem Kapitel vorangeschickte genaue Anzeige des Inhalts, und das am Ende des Ganzen beygefügte vollständige Register machen es unnöthig, die Stellen, wo er von obigen Begebenheiten handelt, zu citiren.

dieser Absicht ertheilte er ihm und seinen Söhnen im Namen des römischen Volks das Patriciat von Rom.

Wir haben oben gesehn, wie dieser Besuch des Pabstes dazu diente, die königliche Würde in einem gewissen Sinn erblich auf Pipins Familie zu bringen. Aus Erkenntlichkeit war Pipin nicht ungeneigt, das Verlangen des Pabstes zu erfüllen, und den Krieg mit den Longobarden anzufangen. Er hielt zu dem Ende einen Reichstag, auf welchem die Franken ein merkwürdiges Exempel gaben, wie viel auf ihre Einwilligung bey wichtigen Entschließungen ankam. Es sey, daß sie einen Krieg in Italien mit zu großen Schwierigkeiten verbunden glaubten; (in der That hatten sie unter den vorigen Königen einige mißlungne Versuche gemacht); oder daß sie ihn aus andern Gründen nicht rathsam hielten: sie waren so wenig geneigt dazu, daß viele erklärten, sie würden, wenn der Zug dennoch geschehen sollte, nicht mitgehn, sondern zu Hause bleiben ³⁴).

Diese ihre Abneigung und des Pabstes eigenes vielleicht auf Menschenliebe, ohne Zweifel aber auch auf Politik gegründetes Verlangen, die Longobarden nicht so wohl durch die würkliche Macht der Franken, als durch die Furcht vor denselben, zum Frieden zu bringen, verursachten, daß Pipin zuerst einen Vergleich von Astolfen durch Unterhandlung zu erhalten suchte. Weil aber dieser sich zu nichts verstehen wollte; so wurde endlich der Krieg, mit Einwilligung der Franken, beschlossen.

Bey dieser Gelegenheit soll Pipin dem Pabste jene berühmte Schenkung gemacht haben, kraft welcher das

Exarchat

³⁴) Eginh. vita Caroli M. c. VI.

Hegewisch Gesch.   G

Exarchat und die Pentapolis, sobald sie von den Longobarden erobert wären, dem heiligen Stuhl gehören sollten.
Es ist bekannt, daß unter dem Exarchat und der Pentapolis die meisten Länder, die den heutigen Kirchenstaat
ausmachen, begriffen waren. Ob man gleich von päbst-
licher Seite die Schenkungsurkunde nie ans Licht gebracht,
so ist doch an der Wahrheit der Schenkung nicht zu
zweifeln. Sie beruht nicht bloß auf dem Zeugnisse
des Anastasius, der ungefehr hundert Jahre nach diesen
Zeiten Bibliothekarius in Rom war, sondern sie wird
noch mehr dadurch bestätigt, daß ihrer in den Briefen
der Päbste an Karln den Großen und seine Vorfahren,
in Briefen, die nicht in den Archiven der Päbste, sondern
der Nachfolger Karls aufbewahrt werden, an deren Un-
verfälschheit also kein Zweifel statt findet [35]), als einer
gesche-

---

[35]) Eine, wie man Grund hat zu glauben, auf Befehl
Karls gemachte, und also wie ein Original zu betrachtende
Abschrift von neun und neunzig Briefen der Päbste an
Karl Martell, an Pipinen und an Karl den Großen, —
Briefe, die über die damaligen Staatshändel und über die
genaue, aus einem gemeinschaftlichen Interesse entspringende
Verbindung zwischen den Päbsten und diesen Fürsten viel
Licht verbreiten, — wird unter dem Titel Codex Caroli-
nus in der kaiserlichen Bibliothek zu Wien aufbewahrt.
Der Jesuit Gretser gab sie zuerst heraus zu Ingolstadt
1613. Dann wurde sie in des Phil. Labbe Concil. T.
VI abgedruckt. Eine verbesserte Auflage unter dem Titel
Codex Epistolaris Carolinus hatte Lambecius besorgt.
Allein entweder sein Tod oder eine andre nicht bekannt ge-
wordne Ursache verhinderte, daß diese Auflage ins Publicum kam. Nur einzelne Exemplare kamen hin und wieder in die Hände der Liebhaber. Nach einem solchen Exem-
plar hat sie Muratori in seinen Scriptor. Rer. Ital. T. III.
P. II abdrucken lassen. Die an unsern Monarchen stehn
chronologisch geordnet, im Recueil. T. V.

geschehenen Sache erwehnt wird. Voltaire glaubte
zwar, daß es dieser Schenkung an der innern Wahrscheinlichkeit fehlte. Pipin, sagt er, werde Italien nicht
für den Pabst, sondern für sich selbst haben erobern wollen.
Ohne Zweifel ist es der Eroberer Art, ihr Schwert zu
eignem, nicht zu fremdem Vortheil zu brauchen. Allein
um das Exarchat mit Frankreich zu verknüpfen, hätte
Pipin erst das dazwischen liegende longobardische Reich
erobern müssen; dazu waren die Umstände noch nicht
reif genug, und Pipin wird daher gewiß für rathsamer
gehalten haben, den Pabst und die Römer genauer an
sich zu ziehen, als sie durch den geringsten Verdacht,
daß es ihm bloß um seinen eigenen Vortheil zu thun sey,
abzuschrecken, und sie zu bewegen, an eine Aussöhnung
mit den Longobarden zu denken.

Pipin that zwey Feldzüge nach Italien, den einen
im Jahr 755 den andern 756. Astolf, der beydemal
alles, bis auf die Hauptstadt Pavia verlohren hatte,
bequemte sich endlich dem Pabste das Exarchat und die
Pentapolis zu übergeben. Pipin gieng über die Alpen
zurück. Er kam nicht nach Rom. Dieser Umstand
und die Eilfertigkeit, womit er den ersten den besten Vergleich mit Astolfen eingieng, erwecken die Vermuthung,
daß die innern Angelegenheiten seines Reichs, und die
Feindseligkeiten der Sachsen, gegen die er bald darauf zu
Felde zog, seine baldige Zurückkunft nöthig machten.

Astolf starb in eben dem Jahr 756. Nach seinem
Tode bewarb sich Desiderius, den Astolf zum Comes sta-
buli (Stallmeister) an seinem Hofe und zugleich zum
Herzoge, d. i. zum Statthalter von Tuscien oder Toscana
gemacht hatte, um die longobardische Krone. Dieses
verdroß einige Große, insbesondre Rachis, den Bruder

des

des verſtorbenen Aſtolfs, der vor Aſtolfen König geweſen
und in ein Kloſter gegangen war. Er war ſchon im
Begriff das Kloſter zu verlaſſen, und ſich an die Spitze
der Parthey wider Deſiderius zu begeben. Es ſchien zu
einem bürgerlichen Kriege unter den Longobarden kommen zu wollen. Allein Deſiderius gieng einen ſichern
Weg. Er ließ ſich mit dem Pabſte in Unterhandlung
ein; er gelobte, die Städte, welche Aſtolf noch zurück-
behalten hatte, zu übergeben; er verſprach außerdem noch
anſehnliche Geſchenke; er verſprach, ſich in allem nach
dem Willen des Pabſtes zu richten, wenn dieſer ihm zur
Erlangung der königlichen Würde helfen wollte. Stephanus ließ ſich erſt die gewiſſe Erfüllung aller dieſer An-
erbietungen durch einen ſchreklichen Eid, wie Anaſtaſius
ſich ausdrückt, von dem Longobarden verſichern [36].
Darauf erſt wandte ſich Stephanus mit ſeinen Ermah-
nungen an Rachis mit ſo gutem Erfolg, daß dieſer im
Kloſter blieb, und Deſiderius von allen Longobarden zum
Könige angenommen wurde.

　Die Longobarden und die Päbſte hätten dieſe unter
ihnen entſtandene Freundſchaft, ſo wenig aufrichtig ſie
anfangs war, unterhalten und befeſtigen ſollen, um den
Franken, deren Obermacht ſie nun ſchon kannten, keine
Gelegenheit zu geben, wieder nach Italien zu kommen.
Allein es zeigte ſich bald bey verſchiedenen Anläſſen, daß
ihre Feindſchaft gegen einander zu tief eingewurzelt und zu
lebhaft war, um für ihre gemeinſchaftliche Erhaltung
durch gegenſeitiges Nachgeben zu ſorgen. Deſiderius,
der vorherſah, daß die Päbſte nicht unterlaſſen würden,
bey irgend einer Gelegenheit die Franken wieder nach

　　　　　　　　　　　　　　　　　　　　Italien

---

[36] Terribili juramento. Anaſtaſ. in vita Steph. **III.**
　Recueil p. 439.

Italien zu rufen, suchte die Gefahr durch ein neues
Mittel zu verhüten. Er bewarb sich um die Freundschaft der beyden Könige der Franken — (Karloman
lebte noch) — und ließ eine Heirath zwischen einem von
ihnen und einer seiner Töchter vorschlagen. Karl, def-
sen Herz nicht für diese Heirath war, oder der sich durch
ein so genaues Band in seinen Absichten, die er vielleicht
schon auf Italien hatte, nicht wollte hindern lassen, bezeigte keine Neigung dazu. Aber seine Mutter, die viel
über ihn vermochte, ließ sichs sehr angelegen seyn, ihn
zu bereden ³⁷), und Karl gab nach; er heirathete die
Prinzeßin der Longobarden, Hermengarde, die auch De-
siderate, auch Berthe genannt wird.

Diese genaue Verbindung der Franken und Longobarden war den Absichten des Pabstes ganz zuwider.
Er hatte sich ihr aufs lebhafteste widersetzt. Er hatte
Karln und seinem damals noch lebenden Bruder einen
Brief geschrieben, worin er so heftige Ausdrücke von den
Longobarden brauchte, als ob sie die abgesagtesten Feinde
Gottes und der Religion gewesen wären. Er hatte sogar mit dem Fluche gedroht, wenn sie, die beyden Könige,
seiner Ermahnung zuwider, Vermählungen eingiengen,
die ihnen zu ewiger Schande gereichen, und von Gott
und seinen Aposteln gemißbilligt würden ³⁸). Stephanus hatte den Verdruß zu sehen, daß alle seine Bemühungen vergeblich waren. Aber er hatte die Freude, daß
die Ehe unglücklich ausfiel. Karl fand darin so wenig

G 3   Befrie-

³⁷) Eginh. Vita Caroli c. XVIII,
³⁸) Epistola Stephani III. ad Carolum et Carolomannum
reges, ne affinitatem ineant cum regibus Longobar-
dorum; apud Sirmond. in Concil. Gall. T. II. und
Recueil p. 541.

Befriedigung, daß er die Untüchtigkeit der Longobardin,
Kinder zu gebähren, zum Grunde oder Vorwande nahm,
ſich im Jahr 771 durch eine Verſammlung von Geiſtlichen von ihr ſcheiden zu laſſen [39]).

Dieſes unglückliche Schickſal ſeiner Tochter, und der
Verdruß, den er hatte, ſeine Bemühungen um die
Freundſchaft der Franken ſo übel belohnt zu ſehen, mußten natürlicherweiſe das Herz des Deſiderius mit Verdacht und Haß gegen Karln erfüllen. Zu ſeinem Unglück
zeigte ſich ihm eine wahrſcheinliche, aber entfernte Gelegenheit, ſich an Karln zu rächen. Mit Karlomans
Wittwe; die, wie wir geſehen, mit ihren beyden Söhnen, aus Furcht vor Karln, zum Deſiderius ihre Zuflucht nahm, waren einige mißvergnügte Franken nach
Pavia gekommen. Dieſe machten dem Deſiderius Hofnung, Karlomans Söhnen mit der Zeit einen Anhang
unter den Franken zu verſchaffen. Dieſer Plan, Karln
innerliche Feinde zu erwecken, hätte vielleicht gelingen
können; es fehlte unter Karls Regierung nicht an Mißvergnügten, wie es zwey Verſchwörungen, deren ich in
der Folge gedenken werde, beweiſen; aber Deſiderius
verrieth ſich zu früh, Karl kam ihm zuvor.

Adrian der I. der im Jahr 772 zum Pabſte erwählt war, bezeigte anfangs einiges Verlangen, mit
den Longobarden in freundſchaftlichem Vernehmen zu
leben. Deſiderius ließ ſich dadurch verleiten, eh er ſich
der Geſinnungen dieſes klugen Pabſtes hinlänglich ver-
ſichert hatte, ihm den Vorſchlag zu thun, Karlomans
beyde Söhne zu Königen der Franken zu ſalben. Deſi-
deriuss

---

[39]) Monach. Sangall. Recueil p. 131.

derius glaubte, durch diese Handlung des Pabstes würden die Mißvergnügten in Frankreich aufgemuntert werden, sich dieser beyden Prinzen öffentlich wider Karln anzunehmen. Adrian hielt für sicherer, dieses dem Desiderius abzuschlagen, als Karln durch einen so beleidigen-
den Schritt gegen den römischen Stuhl aufzubringen.
Desiderius wiederholte sein Begehren mit Lebhaftigkeit,
er fieng an zu drohen. Endlich fiel er, da Adrian durch
keine Vorstellung zu bewegen war, in das Exarchat ein,
und bemächtigte sich der meisten Städte. Adrian be-
mühte sich vergeblich ihn zum Frieden zu bewegen. Desiderius rückte näher gegen Rom, und Adrian sah nichts
anders übrig, als an Karln zu schicken, und ihm alle
Absichten des Longobarden zu entdecken [40]).

Karl versammelte im Sommer des Jahrs 773 das
Heer der Franken bey Gebenna oder dem heutigen Genf.
Auf seine Vorstellung schickten sie sich an, nicht, wie sie
bisher gewohnt waren, gegen den Winter nach Hause zu
gehn, sondern bis nach entschiedener Sache in Italien
zu bleiben; denn er sah ein, daß Ein Sommer nicht
hinreichte, sich fest in diesem Lande zu setzen. Er theilte
darauf das Heer in zwey Theile; mit dem einen gieng
er selbst über den Mont Cenis: das andere führte Bernhard, sein Oheim von väterlicher Seite (denn er war
ein Sohn Karl Martells, aber entweder von einer Mai-
tresse, oder aus unstandesmäßiger Ehe) über den Joris-
berg [41]). Die Longobarden hatten zwar die engen Pässe
in den Alpen besetzt, aber eine Schaar der Franken gieng
einen Weg, an den die Longobarden nicht gedacht hatten.

G 4 Da

---

[40]) Anaſt. in vita Adriani. Recueil p. 459.

[41]) Mont Iou.

Da die Longobarden den Feind im Rücken ſahn, verlieſſen
ſie die Päſſe, und das ganze Heer der Franken rückte in
Italien ein [42]). Nach einigen Verfaſſern kam es, nachdem die Franken über die Alpen gegangen waren zu
einem Treffen, in welchem die Longobarden geſchlagen
wurden. Nach andern hatten ſie Karln in einem Lager
bey Mortaria erwartet, ſolches aber, auf ſeine Annäherung ſchleunig mit Zurücklaſſung der Gezelte und des
Geräthes verlaßen. Deſiderius rettete ſich mit einem
Theile ſeiner Völker nach Pavia; ſein Sohn Adelgis
mit dem andern nach Verona. Dieſe letzte Stadt
mußte ſich bald ergeben. Adelgis war ſo glücklich vorher zu entkommen, und gieng mit einem Schiffe nach
Konſtantinopel. Aber Karlomans Wittwe und ihre
beyden Söhne, die auch in Verona waren, geriethen in
des Siegers Gewalt. Das fernere Schickſal dieſer unglücklichen Prinzen iſt nicht bekannt, läßt ſich aber leicht
errathen. Die Belagerung von Pavia war mehr
Schwierigkeiten ausgeſetzt. Karl ſelbſt urtheilte, daß
es am beſten ſey, dieſen Ort durch Aushungerung zu
zwingen. Nachdem er zu dem Ende die nöthigen Vor-
kehrungen gemacht, und ſeinem Oheim Bernhard die
Führung des Heers übergeben hatte; ſo that er ſelbſt im
Frühjahr 774 eine Reiſe nach Rom, um das Oſterfeſt in
dieſer Stadt zu feyern [43]).

Allein ſo aufrichtig und eifrig Karl in ſeinen Religi-
onsübungen war, ſo wurde er doch zu dieſer Reiſe noch
durch

---

[42]) Annales Loiſeliani ad ann. 773. Recueil p. 38.

[43]) Eginh. annal. a. 773. Recueil p. 201. Chron. breue
ib. p. 381. Paul. Diacon. ib. p. 189. Anaſt. in vit.
Adriani ib. p 460 ſq.

durch andere Wünsche getrieben, deren Befriedigung
seinen beyden herrschenden Neigungen, seiner Wißbegierde
und seiner Ehrsucht gleich wichtig war. Ihn verlangte,
Rom zu sehn die Hauptstadt der Welt, für die selbst die
Barbaren, die das römische Reich zertrümmert hatten,
immer eine Art von Ehrfurcht behielten. — Es schmeichelte ihm von dem Pabste und dem römischen Volke,
als ihr Befreyer, als ihr Beschützer empfangen zu werden. — Er wollte selbst einmal sehn, was es mit seinem Patriciat in Rom für eine Bewandniß hätte, und
in wie weit er die ihm daher zukommende Rechte könne
gelten machen. Wir haben eben gesehn, daß Pabst
Stephan der III. während seines Aufenthalts in Frankreich Pipinen und seine beyden Söhne, Karln und
Karloman, zu Patriciern von Rom ernannt hatte.

Der Patriciertitel hatte bekanntermaaßen in den Zeiten der Republik den vornehmen Adel bedeutet. Als
aber Kaiser Kanstantin der I. die Rangordnung erfand,
von der die Römer in ihren besten Zeiten keine Idee
hatten, wurden mit dem Patriciernamen die Großen
vom ersten Range bezeichnet, denen der Kaiser die Ehre
erwies, sie gleich als seine Verwandte, als seine Vettern,
zu betrachten. Seit Justinian dem I. wurden die Gene-
ralgouverneure großer und entfernter Provinzen, die eben
wegen der Größe und Abgelegenheit dieser Provinzen
eine größere Gewalt und größeres Ansehn, als gewöhnliche Statthalter haben mußten, bald Exarchen, bald
Patricier betitelt. Der Patricier oder Exarch von Italien war also so viel als Vicekönig von Italien. Als
nun aber die Römer unter Anleitung der Päbste sich in
den Zeiten des Bildersturms der Oberherrschaft der griechischen Kaiser zu entziehen suchten, trugen sie zuerst dem
Major Domus der Franken, Karl Martell, diesen Titel

an.

an. Er achtete nicht darauf. Alsdann gab Stephan
der III. wie wir gesehn, im Namen des römischen Volks
Pipinen und seinen Söhnen diesen Titel. Pipin nahm
ihn an, und gab dadurch zu erkennen, daß er die Römer
nicht mehr für Unterthanen des griechischen Kaisers, sondern für ein freyes Volk erkannte. Aber um die mit
diesem Titel verknüpften Rechte scheint er sich nicht weiter bekümmert zu haben. Auch Karl führte vom Anfange seiner Regierung an diesen Titel, scheint aber
eben so wenig an irgend einige Rechte, die er darauf
gründen könnte, gedacht zu haben, bis er das longobardische Reich erobert hatte. In der That so lange dieses
Reich selbstständig blieb, konnten die Könige der Franken auch die bedeutesten Titel, die ihnen der Pabst und
die Römer beylegten, nicht gelten machen. Sobald
Karl durch die Eroberung des longobardischen Reichs
Herr in Italien geworden war, konnte er jedes Recht,
das sich aus dem ihm gegebenen Titel herleiten ließ, zur
Ausübung bringen.

Als der Pabst und das römische Volk dem Karl
Martell zuerst das Patriciat antrugen, übersandten sie
ihm, als das Patriciat ankündigende Insignien, die
Schlüssel zum Grabe des Apostel Petrus und eine ge-
weihte Fahne. In Zeiten der Unwissenheit und Barbarey bediente man sich häufig, weil man die Sprache
nicht genug in seiner Gewalt hatte, anspielender Zeichen, wo cultivirte Völker, die ihre Gedanken bestimmt auszudrücken wissen, sich lieber der Worte bedienen. Was sollten jene Schlüssel? was jene Fahnen
bedeuten? Der Pabst und die Römer, sagt die eine Parthey, erklärten dadurch den Patricier Karl Martell,
den Patricier Pipin, den Patricier Karl zu Herren der
Stadt; die daselbst alle die Rechte haben und ausüben
sollten,

sollten, die die griechischen Patricier oder Exarchen im
Namen der griechischen Kaiser daselbst gehabt und ausgeübt hatten. Die andere Parthey behauptet, Karl, so
wie sein Vater und Grosvater, wären dadurch bloß zu
Beschützern, zu Vertretern des apostolischen Stuhls,
zu advocatis ecclesiae ernannt worden. Ohne Zweifel
dachten der Pabst und die Römer nicht, daß sie etwas
mehr als einen bloßen Titel ertheilten, indem sie sich nicht
vorstellten, daß die so gefürchteten, so streitbaren Longobarden je ganz den Franken unterliegen würden. Ohne
Zweifel war es wider die Erwartung der Päbste und der
Römer, daß die so leichte, so schnelle Eroberung des
longobardischen Reichs Kärln in Stand setzte, das Patriciat in der ersten Bedeutung gelten zu machen.

Karl lengte am Osterabend zu Rom an; sein Einzug war wie ein Triumph: er wurde von dem Pabste
und den Römern mit allen den Feierlichkeiten empfangen,
die sie sonst bey dem Einzuge eines Patriciers oder griechischen Statthalters gemacht hatten. Die Richter
oder obrigkeitliche Personen giengen ihm mit den Stadt-
fahnen entgegen; die Priester mit ihren Kreuzen. Der
Zug gieng nach der heiligen Peterskirche, wo der Pabst
ihn beym Eingange erwartete. Beyde waren majestä-
tisch gebildet, beyde hatten edle und gefallende Manieren,
ein Umstand, der nicht allein über Feierlichkeiten dieser
Art eine gewisse Würde verbreitet, sondern auch Eindrücke
von Bewunderung und Ehrfurcht bey dem Volke hinter-
läßt, wodurch es geneigt wird, alles, was solche Männer vornehmen, als vorzüglich weise und große Handlungen zu betrachten. Beyde waren Männer von schnellem
Verstande und richtigem Gefühle, die gleich in den ersten
Augenblicken einander verstanden und sich einer in des
andern Denk- und Empfindungsart zu versetzen wußten.

Sie

Sie umarmten einander zärtlich, giengen alsdann unter beſtändigem lautem Geſange der Geiſtlichen und des Volks in die Kirche, wo Karl am Grabe des heiligen Petrus kniend ſeine Andacht verrichtete, dieſem Apoſtel für ſeine über die Longobarden erhaltenen Vortheile dankte, und dann ſeine Beichte that. Hierauf ſchwuren beyde, Karl und der Pabſt, über den Leichnam des heiligen Petrus einander eine aufrichtige Freundſchaft, welchen Eid die vornehmſten Franken und Römer mit beſchwören mußten. Die beyden Hauptperſonen empfanden weder die Unanſtändigkeit noch die Unmöglichkeit, Verpflichtungen, wozu bloß ihr einander gegebenes Wort hinreichend hätte ſeyn ſollen, noch durch ſolche Mittel zu verſtärken. Dieß geſchah am Sonnabend vor Oſtern. Die folgenden Feſttage und die meiſte übrige Zeit wurden mit gottesdienſtlichen Feierlichkeiten zugebracht.

Ob bey dem Zuge nach der Peterskirche der Pabſt dem Könige zur rechten oder zur linken gegangen, ob der König die Stuffen beym Eingange in die Kirche, nach damaliger frommer Sitte, andächtig geküßt, darüber ſind die Geſchichtſchreiber uneinig. Alles dieß waren wichtige Umſtände, als man noch, ich möchte ſagen, aus jedem Schritte Karls Rechte herleitete, die noch nach tauſend Jahren gelten ſollten. So abergläubig ſind keine Publiciſten mehr, und wir brauchen es alſo nicht ſehr zu bedauern, wenn uns die alten Nachrichten über dergleichen Dinge keine Gewißheit geben. Natürlicherweiſe brauchte der Pabſt die erſten Tage, da der über ſein Glück; über ſeine ſo ſchnell gemachte Größe frohe Monarch der großmüthigſten Geſinnungen fähig ſeyn mußte, ihn um Beſtätigung der Schenkungen, die Pipin dem apoſtoliſchen Stuhle mit dem Exarchat gemacht hatte, zu erſuchen, und Karl beſtätigte ſie. Aber wie? bloß mündlich? oder

ſchrift-

schriftlich? ließ er es bey der bloßen Bestätigung bewenden? oder war er freygebig genug, ein neues Geschenk mit neuen Ländern beyzufügen? Schenkte endlich Karl diese Länder weg, ohne allen Vorbehalt? oder mit Vorbehalt der Oberherrschaft? Ueber diese Fragen sind die Meinungen der Geschichtforscher verschieden. Es ist zu bemerken, daß der päbstliche Hof die Schenkungsacte, wenn eine gemacht wurde, nie hat vorzeigen wollen, oder können. Daraus haben einige geschlossen, es habe nie eine existirt. Die Bestätigung sey bloß mündlich geschehen. Dagegen behaupten andere, der päbstliche Hof habe sie aus guten Gründen verborgen, um in die Abschriften, die er habe machen lassen, mehr Länder hineinsetzen zu können, als im Originale genannt werden, so wie die Erzbischöfe von Hamburg in die Abschriften ihres Stiftungsbriefes vom Kaiser Ludwig dem Frommen, Länder, als unter ihrem Sprengel gehörig setzen ließen, die zu Ludwig des Frommen Zeit noch nicht entdeckt waren. Eine solche absichtlich interpolirte Abschrift habe der bekannte Biograph der Päbste, Anastasius vor Augen gehabt, nach dessen Versicherung Karl die Freygebigkeit so weit sollte getrieben haben, dem heiligen Stuhle auch Corsica, Spoleto, Benevent, Venedig und Istrien zu schenken.

Ob Karl vorsichtig genug war, sich die Oberherrschaft über die weggeschenkten Länder vorzubehalten, oder nicht, mag dahin gestellt seyn. So viel ist gewis, er gab manchmal während seiner ganzen Regierung deutlich genug zu erkennen, daß er sich dieser Oberherrschaft nicht begeben wollte.

Alle Umstände, durch die Karls Denkungsart gebildet war, hatten ihm vom Anfang an eine große Achtung

gegen

gegen die christliche Religion und gegen die äußerlichen
Anstalten, wodurch sie unter den Völkern ausgebreitet
und erhalten werden konnte, eingeflößt. Es war also
natürlich, daß er sich in der Stadt, von wo aus das
Christenthum sich zuerst in Europa verbreitet hatte, die
er daher als die Quelle desselben betrachten konnte, es
war natürlich, sag ich, daß er sich in dieser Stadt nach
den ursprünglichen Kircheneinrichtungen, wodurch eine
so wohlthätige Religion so allgemein geworden war, er-
kundigte, um so viel mehr; da er, wie aus seinen Capitularien erhellt, auf den Verdacht gekommen war, daß
diese Einrichtungen nicht, ihrer ursprünglichen gemäß,
erhalten, sondern durch allerley Mißbräuche verdorben
wären. Adrian glaubte also, daß er dem Monarchen,
der so vortheilhaft von der ursprünglichen Kirchenverfas-
sung dachte, kein angenehmers Geschenk, als mit einer
Sammlung von Kirchengesetzen aus den ersten Jahrhunderten machen könnte. Adrian begleitete diese Sammlung mit einer an den Monarchen, als den Befreyer
Roms, gerichteten Zuschrift von fünf und vierzig elenden
Versen [44].

Daß Adrian bey der Wahl dieser Sammlung
schlaue Rückscht auf die Vortheile des päbstlichen Stuhls
genommen, daß er solche Stücke vorzüglich eingerückt,
die die Rechte und die Autorität des päbstlichen Stuhles
begünstigen, bestätigen, erweitern konnten, ließe sich von
einem so klugen Manne, ohne ihm Unrecht zu thun, vermuthen. Aber vielleicht enthielt diese Sammlung wenigstens

---

[44] Das Gedicht war ein Akrostichon. Die Anfangsbuch-
staben der sechs und vierzig Zeilen gaben folgende Worte:
Domino Excell. Filio Carolo Magno Regi Hadrianus
Papa.

nigſtens einige von den durch Betrug fabricirten, ſo genannten Decretalbriefen, die unter dem Namen des
Pſeudo Iſidorus ſo bekannt ſind.

Dieſe falſchen Decretalbriefe ſind ein nach einem
weitausſehenden Plan entworfnes und mit beſtändiger
Rückſicht auf dieſen Plan ausgeführtes Werk der Fin-
ſterniß. Daß ein Privatmann auf ſeiner Studierſtube
dieſen Plan ausgedacht, und alle die dahin gehörigen
falſchen Actenſtücke erſonnen habe, läßt ſich kaum begreifen. Was für ein Motiv könnte den Mann zu einer
langen und mühſamen Arbeit bewogen haben, von der er
weder Nutzen noch Ehre, von der er nicht die geringſte
Würkung erwarten konnte? Denn die Würkung, die
dieſe Decretalbriefe haben konnten und mit der Zeit würklich hatten, konnte erſt nach einigen Generationen erfolgen. Und wie konnte ein Privatmann, wenn der dieſes
Betruges Urheber war, Abſchriften genug von einer ſolchen Sammlung machen laſſen, um ſie unter den Geiſtlichen in Umlauf zu bringen? Man erinnere ſich nur,
wie ſelten damals Abſchreiber waren, die nur in Klö-
ſtern gefunden wurden, und wie koſtbar die Schreibma-
terialien.

Man hat geſagt, ein von ſeinem Obern beleidigter
Geiſtlicher habe ſich durch dieſen Betrug an dem ganzen
Stande der obern Geiſtlichkeit, die er dadurch unter die
Herrſchaft des Pabſtes zu bringen geſucht, rächen wollen.
Eine ſonderbare Rache wäre dieſes geweſen, wenn er ſich
aus Rachgier auf ſeine Studierſtube hingeſetzt, und einen
Plan erſonnen, und zu deſſen Ausführung Jahre lang mit
Erdichtung von Urkunden zugebracht hätte, deren Wür-
kung erſt in ſpätern Zeiten erfolgen, und alſo gewiß das
individuelle Mitglied der obern Geiſtlichkeit nicht traf,
von dem er, der Betrüger, wie man vermuthen will,
beleidigt war, nicht treffen konnte.

Iſt

Iſt es nicht wahrſcheinlicher, daß dieſe falſchen Decretalbriefe nicht von Einem, ſondern von verſchiedenen,
aber in Einer Werkſtäte, aber unter Aufſicht deſſen, der
ſein Intereſſe dadurch befördern wollte, arbeitenden Ur-
kundenfabrikanten nach und nach verfertiget, und erſt einzeln
in die Welt geſandt ſind, ehe man mit einer ganzen
Sammlung davon zum Vorſchein gekommen [45])?

Wenn man alles dieſes erwägt und zugleich in Betrachtung zieht, daß es bewieſen iſt, daß der römiſche
Hof auch bey andern Gelegenheiten falſche Urkunden zu
ſeiner Vergrößerung genützt hat, ſo kann man wenigſtens den Geſchichtforſcher, welcher es wahrſcheinlich
findet, daß die Karl dem Großen vom Pabſt Adrian
geſchenkte Sammlung, die falſchen Decretalbriefe enthalten habe, keines zu großen Hanges zum Argwohn be-
ſchuldigen [46]).

Indeſſen dieſe aus allgemeinen Betrachtungen her-
genommenen Gründe verlieren ihre Kraft, wenn es er-
wieſen iſt, daß einige aus dem Zeitalter Karls übrig
gebliebene Handſchriften diejenige Sammlung enthalten,
die Adrian dem Monarchen ſchenkte. In dieſem Fall
beſtand ſie aus ächten Stücken; es war nichts anders,
als eine Abſchrift der Sammlung, die nach ihrem erſten
Urheber Dionyſius die Dionyſiſche genannt wird [47]).

Von

---

[45]) Wie natürlich der Argwohn iſt, daß die falſchen Decretalbriefe nicht das Werk eines Privatmanns ſind, darüber ſ. J. Febron. de ſtatu eccleſiae. Bullioni 1763. p. 521.

[46]) Gibbon iſt der Meinung, daß es die pſeudoiſidoriſche
Sammlung geweſen, die Adrian Karln geſchenkt habe. S.
Hiſtory of the Decline and Fall of the Roman Empire
Ch. XLIX. (vol. IX. p. 40. der Baſeler Ausgabe.)

[47]) Geſchichte des Kanoniſchen Rechts bis auf die Zeiten
des falſchen Iſiodorus (von Hr. Hofr. Spittler) III.
Periode S. 44. u. f.

Von Rom kehrte Karl zu seinem Heere vor Pavia
zurück. Der Hunger nöthigte endlich die Longobarden
sich zu ergeben. Desiderius überließ sich mit seiner Gemahlin und Tochter der Gnade des Ueberwinders. Karl
schickte sie nach Franken, wo Desiderius, wie einige berichten, Mönch in einem Kloster zu Lüttich wurde. Solchergestalt hatte sich Karl binnen einem Jahre durch einen
einzigen Feldzug das Reich der Longobarden unterworfen.
Die Longobarden selbst hatten vormals, so tapfer sie
waren, verschiedene Jahre zugebracht, die Länder, welche
ihr Reich ausmachten, von den unkriegerischen Griechen zu
erobern. Die Geschwindigkeit, womit Karl diese Eroberung vollendete, war vielleicht eine Würkung zufälliger
Ursachen, oder nach Deninas Urtheile, des Schicksals:
allein der Umstand, daß die Longobarden sich mehr auf
ihre Festungen als auf ihr Schwert verließen, daß sie
sobald den Muth verlohren, Karln im Felde zu begegnen, macht glaublich, daß es ihnen eben so gegangen
war, wie vormals den Gothen und Wandalern, die
durch den Besitz der schönen Länder, die ihr Schwert
ihnen verschaft hatte, in Sicherheit und Weichlichkeit
versunken und dadurch ein Raub ihrer Feinde geworden
waren.

Ob Karl sich zum Könige der Longobarden habe
krönen lassen; und ob dieses durch den Erzbischof von
Mayland mit der so genannten eisernen Krone, die ihren
Namen von einem inwendig angebrachten eisernen Ring
gehabt haben soll, geschehen sey, ist eine sehr ungewisse
Sache [48]). Hingegen ist gewiß, daß das Reich der
Longobarden ein für sich bestehendes Reich blieb. Es
wurde

---

[48]) Sigonius. Paulus Iouius. Aeneas Sylvius.

wurde mit dem Reiche der Franken wieder vereinigt ⁴²), noch ihm unterworfen. Die Franken und Longobarden blieben zwey verſchiedene Nationen, die nur Einen gemeinſchaftlichen König hatten. Die Longobarden behielten ihre Verfaſſung und Geſetze. Karl nahm den Titel eines Königs der Longobarden an.

Durch dieſe Eroberung wurde nicht bloß Karls äußerliche Macht ⁵⁰); ſondern auch ſeine Ideen wurden dadurch

42) Es giebt deutſche Schriftſteller, die dieſes Wort nicht immer in ſeinem wahren, beſtimmten Sinne brauchen. Sie ſetzen: vereinigen, wo ſie: verknüpfen ſetzen ſollten. Zwey Nationen können durch ein gemeinſchaftliches Oberhaupt mit einander verknüpft werden, ohne Vereinigung. Durch die Gelangung Jacobs I. auf den engliſchen Thron wurde England und Schottland nur unter einem gemeinſchaftlichen Könige mit einander verbunden; aber jedes blieb ein für ſich beſtehendes Königreich, behielt ſein eigenes Parlement, ſeine eigene Verfaſſung. Erſt unter der Königin Anna wurden beyde Reiche vereiniget; aus zwey Königreichen, England und Schottland wurde Ein Königreich: Großbritannien. Es iſt nöthig, wie in allen Wiſſenſchaften, alſo auch im Staatsrecht, für jeden beſtimmten Begriff einen eigenen beſtimmten Ausdruck feſtzuſetzen. Das longobardiſche Königreich blieb immer ein vom fränkiſchen Reiche verſchiedener Staat. Karl hielt beſondere longobardiſche Reichstage; gab beſondere Geſetze für die Longobarden, führte daher auch einen beſondern Titel von dieſem Reiche. Die Sachſen hingegen wurden im eigentlichen Sinn mit den Franken vereinigt, wurden ein Volk mit ihnen, daher auch Karl keinen beſondern Titel von Sachſen annahm.

50) Auf dieſe Eroberung bezieht ſich wahrſcheinlich ein Brief Pabſt Adrians des I. vom Jahre 774. Es iſt von den Briefen dieſes Pabſtes nach der chronologiſchen Ordnung der erſte, und iſt eine Glückwünſchung über die Siege des

Monar

durch erweitert. In Italien hatte sich immer noch viel von der alten römischen Cultur erhalten. Hier gab es doch einige, wie wohl wenige, wie wohl nur in geringem Grade durch Handlung und Industrie blühende Städte. Hier gab es doch einige Künste und Wissenschaften. Zwar in allen diesen Rücksichten war Italien einem halbverblichnen Gemälde, oder einer von Zeit und Wetter angegriffenen Statue zu vergleichen. Indeß hatte es doch dadurch große Vorzüge vor Frankreich und Deutschland. Und Karls Geist war dazu gemacht, den Werth dieser Vorzüge einzusehn und darauf zu denken, sie auch seinen andern Staaten zu verschaffen.

Außer dem Königreiche der Longobarden, welches den obern Theil von Italien, Venedig ausgenommen,

H 2 und

Monarchen. Es wird der Mühe werth seyn, folgende Stelle daraus hier anzuführen. „Gewiß, glaube mir, „großer, allerchristlichster König, guter, vortrefflicher „Sohn, sey des größten Vertrauens voll, denn, so lange „du treu und eifrig in der Liebe gegen den Fürsten der „Apostel bleiben wirst nach deinem Versprechen, wird dir „von dem allmächtigen Gott unaufhörlich Heil und unermeßlicher Sieg verliehen werden. Auch rufe ich Gott „zum Zeugen an, — daß von dem Tage an, da du von „Rom nach jenen Gegenden abreisetest, nicht allein alle „unsre Priester und alle Mönche in allen Klöstern, son„dern auch das ganze Volk täglich, ja alle Stunden, für „dich bitten u. s. w.‟ Es scheinet, daß der Pabst nicht vergeblich bey Karln den Gedanken zu unterhalten suchte, daß dieser sein großes Waffenglück theils als eine Beloh„nung für seine dem apostolischen Stuhle geleisteten Dienste, theils als eine Würkung der Fürbitte des Pabstes zu betrachten habe. Aus Karls ganzem Betragen wird wahrscheinlich, daß er würklich selbst so etwas glaubte. Recueil p. 544.

und das heutige Toscana begriff, gab es drey Herzog-
thümer, deren Besitzer Longobarden waren und in gewisser Abhängigkeit unter den Königen gestanden hatten.
Die Könige hatten zwar das Recht, nach dem Tode
eines jeden Herzogs, mit Uebergehung seiner Kinder,
jeden andern zu seinem Nachfolger zu ernennen: allein
sie bestätigten insgemein die Söhne in der Würde der
Väter. Von diesen drey Herzogen mußte der von Friaul,
Namens Rodgaud, Karln zuerst den Eid der Treue
leisten. Das Heer der Franken war ihm zu nahe, als
daß er es hätte wagen dürfen, sich zu weigern. Daß
die Herzoge von Spoleto und Benevent diesesmal noch
nicht aufgefordert wurden, Karls Oberherrschaft anzuerkennen, daran war vermuthlich der Umstand schuld, daß
die Sachsen einen gefährlichen Einfall in das Fränkische
gethan hatten. Karl wurde dadurch genöthigt, nachdem
er die erforderlichen Einrichtungen in Italien gemacht
hatte, seine Reise nach jenem Theile seiner Staaten zu
beschleunigen.

Die Sachsen hatten auf die Nachricht, daß Karl
in Italien in einen wichtigen Krieg verwickelt war, diese
Gelegenheit für günstig gehalten, sich an den Franken,
in seiner Abwesenheit, zu rächen. Sie hatten im Frühjahr 774 Eresburg, wo Karl eine Besatzung gelassen
hatte, erobert und zerstört. Sie waren darauf bis
Frizlar vorgedrungen; bis dahin hatten sie alles mit
Feuer und Schwert verheeret Vor Frizlar aber, wo
sie eine Kapelle des heiligen Bonifacius in Brand stecken
wollten, wurden sie abgetrieben. Karl kam darauf im
Herbste aus Italien zurück. Er schickte ein dreyfaches
Heer gegen sie, das sie völlig zurücktrieb und bis in ihr
eigenes Land verfolgte. Karl hielt es jetzt für nothwendig, dieses unruhige und gegen die Franken aufgebrachte
Volk

Volk entweder mit Gewalt zum Christenthum zu bringen, oder — zu vertilgen [51]). Ein Entschluß, bey
deſſen Beurtheilung wir nicht vergeſſen müſſen, daß cultivirte Völker zwar nie, rohe Völker aber wohl in ſolche
Lage gegen einander kommen können, wo die Selbſter-
haltung des einen ohne Vertilgung des andern nicht ge-
ſichert werden kann. Die aus ſolchen Lagen nothwen-
big entſpringende Härte roher Völker gegen einander nach
den gelinden Vorſchriften des heutigen europäiſchen Völ-
kerrechts beurtheilen, wäre eben ſo ungerecht und wider-
ſinnig, als es ärgerlich und vernunftwidrig iſt, cultivirte Völker zu rechtfertigen, oder auch nur zu entſchuldigen, wenn ſie ſich Verwüſtungen, Zerſtörungen,
Grauſamkeiten erlauben, wozu in ihren Lagen gegen einander nie Grund der Nothwendigkeit gefunden werden
kann [52]).

$\mathfrak{H}$ 3 Nach-

---

[51]) Eginh. Annal. a. 775. Recueil p. 302.

[52]) Noch immer fahren unſere Völkerrechtslehrer fort, bey
der Lehre von den im Kriege zu beobachtenden Pflichten
ſolche Sätze zum Grunde zu legen, die offenbar nur auf
Kriege roher Völker anwendbar ſind. Die Kriege roher
und die Kriege cultivirter Völker ſind von ganz verſchiedner
Natur. Sie haben ganz verſchiedene Veranlaſſungen,
ganz verſchiedene Zwecke; ſie bringen ganz verſchiedene
Verhältniſſe zwiſchen den Kriegführenden Staaten überhaupt, und zwiſchen den einzelnen Bürgern der Staaten
hervor: die Mittel, deren ſie ſich bedienen, einander zu
zwingen, ſind ganz verſchieden. Aus allen dieſen Gründen muß nothwendig ein verſchiednes Kriegsrecht beyder
Arten von Völkern entſpringen. Ich habe dieſen wichtigen Unterſchied in meiner kleinen Abhandlung vom Kriegsrecht in meinen kleinen Schriften (Flensburg 1786)
zu zeigen geſucht. Ein anſcheinendes Paradoxon diente
mir zum Faden, meine Gedanken über dieſen Gegenſtand
mit einander zu verknüpfen. In keiner der Recenſionen,
die

Nachdem Karl den Winter über diesen seinen Entschluß erwogen und von der Nothwendigkeit desselben
glaubte überzeugt zu seyn, so brach er im Frühjahr 775
mit der ganzen fränkischen Kriegsmacht auf. Sigeburg,
das die Sachsen befestigt hatten, wurde erobert. Eresburg, das sie zerstört hatten, wurde wieder hergestellt.
Karl gieng darauf über die Weser, nachdem er vorher
einen Haufen Sachsen, die ihm den Uebergang verwehren wollten, bey Brunsberg geschlagen hatte. Er
kam bis an die Oder. Hier erbot sich Hesso, vermuthlich der Fürst oder Anführer der Ostphalen, zum Vergleich. Karl ließ sich von ihm Unterwürfigkeit geloben,
und zur Versicherung derselben Geißeln geben. Er kehrte
über die Weser zurück, und nahm seinen Weg durch En-
gern und Westphalen. Die Einwohner beyder Länder
unterwarfen sich, und gaben Geißeln.

Bey dem Mangel umständlicher Nachrichten von
diesem Kriege können wir nicht urtheilen, woher es gekommen, daß die Sachsen, denen man die Tapferkeit
nicht absprechen kann, und deren Haß gegen die Franken
so lebhaft war, sich so bald ergaben. Wir finden aber
Spuren, daß sie nicht so gut gewaffnet waren, als die
Franken, und daß es ihnen an Einigkeit und guten Anführern fehlte; drey Umstände, wovon einer hinreicht, das
tapferste Volk einem minder tapfern, aber in einem jener
Hinsichten ihm überlegnen Feinde zu unterwerfen. Den
Mangel an Einigkeit unter den Sachsen schließen wir
aus

die mir über diese kleine Abhandlung zu Gesicht gekommen,
haben die Verfasser sich herabgelassen, mich zu belehren,
wo eigentlich der Fehler in meinen Schlüssen stecke, durch
die ich im Ernst glaube, meine dortigen Behauptungen erwiesen zu haben, — wenn es anders ein erweisliches
natürliches Völkerrecht giebt.

aus den Beschuldigungen, welche diejenigen von ihnen, die auf Karls Seite traten, bey jeder Gelegenheit wider Wittekinden, als den abgesagtesten Feind der Franken, vorbrachten. Sie scheinen dieses mehr in der Absicht gethan zu haben, Karln gegen Wittekinden aufzubringen, als sich selbst oder ihr Volk zu entschuldigen. Sodann scheint es, daß die verschiedenen Völkerschaften ihre Kräfte nie ganz vereinigten, dem gemeinschaftlichen Feinde zu widerstehen. Was ihre Anführer betrift, so können wir von Wittekinden, der sich einen so großen Ruhm bey den Geschichtschreibern erworben hat, auf die übrigen schließen. Ich werde aber in der Folge bequemere Gelegenheit haben, einige Anmerkungen über sein kriegerisches Verdienst zu machen.

Was die Bewaffnung der Sachsen anbetrift, so mußten Panzer und Harnische unter ihnen selten seyn. In ihrem Lande waren keine Eisenwerke noch Waffenfabriken. Die Franken hingegen hatten längst ein zahlreiches mit Harnischen versehnes Fußvolk. Sie hatten die guten Waffenfabriken der Römer in Gallien, seitdem sie dieses Land erobert, zu ihrem Gebrauch. In Karls Gesetzen finden wir einigemal Verbote, den Feinden Harnische, die in der damaligen fränkischen Sprache Brunnien genannt wurden, zuzuführen. Eine kleine Anzahl Fußvolkes aber mit völliger eiserner Rüstung, muß über eine weit stärkere Anzahl, die mit keinen solchen Schutzwaffen bedeckt ist, ein sehr entscheidendes Uebergewicht haben. Der Gebrauch der Harnische scheint erst spät in Norden eingeführt zu seyn. In den alten nordischen Nachrichten lesen wir viel von Königen oder Anführern im neunten Jahrhunderte, die auf ihren Zügen von unverwundbaren Kriegern 53) begleitet wurden. Panzer

H 4 oder

---

53) Sie werden Bärsärker genannt.

oder Harniſche, die ſie unter ihren Kitteln oder Pelzen trugen, verſchafften ihnen ohne Zweifel dieſe Unverwundbarkeit.

Wenn wir uns über dieſe geſchwinde Unterwerfung der Sachſen verwundern; ſo muß uns die Willigkeit, womit Karl ihre erſten allgemeinen Verſicherungen annimmt, nicht weniger befremden. Sie ſtimmt mit dem Vorſatze nicht überein, den er bey dem Anfange des Feldzuges hatte. Die Urſache war eine ausgebrochne Empörung des Herzogs von Friaul, die ihn nöthigte ſeinen Plan abermals nur halb vollendet zu laſſen. Dieſer kühne Longobarde hatte mit verſchiedenen Städten einen Bund gemacht, und ein anſehnliches Heer verſammelt. Karl urtheilte, daß er ihm keine Zeit laſſen müſſe, ſich einen größern Anhang zu machen. Sobald er daher die Sachen zu einem Vergleiche geneigt fand, gieng er ihn ein, und eilte ohne Zeitverluſt, des hereinbrechenden Winters ungeachtet, mit einer kleinen, aber ausgeſuchten Mannſchaft nach Italien, überfiel Rodgauden, zerſtreute ſeine Völker, und bekam ihn ſelbſt gefangen. Er ließ ihn als einen Meineidigen enthaupten[14]). Die verdächtigen

---

[14]) Guillard (Vol. II p 130. ſq.) hält es für eine einſeitige Behauptung der fränkiſchen Geſchichtſchreiber, daß Rodgaud ein Empörer geweſen ſey. Er habe ſich Karln nur nicht unterwerfen wollen, ſondern daran gearbeitet, Adelgiſen mit Hülfe der Griechen in ſein väterliches Reich wieder einzuſetzen. Wenn dieſe Vorausſetzung ihre Richtigkeit hätte, ſo wäre es freylich von Karln höchſt ungerecht und grauſam geweſen, den Herzog Rodgand, der alsdenn wegen ſeiner Treue gegen die Familie ſeines geweſenen Königs vielmehr Achtung und Beyfall verdient hätte, enthaupten zu laſſen. Allein die Vorausſetzung iſt wenigſtens unerwieſen; wenn man auch die Nachricht,

daß

gen Städte unterwarfen sich. Karl ließ darauf das
Herzogthum, gleich seinen übrigen Ländern, durch Grafen regieren. Die Verfasser erwehnen zwar in der Folge
eines Herzogs Heinrichs von Friaul. Allein es scheint,
daß dieser bloß den höchsten Befehl über die Kriegsvölker
dieses Landes gehabt habe. Er war einer von den Gene-
ralen, auf die Karl das meiste Vertrauen setzte.

Der Herzog von Spoletto, welchen der unglückliche
Ausgang von Rodgauds Unternehmungen abschreckte,
sich einem ähnlichen Schicksale auszusetzen, unterwarf
sich jezt, ohne jemahls wieder einen Versuch nach Unabhängigkeit zu machen ⁵⁵).

Karl hatte, als er nach Italien gieng, Anstalten
getroffen, die er für hinlänglich hielt, den ersten Anfall
der Sachsen, wenn sie in seiner Abwesenheit aufs neue
etwas unternehmen würden, aufzuhalten. Was er befürchtet hatte, geschah. Die Sachsen überfielen Eresburg und eroberten es. Aber vor Sigeburg mußten sie
abziehen, nachdem sie von der fränkischen Besatzung in
einem Ausfalle waren geschlagen worden. Unterdessen
kam Karl mit einer solchen Geschwindigkeit aus Italien
zurück, und nahm solche Maaßregeln, daß die Sachsen,
die in der Gegend des heutigen Lipspring standen, sich

H 5   aufs

daß Rodgaud Karls Vasall geworden war, nicht für glaubwürdig annehmen wollte. Ist aber diese Nachricht gegründet, und ich sehe nicht, warum man sie verwerfen
könnte, so hatte Rodgaud nach dem fränkischen Lehnrechte
das Leben verwürkt.

⁵⁵) Eginh. Annal. a. 779. Recueil p. 204. Er focht nachher mit den Franken gegen die Griechen. ib. a. 703. Recueil p. 164.

aufs neue zum Frieden erboten. Karl begnügte ſich, we=
gen des herannahenden Winters, bloß Geißeln von ihnen
zu fordern, daß ſie es mit ihrer Unterwerfung aufrichtig
meinten. Auf den Antrag, ob ſie Chriſten werden woll=
ten, war ein großer Theil bereit und wurde getauft;
Karl ließ darauf Eresburg wiederherſtellen, und noch eine
andere Feſtung an der Lippe bauen. Beyde Oerter ver=
ſaß er mit einer ſtarken Beſatzung, und gieng nach Fran=
ken zurück, wo er den Winter in Heerſtal zubrachte.

Aber im Frühjahr 777 gieng Karl mit einem gro=
ßen Heer nach Sachſen. Er berief eine allgemeine
Reichsverſammlung nach Paderborn, wozu er auch die
Sachſen einlud, um die Bedingungen des Friedens mit
ihnen feſtzuſetzen. Sie erſchienen, ſowohl der Adel, als
das Volk. Nur Wittekind, ein Anführer oder Herzog
in Weſtphalen, wollte nicht kommen, ſondern gieng nach
Dännemark 56). Zwiſchen den Dänen und Sachſen
war

---

56) Alle große Veränderungen in der moraliſchen, wie in
der phyſikaliſchen Welt werden durch eine Reihe oft kaum
merklicher, kleinſcheinender Urſachen vorbereitet. Witte=
kinds Flucht nach Dännemark war das erſte Glied in einer
Kette von Urſachen, wodurch große Begebenheiten, große
Revolutionen in Europa erfolgten. Wittekind machte die
Dänen zuerſt aufmerkſam auf die allenthalben um ſich
greifenden Franken, warnte ſie vor dem Ehrgeiz Karls,
warnte ſie vor der Religion, die Karl den Sachſen auf=
dringen wollte, und die Wittekind bloß als ein Mittel
anſah, wodurch Karl ſeine Herrſchaft über die Sachſen
zu befeſtigen ſuchte. So gewarnt mußten die Dänen
natürlicherweiſe ſehr unruhig über das Glück der Franken
werden, als dieſe über die Elbe giengen, als ſie bis an die
Eider kamen, und ſo nahe Nachbarn der Dänen wurden.
Sehr verdächtig mußten ihnen nun die Anſtalten werden,
die Karl in Hamburg zur Ausbreitung des Chriſtenthums
über die nordiſchen Völker machte. So wurden die Dä=
nen

war die Nachbarschaft in jenen rohen Zeiten wohl nicht
immer sehr freundschaftlich. Aber jetzt war es natürlich,
daß die Sachsen sich um den Beystand der Dänen ⁵⁷)
gegen die alle Völker bedrohenden Franken bewarben.
Außerdem war Wittekind, einer Tradition zufolge, die
sich in Norden erhalten hat, mit Geva, einer Schwester
eines dänischen Königs im heutigen Schleswig vermählt.
Diesen König nennen die fränkischen Annalisten Siegfried;
sein dänischer Name war Siward ⁵⁸).

Die

nen allmälig zu jenen großen Unternehmungen wider die
Franken, wider alle christlichen Nationen gereizt, durch
die das neunte und zehnte Jahrhundert sich auszeichnen;
Unternehmungen, deren Absicht, Natur und Wichtigkeit
man zu sehr verkennt, wenn man sie als bloße Seeräubereyen
betrachtet. Vielleicht würden meine Leser es der Mühe
nicht unwerth finden, meine Abhandlung über diese vermeinte Seeräubereyen im gemeinnützigen deutschen
Magazine (Ersten Jahrganges erstes Vierteljahr) nachzusehen.

⁵⁷) Ein nicht unmerkwürdiger Umstand ist, daß die Sachsen
bey allen ihren Kriegen gegen die Franken nie Hülfe bey
ihren Landesleuten in Britannien, die doch immer noch
Sachsen waren und hießen, gesucht zu haben scheinen,
wenigstens findet man keine Spur davon. Eben so wenig
scheinen jene englische Sachsen sich von selbst ihrer zurückgebliebnen Landesleute angenommen zu haben, sondern bey
ihrer Unterwerfung unter die Franken ganz gleichgültig
gewesen zu seyn. Hatten vielleicht jene allmälig in Engländer sich verwandelnde Sachsen von der Zeit, da sie sich
im Besitz ihrer glücklichen Insel sahen, gleich den stolzen
Gedanken, daß sie sich um die ganze übrige Welt nicht zu
bekümmern brauchten? daß sie aller Continental-connexi-
onen entbehren könnten? oder erlaubte ihnen vielleicht ihr
Christenthum, das sie in Britannien annahmen, nicht,
ihre in Deutschland und im Heidenthum zurückgebliebnen
Landesleute anzuerkennen.

⁵⁸) v. Suhm Historie af Danmark. T. I. p. 533. sq.

Die Bedingungen, welche zwischen Karln und den Sachsen verabredet wurden, waren folgende. Die Sachsen behielten ihre eigene Verfassung, ihre Gesetze und ihre Landtage oder öffentliche Versammlungen; sie erkannten aber Karln für ihren Oberherrn, sie bewilligten einen Tribut, und sie gelobten, die Anstalten, die Karl zur Predigung der christlichen Religion unter ihnen machen würde, auf keinerley Weise zu verhindern. Diejenigen, welche diesen Beleidigungen zuwider handeln, und irgend eine Art der Feindseligkeit gegen die Franken oder gegen die christliche Religion begehen würden, sollten ihres Eigenthums und ihrer persönlichen Freyheit verlustig, aus ihrem Vaterlande nach andern Provinzen versetzt werden [59]).

Durch diesen Vergleich schien Karl seine Absicht mit den Sachsen vollkommen zu erreichen. Sie selbst erkannten sich, auf den Fall einer neuen Empörung eine Strafe zu, von der es nicht wahrscheinlich war, daß sie sich der Vollziehung derselben aussetzen würden. Das Christenthum konnte nun durch Mittel, die dem Geiste desselben anständig sind, durch Lehren und Predigten ausgebreitet werden.

Karl schien berechtigt, die Sachsen nunmehr als seine Unterthanen und als Christen zu betrachten. Er schmeichelte sich zu dem Ziel, das ihm so rühmlich und erhaben schien, gelangt zu seyn, ein Volk, das in den schwärzesten Aberglauben versunken war, in einen Aberglauben, der Menschenopfer verlangte, näher zu einer wohlthätigen Religion gebracht zu haben.

Wem

[59]) Eginh. ad hunc ann.

Wem fällt es in unserm erleuchteten Jahrhunderte
schwer, zu zeigen, wie falsch und ungegründet Karls
Triumph war? Allein ihn dieses Irrthums wegen aus
der Zahl großer Männer ausstreichen, und einen Alexander darunter rechnen, der, in einer sehr aufgeklärten Zeit,
selbst Schüler eines der größten Philosophen, gleichwohl
beständig Schaaren von Wahrsagern mit sich führte, ist
eine Ungerechtigkeit, die man nur von einem Geiste voller
Vorurtheile erwarten kann.

Drittes

Drittes Kapitel.

Inhalt.

Veranlaſſung eines Feldzuges in Spanien — Karl erobert die ſpaniſche Mark — warum er ſeine Eroberungen in Spanien nicht weiter ausdehnte — Sein Verluſt in den Pyrenäen — Er ahndet dieſen Verluſt an deſſen Urheber, dem Herzog Lupus von Gaſcogne — Weiſe Verordnung gegen das jus aſyli der Kirchen — Karls zweyte Reiſe nach Rom — Er läßt ſeinen zweyten Sohn zum König von Italien, und den dritten zum König von Aquitanien ſalben —

Seine Bekanntſchaft mit Alcuinen — Glückliche Folgen dieſer Bekanntſchaft — Karls Geſchmak an Wiſſenſchaften — Akademie an ſeinem Hofe — Von einigen Mitgliedern derſelben — Karls Achtung, Freygebigkeit und Nachſicht gegen dieſe Gelehrten — Eiferſucht zwiſchen Alcuin und Theodulf — Alcuins Gedanken über den Zehnten — Karl ſtiftet Schulen — Sein Circularſchreiben deswegen — Seine Billigkeit gegen die Lehrer in dieſen Schulen — Seine Bemühungen zur Aufklärung und Bildung des Volks — Er befördert die ſchönen Künſte — Die Muſik — Die Baukunſt — Von ſeinen Gebäuden zu Aachen —

Einbruch der Sachſen in Franken während des ſpaniſchen Feldzuges — Von Wittekind — Die Sachſen unterwerfen ſich — Harte Verordnung Karls, das Chriſtenthum einzuführen — Er ſtiftet neue Bisthümer — Ueber deren nachmalige Verwandlung — Abermaliger Aufſtand der Sachſen — Niederlage der Franken — Grauſamkeit, womit Karl ſie rächt — Folgen — Wittekind wird gewonnen — Neue Unterwerfung der Sachſen — Aufſtand der Britannier — Verſchwörungen — Feldzug wider den Herzog von Benevent.

Die

Die Gewißheit, welche Karl zu haben glaubte, daß die Sachsen nun keinen Aufstand machen würden, verleitete ihn zu einer Unternehmung, wozu ihm der Anlaß auf dem erwähnten Reichstage zu Paderborn gegeben wurde. Es kamen auf demselbigen einige arabische Fürsten aus Spanien an, die ihn um Schutz wider den Chalifen, oder, wie ihn die damaligen Europäer titulirten, wider den König von Cordova ersuchten.

Das Reich der Araber, oder der sogenannten Saracenen, welches zu dem höchsten Gipfel der Macht und des Glanzes gestiegen war, fieng in diesem Zeitpunkt an, einige innerliche Erschütterungen zu leiden. Die Emiren oder Statthalter, besonders der entfernten Provinzen, suchten sich von der Abhängigkeit loszumachen, worin sie bisher unter dem Chalifen von Bagdad, dem Oberhaupte des ganzen Reichs, gestanden hatten. Die Statthalter von Spanien waren von den ersten, denen dieses Vorhaben gelang. Aber wie sie dem Kalifen begegnet hatten, so wurde ihnen wieder von ihren Unterstatthaltern in den einzelnen Provinzen begegnet. Auch diese strebten, jeder in seiner Provinz nach Unabhängigkeit. So machten es Ibn Alrabi, Emir oder Statthalter von Saragossa; Abithauer, Emir von Huesca und einige andere. Abderramen, damaliger Chalife des saracenischen Spaniens, war ihnen zu mächtig. Dieß brachte sie auf den Entschluß, sich an Karln zu wenden. Ibn Alrabi begab sich selbst zu ihm, da er eben zu Paderborn den großen Reichstag hielt. Es war das erstemal, daß Fürsten eines Volks, dessen Ueberlegenheit Asien und Europa gefühlt hatten, an einem christlichen Hofe erschienen, um Schutz zu suchen. Aber wie konnte Karl sich mit Ungläubigen in ein Bündniß einlassen? in einem Zeitalter, wo Krieg gegen sie für Reli-
gions-

gionspflicht, Friede mit ihnen für Verrätherey an Gott
und an der Kirche gehalten wurde. Karl soll anfänglich gezweifelt haben, ob er als ein Christ sich dieser
Mahomedaner annehmen dürfte. Allein er bedachte
endlich, daß er durch diese Verbindung den Christen,
die unter diesen Ungläubigen lebten, nützlich werden und
ihnen einen erträglichern Zustand verschaffen könnte.
Karl folgte also jener Einladung; er gieng im Frühjahr
778 mit zwey großen Heeren über die Pyrenäen. Das
eine nahm seinen Weg über Narbonne durch das Gebiet
von Roußillon; das andere durch Gascogne und Navarra.
Dieses letzte führte er selbst. Er belagerte Pampelona,
das sich mit Capitulation ergab. Von da rückte er vor
Saragossa, wo die erste Armee, die unterwegens Barcelona eingenommen hatte, zu ihm stieß. Saragossa
capitulirte, und Ibn Alrabi wurde daselbst, so wie die
übrigen arabischen Emire in ihre kleinen Fürstenthümer
wieder eingesetzt. Karl begnügte sich für den Beystand,
den er ihm geleistet, bloß die Lehnstreu von ihnen zu fordern, die sie ihm auch, so lange er lebte, unverbrüchlich
gehalten. Sodann machte er zur Bedingung, daß den
Christen unter ihrer Herrschaft die Steuer, die sonst in
allen mahomedanischen Staaten von ihren nicht mahomedanischen Unterthanen bezahlt werden muß, erlassen
wurde. Uebrigens behielt er den Strich von den Pyrenäen bis zum Ebro für sich, und vereinigte ihn mit seinem
Reich. Dieser Strich begriff die heutige Grafschaft
Roußillon, Catalonien, Aragonien und Navarra, wo
also damals noch keine christliche Königreiche entstanden
waren. Diese neue Provinz wurde die spanische Mark,
oder Grenzprovinz (Marcha Hispanica) genannt, und
der Graf oder Statthalter, den Karl darüber setzte,
hatte seinen Sitz zu Barcelona. Die sogenannten Saracenen, der Chalife von Cordova und die von ihm ab-
hängen-

hängenden und ihm treuen Emire versuchten freylich die Franken wieder über die Pyrenäen zurückzutreiben. Und einmal gelang es ihnen, im Jahre 793 Barcelona durch einen plötzlichen Ueberfall einzunehmen, und über die Pyrenäen bis Narbonne zu dringen. Allein, weil um eben die Zeit die Spanier aus Galicien und Asturien stark vorgedrungen waren, so mußten sie alle ihre Macht nach jener Seite hinzielen, und sich glücklich schätzen, daß die Franken, die Barcelona wieder besetzten, nie über den Ebro giengen.

Da Karln diese Expedition so sehr gelang, und da er vorzüglich in der Vertheidigung des Christenthums Ehre suchte, so könnte man denken, er hätte jetzt weiter in Spanien eindringen und die Herrschaft der sogenannten Saracenen in diesem Lande ganz vernichten sollen. Allein es sey, daß er fürchtete, wenn er sich tiefer in Spanien wagte, möchte ihm die Communication mit Frankreich leicht abgeschnitten werden, als welches eine kleine feindliche Schaar, die sich nur der Pässe in den Pyrenäen zu bemächtigen brauchte, bewerkstelligen konnte; es sey, daß er es überhaupt nicht rathsam fand, mit seinen Eroberungen über gewisse Grenzen hinauszugehen; es sey endlich, und dieses war wohl ein Hauptbeweggrund, daß er besorgte, wenn er sich auf dieser Seite mit den Saracenen zu sehr beschäftigte, möchten die unruhigsten und gefährlichsten seiner Nachbarn, die Sachsen, zu leichtes Spiel gegen ihn bekommen, er war zufrieden, auf dieser Seite sein Reich bis an den Ebro erweitert zu haben [1]).

Auf

---

[1]) Wenn man voraussetzt, daß Karl sich bey seinem Regierungsantritt einen zusammenhängenden Plan von Eroberun-

Hegewisch Gesch.   J   gen,

Auf dem Rückzuge über die Pyrenäen litt Karl den größten Verluſt, den er in allen ſeinen Kriegen erlitten hat. Das Heer konnte in den engen Wegen durch die wal-

gen, die er machen wollte, ausgedacht, und daß er alle ſeine Kriege zur Befolgung und Ausführung dieſes Plans unternommen habe, ſo iſt es allerdings eine die Vollkommenheit dieſes Plans bezweifelnde Frage, warum Karl überhaupt nicht lieber gegen die Saracenen, als gegen die Sachſen focht? warum er ſich nicht lieber Ruhm und Vortheil dadurch zu verſchaffen ſuchte, daß er Spanien von der Herrſchaft der Saracenen befreyte? warum er ſein Reich nicht lieber im glücklichen Süden, als im rauhen Norden zu erweitern ſuchte? Spanien wäre wahrſcheinlich eine leichtere, und gewiß eine ſchönere Acquiſition geweſen, als das Land der Sachſen. Gaillard macht dergleichen Anmerkungen über Karls vermeinte Plane. Allein 1) iſt es vielleicht überhaupt falſch, wenn man den ſo genannten Eroberern weitläuftige Plane zuſchreibt, die ſie erſt entwerfen und dann erſt ihnen gemäß, Kriege unternommen hätten. Vielleicht der erſte Krieg, den ſie beſchließen, hängt von ihrer Wahl ab, und wird alſo einem gewiſſen Plan zufolge unternommen, wie Alexanders Krieg gegen die Perſer, Karl Guſtavs gegen Polen, und Friedrichs II. erſter ſchleſiſcher Krieg. Oft aber müſſen ſie ſey auch zu ihren erſten Kriegen mehr durch die Umſtände, als durch Wahl beſtimmen laſſen, wie Guſtav Adolf zu ſeinen erſten Kriegen gegen Polen und Rußland — Die fränkiſchen Geſchichtſchreiber verſichern uns wenigſtens — und ich ſehe nicht, warum dieſe ihre Verſicherung nicht glaubwürdig ſeyn ſollte — daß Karl den Krieg wider die Sachſen führen mußte. Die nachbarliche, die Nationalfeindſchaft zwiſchen Sachſen und Franken war von langen Zeiten her zu tief eingewurzelt und brach zu oft und zu leicht aus, als daß Karl einen Krieg mit den Sachſen leicht hätte vermeiden können.

2) War es doch wohl ohne Zweifel ein Beweis von gründlicher Klugheit, daß Karl, ſo reißend er auch ſelbſt den

waldigten Gebürge nicht anders als in langen unausge-
breiteten Gliedern gehen. Unterdessen war es glücklich
durch bis auf den Nachtrab. Dieser war, nebst dem
Gepäcke, mitten in den engen, von steilen Bergen einge-
schloßnen Pässen, als auf den Höhen feindliche Völker
hervorkamen, die, selbst leicht bewafnet und sicher vor
allem Angrif, auf die unten in schwerer Rüstung einher-
ziehenden Franken dergestalt Pfeile und Spieße herab-
schossen und Steine und Felsenstücke warfen, daß nur
wenige entkamen. Das Gepäcke wurde von diesen feind-
lichen Völkern erbeutet. Karl verlohr hier viele seiner
besten Kriegsobersten. Eginhard nennt vorzüglich drey;
Eghart, Anshelm und Rutland. Es ist bekannt, daß
dieser unglückliche Feldzug wider die Saracenen zu den
Romanen von Karls Kriegen mit diesem Volke Anlaß
gegeben hat, daß dieser Vorfall die Schlacht in den ron-
cevallischen Gebürgen genannt wird, und daß Rutland,
oder Roland, unter welchem Namen er bekannter ist, der
Achilles dieser Romane zu seyn pflegt²). Der Urheber
dieses Ueberfalls war Lupus, Herzog von Vasconien,
oder, wie es jetzt heißt, Gascogne. Aus dem, was

J 2   oben

---

ben Süden von Europa finden möchte — (aus allem,
was wir von ihm wissen, können wir sicher annehmen,
daß ihm Italien sehr gefiel) — so verführerisch auch der
Ruhm, die Saracenen aus Europa zu vertreiben, für ihn
seyn mußte, daß er, sage ich, gleichwohl sein Hauptbe-
streben seyn ließ, sein Frankenland, den Sitz der Nation,
auf die er allein sich verlassen, mit der allein er große
Thaten ausführen könnte, gegen die Seite hin, wo er am
ersten Gefahren zu fürchten hatte, und diese Gefahren
dann am meisten hätte befürchten müssen, wenn er sich mit
seinen Kriegsvölkern zu weit nach Süden hingewagt hätte,
sich er zu stellen.

²) Eginh. Vita Caroli M. c. IX.

oben von den aquitaniſchen Händeln erzählt worden, wird
meinen Leſern erinnerlich ſeyn, daß es allerdings ganz natürlich war, wenn dieſer Lupus, ein Abkömmling der
Merovinger, ehmals ein unabhängiger, durch Karls
Uebermacht zur Abhängigkeit genöthigter Fürſt, deſſen
Familie durch die Karolingiſche ſo tief geſtürzt war, in
ſeinem Herzen nie andere, als feindſelige Erſinnungen
gegen Karln gehegt hatte. Daß aber dieſer Lupus mit
ſeinen Gaſcognern ſich nicht regte, als Karl in Spanien
einmarſchirte, daß er, wie der Monarch zurück kam,
nicht die Hauptarmee angrif, ſondern nur über den
Nachtrab herfiel, dieſes Betragen verräth freylich eine
kleine boshafte Seele, und es war den Franken nicht zu
verdenken, daß ſie ihn einen treuloſen Verräther ſchalten.
Ich weis auch nicht, ob Karl wegen der Strenge, womit er einen ihm ſo empfindlichen und ſo treuloſerweiſe
verurſachten Verluſt ahndete, zu tadeln ſey. Er be-
kriegete den Herzog; dieſer fiel in ſeine Hände, und Karl
ließ ihn henken [3]): bey allen Völkern, die eine Lehns-
verfaſſung hatten, wurde der verrätheriſche Lehnmann mit
einem ſchimpflichen Tode beſtraft [4]).

Die

---

[3]) S. die aus Caroli Calvi Praecepto pro Obbonio, Ab-
bate Alaonenſi angeführte Stelle im Recueil T. VI p. 94.

[4]) Aber vielleicht hätte Karl, der ſich durch beſſere Einſichten über ſein Zeitalter ſo ſehr erhob, das Unvernünftige
des Lehnweſens erkennen und dieſes ganz abſchaffen ſollen.
Dieſes behauptet Gaillard (vol II. p 201) Wer dieſes
von Karln im Ernſt verlangt hätte, der hätte von ihm im
Grunde verlangt, abzudanken. Das Lehnweſen war in
dem damaligen Zuſtande der europäiſchen Völker eben ſo
natürlich und nothwendig gegründet, als in ihrem jetzigen
Zuſtande die heutigen Finanzeinrichtungen und ſtehenden
Armeen gegründet ſind. Das Lehnweſen iſt an ſich ſelbſt
nicht unvernünftig; es muß nothwendig unter allen Völ-

kern

Die Eroberung der römischen Provinzen durch die Barbaren war ohne Zweifel für die Einwohner dieser Provinzen, in so weit sie sich selbst als römische Unter-

J 3   thanen

kern entstehen, die Staatseinrichtungen zu machen anfan-gen, und dabey in der Schreibkunst unerfahren und arm am Gelde sind. Aber das Lehnwesen selbst und die aus ihm entspringenden Folgen beyzubehalten, wenn weder jenes noch diese sich mit dem durch Cultur verbesserten Zustande der Völker vertragen, dieses dürfte eher gegrün-deten Tadel verdienen, wie wohl auch, bey einem solchen verbesserten Zustande, ihre Abschaffung, so wie die Ab-schaffung oder Abänderung uralter Einrichtungen überhaupt eine gewisse Vorsicht und Behutsamkeit erfordert.

Doch Gaillard behauptet ferner, Karl hätte bedenken müssen, daß Lupus ein Abkömmling der Merovinger war, und die vielen und großen Kränkungen unmöglich ver-gessen konnte, die den Merovingern von Karls Vorfahren und von Karln selbst waren zugefügt worden, daß ihn folglich innige, lange verborgen gehaltene Empfindlichkeiten zu diesem Schritt verleitet hatten. In Rücksicht auf diese Umstände hätte Karl großmüthig seyn und verzeihen sollen. Hier zu entscheiden ist vielleicht mehr Sache des Gefühls als des Verstandes. Man bedenke, Lupus war kein offen-barer, sondern ein feiger, hinterlistiger Feind. Dem zu verzeihen, würde, ohne Zweifel, manchem Großmuth, manchem aber auch Schwäche geschienen haben. Jene, die nach ihrer Art zu empfinden bedauren, daß Karl in diesem Falle nicht großmüthig war, werden vielleicht ihren an-fänglichen Unwillen über seine Strenge in etwas wieder fahren lassen, wenn sie hören, daß Karl dem Sohn dieses Lupus, Adelrich, einen Theil von Gascogne zur Versor-gung gab. Er ist der Stammvater der nachmals in Frankreich so berühmt gewordnen Familie von Armagnac. Recueil ib. Gaillard. ib.

Im Frühlinge des folgenden Jahres 779 hielt Karl einen Reichstag zu Herstall, auf welchem eine Verordnung gemacht wurde, die ein Beweis ist, daß er sich der innern

Regie-

thanen betrachteten, eine der traurigsten Begebenheiten, die sie treffen konnten. Sie mußte es insbesondre für die Geistlichen seyn, als von welchen man annehmen kann, daß sie vorzüglich wie treue, patriotische Unterthanen dachten und empfanden. Unterdessen haben wir gesehen, daß die Herrschaft der Barbaren für ihre neuen Unterthanen eine große Erleichterung von unerträglichen Lasten, die in den letzten Jahrhunderten des Reichs auf sie gehäuft wurden, mit sich brachte. Wir können also, bey der allgemeinen Schwäche des menschlichen Herzens, sicher annehmen, daß die gewesenen römischen Unterthanen, bey aller ihrer Treue gegen ihre alten Beherrscher, gleichwohl, wenn sie von ihren Gesinnungen aufrichtige Rechenschaft hätten ablegen sollen, sich, sobald die den Krieg begleitenden Grausamkeiten und Lasten aufhörten, nicht unglücklich unter der neuen Herrschaft der so genannten Barbaren werden gefühlt haben, weil sie viel weniger, als während der römischen Herrschaft, bezahlten. Was aber insbesondre die Geistlichen anbetrifft, so entstanden für sie, aus der neuen Herrschaft dieser rohen, mit der verfeinerten Politik der Römer so wenig bekannten Völker, so mancherley zwar zeitliche, aber wesentliche Vortheile, daß sie eine mehr als menschliche uneigennützige Denkungsart hätten besitzen müssen, um sich in dem neuen Zustande der Dinge und bey den Aussichten, die er ihnen eröffnete, unglücklich zu finden. Bey einer

längern

Regierungsgeschäfte mit eben so vieler Sorgfalt und Weisheit annahm, als er Muth und Klugheit in seinen Kriegen zeigte; ingleichen daß er, bey seinem großen Eifer für die Kirche und für die Vermehrung ihres äusserlichen Glanzes, gleichwohl aufmerksam war, alle schädliche Folgen, die ihre Vorrechte für den Staat veranlassen konnten, zu verhüten.

längern Fortdauer des abendländischen Kaiserthums hätten
sie nicht hoffen dürfen, einen eigenen Reichsstand, und
zwar den ersten an Rang und Einfluß auszumachen.
Schwerlich hätten sie so beträchtliche Schenkungen und
Vermächtnisse zu erwarten gehabt. Man würde ihnen
schwerlich gestattet haben, sich der Obrigkeit, der alle
Bürger eines Staats ohne Unterschied verantwortlich
seyn sollen, zu entziehen, und keine andere, als eine von
ihnen selbst errichtete, vom Staat unabhängige Gerichtsbarkeit anzuerkennen. Die Unwissenheit, die Einfalt
der Barbaren machte es den Geistlichen möglich, sich so
wichtige, mit einer gesunden Staatsverfassung so sehr
streitige Vorrechte zu erwerben. Gleich nachdem die
Franken in dem von ihnen eroberten Gallien sich zum
Christenthum gewandt hatten, war es entschieden, daß
die Geistlichen ein eigener, daß sie der erste Reichsstand
seyn sollten. Denn die Franken ließen sie aus Achtung
gegen die Männer Gottes, oben an sitzen. Ueber den
Zustand des Landes, über die alten Einrichtungen konnte
den Königen niemand so gute Nachricht geben, als die
Geistlichen. Die Geistlichen wurden die Hauptrathge-
ber der Könige. Viel leichter war es, reichen Franken
glauben zu machen, daß sie das Heil ihrer Seele durch
Vermächtnisse an Kirchen und Klöster beschaffen könnten,
als Römer oder Griechen dazu hätten beredet werden
können. Die Geistlichen hielten nun so oft Versammlungen, als es ihnen beliebte, ob gleich zu Zeiten Könige
kamen, die dergleichen Versammlungen ohne königliche
Erlaubniß bedenklich hielten und daher verboten. Aber
dann wußten die Geistlichen die Könige von der Nothwendigkeit solcher Versammlungen leicht zu überzeugen.
Unter solchen Umständen wurden natürlicherweise die
Freyheiten und Vorrechte der Geistlichen immer vermehrt und ausgedehnt. Schon unter dem Könige

Chlotha-

Chlotharius II. hatten ſie das dem , gemeinen Weſen
ſo. ſchädliche, aber zur Vermehrung des Anſehens und
auch zur Bereicherung des geiſtlichen Standes ſo würk-
ſame Vorrecht, nach welchem Kirchen und Klöſter für
die dahin geflohnen Verbrecher unverletzbare Freyſtäte
ſeyn ſollten, erworben.

Auf dem Reichstage alſo zu Heerſtall wußte Karl
die Einwilligung der Geiſtlichen zu einer Verordnung zu
erhalten, wodurch jenes ſchädliche Vorrecht wenigſtens
eingeſchränkt wurde. Vermöge derſelben ſollten Mörder
und andere, die nach den Geſetzen den Tod verdient,
wenn ſie in Kirchen flöhen, nicht aufgenommen, oder
doch nicht mit Nahrung verſorgt werden *). Man
erkennt in dieſer Verordnung die kluge Mäßigung eines
weiſen Geſetzgebers, der die Mißbräuche lieber allmälig
untergräbt, als ſie durch Einen Strich auf einmal vertilgen will; jenes würkt langſam, aber ſicher; dieſes
mislingt zu oft. Ein für das Gute zu lebhaft eifernder
Monarch hätte vielleicht geboten, die Verbrecher mit
Gewalt aus den Freyſtäten wegzuholen, welches Gebot
denn wahrſcheinlich nur die Würkung würde gehabt haben, das Volk zur Beſchützung der in die Kirchen Geflohnen in Aufruhr zu bringen, das Anſehen des Geſetzgebers aufs Spiel zu ſetzen; ihn entweder zum Gebrauch
der Gewalt zur Handhabung des neuen Geſetzes zu nöthigen, oder es aufzuheben, oder es in Vergeſſenheit gerathen zu laſſen, und ſo hätte das Freyſtäterecht nur
neue Feſtigkeit bekommen.

Die Geiſtlichen indeſſen ſahen jene Verfügung dennoch als einen Eingrif in ihre Privilegien an. Und da
ſie

*) Capit. a. 779. VIII.

fie über deren Aufrechthaltung eiferſüchtig wachten, ſo)
war, wie ein päbſtlicher Schriftſteller bemerkt [6]), das
ganze Anſehen des großen Monarchen nöthig, daß ſie
ſich dieſe Einſchränkung gefallen ließen, ohne ihm ihre
Unzufriedenheit darüber empfinden zu laſſen. Es iſt
ſchwer zu entſcheiden, ob gedachter Schriftſteller durch
dieſe Anmerkung die Verfügung des Monarchen und das
damalige Nachgeben der Geiſtlichen in Anſehung dieſer
Verfügung habe loben oder tadeln wollen. Er hat ſie
mit aller der feinen Zweydeutigkeit abgefaßt, die den
Jeſuiten eigen ſeyn ſoll. In den Augen aber der ge-
ſunden Vernunft kann kein Zweifel ſeyn, daß jene Verfügung nicht eben ſo gerecht als weiſe war, und daß,
wenn Karl die Geiſtlichen nur durch ſein Anſehn, nicht
durch Gründe zum Nachgeben bringen konnte, niemals
das Anſehen eines Monarchen mit ſo viel Fug und in
ſo edler Abſicht angewandt wurde. Es hätte den Geiſtlichen Ehre gemacht, wenn ſie ſich eines ſo ſchädlichen
Vorrechts freywillig und ganz begeben hätten.

Im Herbſte des Jahres 780 gieng Karl abermals
nach Italien, er nahm ſeine Gemahlin Hildegard und

J 5   ſeine

[6]) Pere Daniel Hiſtoire de France Charlemagne unter
dem Jahre 779 T. II. p. 45. (Pariſer Edition von 1750.
4.) Es iſt der Mühe werth, die Worte des Pere Daniel
hieher zu ſetzen, er ſagt: On voit dans notre hiſtoire,
que c'etoient (nemlich les franchiſes des egliſes) des
droits ſi ſacrés, que nos rois les moins religieux les
obſervoient toujours avec ſcrupule; mais l'abus qu'on
en faiſoit etoit venu juſqu' à un tel point, que Charlemagne crut, qu'il falloit la modérer. Les évéques
en étoient extrémement jaloux et il falloit l'autorité
d'un roi, auſſi abſolu que Charlemagne, pour pouvoir
y donner quêlque atteinte.

seine drey mit ihr erzeugten Söhne, Karl, Karloman
und Ludwig mit. Karl brachte den Winter in Pavia
zu. In dieser Stadt hielt er im Monat März, einen
Reichstag. Da Karl durch sein Kriegsglück König
der Longobarden geworden war, und also nach den gewöhnlichen, wiewohl irrigen Begriffen, unumschränkt
regieren konnte, so entsteht die Frage, warum er auch
in diesem longobardischen Reiche Reichstage hielt?
War es bloß Großmuth von ihm, daß er einem von
ihm besiegten Volke, statt es despotisch zu beherrschen,
eine sogenannte freye Verfassung gab? Dieses ist ein
möglicher Fall. Aber gewiß ist, daß sich in jenen Zeiten überall keine Verfassung ohne Reichstage, ohne
Volksversammlungen, denken ließ.

Gegen Ostern gieng er nach Rom. Er wurde mit
eben den Feyerlichkeiten, wie das erstemal, empfangen.
Am ersten Ostertage verrichtete, auf sein Verlangen,
der Pabst eine Ceremonie, welche eine seiner Hauptab-
sichten seiner dießmaligen Reise scheint gewesen zu seyn.
Der zweyte seiner als königlicher Kinder anerkannten
Söhne [7]) wurde durch den Pabst zum König von Italien

---

[7]) Er war noch nicht getauft. Karl hatte versprechen, daß
Adrian ihn taufen sollte. Dazu war also eine Reise nach
Rom nöthig, die sich von Jahr zu Jahr verzögerte. Es war
aber üblich, und ist auch in der Folge in Frankreich üblich
geblieben, Kindern, deren Taufe aufgeschoben wird, den
Kopf im Namen der drey Personen der Gottheit mit
Wasser zu benetzen, welches jedoch keine Taufe seyn soll.
Diese Handlung, die ein Unwissender leicht als eine vor-
läufige Taufe ansehen könnte, wird im französischen
ondoyer genannt. S. dieses Wort im Diction. Encycl.
So war dieser zweyte Sohn unsers Monarchen bloß on-
doyirt und dabey Karloman genannt worden. Jetzt
erst

lien gesalbet; der dritte Ludwig zum König von Aquitanien [8]). Die damaligen Geschichtschreiber erzählen
die Sache mit trocknen Worten, ohne den geringsten
Umstand beyzufügen, der uns über Karls Gründe zu
dieser Handlung, bey so zartem Alter seiner Söhne —,
der eine war fünf, der andere drey Jahr — einiges Licht
geben könnte. Unterdessen lassen sich folgende Anmerkungen darüber machen.

Wir sehen fürs erste, daß Karl schon beschlossen
hatte, seine Staaten unter seine Söhne zu theilen.

Hiernächst ist offenbar, daß Karl das Reich der Longobarden und Aquitanien, als zwey eroberte Länder betrachtete, in welchen er sich willkührlich einen Nachfolger
ernennen könne, ohne dazu der Einwilligung der Nation
zu bedürfen. Wir finden keine Spur, daß er diese Einwilligung gesucht habe. Auch wäre es wohl natürlicher
gewesen, im Fall er sie für nöthig gehalten, den zweyten
seiner Söhne auf dem eben erwehnten Reichstage zu Pavia durch einen longobardischen Bischof salben zu lassen.

Ein Grund, warum Karl diesen seinen Söhnen die
königliche Würde so jung ertheilen ließ, war vielleicht
folgender. Er scheint eingesehen zu haben, daß jeder
Fürst unter seinem Volke leben, die Denkungsart und
Sitten seines Volks genau kennen, und bey allen seinen
Einrichtungen und Handlungen immer vor Augen haben
soll. Dieses war höchst wahrscheinlich einer von den

Grün-

erst taufte ihn Pabst Adrian, und veränderte seinen Namen
Karloman, den vermuthlich Karl nicht leiden konnte,
weil er ihn an seinen Bruder erinnerte, in den beliebtern
Namen Pipin.

[8]) Annal. Eginh, ad a. 781.

Gründen, die ihn abhielten, selbst, nachdem er die schönsten Länder erobert hätte, seinen Sitz in eines derselben zu verlegen. Er blieb unter seinen Franken. Aus diesem Grunde ließ er auch jetzt den zweyten seiner Söhne in Italien, und schickte den andern nach Aquitanien, damit beyde sich an die Völker, die sie einst regieren sollten, gewöhnten. Er gab ihnen Männer mit, deren Geschicklichkeit und Redlichkeit ihm Bürge waren, daß sie für die Erziehung der Prinzen, so gut es in den damaligen Zeiten möglich war, sorgen würden [9]).

Auf dieser Reise machte Karl eine merkwürdige Bekanntschaft, die für Karln selbst, für seine Zeitgenossen, insbesondre für diejenigen, die an seinem Hofe lebten, und endlich für die nachmaligen Jahrhunderte die wohlthätigsten Folgen hatte. Die Geschichte muß ihrer, als einer der Hauptursachen, erwähnen, die den gänzlichen Verfall der Wissenschaften verhinderten, und ihrem schon erlöschenden Lichte neue Nahrung verschafften.

Ohne jene natürliche und durch die Eindrücke der ersten Jahre entwickelte Geistesanlagen, die wir Wißbegierde und Geschmack nennen, würde Karl solche Bekanntschaften nie gemacht haben, wenn ihm auch tausendmal Anlaß dazu gegeben wäre. Aber er suchte sie unermüdet sein ganzes Leben durch, und er blieb den gemachten Bekanntschaften treu und ergeben, wenn gleich die Männer, mit denen er sie um ihrer Talente und Kenntniße wegen errichtete, zum Theil mit der Zeit manche Schwachheit, manche seiner Denkungsart anstößige Gesinnung [10]) verriethen.

Schon

---

[9]) Vita Lud. Pii Recueil T. VI. p. 89.
[10]) Die gleich zu erwähnende Eifersucht zwischen Alcuin und Theodulf, und die nicht zu bezweifelnde Liebesgeschichte

Angil=

Schon hatte Karl aus eignem Triebe in einem Alter, wo man glauben sollte, daß ihm seine kriegerische und politische Thätigkeit keine Zeit noch Lust zu den stillen Beschäftigungen des Studierzimmers gelassen hätte, in einem Alter von mehr wie dreyßig Jahren sich in der lateinischen Grammatik von einem gewissen Priester, Namens Peter, der von Pisa gebürtig war, und den er vermuthlich in Italien kennen lernte, unterrichten lassen; schon hatten sich seine Vorstellungen von Künsten und von allem, was ein cultivirtes Volk auszeichnet, durch den Anblick der römischen Denkmäler in Italien, insbesondre in Rom erweitert, als er Alcuinen kennen lernte, der, wie der Erfolg lehrte, dazu gemacht war, die Wißbegierde eines Monarchen zu leiten, und seinen Geschmak an Wissenschaften und Künsten mehr auszubilden, und ihm ein für das Ganze nützliche Richtung zu geben.

Alcuin, ein Schüler Bedas, war vom Erzbischofe Eambald von York nach Rom gesandt, um für ihn das Pallium zu holen. Karl sprach ihn unterweges zu Pavia im Jahr 781. Die Eindrücke, die das Gespräch des Mannes auf den Monarchen machte, waren so stark, daß dieser Ueberredung und Bitten anwandte, jenen zu bewegen, daß er, nachdem er sein Geschäft verrichtet, aus England an Karls Hof kommen sollte. Alcuin, ein kluger Mann, versprach es, sobald er von seinem Könige und Erzbischofe Erlaubniß dazu hätte, unter der Bedingung, daß es ihm immer frey stehen sollte, nach England zurückzukehren. Von dieser Freyheit machte er auch,

mit

Angilberts waren ohne Zweifel Folgen von der moralischen Schwäche dieser Männer. Auch Eginhards Liebesgeschichte würde hieher gehören, wenn ihr Wahrheit ausgemacht wäre.

mit Karls Einwilligung im Jahr 793 Gebrauch, kam
aber bald nach Frankreich zurück, wo er nun blieb bis
zu seinem Tode im Jahr 804.

Alcuin scheint auf allen damals angebauten Feldern
der Wissenschaften — (freylich waren es nur wenige,
und sie waren nur sehr dürftig angebaut) — bekannt
gewesen zu seyn. Was ihn aber Karln noch interessanter
machte, war, wie aus allen Nachrichten erhellt, dieses,
er besaß die glückliche Gabe, seine vielfachen Kenntnisse
bey jeder Veranlassung auf eine die Zuhörer anziehende
und befriedigende Art mittheilen zu können; eine Gabe,
die eben so selten, und vielleicht seltener ist, als das
gründliche Genie. Einzelne Antworten, die Alcuin dem
Monarchen bey gewissen Veranlassungen auf der Stelle
gab, zeugen von seiner Gegenwart des Geistes, und seine
Schriften, insbesondere seine Briefe, sind Denkmäler der
feinen Kunst, die er besaß, ohne Schmeichler zu seyn,
das Herz des Monarchen zu gewinnen, und zugleich
Denkmäler des edlen Eifers, womit er die Freundschaft
des Monarchen dazu nutzte, bey jeder Gelegenheit Gutes
zu stiften oder zu befördern.

Die Menge seiner Werke [11]) beweisen seine Leichtig-
keit im Schreiben. Man würde sie freylich jetzt vergeblich zur Hand nehmen, wenn man etwas gründlich ge-
dachtes oder schön gesagtes in ihnen erwarten wollte.
Aber die Züge sind doch nicht selten, die vermuthen lassen,
daß er in einem glücklichern Zeitalter ein sehr angenehmer
und lehrreicher Schriftsteller würde geworden seyn.

Alcuin

---

[11]) Sie sind in vier Foliobänden von dem gefürsteten Abt
Fröberius zu St. Emeran neu herausgegeben. Regens-
burg 1777.

Alcuin unterrichtete den Monarchen in der Rhetorik, die freylich damals nicht so beschaffen war, daß die natürliche Beredsamkeit, die Karl besaß, viel dadurch gewinnen konnte. Er unterrichtete ihn in der Dialektik, die Karl sehr liebte, ob sie ihm gleich bey seinem von Natur scharfen Verstande ganz entbehrlich war. Endlich gab er ihm Anweisung zur Astronomie, auf die sich Karl mit vielem Eifer legte, so daß er und diejenigen, bey denen sein Exempel die nehmliche Liebhaberey veranlaßte, den Himmel oft beobachteten. Eginhard scheint der vorzüglichste darunter gewesen zu seyn, er hat in der Chronik, die ihm mit der größten Wahrscheinlichkeit beygelegt wird, astronomische Beobachtungen eingerückt, die von Kennern für merkwürdig gehalten werden.

„Es liegt nur an dir,“ schrieb Alcuin einst an Karln, „dein Frankreich zu einem christlichen Athen zu machen.“ Einige haben behauptet und bedauert, daß Alcuin zu ängstlich darauf bedacht gewesen sey, dieß sein vermeintes neues Athen christlich zu machen. Sie berufen sich darauf, daß Alcuin seinen Schülern die Lesung der alten großen Dichter verboten habe aus Furcht, sie möchten von der Seite der Sitten mehr verlieren, als von der Seite des Geschmacks gewinnen, ungleichen darauf, daß er einst seinem Freunde, dem Erzbischof Rieulf von Mainz einen Vorwurf darüber machte, daß dieser den Virgil zu sehr liebte, ein Vorwurf, den man zu allen Zeiten gewiß wenig Erzbischöfen hat machen können. Es kann seyn, daß Alcuin im Alter über diesen Punct etwas strenger dachte, daß er einmal bey einer gewissen Gelegenheit seinen Schülern das vielleicht von ihnen zu eifrig getriebene Lesen der alten Dichter untersagte. Ein allgemeines Verbot kann er unmöglich gegeben haben, denn seine Schüler würden sich gegen sein Verbot auf sein eige-

nes

nes Exempel berufen haben. Seine Schriften, seine
Briefe insbesondre, sind voller Anspielungen auf die alten
Dichter, die er also fleißig und mit Vergnügen muß gelesen haben. Seinem jungen Freunde Angilbert, der in
dem gelehrten Zirkel an Karls Hofe Homer hieß, schrieb
er nach Rom, er möchte ihm Reliquien mitbringen, und
fügte scherzend hinzu: Si nihil attuleris, ibis, Home-
re, foras. Wahrscheinlich konnte doch der Mann, der
sich bey Reliquien eines Verses aus Ovids Kunst zu lieben
erinnerte, kein Feind von poetischer Lecture seyn. Sein
Exempel hätte folglich seinen Lehren in diesem Stücke
alle Kraft benehmen müssen. In der That aber konnte
Alcuin seine Freunde und Schüler, wenn er glaubte,
daß sie ihm Anlaß dazu gäben, vor einer ihren Berufs-
geschäften nachtheiligen, zu weit getriebenen Lecture der
Dichter warnen, ohne ein strenger Moralist, und ohne
ein Feind der schönen Wissenschaften zu seyn.

Die vielen Liebhaber der Wissenschaften, die durch
Karls Beyspiel und Aufmunterung an seinem Hofe entstanden, errichteten eine Art von gelehrter Gesellschaft,
die sie selbst die Academie nannten, eine Benennung, die
Anlaß zu dem Irrthume gegeben hat, daß Karl die Academie oder Universität zu Paris gestiftet habe. Von
jener Academie oder gelehrten Gesellschaft scheint Alcuin
der Urheber und eine Zeitlang Vorsteher gewesen zu seyn.
Von ihrer Einrichtung ist nichts weiter bekannt, als
daß die Mitglieder besondre Namen bekamen, so wie
die Mitglieder der gelehrten Gesellschaften in Italien z. E.
die der Arcadier, noch heut zu Tage solche Namen führen; und die der fruchtbringenden Gesellschaft in Deutschland vor anderthalb hundert Jahren dergleichen unter einander austheilten. Ob jene academische Namen an Karls
Hofe sich auf die Talente, auf den Geschmack, oder auf
die

die Schriften derer bezogen, denen sie gegeben wurden, darüber haben wir keine Nachricht.

Einer dieser Academisten, den Karl vorzüglich schätzte, und den er auch zu Staatsgeschäften brauchte, war Theo‑, dulf, ein gebohrner Spanier oder Westgothe ¹²). In der Akademie hieß er Pindar, vielleicht weil er diesen griechischen Dichter las, vielleicht weil er Oden schrieb. Seine Gedichte haben unter denen aus jenen Zeiten am wenigsten Fehler und am meisten poetische Züge. Er ist der Urheber einer Hymne, die noch in Frankreich bey den Processionen am Palmsonntage gesungen wird, und die mit dem Verse anfängt:

Gloria, laus et honor tibi sit, Rex Christe, redemtor.

Unter seinen auf die Religion sich beziehenden Werken befindet sich eine Art von Instruction für seine Geistlichen. Darin eifert er schon gegen das Begraben in den Kirchen. Nach dem Tode Karls, der sein Wohlthäter gewesen war, scheint er seinem Hange zu Welthändeln zu freyen Lauf gelassen zu haben. Er fiel darüber in Verdacht und Ungnade bey Ludwig dem Frommen. Seine auf sein damaliges Schicksal sich beziehende Elegie enthält eine merkwürdige Stelle, die mit zur Erläuterung dient, warum die Bischöfe so willig das vom Pabst angemaaßte Oberrichteramt anerkannten, und daher den Credit der falschen Decretalbriefe, worauf dieses Oberrichteramt gegründet wurde, befördern halfen ¹³).

Der

¹²) Daß er kein Italiener, sondern ein spanischer Westgothe war, bezeigt er selbst in einem seiner Gedichte, wo er die Westgothen seine consanguineos nennt. Recueil p. 416.

¹³) Bischöfe, die an ihrem wahren Richter, an ihrem Landesherrn einen ungnädigen Richter zu befürchten Ursache

Hegewisch Gesch.　　　K　　　hatten,

Der berühmte Eginhard, Karls Secretär oder Kanzler, und Aufſeher über ſeine Bauten [14]), hieß als Mitglied der Akademie, Kalliopius, vielleicht wegen ſeiner ſchönen Stimme [15]), die kein geringes Verdienſt an einem Hofe ſeyn mußte, wo der Monarch, wie wir bald ſehen werden, ſich ſo viel Mühe gab, eine gute Singart einzuführen, vielleicht aber auch, weil er ſich der Muſe der Geſchichte [16]) gewidmet hatte.

Erzbiſchof Riculf von Mainz führte den Namen Damötas, vielleicht weil er an Hirtengedichten vorzüglich Vergnügen fand. Abt Adelard von Corbie, ein Verwandter des Monarchen, wurde mit dem Namen Au-

hatten, ſuchten ſich ſeiner Gewalt dadurch zu entziehen, daß ſie den Pabſt für ihren alleinigen competenten Richter erklärten. Das thut Theodulf in folgenden Verſen:
. Elio, forem falſus:
- - - - :- - - - cujus cenſura valeret
  Dedere judicii congrua jura mihi?
Solius illud opus Romani Praeſulis extat,
  Cujus ego accepi pallia ſancta manu.

[14]) Praefectus erat a Carolo exſtruendis aedificiis. Bauten ſind die erſt noch aufgeführt werdenden, noch nicht vollendeten Gebäude, oder die Anſtalten und Arbeiten, wodurch Gebäude zu Stande kommen. Ein Aufſeher über Bauten hat dieſe Anſtalten und Arbeiten anzuordnen und führt die Aufſicht darüber. Sein Amt hat ein Ende, wenn die Gebäude fertig ſind. Dann tritt der Aufſeher über die Gebäude an ſeine Stelle. — Bauten iſt zwar ein Provinzialwort, aber es verdient in die Schriftſprache aufgenommen zu werden, wozu man ſchon zu Berlin das Exempel giebt.

[15]) Der Name iſt griechiſch, und bedeutet einen, der eine ſchöne Stimme hat.

[16]) Sie heißt bekanntermaßen Kalliope.

Augustin beehrt, weil er vielleicht diesen Kirchenvater
gern las, oder weil man an ihm ähnliche Eigenschaften
zu bemerken glaubte ¹⁷). Den Namen David hatte

K 2 sich)

---

¹⁷) Ein Gelehrter, den Karl sehr hochschätzte, der seine
Achtung vorzüglich verdiente, der aber kein Mitglied der
Akademie scheint gewesen zu seyn, war der berühmte Geschichtschreiber der Longobarden, Paul, Warnefrieds Sohn,
der unter dem Namen Paulus Diaconus bekannt ist.
Am Hofe der longobardischen Monarchen erzogen, Freund
und Kanzler des letztern derselben, Desiderius, konnte
dieser Mann sich wohl nicht entschließen, sein Leben am
Hofe des Ueberwinders der Longobarden, durch den Desiderius vom Thron ins Kloster mußte, zuzubringen; ob
ihn gleich Karl dazu zu bewegen suchte. Eine Weile hielt
er sich auch daselbst auf, eilte aber bald nach seinem Kloster zurück. Auf seine Bitte wurde sein Bruder, der als
Kriegsgefangener nach Frankreich gekommen war, von
Karln in Freyheit gesetzt. Zwey in Karls Namen geschriebene Gedichte an ihn, im Ton der Freundschaft und Liebe,
befinden sich in Alcuins Werken. Einige Nachrichten wollen, daß Paul sich in die geheimen Anschläge der Herzoge
von Friaul und Benevent zu Gunsten des Desiderius oder
seines Sohns Adelgis eingelassen habe, welches verrathen
sey. Karl habe ihn selbst darüber befragt, und Paul habe
mit gesetztem Muth geantwortet: „Zufällige Begebenhei-
„ten heben meine Pflichten nicht auf; Desiderius bleibt
„immer mein König, und ich bleibe ihm immer die Treue
„schuldig“. In der ersten Aufwallung des Unwillens über
diese Erklärung habe Karl befohlen ihm beyde Hände abzu-
hauen. Allein er habe sich den Augenblick darauf besonnen;
als Freund der Wissenschaften, als großmüthiger Freund
gelehrter Verdienste habe er so zu sagen, sich selbst, den
beleidigten, den zürnenden Eroberer, augenblicklich zu edel-
lern Gesinnungen umgestimmt. „Doch nein“ habe er, sich
besänftigend, hinzugefügt, „wo wollten wir einen so guten
„Geschichtschreiber wieder herbekommen, wenn wir ihm die
„Hand abhauen, die so schöne Werke geschrieben hat“?

Durch)

ſich Karl vielleicht ſelbſt gewählt, weil er ſich jenen König nach dem Herzen Gottes zum Muſter nahm, oder
auch Alcuin hatte ihm mit dieſem Namen ein Compliment gemacht. Karl wußte die Pſalmen auswendig und
ſang ſie gern. Alcuin hatte ihm diejenigen ausgezeich-
net, die er bey den verſchiedenen, Veranlaſſungen ſingen
könnte.

Eine Bibliothek im Pallaſte des Monarchen, vermuthlich zu Aachen, ſtand unter der Aufſicht eines eigenen Bibliothekars. Eginhard erwehnt eines gewiſſen
Gerward, als Hofbibliothekars [18]) der aber auch zugleich, wie es ſcheint, nach Eginhard, die Oberaufſicht
über das Bauweſen hatte.

In einem Zeitalter, wo Philoſophie und Geſchmack
bis zu einem ſehr hohen Grade verfeinert ſind, kann
man über dieſe Akademiker, über ihre Namen, über ihre
ſchwachen Verſuche im Schreiben, über ihre Barbaris-
men und grammaticaliſchen Fehler, auch über Karls
Pſalmſingen ſpotten. Allein ſie leiſteten, was ſie in
ihrem Jahrhunderte leiſten konnten. In ihren Augen
gelangen ihnen ihre Beſtrebungen, und was ſonſt macht
den Menſchen glücklich, als das von ihm ſelbſt empfun-
dene Gelingen ſeiner Anſtrengungen [19])? Was Karls
Pſalm-

Durch dieſen Paul Diaconus ließ Karl Stellen aus den
Kirchenvätern ſammeln, die die Geiſtlichen an Sonn- und
Feſttagen der Gemeine vorleſen mußten. Nachrichten von
dieſem Paul Diaconus findet man ausführlich in Jage-
manns Geſchichte der freyen Künſte und Wiſſenſchaften in
Italien. III B. 1. Th.

18) Egiph. de Tranſlatione Martyr. Marcellini etc. ap. du
Chesne T. II. p 651.

19) Man iſt ſogar befugt zu fragen, ob es in allen folgenden
Jahrhunderten, bis zur Wiederherſtellung der Wiſſenſchaften

Psalmsingen anbetrift, wer wird leugnen, daß er nicht, indem er sich durch seinen Glauben zum Throne der Gottheit hinaufschwang, unendlich glücklicher gewesen sey, als wenn er in Zeiten der Verfeinerung sich im Abgrunde der Zweifel verlohren hätte?

Sogar einen Homer gab es in dieser Akademie. Dieß war Angilbert, ein junger Mann aus einer angesehnen Familie. Talente, Verstand, Klugheit und Treue erwarben ihm die zärtliche Freundschaft des Monarchen, der ihn auf allen seinen Reisen bey sich hatte, der ihm die wichtigsten Geschäfte anvertraute, wovon unten einige vorkommen werden. Karl gab ihm eine Stelle unter den Hofgeistlichen, und wollte ihn zum Erzbischof machen. Allein die Liebe vereitelte die Absicht des Monarchen. Angilbert liebte Bertha, eine von Karls Töchtern, und er selbst jung und liebenswürdig wurde von ihr wieder geliebt. Er heirathete sie um das Jahr 787. So sagt sein Biograph [20]). Bolland hingegen findet, als Geschichtschreiber der Heiligen, ich weiß nicht welches Interesse dabey, mit allem möglichen Scharfsinn zu beweisen, zu einer so verbotenen Sache, wie die Ehe habe es der fromme Monarch nicht kommen lassen, ob er, Bolland, gleich zugeben muß, daß dieses verliebte Paar, wenn es nicht verheirathet war, sich wenigstens

K 3　　　　　　　die

sten, einen Hof irgendwo gegeben habe, wo Monarch und Höflinge sich so zu eigner Befriedigung mit den Wissenschaften beschäftigt hätten? Und seit der Wiederherstellung lassen sich die Höfe, wo dieses nicht zum bloßen Spiel oder aus Mode, sondern aus wahrem Geschmacke geschah, höchstens drey oder vier nahmhaft machen, und darunter gehört nur Einer in unserm gegenwärtigen Jahrhunderte.

[20]) Recueil p. 475.

die Freyheiten eines ver'otnen Umgangs öfter er-
lau'te [21]). Denn es iſt hiſtoriſch gewiß, daß Angilbert von Bertha zwey Söhne hatte, wovon der eine,
Nithard, als Geſchichtſchreiber bekannt iſt [22]). Uebrigens

[21]) Acta S. S. ad d. XVIII. Febr. p. 89. 90.

[22]) Nithard ſelbſt bezeugt es in einem Werke, das er Karl
dem Kahlen dedicirte, und auf deſſen Verlangen geſchrieben
hatte (de diſſenſion, filiorum Lud. Pii lib. IV. c. 5.) —
Ich will dieſe Gelegenheit benutzen, aus einer Art von
hiſtoriſcher Pflicht, wofür es manche halten möchten, etwas
über einen Punkt zu ſagen, worüber viel geſchrieben iſt.
Die hieher gehörige Stelle beym Eginhard (vita Caroli
M. c. XIX) iſt folgende: „An ſeinen Söhnen und Töch-
„tern hieng ſein (Karls) Herz dergeſtalt, daß er ihrer
„Geſellſchaft weder bey Tiſche noch auf Reiſen entbehren
„könnte. — Da die Töchter auſſerordentlich ſchön waren,
„und da er ſie ſo ſehr liebte, ſo iſt zu verwundern, daß
„er nie eine von ihnen wollte heirathen laſſen, es mochten
„ſich Franken oder Auswärtige um ſie bewerben. Er be-
„hielt ſie alle bis zu ſeinem Tode bey ſich. Er verſicherte,
„daß er ohne ihren Umgang nicht ſeyn könnte. Dadurch
„zog er ſich aber auch, — er der ſonſt ſo glücklich war, —
„unglückliche, ſchmerzhafte Vorfälle zu. Doch er ſtellte
„ſich dabey ſo, daß es ſchien, er hätte nie etwas davon er-
„fahren oder auch nur geargwohnet.“ Nach dieſer Stelle
alſo wäre der Biograph Angilberts nicht glaubwürdig.
Er iſt es aber doch, dünkt mich. Eginhard ſagt nur, Karl
habe ſeine Töchter nie wollen heirathen laſſen, habe nie
einwilligen wollen. Aber ſie konnten wider ſeinen Willen,
ohne ſein Wiſſen, heimlich verheirathet ſeyn. Karl
konnte es ſogar wiſſen, er ſtellte ſich aber, als ob er es nicht
wüßte, als ob er es nicht einmal argwohnte. Aus ſeiner Weigerung entſtanden, ſagt Eginhard, bittere Folgen. Eine dieſer
Folgen wiſſen wir gewiß. Seine Tochter, Bertha, wurde
zweymal Mutter. Nun müſſen wir wählen, ob wir uns lieber eine, zwar zärtliche, verliebte und ſchwache, aber doch
ihre Ehre und die Tugend liebende Bertha, oder lieber
eine

gens trennten sich beyde Eheleute oder Verliebte um das
Jahr 790, er wurde Mönch, sie Nonne. Von Angilbert

K 4

eine Bertha von freyer Denkungsart und von freyen Sitten denken wollen. Was nöthiget uns aber das letztere
anzunehmen? Ich sehe nicht den geringsten Grund dazu.
Ich glaube also dem Verfasser von Angilberts Leben; ich
glaube, daß Nithard in einem Werke, das er für König
Karl den Kahlen schrieb, das aber auch im damaligen Pub-
lico gelesen werden sollte, sich nicht einen Sohn von einer
Tochter Karls des Großen hätte nennen dürfen, wenn er
dadurch der Ehre seiner Mutter und Karls des Großen
einen Flecken angehängt hätte, und das hätte er gethan,
wenn seine Mutter mit seinem Vater nie wäre verheirathet
gewesen. Schwerer scheint der Widerspruch zu heben,
wenn der Verfasser von Angilberts Leben sagt, Karl habe
in Angilberts Heirath mit Bertha gewilliget. Dieser Widerspruch kann zwar nur durch eine Vermuthung, die aber
im höchsten Grade wahrscheinlich ist, erklärt werden.
Höchstwahrscheinlich mußte auf Karls Befehl die Ehe seiner
Tochter und seine dazu gegebne Einwilligung geheim gehalten
werden, und selbst nach seinem Tode zu des frommen Ludwigs Zeiten, der über diesen Punkt sehr strenge war, durfte
man noch nicht laut davon sprechen. Eginhard aber schrieb
unter Ludwig. Allmählig hörte die Sache auf ein Ge-
heimniß zu seyn, und war keines mehr unter Karl dem
Kahlen, so wie Ludwigs XIV Ehe mit der Maintenon
aus dem Dunkel, das sie lange bedeckte, allmählig, völlig
aber erst etwa funfzig Jahr nach seinem Tode ans Licht
kam.

Auch Karls Tochter, Rotrud, hatte einen Sohn,
obgleich ihre Vermählung mit dem jungen griechischen
Kaiser, worüber eine Weile Unterhandlungen gepflogen
wurden, nicht zu Stande kam. Der Sohn hieß Ludwig;
er starb, als Abt zu St. Denis (Annal. Berlin a. 867.)
Der Vater wird nirgends genannt.

Karls Abneigung, seine Töchter zu verheirathen, scheint
nicht anders erklärt werden zu können, als dadurch, daß
man

bert iſt nur ein kleines Gedicht übrig, das ſeinen Namen trägt, ein Glückwunſch an Karls zweyten Sohn Pipin, mit dem er in genauer Verbindung ſtand. Das Gedicht iſt nicht ohne Spuren zärtlichen Gefühls. Aber warum Angilbert den Namen Homer bekam, ſieht man in dieſem Gedichte nicht.

Karl war ſehr freygebig gegen dieſe Gelehrten. So ſtrenge er ſonſt über die Befolgung der alten Kirchengeſeze hielt, und ſo ſehr er wiſſen mußte, daß in dieſen Geſetzen die Anhäufung mehrerer Pfründen auf Eine Perſon verdammt wird, ſo ſetzte doch Karl dieſe ſo heilſamen Verordnungen zu Gunſten ſeiner gelehrten Lieblinge ganz aus den Augen. Theodulf beſaß durch ihn das Bisthum Orleans, die Abtey Fleury und verſchiedene andere Abteyen; Hilduin, ein Mitglied der Akademie, beſaß die drey reichen Abteyen St. Denis, St. Germain des Pres und St. Medard zu Soiſſons. Vier der reichſten Abteyen in Frankreich, Ferrieres, St. Loup zu Troyes, St. Joſſe ſur Mer und St. Martin zu Tours [23]) gehörten Alcuinen. Die Anzahl der ſämmtlichen Leibeigenen auf dieſen vier Abteyen (denn noch war die Leibeigenſchaft in Frankreich nicht abgeſchaft)

man annimmt, bey jedem Antrage, der ihm gemacht wurde, habe er Bedenklichkeiten gefunden, die ihm zu wichtig geſchienen, als daß er ſich zu einer Einwilligung habe entſchließen können. Ein wenig Welt= und Menſchenkenntniß lehrt uns, daß Väter, die ihre Töchter zu zärtlich lieben und dabey ſehr ehrgeizig ſind, und die auch bey der Verheirathung ihrer Kinder auf politiſche Zwecke Rückſicht nehmen, ſehr ängſtlich und unſchlüßig in Anſehung der Wahl ihrer Schwiegerſöhne zu ſeyn pflegen.

[23]) Ich nenne dieſe Abteyen mit ihren neuern franzöſiſchen Namen. Die zu Ferrieres wurde in jenen Zeiten auch Bethlehem genannt.

schaft) belief sich auf zwanzig tausend. So hoch giebt
sie der spanische Bischof Elipard an in einem Briefe,
worin er Alcuinen, mit dem er über theologische Mate-
rien stritt, seiner Reichthümer und Besitzungen wegen
Vorwürfe machte. Uebrigens erfordert die Wahrheit zu
bemerken, daß Alcuin nach so großen Besitzungen nicht
strebte, daß er sie annahm, weil Karl es wollte, daß er
sich oft beklagte, sie wären ihm zur Last, weil sie ihn
vom Studieren abhielten, und daß er den Monarchen
zu wiederholten malen um die Erlaubniß bat, einige
seiner Abteyen an seine Schüler abzugeben, daß aber der
Monarch in sein Begehren nicht willigen wollte, aber
um ihm einige Erleichterung zu verschaffen, einige von
Alcuins Schülern zur Verwaltung der mit diesen Abteyen verknüpften Geschäfte bestellte ²⁴).

Zwischen diesen Gelehrten zogen sich auch wohl kleine
Wolken von Misverständnissen, vielleicht wohl gar von
Misgunst und Neide auf. Alcuin und Theodulf scheinen
in diesem Fall gewesen zu seyn. Ein paar sich darauf
beziehende Briefe Alcuins an Karln und die Antwort
von diesem an jenen, verdienen gekannt zu seyn, weil
insbesondre der Charakter des Monarchen dadurch viel
Licht bekömmt.

Ein Geistlicher in der Diöcese von Orleans war vom
Erzbischof Theodulf in einem ordentlichen Gerichte zur
Gefängnißstrafe verurtheilt, war aber aus dem Ver-
haft entflohen und nach Troies gekommen, wo die
Mönche, oder wie sie nachher betitelt wurden, die Dom-
herren ihn in Schutz nahmen. Theodulf wirkte einen

K 5　　　　Be-

---

²⁴) Vita Alcuini Recueil p. 446.

Befehl vom Kaiſer, daß der Beklagte ſollte weggeholt
werden. Die Mönche hinderten es mit Gewalt. Alcuin ſchrieb deswegen an Candidus und Nathanael,
zwey ſeiner geweſenen Schüler, die ſich damals am Hofe
aufhielten. Jene beyden Namen Candidus und Nathanael, ſind nur die akademiſchen Beynamen dieſer ſeiner
Schüler. Sie ſollen eigentlich Wizo und Fridegis geheißen haben. Nach einigen Eingangscomplimenten
und Erinnerungen, die er ſich als ihr geweſener Lehrer,
als ihr Vater, der zitternd dem Tode entgegen gehe,
ihnen, die neulich erſt das väterliche Neſt verlaſſen und
ſich in die Hofluft gewagt, zu geben befugt hält, fügt
er hinzu: „Theodulf habe mit den Brüdern zu St.
„Martin einen Streit. Ein Beklagter ſey, nach vie-
„lerley erlittenen Strafen, plötzlich aus dem Gefäng-
„niſſe zur Kirche des heil. Martini, des vorzüglichen
„Bekenners Chriſti, geflohen — bekenne ſein Verge-
„hen — appellire an den Kaiſer, fordere, daß man
„ihm die Reiſe zu deſſen heiligſter Gegenwart geſtatte.“
„Wir haben ihn, fähret er fort, den Bedienten des Bi-
„ſchofs ausgeliefert, die ihn aber, wie es heißt, wegen
„befürchteter Nachſtellung vor der Kirchthüre ſtehen ge-
„laſſen und davon gegangen. Darauf ſind mehr Leute
„des Biſchofs gekommen, ihn mit Gewalt wegzuführen,
„die Heiligkeit des Gotteshauſes zu profaniren, und die
„Ehre des Bekenners Chriſti, Martini, zu beſchimpfen.
„Sie ſind in den Chor, wo der Altar ſteht, eingebro-
„chen — hier aber von den Brüdern zurückgetrieben.
„Wenn ſie es anders ſagen, ſo ſagen ſie die Unwahrheit.
„Denn keiner von ihnen hat ſich gegen den Altar gebückt.
„In der Stadt hat ſich das Gerücht verbreitet, von
„Orleans wären Feinde gekommen, die Gebeine des heil.
„Martini zu profaniren und die Armen ſind zuſammen
„gelaufen, bereit ihren Beſchützer zu beſchützen. Unſere
„Brü-

„Brüder aber haben die Leute des Bischofs aus den
„Händen des Volks gerettet und das Volk aus der
„Kirche getrieben. Aber nun weis ich, daß besagter
„Bischof viel Beschuldigungen gegen unsere Brüder vor=
„bringt und vieles übertreibt und sagt, was nicht gesche=
„hen ist. Daher bitte ich euch, liebste Söhne, werft
„euch zu den Füßen meines Herrn Davids, des billig=
„sten und erlauchtesten Kaisers, und verlangt, wenn der
„Bischof kommt, mit ihm zu disputiren, ob das recht
„sey, daß der Beklagte aus der Kirche mit Gewalt zu
„eben der Strafe geholt werde, der er entflohen — ob
„es billig, daß wer an den Kaiser appellirt, nicht vor
„dem Kaiser gelassen werde — ob es recht, daß einer,
„der seine Vergehung bereut, alles des seinigen bis auf
„seine Schuhriemen beraubt werde, und ob jenes Wort
„des Herrn: die Barmherzigkeit rühmet sich wider
„das Gericht [25]), beobachtet werde. Wenn ihr alles
„das, meinem Herrn, dem christlichen Kaiser vorstellt, so
„weis ich, daß er, der durch keine Vortheile vom Wege
„der Wahrheit abweicht — daß er die Schlüsse und
„Satzungen der heil. Väter verletzen werde [26)]."

Hierauf antwortete Karl an Alcuin und seine Mön=
che oder Domherren, oder wie man in Frankreich bis
auf unsre Zeiten sprach, an die Congregation von St.
Martin: „Tages vorher, ehe uns euer Brief gebracht
„wurde, bekamen wir einen von Theoduls, worin Klagen
„enthalten waren über die seinen Leuten, oder vielmehr
„dem

---

[25]) Epistel Jacobi 11, 13. Die lateinische Uebersetzung
lautet: Superexaltat misericordia judicium.

[26]) Epist. Alcuini. Recueil p. 619. Der Brief ist nach
Mabillons Vermuthung vom Jahr 802, nach Beluze vom
Jahr 803.

„dem Biſchof ſelbſt wiederfahrne Beleidigung und von der
„Verachtung unſers Befehls, welchen Befehl wir über
„die Auslieferung eines gewiſſen aus dem Verhaft ent-
„flohnen und in der Stiftskirche des h. Martin ſich ver-
„bergenden Geiſtlichen unter unſers Namens Unterſchrift
„hatten ertheilen laſſen. Worin wir nicht glauben etwas
„ungerechtes, wie es euch geſchienen, befohlen zu haben.
„Als wir uns aber beyde Briefe, euren und den von Theo-
„dulf wieder vorleſen laſſen, iſt uns der eurige viel hef-
„tiger und im Zorn geſchrieben vorgekommen, als der
„vom Theodulf, und mit keiner Würze chriſtlicher Liebe
„verſetzt, ſondern vielmehr als eine Schutzſchrift für den
„Schuldigen, und als eine Klagſchrift gegen den Biſchof,
„indem er unter einem gewiſſen Schleyer von Ausdrücken
„enthält, daß der Schuldige könne, ja müſſe zu einer
„Klage gelaſſen werden, da es doch durch göttliche und
„menſchliche Geſetze feſtgeſetzt iſt, daß kein Verbrecher
„einen andern anklagen darf, obgleich ihr ihn unter un-
„ſers Namens Vorwand in Schutz genommen und bey
„euch behalten habt, daß Er, der ſchon vor den Augen
„ſeines Volks angeklagt und gerichtet war, unter dem
„Namen einer Appellation an den Kaiſer Gelegenheit zum
„Anklagen bekäme. Ihr beruft euch dabey auf das Ex-
„empel des Apoſt. Paulus, der als er bey dem Fürſten
„von Judäa von ſeiner Nation angeklagt, aber noch nicht
„gerichtet war, von dieſem Fürſten an den Kaiſer, um
„gerichtet zu werden, geſandt wurde. Aber auf den ge-
„genwärtigen Vorfall paßt dieſes nicht. Denn der Apoſt.
„Paulus war von den Juden nur angeklagt, nicht gerich-
„tet, er appellirte an den Kaiſer, und ihm mußte geſtat-
„tet werden, ſich vor ihn zu begeben. Dieſer infame
„Geiſtliche aber iſt nicht nur verklagt, ſondern gerichtet,
„in Verhaft geſetzt und daraus entkommen, und hat ſich
„in die Hauptkirche, in die er nur nach gethaner Buße
„hätte

„hätte kommen sollen, gesetzwidrig begeben, und hört
„noch nicht auf, wie man sagt, schlecht zu leben, und
„der hat, wie ihr sagt, nach dem Exempel des Apostels
„Pauli an den Kaiser appellirt, er soll aber nie, wie Pau-
„lus vor den Kaiser kommen. Denn wir befehlen, daß
„er dem, bey dem er verklagt und von dem er gerichtet
„und in Verhaft gesandt worden, und aus dessen Ver-
„haft er entflohen, wieder ausgeliefert werde, und der
„soll ihn vor unsre Gegenwart bringen, er mag die Wahr-
„heit sagen, oder nicht: denn es ist unschicklich, daß
„um eines solchen Menschen willen unser erster Befehl
„abgeändert werde. Aber wir wundern uns auch
„sehr, daß es euch allein eingefallen ist, unserm Befehle
„und Bescheid und unserer Autorität entgegen zu stre-
„ben, da es doch aus dem alten Herkommen und den
„Verfügungen der Gesetze offenbar ist, daß der Könige
„Bescheide gültig seyn müssen, und daß es niemanden er-
„laubt ist, ihre Befehle und Verfügungen zu verachten.
„Und wir können uns nicht genug wundern, daß ihr lie-
„ber auf die Bitten eines Bösewichts, als auf unsern
„Befehl habt achten wollen. Es ist nun klar am Tage,
„daß mit diesem Menschen die Neigung zu Unruhen und
„die Verletzung der Liebe gleichsam von diesem Orte aus-
„gegangen sey. Denn ihr selbst, die ihr euch die Con-
„gregation dieses Klosters, und wolle Gott mit Wahr-
„heit — Knechte Gottes nennt, ihr selbst wißt, wie oft
„schon euer Leben von vielen in üblen Ruf gebracht ist,
„und nicht ohne Veranlassung. Denn bald nennt ihr
„euch Mönche, bald Canonices, bald Keines von bey-
„den. Um euch zu helfen, um euren bösen Ruf zu ver-
„nichten, haben wir euch einen Führer und Meister er-
„wählt, und aus entfernten Landen berufen, der euch
„mit Worten und Zureden den rechten Weg lehre, und
„da er ein Religiose ist, euch durch das Exempel seines

„Um-

„Umgangs unterrichten könnte. „Aber leider alles iſt
„ganz anders ausgefallen, und der Teufel hat an euch
„ſeine Diener gefunden, Uneinigkeiten unter denen aus-
„zuſäen, wo es am wenigſten anſtändig war, unter den
„Weiſen und Lehrern der Kirche [27]) und diejenigen,
„die euch, wenn ihr fehlt, beſſern und züchtigen ſollten,
„ſind von euch zur Sünde des Neides und Jachzorns
„genöthigt worden. Aber dieſe werden, durch Gottes
„Gnade, euren böſen Anſchlägen gewiß nicht Beyfall
„geben. Ihr aber, die ihr unſern Befehl verachtet,
„ihr mögt Mönche oder Canonici heißen, wiſſet, daß
„ihr euch zu unſerm Gerichte (placito), das gegenwärti-
„ger unſer Miſſus euch anſagt, ſtellen ſollt. Und wenn
„gleich ein hieher geſandter Brief euch wegen eurer Wi-
„derſetzlichkeit entſchuldigen wird, ſo kommt dennoch, und
„waſchet das begangne Verbrechen durch eine angemeſ-
„ne Genugthuung ab [28]).“

Man hat die Wendung gelobt, womit Karl ſeine
Verweiſe an die Domherren gerichtet und Alcuins geſchont.
In der That waren die Domherren ſehr verwildert, und
Alcuin hatte ſeine Noth mit ihnen, ſie zu einem anſtän-
digen Betragen anzuhalten [29]). Uebrigens erhellt aus
dieſem Briefe, wie feſt und mit welcher Würde Karl
über ſeine Autorität hielt, wie ſelbſtſtändig er in Urtheilen

[27]) Alcuin und Theodulf.

[28]) Epiſt. Caroli Recueil p. 518.

[29]) Vitam ſubjectorum (Sancti Martini apud Turones)
quantum valuit, corrigere ſtuduit: ac quos indomitos
accepit, rationabiles honeſtisque moribus vt eſſent
ſat egit. Vita Alcuini Recueil p. 446.

len und Entscheiden, wie wenig abhängig von dem
Urtheile und Rathe seiner Günstlinge war.

Theodulf mengte sich mehr in weltliche Geschäfte.
Allein gieng aus seiner Sphäre eines Geistlichen und Gelehrten nicht heraus. Aber in dieser war er einer der
thätigsten Menschen. Er beherzigte das wahre Wohl
der Menschen mehr, wie irgend einer im Mittelalter.
Er war von dem wahren Geiste des Christenthums durch-
drungen. Mit klugen Wendungen, aber mit starken
Gründen rieth er Karln in einem Briefe, der noch vorhanden ist, die zum Christenthum gebrachten Völker,
die Sachsen und Hunnen mit dem Zehnten zu verschonen.
Man stoße sich nur nicht daran, daß er die Sprache eines
damaligen Christen führt, und man wird den Inhalt
eines weisen und warmen Menschenfreundes und eines
mit der Kunst die Gemüther der Großen zu gewinnen,
im reichen Maaß begabten Mannes würdig finden.
Nachdem er dem Monarchen zu seinem Siege Glück gewünscht, so fährt er fort: „Aber nun sieh dich mit dei-
„ner Weisheit und mit deiner Gewissenhaftigkeit nach
„frommen Predigern für das neue Volk um; nach Pre-
„digern äußerst anständig von Sitten, gelehrt in der
„Wissenschaft ihres Glaubens, in den Vorschriften des
„Evangelii erfahren, die dem Exempel der heiligen Apo-
„stel folgen. Diese reichten ihren Zuhörern Milch dar,
„das ist, sanfte, milde Gebote. Aus diesen Betrach-
„tungen wirst du nach deiner Liebe zur Religion urtheilen,
„ob es rathsam sey, so rohen Völkern beym Anfange des
„Glaubens das Joch des Zehnten aufzulegen, so daß er
„von allen Häusern ganz gefodert werde; oder ob nicht
„bedacht werden müsse, daß die Apostel, die doch von
„Gott selbst unterrichtet, und von Christo zur Predigt
„des Evangelii gesandt waren, nie den Zehnten gefodert,

„wie

„nie ihn eingetrieben haben ³⁰).“ Unglücklicherweiſe
folgte Karl dieſem Rathe nicht.

Als Karl am Ende des Jahrs 799 ſeine letzte Reiſe
nach Rom machte, vermuthlich mit dem geheimen Plan,
das abendländiſche Kaiſerthum zu erneuern, ſchrieb er
Alcuinen, dieſer möchte doch die räucherichen Mauern
von Tours den goldenen Pallaſten zu Rom nicht vorzie-
hen. Alcuin antwortete, der Rauch ſey ſeinen Augen
nicht ſo gefährlich als das Eiſen. Alcuin nemlich, der
von Karls Abſichten bey dieſer Reiſe nicht anders als nach
dem, was er aus dem Gerüchte davon wußte, urtheilen
konnte, glaubte, Karl gienge nach Rom, um den Aufſtand zu dämpfen, durch den Pabſt Leo vertrieben war.
Er machte ſich ohne Zweifel die Vorſtellung, daß dieſes
ohne Gebrauch der Waffen nicht würde geſchehen können.
Dieſen Anblick der Waffen fürchtete er alſo mehr, wie
den Rauch in ſeiner ruhigen Abtey.

Durch die bisher genannten Männer verbreitete ſich
ein ſehr eifriger und thätiger Trieb nach Wiſſenſchaften
und Litteratur unter den Franken. Die Schriftſteller
des neunten Jahrhunderts in Deutſchland und Frankreich, Hincmar, Agobard, Rabanus, Amalarius,
Paſchaſius, Otfried, Nidhard und die übrigen ſind als
Zöglinge der Akademie an Karls Hofe zu betrachten.

Wir müßten Karln wegen dieſes Umgangs mit den
Gelehrten hochſchätzen, wenn er auch nur ſein eigenes
Vergnügen dabey geſucht hätte. Aber er hatte edlere
Abſichten. Er wünſchte den Charakter ſeiner Unter-
thanen durch die Cultur der Wiſſenſchaften zu veredeln.

Au

---

³⁰) Epiſt. Alcuini Recueil p. 612.

An jedem Orte, wo eine Kirche war, ließ er eine Schule
anlegen, in welcher die jungen Leute im Lesen, Schreiben, Rechnen, Singen, sogar in der Grammatik unterrichtet wurden. Es ist wahr, die Hauptabsicht des Monarchen bey der Errichtung dieser Schulen war, eine
besser unterrichtete, und durch Kenntnisse und Fähigkei-
ten ihrer Bestimmung würdigere Geistlichkeit zu bekommen. Allein außer daß, wenn nur erst diese wichtige
Klasse der Volkslehrer, denn das sollten Geistliche seyn,
durch die Schulen gehörig gebildet war, alsdenn dadurch mittelbar die Verbreitung nützlicher Kenntnisse und
moralischer Begriffe befördert wurde, so waren die Layen
nichts weniger als von dem Unterrichte in diesen Schulen ausgeschlossen.

Eine Art von Tradition schreibt Alcuinen das Verdienst zu, Karln die Anlegung so nützlicher Anstalten empfohlen zu haben. Karl scheint damit angefangen zu
haben, daß er den Bischöfen und Aebten bloß seinen
ernstlichen Wunsch bey jeder Hauptkirche, bey jedem
Kloster eine Schule zu sehen, wo tüchtige Geistliche
könnten gebildet werden, zu erkennen gäb. Dieses that
er im Jahr 787 durch eine Art von Circularschreiben an
die Bischöfe und Aebte, das noch vorhanden ist, und
worin man Alcuinen als Concipienten zu erkennen glaubt.
Dieß Schreiben steht unter Karls Verordnungen, ob
der Monarch gleich darin mehr wünscht, als befiehlt.
Karl sagt darin „er habe mit seinen Getreuen bedacht,
„daß die Bisthümer und Klöster nicht bloß denen, die
„sich einem gottesdienstlichen Leben widmeten, sondern
„auch denen, die sich gern in den Wissenschaften
„üben wollten, schicklich zum Aufenthalt dienen könnten.
„Es sey so dann anständig, daß diejenigen, die Gott
„durch ihren Wandel zu gefallen suchten, Sorge trügen,

Hegewisch Gesch.　　　L　　　　　„ihm

"ihm auch durch eine richtige Sprache zu gefallen. Gut
"handeln sey zwar besser, als wissen; aber je reicher
"jemand an Kenntnissen sey, desto fähiger sey er, gut zu
"handeln." Er sagt an einer andern Stelle dieses
Schreibens "er habe oft Briefe aus den Klöstern be-
"kommen, worin er zwar immer einen gutgemeinten
"Sinn, aber eine unpolirte Sprache gefunden habe."
"Es waren" fügt er hinzu "Gedanken frommer und ge-
"treuer Leute, die aber, weil sie nicht dazu angeleitet
"waren, die Sprache nicht in ihrer Gewalt hatten, um
"sich ohne Fehler auszudrücken. Dieses veranlaßte bey
"uns die Besorgniß, daß Leute, die sich so wenig auf
"das Schreiben gelegt haben, wahrscheinlich auch zum
"Verstehen der heiligen Schrift nicht geschickt sind. Da-
"her ermahnen wir euch, das Studium der Litteratur
"nicht allein nicht nachläßig, sondern vielmehr mit Wett-
"eifer zu treiben." Er schließt mit dem Wunsche, daß
in jedem Bisthum und bey jedem Kloster geschickte Männer zu Lehrern möchten angesetzt werden [31]). Diesen
Wunsch drückt er so angelegentlich aus, daß schwerlich
ein Bischof oder Abt wird gewesen seyn, der nicht geeilt hätte, den Wunsch des Monarchen zu erfüllen.

Vielleicht wurde dieß Schreiben von ihnen als ein
würklicher Befehl verstanden. Vielleicht gab Karl in
der Folge würkliche Befehle in dieser Hinsicht. Wenigstens drücken sich die Schriftsteller, die von der Sache
reden, immer so aus, daß Karl die Errichtung der
Schulen befohlen habe. In diesen Schulen wurden
außer den ersten Religionsbegriffen die Kirchenmusik,
Schreiben, etwas Grammatik und Arithmetik gelehrt

---

[31]) Constitutio de scholis ap. Baluz. T. I. p. 201.

lehrt ³²). Im Jahr 787 nahm Karl selbst aus Rom Lehrer der Grammatik und Rechenkunst mit sich, die seinen Franken Unterricht in diesen Wissenschaften geben sollten ³³).

Vormals pflegte man diese Anstalten aus einem Grunde zu sehr zu loben, aus welchem man sie in neuern Zeiten zu sehr herabgesetzt hat. Der Unterricht, behauptete man damals, behauptet man jetzt, sey zu sehr auf die Religion beschränkt worden. Aber dieses ist eine unwahre Voraussetzung. Aus dem oben angeführten Circularschreiben des Monarchen erhellet, daß er keinesweges dem Unterrichte so enge Grenzen setzen wollte: er verlangte vielmehr, daß alles, was Litteratur heißt, mit Eifer sollte cultivirt werden. Dieß geschah auch. Wir haben Nachrichten von dem Zustande dieser nach Karls Wunsch errichteten Schulen in Deutschland aus dem neunten, zehnten und eilften Jahrhunderte. Die Schriften der Alten wurden fleißig gelesen. Und in den Klöstern lebten Männer, die mehr wahre Gelehrsamkeit besaßen, die besser schrieben, als man von den Schriftstellern in den spätern Jahrhunderten bis zu den Zeiten der Reformation rühmen kann.

Karl war, soll ich sagen so weise, oder so billig zu glauben, daß Männer, durch die er ihm so angelegene Würkungen, die Aufklärung seiner Unterthanen und die

L 2   Ver-

---

³²) Conring in den Antiquit. Academ. (Supplem. XXIII. 86. IV.) führt aus dem Libro I. Capitul. Ansigisi c. 71. folgende Verordnung an: Ut scholae legentium puerorum fiant; Psalmos, notas, cantus, computum, grammaticam per *singula* monasteria vel Episcopia discant.
³³) Monach. Engol. a. 787.

Veredlung ihrer Sitten, hervorbringen wollte, in eine Lage müßten gesetzt werden, wo auch ihre äußerliche Vorzüge dem Volke Achtung gegen sie einflößen könnten. Er machte daher das Amt eines Lehrers bey diesen Schulen zu einem sehr angesehnen, und seinen Mann reichlich nährenden Amte. Es ist bekannt, daß aus diesen von Karl gestifteten Lehrstellen allmälig diejenigen Domherrenstellen entstanden, mit denen zwar noch die äußerlichen Vorzüge, die beträchtlichen Einkünfte und auch noch der Titel eines Schullehrers (Scholasticus), aber nicht mehr die Geschäfte, um derentwillen der Stifter ihnen jene Vorzüge und Einkünfte beylegte, verknüpft sind. Wenn man den Inhabern dieser Stellen zumuthen wollte, entweder selbst die Absichten der ersten Stifter dieser Anstalten zu erfüllen, oder andern, die zu deren Erfüllung fähiger und williger wären, Platz zu machen, so würden sie gegen solche verwegene Angriffe durch die beyden mächtigen, ehrwürdigen Gottheiten dieser Erde, den langen Besitz und das Herkommen ohne Zweifel hinlänglich geschützt werden.

Es hat Monarchen gegeben, die aus einer Neigung für die Wissenschaften viel gethan, die die berühmtesten Männer ihrer Zeit an ihren Hof gezogen, sie mit Belohnungen, mit Geschenken, mit allen Arten von Beweisen ihrer Achtung gegen sie überhäuft haben. Man hat sie als Beförderer der Wissenschaften gepriesen, ob sie gleich, etwas ungroßmüthig, bloß die Befriedigung ihres eigenen Geschmacks zur Absicht hatten. Wäre irgend einer zur Cultur fortschreitenden Nation unsers Jahrhunderts ein Monarch verliehen, der die Aufklärung und Veredlung seiner Nation eben so lebhaft gewünscht, und in der Absicht Mittel angewandt hätte, die den Kräften unsers Jahrhunderts eben so angemessen wären, als die

von

von Karl gewählten, .den Kräften des seinigen angemessen waren [34]), so würde eine solche Nation vor dem.
Ablaufe eines halben Jahrhunderts den ersten Rang unter den cultivirten Völkern behaupten [35]).

K 3   Zwey

[34]) Ich verstehe unter den Kräften hier so wohl die innern,
wohin die schon gesammelten und berichtigten Kenntnisse
und Erfahrungen und die Anzahl tüchtiger Subjecte gehören, als die äußerlichen, die in den Mitteln bestehen,
an den bequemsten Orten die zweckmäßigsten Institute anzulegen. Ohne Zweifel haben sich diese Mittel seit Karln
eben so vermehrt, als die Mittel stehende Armeen zu unterhalten. Aber möchte doch nur auch von jenen eben so
sehr Gebrauch gemacht werden, als von diesen!

[35]) Man hat Karln wegen seiner Bemühungen, die Cultur
der Wissenschaften und Künste unter seinem Volke einzuführen, mit Peter dem I. verglichen. Beyde, sagt man,
fühlten oder bemerkten durch die eigne Stärke ihres Genies,
wie sehr die ihrer Herrschaft unterworfenen Nationen von
dem Vergnügen aufgeklärter und gesitteter Völker entfernt
waren. Beyde machten, um ihnen diese Vorzüge zu verschaffen, die trefflichsten Anstalten. Durch jene erste Behauptung, nach welcher beyde Monarchen die Vorzüge cultivirter Nationen durch ihr Genie eher errathen und vermuthet, als erkannt haben sollen, will man gewiß nicht
alle äußerliche Veranlassungen, z. E. Unterredungen mit
aufgeklärten Personen ausschließen. Zu Karls Ehre muß
man dann bemerken, daß Peter der I. fast am ganzen
übrigen Europa ein Muster vor Augen hatte, an dem er
durch eine mit seinem Rußland angestellte Vergleichung
sehen konnte, was diesem fehlte, und was jenes voraus hatte.
Zu Karls Zeiten war in Europa eine Nation so barbarisch
wie die andere. Ideen von einer größern Nationalvoll-
kommenheit konnte Karl theils nur durch Lesen, theils nur
durch Gespräche mit Männern, deren Begriffe sich durch
Lesen erweitert hatten, theils durch den Anblick der römischen Denkmäler bekommen.

Was

Zwey Beweise von Karls Verlangen, auch das
Volk durch Unterricht zu verbessern, auch durch Cultur
der Sprache des Volks zur Veredlung seines Charakters
zu würken, muß ich hier noch erwehnen. Er veranlaßte,
daß Predigten in der Volkssprache mußten gehalten werden. Er ließ die alten deutschen Lieder sammeln und
aufschreiben. Er versuchte, die deutsche Sprache mit
Worten, die ihr noch fehlten, zu bereichern; er erfand
deutsche Namen für die Monate. Einige davon werden noch wohl gebraucht, aber nicht alle, ob sie es gleich
alle verdienten. Den May nannte Karl den Wonne-
mond, den August den Erntemond, den November
den Windmond, den December den heiligen Mond.
Auch die zwölf Hauptwinde bezeichnete er mit eignen
Namen, die man ihnen in der fränkischen Sprache noch
nicht gegeben hatte ³⁶). Er entwarf sogar eine deutsche
Gram-

Was die Anstalten betrift, die beyde Monarchen zur
Verbreitung der Wissenschaften unter ihren Unterthanen
machten, so kann man sowohl denen Peters des Ersten,
als Karls des Großen das Lob der Zweckmäßigkeit und
der Gemeinnützigkeit nicht versagen. Auch ließ weder
dieser noch jener sich von dem Geiste der Kargheit verleiten, diese Anstalten, durch die so große Zwecke erreicht
werden sollten, nach kleinlichen Planen anzulegen. Letztere
sind immer ein Behuf der Eitelkeit, die gern scheinen
möchte, etwas gethan zu haben, wenn der Geitz ihr immer
aufpassend zur Seite steht, und sie nichts bedeutendes
thun läßt.

³⁶) Die Winde genauer einzutheilen ist Bedürfniß der See-
leute. Die Sachsen, Dänen und Normänner, die viel
auf der See waren, hatten ohne Zweifel schon Namen für
die verschiedenen Winde. Den Franken fehlte es daran,
weil sie keine Schiffahrt hatten. Als Karl unter andern
Anstalten gegen die Dänen, auch Schiffe bauen ließ, die
Küsten zu bewachen, so erkannte er wahrscheinlich die
Noth-

Grammatik. Aber man erlaube mir dieses seines doppelten Verdienstes hier bloß zu erwehnen. Ich möchte
nicht gern wiederholen, was ich bey einer andern Gelegenheit darüber gesagt habe. Der Leser, den die Sache
interesirt, wird es hoffentlich entschuldigen, daß ich ihn
auf meine deutsche Culturgeschichte (das vierte und zehnte
Kapitel) verweise ³⁷).

§ 4   Auch

Nothwendigkeit, die Winde durch besondere Namen zu
unterscheiden. Vielleicht bildete er diese Namen nach denen,
die schon bey den Sachsen und Dänen gebräuchlich waren.

³⁷) Nachdem wir so viel rühmliches von Karls Neigung zu
den Wissenschaften und von seinem Eifer für sie gehört
haben, so wird es manchem eine ganz unerwartete und
seltsame Frage scheinen, ob Karl auch selbst habe schreiben
können? Nicht vom Buch= oder Briefschreiben, vom Dar=
stellen seiner Gedanken durch geschriebene Worte, ist die
Rede, sondern vom Bilden der Schriftzüge vermittelst
Feder und Tinte, oder eines Griffels. Viel ist pro et
contra darüber gestritten, ob Karl in diesem letzten Sinn
habe schreiben können. Noch Gaillard in seiner zu Paris
1782 gedruckten Geschichte hat eine eigne Abhandlung da=
rüber (vol. III. p. 248 - 261.) Die Stelle beym Egin=
hard, die zu diesem Streit Anlaß gegeben, lautet (c. 25.)
so: Tentabat et scribere, tabulasque et codicillos ad
hoc in lecticulo sub cervicalibus circum ferre solebat,
ut cum vacuum tempus esset, manum effigiandis litteris assuesceret; sed parum prospere successit labor prae-
posterus ac sero inchoatus. Worte können nicht deut=
licher seyn, als diese sind. Karl übte sich, wenn er Muße
hatte, im Schreiben, aber es wurde ihm schwer. Wenn
einem eine gewisse Verrichtung schwer wird, folgt daraus,
daß er gar nicht damit fertig werden könne? Ich kenne
Gelehrte, denen es sauer wird, wenn sie etwas leserlich
schreiben sollen. Karl war in seiner Jugend nicht im
Schreiben unterrichtet: Schreiben, wie andere Fertig=
keiten, z. E. Zeichnen und Musik erfordern frühe Uebun=
gen. Karl war aber standhaft in diesen seinen spät ange=

fange=

Auch die ſchönen Künſte liebte Karl und beförderte ſie. Seit dem Untergange der alten Theatra hatte ſich die Muſik nur durch den glücklichen Umſtand erhalten, daß man ſeit Pabſt Gregorius dem I. eine Hauptſache dar= aus beym chriſtlichen Gottesdienſt machte. Dieſer Pabſt ließ ſich ſehr angelegen ſeyn, dem Kirchengeſange eine vollkommnere Einrichtung zu geben. Er hat bekannterma= ßen ſowohl die Texte als die Compoſitionen geſammelt, die noch in der römiſchen Kirche gebraucht werden. Durch die Singſchulen, die er anordnete, wurde in Rom und Italien eine ſchöne Art zu ſingen eingeführt. Die nordi= ſchen Völker, deren Sprache ſchon meiſtens ſehr rauh iſt, hatten eine noch rauhere Art zu ſingen. Nichts war dem zärtlichen Ohre der Römer und Italiener unangenehmer, als die brüllende, die donnernde Stimme der Franken und andrer Deutſchen, das dieſe Singen nannten. Karl empfand den Unterſchied zwiſchen dem rührenden Geſange der erſten und dem Geſchrey der letzten. Er gab ſich viel Mühe ſeine Franken zu bewegen, ſich an jene beſſere Art zu gewöhnen. Aber das Gehör muß weit mehr geübt werden, als das Auge, ehe es das Schöne von dem Häßlichen unterſcheiden lernt. Die Fran=

fangenen Uebungen; ſie mußten ihm alſo doch einiger= maßen, wiewohl mit vieler Mühe gelingen. Endlich wenn ſie ihm auch gar nicht gelungen wären, wenn man auch Karls Ehre in den Augen jenes Gelehrten, der ſich nicht genug wundern konnte, tam doctum principem ſcribere neſciuiſſe, nicht zu retten wüßte, ſo kann man doch ohne ſelbſt ſchreiben zu können, viel Geſchriebnes geleſen und dadurch ſeinen Verſtand mit vielen Kenntniſſen und Ideen bereichert haben. Leſen aber konnte Karl ſehr gut. Egin= hard ſagt: (c. 16.) Legendi atque pſallendi diſciplinam diligentiſſime emendauit, erat enim vtriusque admo= dum eruditus.

Franken: wollten die Vorzüge des römischen Gesanges nicht eingestehn. Ohne Karls Standhaftigkeit würden sie bey ihrer rohen Manier geblieben seyn. Er stiftete zwey Singschulen zu Soissons und Metz. Die hier gebildeten Singemeister wurden in den Provinzen angesetzt. Auch wurde Unterricht im Orgelspielen gegeben [38]). In der Geschichte der Musik sind diese Singschulen Karls des Großen merkwürdig, weil durch sie die eigentliche Kunst der Musik in Europa allgemein verbreitet wurde.

Die schönen Werke der Baukunst, die Karl allenthalben in Italien erblickte, konnten nicht fehlen, seine Nacheiferung auch in diesem Stücke zu erwecken. Er fühlte bey ihrem Anblick, daß es keine dauerhaftere, keine rührendere Denkmäler von der Größe längst vertilgter Völker geben kann. Er fieng nach seiner Zurückkunft an, verschiedene große und prächtige Palläste bauen zu laßen, von welchen der zu Aachen der vorzüglichste war. An eben diesem Orte ließ er der Mutter Gottes zu Ehren, eine Kirche aufführen, die von Eginhard als ein Gebäude von bewundernswürdiger Schönheit beschrieben wird. Jener Pallast und diese Kirche sind die ersten beyden auf deutschem Boden von einem deutschen Fürsten aufgeführten Gebäude, bey denen Marmorsäulen, Bildhauerarbeiten, silberne und goldene, oder wenigstens

L 5 ver=

---

[38]) Monach. Engolism. ad a. 787. Recueil p. 185. Der Herausgeber führt daselbst in der Note a) eine Stelle aus dem Durandus an, nach welcher Karl sogar Drehungen und Leibesstrafen angewandt haben soll, den Widerwillen der fränkischen Geistlichen gegen den römischen Gesang zu bezwingen. So weit trieb hoffentlich Karl den Eifer in Sachen des Geschmaks nicht, um darüber zu despotischen Mitteln zu greifen.

vergoldete Verzierungen angebracht waren. Aus den Beschreibungen der Zeitgenoßen sieht man, welche Eindrücke diese beyden Werke durch ihre Größe und durch die Mannigfaltigkeit ihrer Pracht auf rohe Völker, deren Sinn für Werke der Kunst zu erwachen anfieng, machen mußten. Ein Vitruv, oder selbst der geringste der Baumeister aus dem Zeitalter des Augustus würde vermuthlich, wenn er beyde Gebäude gesehen hätte, gelächelt oder geseufzet haben, wie europäische Kunstkenner lächeln oder sich betrüben, wenn sie in türkischen Staaten die Trümmer ehemaliger griechischer Tempel geschmacklosen Moscheen oder Harems zu Verzierungen dienen sehen. Zu jenen Gebäuden zu Aachen wurden Quadersteine aus den Mauern von Verdün, Musivarbeiten und Marmorsäulen aus den Ruinen des alten kaiserlichen Pallastes zu Ravenna geholt. Die Thore und Gitterwerke waren von Bronze; die Geräthe und Leuchter sollen von Silber oder Golde; oben auf einer Kuppel der Hauptkirche soll eine Kuppel von massivem Golde ³⁹) gewesen seyn. Der Pallast wird uns von ungeheurm Umfange vorgestellt. Hier sollen nicht allein für alle zum Hofe gehörige Personen, sondern auch für alle Große, für alle Vasallen, für alle Bischöffe, für alle angesehne Personen geistlichen und weltlichen Standes, die beständig aus den Provinzen nach Hofe kamen, hinlängliche Zimmer gewesen seyn. Sodann waren in diesem Pallaste die verschiedenen großen Säle, wo die großen Reichsversammlungen, die besondern Versammlungen der Bischöffe und der Vasallen, und die Gerichtssitzungen, worin der Monarch selbst Recht sprach, gehalten wurden. Ein Cabinet des Monarchen habe

---

³⁹) Gaillard argwöhnt und mich dünkt mit Recht, daß vieles, was man damals für massives Gold ansah, nur Vergoldung war. (vol. II. p. 309.)

habe eine solche Lage gehabt, daß er alle in diese verschiedenen Säle und Zimmer Ein - und Ausgehende habe
bemerken können. Der vielen Säulengänge und Gallerien,
wie auch der Gebäude für die Leibwache und für die geringen Hofbedienten nicht zu gedenken. Schon fiengen
die Bewunderer und Schmeichler an, Aachen das zweyte
Rom zu nennen, oder doch zu prophezeyen, daß ein zwey-
tes Rom aus ihm entstehen würde [40]).

Aachen

40) Verſus de Carolo Magno et Leonis Papae ad eun-
dem aduentu. Recueil p. 389. ſeq.

- - - - - - - - ubi Roma ſecunda
Flore nouo ingenti (oder ingenii) magna conſurgit
-ad alta
Mole, tholis muro praecelſis ſidera tangens
Stat pius arce procul Carolùs, loca ſingula ſignans,
Altaque diſponens venturae moenia Romae.

Diese Verſus, es sind ihrer fünf hundert und einige
dreyßig, scheinen ein Fragment aus einem epischen Gedichte
zu seyn. Canisius, der es zuerst aus einer Handschrift zu
St. Gallen, herausgab, hielt Alcuinen für den Verfasser.
Basnage machte dagegen die Einwendung, der Verfasser
müße bey der Ankunft des Pabstes zu Paderborn zugegen
gewesen seyn, weil er sie als ein Augenzeuge beschriebe;
Alcuin aber sey nicht dabey zugegen gewesen; er wollte
um die Zeit Alters wegen seine Zelle zu Tours nicht verlassen, er habe also das Gedicht nicht schreiben können.
Dieser Grund ist nichts weniger als entscheidend. Basnage scheint den Dichter wie einen Geschichtschreiber be-
urtheilt zu haben. Jener, wenn er nicht ein bloßer Vers-
macher ist, spricht immer mit der Lebhaftigkeit eines Augenzeugen; wer wird daraus schließen, daß er würklich Augenzeuge alles dessen, was er erzählt, gewesen sey? — Alcuin
kann das Gedicht geschrieben haben, seine Abwesenheit
von Paderborn und seines Alters ungeachtet. Er hatte
in seinem Alter noch immer einen muntern feurigen Geist.
Indessen aus dem Umstande, daß die Handschrift, das

Ge-

Aachen war wegen der warmen Bäder, Karls lieb-
ſter Aufenthalt, zumal in ſeinen letzten Jahren. Er
ließ dieſen Bädern alle die Bequemlichkeit und Schönheit geben, die man zu ſeiner Zeit erdenken konnte. Er
fand ein beſonderes Vergnügen daran, in großer Geſellſchaft

Gedicht Alcuinen beylegt, folgt nicht, daß er würklich der
Verfaſſer ſey. Man hat es ihm vielleicht in den folgenden
Jahrhunderten erſt beygelegt, da nur ſein Name allein
noch recht bekannt, die Namen aber der übrigen Dichter
an Karls Hofe vergeſſen waren. Wenn Angilbert den
Beynamen Homer um ſeiner Talente willen zur epiſchen
Dichtkunſt führte, ſo ſind dieſe Verſe wahrſcheinlich von
ihm. Doch ſie mögen ſeyn, von wem ſie wollen, ſo beweiſen ſie, daß die Akademie an Karls Hofe die ſchönen
Wiſſenſchaften nicht bloß zum Behuf der Religion cultivirte, daß durch die Leſung der Alten doch einige Funken
von Genie entzündet wurden. Wir finden in dieſen Verſen einen Nachahmer Virgils, auf deſſen Phantaſie wenigſtens die ſchönen Gemälde in der Aeneide keine ſchwache
Eindrücke gemacht hatten. Er beſchreibt das Gemälde bey
den Bayten zu Aachen, wie Virgil das zu Karthago; eine
Jagdpartey Karls, wobey ſeine Gemahlin, Söhne und
Töchter zugegen ſind, wie Virgil die Jagd der Dido und
die Wettkämpfe der Trojaner. Die Söhne, und noch
mehr die Töchter werden charakteriſirt, und man ſieht in
ihren Charakteriſirungen das Verlangen des Dichters mit
ſeinen Gemälden Beyfall auch bey dem Frauenzimmer zu
erhalten. Man wird mit Vergnügen viel Züge von Genie
und allenthalben eine gewiſſe Lebhaftigkeit der Darſtellung
bemerken. Freylich ſind die Verſe nicht ſehr harmoniſch,
und die Sprache iſt ſchwerfällig und hart.

Außer den Chroniken, die der Erbauung der Hauptkirche und des Pallaſtes nur chronologiſch erwehnen,
findet man umſtändliche Nachrichten von dieſen Gebäuden
beym Hincmar de ordine Palatii c. 27. ap. Du Chesne
T. II. p. 487. beym Monach. Sangall I. 31. Recueil p.
119. Eginh. Vita Caroli M. c. 17.

schaft zu baden. Bey Mainz ließ er eine Brücke über
den Rhein bauen, die, ungeachtet sie von Holz war, für
ein schönes und dauerhaftes Werk gehalten wurde. Man
baute zehn Jahr daran, wenn einem spätern Chronikenschreiber zu glauben wäre [41]). Sie brannte ein Jahr
vor seinem Tode ab; er gieng darauf mit dem Gedanken
um, sie von Stein wieder herzustellen. Sein Tod verhinderte es [42]).

Die Reise Karls nach Italien, von der bisher die
Rede gewesen, und seine Beschäftigungen mit den innern
Angelegenheiten seiner Staaten könnten die Vermuthung
erwecken, daß er diese Zeit über Ruhe von auswärtigen
Feinden genossen habe. Allein die Sachsen hatten in den
Jahren, die seit 777 verflossen waren, nichts weniger
als die versprochne Unterwürfigkeit bewiesen.

Karl war eben auf dem Rückwege von seinem spanischen Feldzuge; sein Schmerz über den Verlust, den er
in den Pyrenäen erlitten hatte, war noch neu, als er die
Nachricht bekam, daß die Sachsen einen grausamen Einfall

---

[41]) Eben dieser hat den besondern Umstand, Erzbischof Ri-
chulf von Mainz habe die Brücke mit Fleiß abbrennen
lassen, weil — des Nachts Räuberey darauf getrieben
worden. *Mariani Scoti Chronic.* a 814. Recueil p. 376.
Dieser Chronikenschreiber erzählt, im Jahr 802 sey das
morgenländische Weltmeer in einer Strecke von hundert
Meilen funfzig Ellen tief zu Eis gefroren. Die Dumm-
heit, dieses zu glauben und in einer Chronik mit anzuführen, war wohl nicht größer, als für wahr zu halten, daß
eine große und kostbare Brücke auf Befehl eines Erzbischofs
deswegen verbrannt sey, weil des Nachts Räuberey darauf
getrieben worden.

[42]) Eginh. Vita Caroli M c. 17.

fall in das Fränkische gethan hätten. Wittekind war der
Stifter dieses Unternehmens. Er hatte, wie oben erwehnt worden, auf dem Reichstage zu Paderborn nicht
erscheinen wollen; er war nach Dännemark gegangen,
bey den dortigen Völkern Hülfe zu suchen. Er kam im
Jahr 778 zurück. Es sey, daß er die Sachsen durch
die Hofnung dieses dänischen Beystandes auf seine Seite
brachte, oder daß er ihnen Karls spanischen Feldzug als
eine vortheilhafte Gelegenheit vorstellte, oder was er sonst
für Gründe brauchte, sie ließen sich von ihm bereden.
Sie fielen in Franken ein, kamen bis an den Rhein, suchten vergeblich hinüberzugehen, brannten, mordeten und
verfuhren so, daß es sichtbar war, wie ein damaliger
Verfasser sich ausdrückt [43]), daß sie nicht Beute zu machen, sondern ihre Rachgier zu befriedigen, gekommen
wären. Karl schickte, sobald er diese Nachricht erfuhr,
Befehle in die östlichen Provinzen seines Reichs, daß
alle die zu Kriegsdiensten verpflichtet waren, gegen die
Sachsen aufbrechen sollten [44]). Auf die Annäherung
dieser

[43]) Annal. Eginh. ad a. 778.

[44]) Einige Nachrichten stellen die Sache so vor, als ob Karl
mit demselbigen Heere, mit dem er in Spanien gewesen,
die Sachsen zurückgetrieben hätte. In dem Fall hätte sein
Heer im Frühjahr den Feldzug mit einem Marsche über die
Pyrenäen eröffnet, im Sommer am Ebro gefochten, hätte
sich im Herbst schon wieder am Rhein befunden, und den
Feldzug mit Siegen an der Weser geendigt. Dieses wäre
dann in der That eine erstaunende Schnelligkeit, die wahrscheinlich auch einem heutigen Feldherrn Ehre machen würde.
Schnelligkeit in seinen Operationen war allerdings der Character Karls, als Feldherr betrachtet. Es ist aber doch
glaublicher, daß es zwey verschiedene Heere waren, die
in Einem Jahr jenseits der Pyrenäen und an der Weser
agirten.

dieser Truppen zogen sich die Sachsen zurück. Sie wurden bey der Eder im Heßischen eingeholt und geschlagen. Dieß geschah gegen das Ende des Jahrs 778. Karl selbst blieb den Winter zu Heerstal. Im folgenden Frühjahr gieng er mit einem Heere bis an die Lippe, schlug die Westphalen bey Bocholt, nahm ihre Unterwerfung an, setzte seinen Zug bis an die Weser fort und nahm sein Lager bey einem Orte, Medufulli. Hier stellten sich Gesandten der Ostphalen und Angrarier ein. Karl ließ sich zur Versicherung ihrer Aufrichtigkeit, Geiseln von ihnen geben, und verlangte, daß die sämtlichen Völker der Sachsen sich im folgenden Frühjahr, 780 zu Hoochheim versammeln sollten, um sich mit ihm über den neuen Frieden zu vergleichen.

Keiner der Verfasser erwehnt bey dieser Gelegenheit etwas von Wittekind. Es ist wahrscheinlich, daß er wieder nach Dännemark gegangen war. Denn wir werden bald sehen, daß er im Jahre 782 von daher zurück kam. Er hatte ohne Zweifel Eigenschaften, die ihm großen Einfluß bey seinem Volke verschaften. Daher gelung es ihm, sie oft zu bereden, ihre Unternehmungen, ob sie gleich jedesmal unglücklich abliefen, mit immer neuem Muthe zu wiederholen. Allein die Geschichte erwehnet auch nicht eines einzigen Zuges, der ihm den Namen des größten Feldherrn seiner Zeiten, den ihm einige Neuern gegeben haben, verdienen könnte [45]. Wir finden nichts, das zum Beweise seiner Tapferkeit oder der Klugheit seiner Anstalten dienen könnte [46].

So

---

[45] Velly Histoire de France in dem Abschnitt von Charlemagne unter dem Jahr 777. T. I. p. 218 der Edition in 4. von 1770.

[46] Gaillard macht folgendes Gemälde von Wittekind (vol. II. p. 227.) „die Sachsen, nie zur Unterwürfigkeit geneigt,

„waren

So oft die Sache seiner Landesleute eine schlechte Aussicht bekam, floh er nach Dännemark. — Die Hauptursache

„waren es am wenigsten, seitdem sie jene lebendige Irmensäule, jenen neuen Arminius, jenen Wittekind an der Spitze „hatten, der durch seine Talente, durch seine Tapferkeit, „durch seine Tugenden so würdig war, ein Rival von Karl „dem Großen zu seyn, und für den man sich noch mehr „wie für Karln interessiren muß, weil er für die Freyheit „focht. Dieser eben so beredte als brave Mann hörte nicht „auf, die Sachsen zur Vertheidigung ihres Landes aufzumuntern, seine Reden, von Freyheitsfeuer beseelt, „mußten Herzen, die für die Freyheit geboren waren, „leicht entflammen, leicht dahin reißen. Gegen die Franken hatte er, weil sie allenthalben erobern, allenthalben herrschen wollten, einen eben so lebhaften Haß, als Hannibal einst gegen die Römer gelobt hatte". Ein schönes, glänzendes Gemälde, aber ist es ähnlich? Ich will Wittekinden weder Talente, noch Tapferkeit, noch Tugenden absprechen; aber daß er sie würklich besaß, dieses find ich durch kein einziges Zeugniß der alten Geschichtschreiber erwiesen. Und die Thatsachen, die sie von ihm anführen, enthalten wenigstens nichts, was eine große Idee von ihm veranlassen könnte. Doch Eine gute Eigenschaft ergiebt sich aus seinem Betragen, wie gleichzeitige Geschichtschreiber es beschreiben: Standhaftigkeit in seinen Gesinnungen, und diese Eigenschaft ist oft, aber nicht nothwendig, nicht immer von Muth, Tapferkeit und andern Tugenden des Geistes und Herzens begleitet. Wenn seine Landesleute sich, so oft das Glück auf Karls Seiten tritt, fast zu leicht; zu muthlos unterwerfen; so flieht Wittekind lieber über die Elbe zu den Dänen. Er kann sich nicht dazu verstehen, eine Unterwürfigkeit zu bezeugen, die sein Herz verabscheut, und die er nie zu leisten gesonnen ist. Hingegen sobald er von der Nothwendigkeit, die fränkische Oberherrschaft anzuerkennen, und von der Wahrheit der christlichen Religion überzeugt ist, so thut er die Schritte, wozu ihn vorher nichts auf der Welt bewegen konnte. Er unterwirft sich Karln; er läßt sich taufen, und nun bleibt

er

urſache des Unglücks der Sachſen ſcheint geweſen zu
ſeyn, daß nie Einigkeit unter ihren verſchiedenen Völkerſchaften herrſchte. So oft Karl gegen ſie anrückte,
finden wir, daß die drey Völker, Weſtphalen, Oſtpha-
len und Angrarier, ſtatt mit vereinigten Kräften nach
einem gemeinſchaftlichen Plane zu verfahren, jedes den
allgemeinen Feind innerhalb ſeiner eigenen Gränzen erwartet, und mit ihm ſchlägt, oder ſich mit ihm ver-
gleicht, ohne ſich um die beyden andern zu bekümmern.
Dieſer Umſtand beweiſt, daß Wittekind, bey ſeinem übrigen großen Einfluß, nicht Geſchicklichkeit genug beſaß,
ein zweckmäßiges Bündniß zur gemeinſchaftlichen Vertheidigung unter dieſen Völkern zu Stande zu bringen.

Nachdem Karl den Winter in Wormis zugebracht
hatte, begab er ſich im Frühling 780 mit einem großen
Heer über die Weſer, und nahm ſein Lager bey Horheim.
Die Sachſen verſammelten ſich, ihrem Verſprechen gemäß, und unterwarfen ſich. Viele wurden getauft [47].
Die Bedingungen waren vermuthlich keine andre, als
die in dem Kapitulare de partibus Saxoniae enthalten
ſind.

er ſowohl dem Monarchen, als ſeinem neuen Gotte eben
ſo treu, als vorher ſeiner väterländiſchen Freyheit und ſeinen väterländiſchen Göttern. Dahingegen die Sachſen
überhaupt öfter, nachdem ſie Karls Unterthanen geworden
und getauft waren, ſich wieder empörten, das Heidenthum
wieder annahmen, und das Chriſtenthum verfolgten.
Allein die Geſchichte bietet uns Exempel dar, daß eine an
ſich lobenswer, ja bewundernswürdige Standhaftigkeit nicht
immer mit Genie und Talenten, nicht einmal immer mit
andern großen Tugenden verknüpft iſt. Hieher gehören
Dion und Brutus in der alten, Philip II. und Jacob II.
in der neuern Geſchichte.
[47] Annal. Eginh. a. 780.

Hegewiſch Geſch.   M

ſind. Bey dieſem Kapitulare iſt das Jahr, da es geſchrieben worden, nicht angezeigt, wie ſonſt bey den
meiſten übrigen. Es iſt aber wahrſcheinlich in dem Lager bey Horheim im Jahr 780 gegeben worden. Wenigſtens findet ſich in der Geſchichte des Sachſenkrieges
kein ſchicklicherer Zeitpunkt, den man für die Abfaſſung
dieſes Kapitulare anſetzen könnte. Die Artikel dieſes
Vergleichs betrafen theils die Verhütung neuer Empö-
rungen, theils die Ausbreitung der chriſtlichen Religion
unter den Sachſen. In Anſehung des erſten Punkts
nußten die Sachſen jetzt einwilligen, daß ihr Land von
nun an durch fränkiſche Grafen ſollte regiert werden,
und es wurde feſtgeſetzt, daß das Vermögen desjenigen,
der einen ſolchen Grafen tödten, oder andere, ihn zu
tödten, verleiten würde, dem königlichen Fiſcus anheim
fallen ſollte. Hiernächſt wurde den Sachſen verboten,
ihre bisherigen Verſammlungen oder Landtage zu halten,
außer wenn ſie durch einen königlichen Bevollmächtigten
dazu berufen würden. Durch dieſe beyden Artikel wurde
in der That die Freyheit der Nation völlig aufgehoben;
die Sachſen wurden Unterthanen der Franken.

Es iſt zu wünſchen, daß Karl wenigſtens bey den
Artikeln, welche die Pflanzung der Kirche betrafen, Mäßigung bewieſen hätte. Aber in der That können einige
derſelben nicht entſchuldigt werden. Die Vernunft und
der wahre Geiſt des Chriſtenthums verabſcheuen ſie.
Es wurde feſtgeſetzt, daß die chriſtlichen Kirchen, die
nun in Sachſen gebaut würden, eben ſo heilig und noch
heiliger, als ihre bisherigen Götzentempel ſollten gehalten werden. Derjenige, welcher einen chriſtlichen Geiſtlichen tödten würde, ſollte Todesſtrafe leiden. Eben die
Strafe ſollte diejenigen treffen, welche ihren vermeinten
Gottheiten Menſchenopfer bringen würden. In ſo weit
hatte

hatte die Billigkeit noch Antheil an diesen Verordnun=
gen; aber nun wurde hinzugefügt: den Tod sollen auch
diejenigen leiden, die den Körper eines Verstorbnen nach
heidnischen Gebräuchen verbrennen; diejenigen, die, um
nicht getauft zu werden, sich verbergen; diejenigen, die
zur Verachtung der christlichen Religion, in den Fasten
Fleisch genießen würden. Wer sein neugebornes Kind
nicht innerhalb einem Jahre zur Taufe brächte, sollte
eine beträchtliche Summe Geldes zur Strafe bezahlen.
Wer hingegen aller dieser Verbrechen schuldig, sich zum
Priester verfügen, sich von ihm taufen lassen, oder sich,
wenn er schon vorher getauft worden, der Kirchenbuße
unterwerfen würde, dem sollte die Strafe erlassen wer=
den. Es ist in unsern Zeiten glücklicherweise nicht mehr
nöthig zu zeigen, wie unzweckmäßig, wie unchristlich,
wie abscheulich diese Verordnung war. Auch bedarf es
keine Beredtsamkeit mehr den Unwillen des Lesers gegen
solche Maaßregeln zu erregen. Man braucht nur zu sagen,
worin sie bestanden, um diese Würkung hervorzubringen.

In dem folgenden Jahre 781 soll Karl die acht
Bisthümer Bremen, Verden, Minden, Halberstadt,
Hildesheim, Paderborn, Münster und Osnabrück ge=
stiftet haben. Gestiftet sind sie gewiß von Karln unge=
fehr in diesen Zeiten: nur die Jahre ihrer Stiftung lassen
sich nicht bestimmt angeben.

Die Stiftung der Bisthümer in Deutschland ist
überhaupt in zweyfacher Hinsicht eine der wichtigsten
Epochen in der Geschichte unsers Vaterlandes.

Aus diesen Bisthümern sind bekanntermaßen Städ=
ten, aus Volkslehrern — denn das waren die Bischöffe
ursprünglich — sind Fürsten und sogenannte landes=

M 2   herren;

herren; aus den Gehülfen dieser Volkslehrer, aus dem
Sänger, dem Schulhalter, u. s. w. sind vornehme
große Herren, genannt Domherren, geworden, die nun
eine Art von Parlement ausmachen, das dem Fürsten
zur Seite sitzt, ja die zu Zeiten sich haben einfallen lassen,
noch etwas mehr als Parlemente seyn zu wollen, die sich
zu Zeiten eine Erb= und Grundherrschaft über die sogenannten geistlichen Länder haben zueignen wollen. Solch
Glück werden Volkslehrer nie wieder machen. Man
wird fragen, wodurch wurde dieses Glück der von Karln
angeordneten Volkslehrer möglich? Was war in der
ersten Anordnung der Bischöffe der Keim, woraus sich
allmälig Landesherrschaft und Reichsstandschaft entwickelte? Dieser Keim war die Wichtigkeit, die Karl
dem Lehramte beylegte. Er hielt die Lehrer, die das
Volk bilden, für eben so wichtig, als die Krieger, die
es gegen auswärtige Feinde vertheidigen und die Richter
oder Obrigkeiten, die es durch Handhabung der Gesetze
wider gegenseitige Beleidigungen schützen. Der Bischof hatte die Oberaufsicht über die Lehrer in seinem
Districte; der Graf über die Kriegsleute und Obrigkeiten in dem seinigen. Die Bischöffe und die Grafen
waren von Anfang an nach Karls Einrichtung Reichsfürsten (Principes) in dem damaligen Sinn des Worts,
das ist, sie waren die vornehmsten Beamten [48]). Wie
aber

[48]) S. Mösers osnabrückische Geschichte I Th. der ganze
vierte Abschnitt. Ich weis kein Werk, wo die so merkwürdige Metamorphose, die Verwandlung von Aemtern
in Fürstenthümer so anschaulich dargestellt würde. Es ist
ein meisterhaftes historisches Gemälde. Ich habe irgendwo
die Anmerkung gehört oder gelesen, die individuellen, das
Stift Osnabrück betreffenden Umstände wären darin zu
vorstechend ausgemalt. Dieses dünkt mich nicht. Freylich
würde das Werk allgemeiner intereßiren, wenn der Verfaſſer

aber aus solchen Beamten unter schwachen Monarchen
in Zeiten, wo die Verfassung noch nicht auf bestimmten
Gesetzen, sondern auf schwankendem Herkommen beruhte,
Reichsfürsten in dem heutigen Sinn des Worts, Landesherrn und Mitregenten werden konnten, dieses ist hinlänglich bekannt, und braucht hier nicht weiter ausgeführt zu werden.

Sodann ist die Stiftung dieser Bisthümer die
Epoche, mit der die Geistescultur der Deutschen anfängt. Man könnte sagen, bis dahin waren sie bloß
physische Menschen, wenigstens brauchten sie ihren natürlichen Verstand bloß in physischen Dingen, und hatten
noch keine Ahndung davon, daß es eine ganze Welt von
geistigen Dingen giebt. Noch hatte die Sprache der
Deutschen keine Worte für diese Dinge, und es ist der
Mühe werth in der Geschichte unsrer Sprache alle die
Mühe zu sehen, die angewandt wurde, dergleichen Worte
zu finden. In Hinsicht der Cultur wurde die Errichtung der Bisthümer für Deutschland was die Nieder-
lassung der phönicischen und ägyptischen Colonisten für
Griechenland gewesen war — erste Ausstreuung des
Samens, dessen Entwicklung und Wachsthum in einem
nicht sehr fruchtbaren Boden unter einem nicht sehr günstigen Himmel erst nach langen Jahrhunderten erfolgen
konnte.

Es ist zu vermuthen, daß ein großer Theil der Sachsen, des langen vergeblichen Widerstandes müde, sich

M 3   endlich

faffer seine darin zerstreut angebrachten die Verfassung
Deutschlands in jenen Zeiten so trefflich erläuternden Anmerkungen gesammelt und in Einem großen Gemälde verbunden hätte.

endlich in ihr Schicksal bequemten. Aber vielen war das doppelte Joch, das ihnen auferlegt war, unerträglich. Fränkische Grafen über sich gesetzt zu sehn; so beschwerliche Kriegsdienste in so entfernten Ländern leisten zu müssen; zu sehen, daß Tempel unter ihnen erbaut wurden, einem Gott zu Ehren, den sie verabscheuten; zu diesem Bau helfen zu müssen; an die Diener dieses Gottes den Zehnten von allem ihrem Haab und Gut bezahlen zu müssen, dieß waren Kränkungen, die nicht fehlen konnten den Haß gegen die Franken desto lebendiger bey ihnen zu erhalten, je mehr sie ihn verbergen mußten. Es schien aber nicht, daß sie jemals wieder etwas würden unternehmen können, weil ihnen alle Zusammenkünfte verboten waren. Karl selbst, aus Vertrauen zu ihrer nun dem Anschein nach ruhigen Unterwerfung, gab ihnen die günstigste Gelegenheit, eine neue Verschwörung wider ihn einzugehn. Die Soraben, ein flavisches Volk zwischen der Elbe und Saale thaten einen Einfall in das angrenzende Sachsen. Karl gab darauf den Grafen in diesen Gegenden Befehl, die Soraben mit der vereinigten Mannschaft der Sachsen und Franken zu vertreiben. Diesen Umstand nutzten die Sachsen. Satt an den bestimmten Ort zu den Franken zu stoßen, versammelten sie sich auf der nördlichen Seite eines Berges an der Weser, der damals unter dem Namen Suntal bekannt war. Wittekind, der eben aus Dännemark zurückgekommen war, hatte sie bewogen, den Krieg gegen die Franken noch einmal zu wagen.

Karl hatte drey seiner vornehmsten Kriegsobersten, Adalgis, Geilo und Wuorad abgeschickt, das Heer gegen die Soraben anzuführen. Wie diese mit der fränkischen Mannschaft an die sächsische Grenze kamen, so erfuhren sie den neuen Aufstand der Sachsen. Sie beschlossen,

lieber

lieber gleich diese Aufrührer aus einander zu treiben, als
den Soraben, deren Streifereyen sie für weniger gefährlich hielten, entgegen zu gehn. Eben der Meinung war
Graf Thederich, der, auf die erhaltene Nachricht von
diesem Abfall der Sachsen mit einigen Truppen vom
Rhein aufgebrochen und zu den genannten drey Feldherren gestoßen war.

Thederich war ein Verwandter des königlichen Hauses. Diese Verwandtschaft und sein eigenes Verdienst
gaben ihm ein Ansehn, das der Ehrgeiz jener drey nicht
ertragen konnte. Sie bildeten sich ein, daß sie die
Sachsen ohne seinen Beystand hätten bezwingen können.
Es kränkte sie daher, daß seine Gegenwart den Ruhm,
mit dem sie sich geschmeichelt hatten, verdunkeln würde.
Thederich machte den Plan, daß sie mit ihrer Mannschaft suchen sollten, den Sachsen in den Rücken zu kommen. Dieses thaten sie. Allein statt verabredeter-
maaßen ihm nun Nachricht zu geben, damit er auch auf
seiner Seite zugleich mit ihnen, den Angrif hätte thun
können, eilten sie, ohne ihm etwas wissen zu lassen, auf
das feindliche Lager zu, für nichts anders besorgt, als
daß Thederich keinen Antheil an dem Siege bekommen
möchte. Die Sachsen hatten von der Annäherung des
Grafen Nachricht; sie waren nicht allein zur Gegenwehr
bereit, sondern hatten auch eine solche Stellung genommen, daß sie die Franken umringten, und bis auf einige
wenige niederhauten. Außer Adalgis und Geilo blieben
vier andere Grafen und zwanzig der angesehensten Officiere auf dem Platz [49]).

Aber entweder dieser Sieg mußte den Sachsen selbst
viel Menschen gekostet haben, oder sie verstanden nicht,

M 4   ihn

---

[49]) Annal. Eginh. ad a. 782.

ihn zu nutzen. Statt nun etwas gegen Theberichen zu
unternehmen, oder Vertheidigungsanſtallten gegen Karln
zu machen, von dem ſie gewiß ſeyn konnten, daß er dieſe
Niederlage nicht ungeahndet laſſen würde, blieben ſie in
einer unbegreiflichen Unthätigkeit. Und ſchnell war Karl
mit einem ſtarken Heere mitten in ihrem Lande. Er betrachtete ſie aber diesmal nicht als eine feindliche Nation,
mit der er ſich in Unterhandlung einlaſſen könnte, ſondern als Rebellen, die wegen begangener Verrätherey
Strafe verdienten. Er foderte die vornehmſten Sachſen wegen dieſes treuloſen Aufſtandes zur Rechenſchaft.
Alle beſchuldigten Wittekinden als den Urheber; aber aus-
liefern konnten ſie ihn nicht, weil er abermals nach Dä-
nemark geflohen war. Karl verlangte darauf, daß ſie
ihm alle diejenigen, die an der Verrätherey Theil genommen hatten, übergeben ſollten. Dieß geſchah. Vier
tauſend und fünf hundert Sachſen wurden ausgeliefert, und an einem Tage in Karls Lager bey Ferden an
der Aller enthauptet⁵⁰).

Man müßte alles menſchlichen Gefühls beraubt
ſeyn: man müßte den Ruhm eines ſcharfſinnigen Ver-
theidigers gewiſſer Perſonen, Charactere oder Handlungen, auf Koſten ſeines Herzens erwerben wollen, wenn
man die Grauſamkeit dieſer Handlung auf irgend eine
Weiſe zu entſchuldigen ſuchte. Es iſt nicht möglich, ſie
zu erzählen, ohne den lebhafteſten Abſcheu dagegen zu
bezeugen. Es iſt ſchwer, nach dieſem barbariſchen Auf-
tritt, ſich mit Karln wieder auszuſöhnen. Es würde
unmöglich ſeyn, wenn das, was einige Neuere behaupten,
gegründet wäre. Karl, ſagen ſie, habe dieſe Grauſamkeit mit kaltem Blute verrichten laſſen. Dieß iſt nicht
möglich⸗

⁵⁰) Ibid.

möglich. So etwas zu behaupten, muß man auf die
Reihe der vorhergegangenen Begebenheiten, die ihn zu
dieser That fortrissen, nicht die mindeste Aufmerksamkeit
gerichtet haben. Es ist offenbar, daß Karl dießmal
ganz von Zorn beherrscht wurde. Zu einer Zeit, da er
der Treue der Sachsen so gewiß zu seyn glaubt, daß er
sich ihrer gegen andere feindliche Völker bedienen will,
erfährt er ihren abermaligen Abfall, der ihm zwey seiner
besten Feldherren und eine beträchtliche Anzahl Truppen
kostet. Es konnte nicht fehlen, diese unerwartete Nachricht mußte ihn aufbringen, wie sie jeden andern an seiner
Stelle würde aufgebracht haben. Unglücklicherweise aber
überließ er sich dießmal seinem Unwillen ohne alle Mäßigung.

Es war vermuthlich eine Würkung dieser barbarischen
Handlung, daß alle sächsische Völkerschaften im Anfange
des folgenden Jahrs 783 mit mehr Einigkeit und Ent-
schloßenheit, wie jemals, die Waffen wider die Franken ergriffen. Ihre Absicht scheint gewesen zu seyn, in
das Fränkische einzudringen. Karl gieng ihnen, ehe er
noch alle seine Truppen beysammen hatte, mit einem
Theil derselben entgegen. Es kam bey einem Orte, den
die damaligen Verfasser Thietmelle nennen, und der vermuthlich das heutige Detmold ist, zu einer Schlacht.
Die Sachsen mußten sich zurückziehn. Aber auch Karl
gieng nach Paderborn zurück, um daselbst die Ankunft
seines übrigen Heers zu erwarten. Sobald er sich mit
diesem vereinigt hatte, gieng er den Sachsen nach, die
sich an der Hase gesetzt hatten. Er griff sie an und
schlug sie, nachdem sie sich hartnäckig gewehrt hatten.
Allein ungeachtet dieser beyden Siege, die von den fränkischen Verfassern, als sehr blutig beschrieben werden,
widerstanden ihm die Sachsen mit festerm Muth und

M 5   wahr-

wahrſcheinlich mit beſſern Anſtalten, als ſie bis dahin ge=
wieſen hatten. Denn bey allen den Bemühungen, die
er in dieſem und dem folgenden Jahre lebhaft und unun=
terbrochen anwandte, weiter zu bringen, mußte er ſich
doch beſtändig nach der Gegend von Paderborn zurück=
ziehn ⁵¹). Endlich gegen das Ende des Jahrs 784
faßte er den Entſchluß, den Krieg den Winter durch fort=
zuſetzen. Es war das drittemal, daß er etwas ſo un=
gewöhnliches von den Franken zu erhalten wußte. Er
ſelbſt blieb in Eresburg, wohin er ſeine Gemahlin und
Kinder, ohne deren Geſellſchaft er nie lange ſeyn mochte,
kommen ließ. Er beſchäftigte ſich während des Winters
auf eine doppelte Art, die Sachſen zu einem Vergleich
zu bewegen. Durch unaufhörliche Streifereyen, auf
welchen alles verheert und verwüſtet wurde, ſchreckte er
ſie mit der Rache, die er ihnen, wenn ſie ſich ferner
widerſetzten, drohte.

Zugleich aber ließ er ſich mit den vornehmſten Häup=
tern in Unterhandlung ein. Die meiſten wurden gewon=
nen. Selbſt Wittekind fieng an, Friedensvorſtellungen
Gehör zu geben. Im Frühjahr 785 rückte Karl zeitig
ins Feld. Er war bis in die Bardengau gekommen, ver=
muthlich die Gegend bey Bardewick. Hier bekam er
Wittekinds Erklärung. Dieſer wollte, ſobald er hin=
längliche Sicherheit erhalten hätte, nebſt einem andern
Anführer der Sachſen, Namens Albion, zu einer Unter=
redung mit Karln nach Franken kommen. Karl ſchickte
ihnen die verlangten Geiſeln. Wittekind und Albion
ſtellten ſich darauf ein, giengen mit Karln nach Franken,
und wurden zu Attigny getauft ⁵²).

Das

⁵¹) Annal. Eginh. ad a. 783.
⁵²) Annal. Eginh. ad a. 785.

Das ganze übrige Volk der Sachsen folgte dem Exempel seiner vornehmsten Häupter. Es ergab sich. Die Bedingungen scheinen die nemlichen, wie im Jahr 780 gewesen zu seyn. Karl hielt für rathsam, diesesmal weder mehr Gelindigkeit noch Strenge gegen sie zu beweisen.

In eben diesem Jahre wurde eine Verschwörung wider Karln entdeckt, von der wir zwar keine umständliche Nachricht haben, die aber, nach den allgemeinen Ausdrücken der damaligen Verfasser gefährlich scheint gewesen zu seyn [53]). Der Adel in Ostfranken soll stark darin verwickelt gewesen seyn. Eginhard erzählt, zu seiner Zeit habe man geglaubt, den Anlaß zu dieser Verschwörung habe die stolze und herrschsüchtige Gemüthsart der Königin Fastrade gegeben. Aus Gefälligkeit gegen sie habe Karl sich verschiednemal von seiner gewöhnlichen Güte und Gelindigkeit zu einem ganz entgegen gesetzten Verfahren verleiten lassen.

Graf Hartrad war der Urheber oder das Haupt der Verschwörung. Ihre Absicht war wider Karls Leben gerichtet. Sie wurden verrathen, plötzlich überfallen und sämmtlich gefangen. Drey von ihnen, die sich aufs äußerste gewehrt hatten, wurden getödtet. Hartrad und einige der vornehmsten Mitverschwornen wurden geblendet, die übrigen aus dem Reiche verbannt.

Im Anfange des Jahres 786 wurde ein Aufstand der Britannier gedämpft. Die Provinz Britannien scheint von den Gothen, Hunnen und den übrigen Völkern, die

---

[53]) *Valida conjuratio* Eginh. Vita Caroli M. c. XX. *immodica.* Annal. Eginh. ad a. 785.

die durch Gallien zogen, verſchont zu ſeyn, ſie lag ihnen
zu ſehr aus dem Wege. Bis in das fünfte Jahrhundert war ſie bloß von galliſchen Völkerſchaften und vielleicht von römiſchen Koloniſten bewohnt. Damals aber
kamen die urſprünglichen Einwohner der Inſel Britannien,
die vor den Angelſachſen flohen, in großer Menge über
das Meer. Sie bauten ſich an. Die Provinz hat von
ihnen ihren jetzigen Namen bekommen. Schon längſt
hatten ſie den Königen der Franken einen Tribut bezahlen müſſen, von dem ſie öfter und auch dießmal ſich frey
zu machen vergeblich verſuchten. Sie mußten ſich aufs
neue unterwerfen [54].

Hart und drückend war die Herrſchaft der Franken
für die von ihnen abhängigen Völker; ſogar die Thüringer machten einen neuen Verſuch, ſich davon zu befreyen,
oder eigentlicher, ſie ſprachen laut und unvorſichtig von
der Unerträglichkeit ihrer Dienſtbarkeit, und von den Mitteln, ſich wieder in Freyheit zu ſetzen. Ihre kühnen
Reden wurden dem wachſamen Monarchen hinterbracht.
Durch ſeine Abgeordneten wußte er die vornehmen Thüringer, vermittelſt Drohungen und Zureden zu bewegen,
daß ſie ſich aufs neue unterwarfen. Sie wurden nach
Rom und nach andern berühmten Kirchen geſchickt, um
über den dort verehrten Reliquien der Heiligen einen neuen
Eid der Treue zu ſchwören, weil man einen ſolchen Eid
für ſehr kräftig hielt, indem man ſich mehr ſcheute, den
Heiligen, bey dem man geſchworen, als Gott ſelbſt durch
Nichterfüllung des Eides zur Rache zu reizen. Auf der
Rückreiſe von dieſen heiligen Orten ſollen dieſe erwehnten
Thüringer bey Worms angehalten, ihrer Augen beraubt
und exilirt, und ihre Beſitzungen ſollen confiscirt ſeyn.
Dieſe

---

[54] Annal. Eginh. ad a. 786.

Diese Nachricht finden wir nur bey einem einzigen Annalisten [55]), der nur immer mit zwey, drey Worten die
Begebenheiten anzeigt, bey dieser Stelle aber und bey
der gleich darauf folgenden Erzählung von der Absetzung
des Herzogs Taßilo ziemlich ausführlich ist. Man sieht
keinen Grund, seine Glaubwürdigkeit zu bestreiten. Und
so hätten wir denn ein Exempel, daß der große Monarch, wenn er es für noth hielt, auch treulos und grausam zu seyn wußte.

Von allen übrigen Seiten hatte Karl jetzt Friede.
Er nutzte diese Zeit, seine Oberherrschaft auf Benevent
gelten zu machen.

Wir haben der drey longobardischen Herzoge erwehnt,
die, als das Reich der Longobarden von Karln erobert
wurde, die Kühnheit hatten, ihre Unabhängigkeit von
diesem mächtigen Monarchen behaupten zu wollen. Diese
Verwegenheit hatte den von Friaul um Land und Leben
gebracht. Der von Spoleto, durch diesen unglücklichen
Ausgang abgeschreckt, hatte sich ergeben. Der von
Benevent führte seinen Vorsatz standhaft und mit glücklicherm Erfolge aus, als man hätte erwarten können.
Verschiedene günstige Umstände kamen ihm zu statten.
Friaul war mit fränkischen Provinzen umgeben; Spoleto
lag ihnen sehr nahe: beyde waren von mäßigem Umfange.
Benevent hingegen war ein mächtiger Staat; er begriff
drey Viertheile des Königreichs Neapel; (das übrige
gehörte den Griechen) das Land war voll großer Städte.
Außer diesem doppelten Vortheile des größern Umfanges
und der dichten Bevölkerung war die Lage des Landes sehr
glück-

55) Annales Francisci, vulgò Nazariani ad a. 786, Recueil p. II.

glücklich. Die Franken, um die Beneventaner zu be-
kriegen, mußten erst den beschwerlichen Zug durch das
ganze Italien thun. Nach der damaligen Art Krieg zu
führen, da sie nicht eher, als im Frühlinge zu Kriegsdiensten verpflichtet waren, konnten sie erst spät im
Sommer die Grenzen von Benevent erreichen; und da
sie gegen den Winter wieder auseinander giengen, so
blieb ihnen nur eine Zeit von wenig Wochen übrig, die
Eroberung eines Landes zu unternehmen, das, wegen
der Menge seiner festen, mehrentheils am Meere gelegenen Plätze, Jahre zu erfordern schien.

Durch alle diese vortheilhaften Umstände und durch
seinen eigenen Muth bestärkte sich Aregis, — so hieß
der damalige Herzog dieses Landes — in seinem Entschlusse. Weder das traurige Ende des Herzogs von
Friaul, noch das furchtsamere Betragen des von Spoleto,
brachte ihn zum Wanken. Es ist nicht unwahrscheinlich, was die fränkischen Geschichtschreiber versichern, daß
seine Gemahlin, Amalberga, eine Tochter des unglücklichen Desiderius, zu seinen Entschließungen beytrug.
Bey einem sehr empfindlichen Charakter soll sie auf nichts
so sehr bedacht gewesen seyn, als den Ruin ihres Hauses
an dessen Urheber zu rächen. Aehnliche Gesinnungen
werden ihrer Schwester, Lutberga, Gemahlin Herzog
Taßilos von Bayern, zugeschrieben. Und durch die
Vermittelung beyder Schwestern sollen geheime Verbindungen zwischen ihren beyden Männern eingeleitet seyn.
Aregis war von beyden der entschloßnere und auch derjenige, der sich zur Ausführung seiner Entschlüsse gehörig anzuschicken wußte. Er ließ sich, nach dem Exempel der fränkischen Könige von einem seiner Bischöffe
salben. Statt des Titels eines Herzogs, den er bisher
geführt hatte, nahm er den eines Fürsten (Princeps)
an, den Begriff der Unabhängigkeit dadurch auszudrücken.

drücken. Er setzte eine Krone auf, führte einen Scepter und übte alle andere Handlungen aus, von denen man glaubte, daß nur ein unabhängiger Prinz sie auszuüben befugt wäre. In diesem allen sehen wir einen kühnen, vielleicht einen stolzen Mann. Wir werden aber bald sehen, daß er auch nicht unterlassen hatte, die Mittel zu berechnen, womit er seine Kühnheit und seinen Stolz unterstützen könnte. Aber freylich hatte er in der Gegenrechnung Karls Genie und Glück nicht hoch genug angesetzt.

Karl glaubte das Betragen des Herzogs als eine Empörung betrachten zu können. Als König der Longobarden, der er durch sein Schwert geworden war, glaubte er das Recht der Oberherrschaft über ihn erlangt zu haben. Unterdessen ließ er ihn der angemaaßten Unabhängigkeit einige Jahre genießen, weil er wegen des Krieges mit den Sachsen, nicht so viel Kriegsvölker auf so lange Zeit nach Italien führen konnte, als zur Bezwingung dieses muthigen Fürsten nöthig schien. Das Jahr 786, da er mit keinem andern Feinde zu thun hatte, war, in dieser Absicht, ein günstiger Zeitpunkt. Die fränkischen Schriftsteller merken es als einen besondern Umstand an, daß Karl den Zug nach Italien erst spät im Herbste dieses Jahres antrat [56]. Aber eben durch diese Maaßregel entgieng er einem großen Theil der Schwierigkeiten, die einen Feldzug wider die Beneventaner so beschwerlich machten. Er führte das Heer fürs erste nicht weiter als bis in die Gegend von Florenz und Rom, wo er es den übrigen Winter ausruhen ließ. Durch diesen Plan gewann er zwey wichtige Vortheile. Er war nun, gleich mit Anbruch der ersten gelinden

Witte-

[56) Annal. Eginh. ad a. 786.

Witterung, mit unabgematteten Völkern auf der bene=
ventanischen Grenze, und hatte den ganzen Frühling und
Sommer zur Ausführung seiner Absichten vor sich. In
der That verursachte diese frühe Erscheinung der Franken
eine solche Bestürzung bey Aregis, daß er sich nicht ge=
traute, weder seine Hauptstadt zu vertheidigen, noch
ihnen im Felde entgegen zu gehn. Er zog sich in die
am Meere gelegenen Städte. Die Hauptstadt Bene=
vent und das ganze übrige Land wurde bald von den
Franken in Besitz genommen.

Aregis selbst hatte sich nach Salerno begeben. Er
hatte diesen Ort, wie die übrigen Seeplätze, mit Mau=
ern, Thürmen und allen damals üblichen Festungswerken
so gut versehn, daß er eine lange Belagerung aushalten
konnte. Da die Franken noch keine Schiffe hatten;
so war ihm die Zufuhr von der See her immer sicher.
Er konnte also nicht durch Aushungerung, wie Deside=
rius in Pavia, zur Uebergabe gezwungen werden.
Gleichwohl, da er die Verwüstungen sah, die die Fran=
ken in seinem Lande anfiengen, und da er vielleicht Karls
Standhaftigkeit in Ausführung einmal beschloßner Un=
ternehmungen fürchtete; so bat er um Frieden, auf eine
Art, die ein sonderbares Gemisch von Niedrigkeit und
Stolz; von Furcht und Festigkeit anzeigte. Er schickte
seine beyden Söhne, Romuald und Grimoald, nebst
einer großen Anzahl Bischöffe und Aebte mit vielen Ge=
schenken an Karln, mit dem Vorschlage, er wollte einen
jährlichen Tribut bezahlen, und geloben, Karls Willen
in allem zu gehorchen; Karl sollte seine beyden Söhne
zu Geißeln behalten, nur Eins möchte Karl nicht ver=
langen, nämlich daß der Herzog selbst zu ihm käme [7]).

Aus

Aus den Worten einiger der damaligen Verfasser scheint
es, daß Karls Absicht anfangs gewesen war, entweder
den Herzog seiner Würde zu entsetzen, oder wenigstens
ihn härteren Bedingungen zu unterwerfen. Er ließ sich
indessen jetzt bewegen, ihm alles, was er gebeten hatte,
zu bewilligen. Selbst den sonderbaren Punkt, daß der
Herzog nicht vor ihm erscheinen dürfte, gestand er ihm
zu. Er schickte einen Bevollmächtigten ab, welchem
der Herzog den Eid der Treue leisten mußte. Von den
beyden Söhnen behielt Karl nur den jüngern, Grimoald, als Geißel bey sich. Den ältern, Romuald, schickte
er dem Vater zurück.

Wir finden bey den alten Verfassern zwey besondre
Gründe, die Karln zu dieser Gelindigkeit sollen bewogen
haben. Nach Eginhards Ausdruck war es der Nutzen,
den Karl von den Benéventanern glaubte erwarten zu
können [58]). Es ist schwer zu errathen, worin dieser
Nutzen bestanden habe. Nach andern war es Karls Achtung für die Religion. Er wollte lieber in seinen Forderungen weniger streng seyn, als sie durch einen lang-
wierigen Krieg zu erlangen suchen, der die Verwüstung
eines Landes, das mit Kirchen und Klöstern übersäet
war, unvermeidlich verursacht hätte [59]).

[58]) Rex *utilitate gentis* — considerata, Vita Caroli M,
c. 10 *Divini* etiam *timeris respectu* bello abstinuit.
Eginh ad a. 786. Bey dem, was ich in diesem Abschnitte
von den benéventanischen Händeln gesagt und in der Folge
noch davon sagen werde, habe ich zwar Diannones Historia di Napoli zum Grunde gelegt, jedoch selbst zu den
Quellen zu gehn, nicht unterlassen.
[59]) Annal. Mettenses a. 787. Recueil p. 345.

Hegewisch Gesch.   N   Vier-

Viertes Kapitel.

Inhalt.

Außer den beyden Herzogen von Spoleto und Benevent gab es noch einen, der, in einer gewiſſen Abhängigkeit von Karln, ein ziemlich mächtiges Land beherrſchte.
Dieſer war der Herzog Taßilo von Bayern. Die Herzoge von Spoleto und Benevent erhielten ſich bey ihrer
Würde, der von Benevent, durch Muth und Klugheit;
der von Spoleto durch ſorgfältige Vermeidung alles verdächtigen Betragens. Taßilo war nicht ſo glücklich, wie
jene beyde, weil er es zu ſeyn nicht Klugheit genug beſaß. Um die fränkiſche Oberherrſchaft geduldig zu ertragen, fehlte es ihm an der Biegſamkeit des Herzogs
von

von Spoleto; und um ihr sich zu entziehen, an der Entschlossenheit und Geschicklichkeit des Beneventaners. Stolz und schwach, gab er seinen Verdruß über die Abhängigkeit, worin ihn die Franken hielten, bey jeder Gelegenheit zu erkennen, ohne sich bey verschiednen günstigen Gelegenheiten der Mittel, die ihn vielleicht hätten davon befreyen können, auf eine nachdrückliche Art zu bedienen [1]).

Bayern war damals von weiterm Umfange, wie heut zu Tage. Es begrif außer dem jetzigen Herzogthum verschiedene Länder, die gegenwärtig theils das Erzbisthum Salzburg ausmachen, theils zu Böhmen, Oesterreich und Tyrol gerechnet werden. Die Beyern waren anfänglich den Ostgothen unterworfen. Dann wurden sie frey, geriethen aber bald wieder in Abhängigkeit von den Franken. In der älten Sammlung bayerischer Gesetze, die unter einem Könige Theodorich gemacht seyn soll, findet sich eins, das so lautet: „Der Herzog soll „beständig aus der Familie der Agilolfinger seyn, wie er „bisher immer gewesen ist; denn die Könige unsere Vor-„fahren haben es ihr bewilligt, daß, so lange sie treu ist, „der jedesmalige Herzog aus ihr soll genommen wer-„den [2]).“ Einige Geschichtschreiber [3]) behaupten, dieser König Theodorich, der in der Sammlung selbst König der Franken genannt wird, sey eigentlich König der Ostgothen gewesen, und die Abschreiber hätten beyde mit einander verwechselt. Wie dem auch sey, auch während

N 2   rend

---

[1]) *Bajoaricum bellum* superbia *simul ac* socordia *Taßilonis Ducis excitat.* Eginh. Vita Caroli M. c. XI.

[2]) Leges Bajuar. Tit. II.

[3]) de Buat histoire ancienne. T. XII. p 97.

rend der fränkischen Abhängigkeit genossen die Agilolfinger dieses Vorzugs. Aber wir finden Spuren, daß diese Herzoge wiederholte Versuche machten, sich dieser fränkischen Oberherrschaft zu widersetzen. Tasilo's Vater, Odilo, führte einen unglücklichen Krieg mit Pipin und Karloman, als diese beyde, dem Titel nach, nur noch Majores Domus waren, in der That aber das Reich der Franken eigenmächtig regierten. Er wurde gezwungen, ihnen die Huldigung zu leisten. Nach seinem Tode im Jahr 757 wurde sein Sohn Tasilo, auf dem Reichstage zu Kompiegne von Pipinen, der schon die Krone aufgesetzt hatte, mit dem Herzogthume belehnt, und schwur nicht nur Pipinen, sondern auch dessen Söhnen, Karl und Karloman den Eid der Treue [4]. Vermöge dieses geleisteten Eides verlangte Pipin im Jahr 763, daß ihn Tasilo auf dem Feldzuge wider die Aquitanier begleiten sollte. Tasilo kam zwar mit seinen Völkern; allein er kehrte bald, unter dem Vorwande einer ihm zugestoßenen Krankheit, zurück. Pipin argwöhnte, daß diese Krankheit Verstellung wäre, und daß Tasilo mit feindseligen Absichten umgienge. Es wurde zu eben der Zeit

---

[4] Annales vulgo Loiseliani a. 757. Man mußte damals schon zu dem Charakter des Herzogs kein rechtes Vertrauen haben, und daher für nöthig halten, dem Eide, den man ihn ablegen ließ, durch verschiedne in jenen rohen Zeiten übliche Mittel alle mögliche Kraft zu geben. Er mußte nämlich den Eid über den Reliquien der vier Schutzheiligen schwören, die in Frankreich viel große Wunder sollten verrichtet haben, und daher ganz vorzüglich verehrt und gefürchtet wurden, des heil. Dionysius, des heil. Rusticus, des heil. Eleutherius und des heil. Martinus. Dieses war noch nicht genug. Auch die vornehmen Bayern in Tasilo's Gefolge mußten den Eid ihres Herzogs mit dem ihrigen bekräftigen.

Zeit eine Heirath zwischen Taßilo und Lütberga, Tochter
des Königs der Longobarden, Desiderius, geschlossen.
Pipin hatte Ursache, diese Verbindung zu fürchten. Er
wagte es daher in einigen Jahren nicht, den Krieg gegen
die Aquitanier fortzusetzen, sondern hielt sich in Franken
bereit, den Bayern und Longobarden, wenn sie vielleicht
etwas unternähmen, zu widerstehn. Allein es fehlte dem
Herzoge an Entschlossenheit. Daß er Pipinen unter
dem Vorwande einer Krankheit verlassen hatte, scheint eine
Würkung nicht so wohl seiner Politik, als seiner Em-
pfindlichkeit gewesen zu seyn. Es verdroß ihn, von Pipinen als ein Vasall begegnet zu werden. Nach seiner
Zurückkunft in seinem Herzogthum war er nicht zu bewegen, je wieder an Pipins Hof zu kommen [5]; er
hatte sogar den raschen Muth alle Handlungen eines

N 3   unab-

---

[5] Bajoariam petiit et nunquam amplius faciem fupra dicti
Regis videre voluit. So sagen die Annales Loiseliani
fub. a. 763. Diese Annales sind älter, wie selbst diejenigen, die man für Eginhards Werk hält. Sie sind von
den spätern Annalisten und selbst vom Eginhard; wenn
dieser die unter seinem Namen bekannte Chronik geschrieben hat, fleißig gebraucht. In dieser Eginhardischen
Chronik nun wird der Umstand, daß Taßilo nicht wieder
vor des Königs Angesicht habe kommen wollen, noch ver-
stärkt; Taßilo heißt es da, habe geschworen, nie wieder
vor des Königs Augen zu kommen, ad Regis adfpectum
fe ulterius venturum abjuravit. Eginh. Annal a. 763.
Es kann seyn, daß Taßilo ein sehr schwacher Mann, würklich bey seiner Rückkunft in Bayern trotzig genug war,
einen Fluch darauf zu thun, wenn man ihn je wieder an
Pipins Hofe erblicken würde. Es könnte aber auch leicht
seyn, daß Eginhard hier bloß die Annal. Loisel. habe co-
piren wollen, und daß sein ungetreues Gedächtniß oder seine
Unaufmerksamkeit das non voluit in abjuravit verwan-
delt habe.

unabhängigen Fürsten auszuüben; aber er hatte nicht
Klugheit genug sich in Stand zu setzen, seine Anmaßun-
gen gegen Pipinen zu vertheidigen. In einer Verordnung, die von ihm übrig ist, nennt er sich selbst zwar
nur Herzog oder Fürst (Princeps), aber sein Herzogthum
nennt er nie anders als sein Reich (regnum) [6]). Pipin unterdessen, als er sah, daß er von Taßilo nichts zu
fürchten hätte, hielt für rathsam, fürs erste den Krieg
mit den Aquitaniern zu Ende zu bringen. Nach seinem
Tode wurde sein Sohn Karl in alle bisher erzählten
Kriege verwickelt, so daß er die Zeit nicht günstig fand,
seine Oberherrschaft über Bayern zu behaupten. Taßilo
übergab einen Beweis seiner unbegreiflichen Unthätigkeit
dadurch, daß er seinem Schwiegervater, Desiderius, als
Karl ihn angriff, nicht zu Hülfe kam, obgleich vorher
zu sehen war, daß Karl, sobald er seine übrigen Feinde
bezwungen hätte, seine Ansprüche an Taßilo nicht ver-
gessen würde gelten zu machen. In der That zeigte
Karl im Jahr 781, daß er nicht willens war, dem
Herzoge die angemaßte Unabhängigkeit länger zu lassen.
Während seinem damaligen Aufenthalt in Rom beschwerte er sich gegen den Pabst, daß Taßilo, seines geleisteten Eides uneingedenk, ihm bisher Treue und Gehorsam verweigert habe. Es wurde verabredet, daß
beyde der Pabst und Karl, Gesandte an den Herzog
schicken sollten, ihn zur Erfüllung seiner Pflicht zu ermahnen. Die Vorstellungen dieser Gesandten hatten
die Würkung, daß Taßilo sich noch in demselben Jahre
auf dem Reichstage zu Worms einstellte und Karln durch
einen neuen Eid die Treue gelobte [7]) und ihm zum Un-
ter-

---

6) Decretum Taffilonis Ducis Bajoariorum.

7) Annal, Eginh, a, 781.

terpfande derselben zwölf Geißel stellte. Allein, nachdem
er in Bayern zurückgekommen war, konnte er seinen
Verdruß über diese seine Demüthigung nicht verbergen [8]). Er drückte sich darüber mit einer Unbehutsam-
keit aus, die am Ende seinen Fall bewirkte. Es gab
Leute an seinem Hofe, welche die Reden, die er in der
Hitze ausstieß, Karln hinterbrachten. Vielleicht wurden dem Monarchen auch die Verbindungen verrathen,
worin Taßilo auf Zureden seiner Gemahlin, mit seinem
Schwager, dem Herzog Aregis von Benevent, sich in
geheim einließ, Verbindungen, die bey Taßilo's schwa-
chem, geistlosem Charakter, von keiner sonderlichen Würksamkeit seyn konnten, ihn aber, Taßilo selbst, sobald sie
entdeckt wurden, in unvermeidliches Unglück stürzten.

Im Jahr 787 hielt Karl einen Reichstag zu Worms,
auf welchem er sich über das verdächtige Betragen des
Herzogs beschwerte, und zeigte, daß es nöthig sey, sich
mehr Sicherheit von seiner Treue zu verschaffen. Es
wurde beschlossen, daß drey Heere von drey verschiedenen
Seiten zu gleicher Zeit in Bayern einrücken sollten. Auf

N 4 die

---

[8]) Folgender Zug, den ein fränkischer Annalist den glücklichen
Einfall hatte, in seiner Chronik mit anzuführen, zeigt uns
zur Gnüge, wie es im Kopfe und Herzen dieses Taßilo
aussah. Er hatte ein Mittel erdacht, seine Bayern, als
diese dem fränkischen Monarchen, als Oberherrn schwören
mußten, zum Meineide zu verführen. Dieses Mittel war
in der That kein anders, als die reſervatio mentalis, die
man irriger-weise für eine Erfindung vorzüglich feiner
Köpfe hält, auf die vielmehr Eigennutz und Leidenschaften
zu allen Zeiten die rohesten Menschen geleitet haben — et
homines ſuos, quando jurabant, jubebat, vt aliter in
mente retinerent, et ſub dolo jurarent. Annal. Loiſel.
a. 788.

die Annäherung dieſer Heere bat Taſſilo um Erlaubniß,
vor Karln zu erſcheinen, erkannte ſich für ſtrafbar und
flehte um Verzeihung. Sie wurde ihm bewilligt. Aber
er mußte nun ſeinen Sohn Theodor nebſt zwölf vornehmen Bayern, als Geißeln, übergeben. Das Schickſal des Herzogs wurde ein Jahr nachher völlig entſchieden.

Das Jahr 788 ſcheint eines der gefährlichſten für
Karln geweſen zu ſeyn. Die Feinde, die ihm ſeine
glänzenden und glücklichen Unternehmungen zugezogen
hatten, waren endlich mit einander einig geworden, ihn
in dieſem Jahre von mehreren Seiten her anzugreifen.
Eine griechiſche Armee ſollte in Italien gegen ihn agiren,
mit ihnen wollte der Herzog von Benevent gemeinſchaftliche Sache machen. Zugleich waren die Hunnen oder
vielmehr Avaren von den Griechen, und wie Karln berichtet war, vom Herzog Taſſilo beredet in Karls Staaten
einzubrechen. Karl überließ die Vertheidigung Italiens und
der von den Hunnen bedrohten Provinzen ſeinen Feldherren. Er ſelbſt hielt für nöthig, ſich erſt in Anſehung
des Herzogs von Bayern, der zu verdächtig geworden
war, und durch deſſen Vorſchub, wenn der gegen ihn
entſtandene Verdacht Grund hatte, die furchtbaren Hunnen in Deutſchland eindringen konnten, Gewißheit und
Sicherheit zu verſchaffen. Im Frühling 788 hielt er
einen Reichstag zu Ingelheim. Taſſilo als Vaſal wurde
eingeladen und erſchien. Entweder war er ſich ſeiner
Unſchuld bewußt, oder wenn er wirklich aufs neue gegen
ſeine Lehnspflicht gehandelt hatte, rechnete er darauf, daß
ſolches nicht an Tag kommen könnte, oder endlich er war
zugleich der furchtſamſte, wankelmüthigſte und unbeſon-
neſte aller Menſchen. Alle ſeine von den frühſten Zeiten
an gegen die fränkiſchen Monarchen, als ſeine Oberher-
ren, begangenen Treuloſigkeiten wurden ihm wieder vorge-
halten,

halten, und nun wurde eine große Menge seiner eigenen bayerischen Unterthanen als Zeugen aufgestellt, die ihn beschuldigten, daß er gesucht habe, die Hunnen zu einem Kriege wider die Franken zu bewegen, und er habe Reden geführt, die man nur von dem ärgsten Feinde des Königs erwarten könnte. Taißilo bekannte selbst, sich in seinen Reden aus Unmuth vergangen zu haben. Was seine Unterhandlung mit den Hunnen betrifft, so glauben die fränkischen Geschichtschreiber sie sey durch den Einfall, den die Hunnen noch in eben dem Jahre in das Fränkische thaten, hinlänglich erwiesen. Die ganze Versammlung erkannte den Herzog für schuldig und verurtheilte ihn zum Tode, Karl schenkte ihm das Leben. Nur mußte er ins Kloster. Eben dieses Schicksal widerfuhr seiner Gemahlin, seinen Söhnen und Töchtern. Karl ließ Bayern von der Zeit an nicht mehr durch erbliche Herzoge, sondern wie das übrige Franken durch Grafen, die er nach seinem Gutdünken dazu ernannte, regieren [9].

Die Bayern unterwarfen sich Karln ohne allen Widerstand, und blieben ihm immer treu, ein Umstand, der ein sehr vortheilhaftes Licht auf ihn, hingegen ein sehr nachtheiliges auf Herzog Taßilo wirft.

Die Hunnen thaten würklich noch in diesem Jahre einen doppelten Einfall in das Fränkische, den einen in Friaul, den andern in Bayern. Sie wurden an beyden Orten zurückgeschlagen. Nach Bayern kamen sie zum zweytenmal mit einer stärkern Mannschaft. Allein sie wurden abermals in einem Treffen geschlagen, das die damaligen Verfasser als sehr wichtig beschreiben. Der

R 5.   große

---

[9] Annal. Eginh. ad a. 788 Monach. Egolism. ad a. 788. Capit anni 794.

große Verluſt, den die Hunnen durch dieſe Niederlage und auf der Flucht, da ſie durch die Donau mußten, erlitten, ſoll ſie abgeſchreckt haben, zum drittenmal etwas wider die Franken zu unternehmen [10])

Zu gleicher Zeit, als die Hunnen dieſe Einfälle thaten, fiengen auch die Feindſeligkeiten der Griechen gegen Karln an. Daher einige vermuthen, daß ein geheimes Bündniß zwiſchen den Griechen und Hunnen geweſen ſey. Der griechiſche Hof hatte die Freundſchaft der Franken geſucht, ſo lange dieſe noch keine Eroberungen in Italien gemacht hatten. Es war ihm verſchiedenemal gelungen, ſie zu einem Kriege wider die Longobarden zu bewegen. Als aber Karl den größten Theil von Italien erobert hatte, fingen die Griechen an, über ſeine Macht eiferſüchtig, und wegen der Beſitzungen, die ſie noch in Italien hatten, beſorgt zu werden. Unterdeſſen, ihrer Schwäche ſich bewußt, wagten ſie nicht, ihm ſich öffentlich zu widerſetzen. Vielmehr, um zu verhüten, daß er keinen Vorwand bekäme, ſie ganz aus Italien zu vertreiben, hielten ſie anfangs für das beſte, ein noch genaueres Band der Freundſchaft mit ihm zu ſchließen. Sie ließen ihm eine Heirath antragen, zwiſchen ſeiner Tochter Rodtrude und ihrem jungen Kaiſer Konſtantin [11]),

der

---

[10]) Annal. Eginh. ad a. 788. Monach. Egolism. ad a 788

[11]) Es war der ſechſte dieſes Namens, und iſt einer von den wenigen, die das Prädicat Porphyrogeneta, d. i. im Purpur geboren, geführt haben. Bekanntermaßen wurde es denen gegeben, die auf die Welt kamen, während ihre Väter auf dem Throne ſaßen, und die ihn ſelbſt nachher beſtiegen. Da bey den häufigen Revolutionen der Thron oft mit neuen Familien, oder doch mit entfernten Verwandten beſetzt wurde, ſo konnte dieſes Prädicat wenigen zu Theil werden.

der unter der Vormundschaft seiner Mutter Irene, stand.
Die Unterhandlung darüber war vergeblich. Nach einem
griechischen Verfasser soll Irene zuerst den Gedanken dieser Heirath gehabt, aber auch zuerst ihren Sinn geändert haben, weil die Furcht bey ihr entstanden sey, ihr
Sohn möchte sich durch die fränkische Prinzessin verleiten
lassen, selbst zu regieren [12]). Die fränkischen Verfasser
sagen, Karl habe in die Heirath nicht willigen wollen.
Sie führen keine Ursache seiner Weigerung an. Aber
Eginhard versichert überhaupt, Karl habe sich nie entschließen können, seine Töchter zu verheirathen; zur Entschul-
digung habe er angeführt, er sey an ihren Umgang so gewöhnt, daß es ihm nicht möglich sey, sich von ihnen zu
trennen [13]). Es ist viel wahrscheinlicher, daß Karl
sich auch in diesem Stücke seines Betragens durch politische Gründe habe bestimmen lassen. Vielleicht ist folgende Muthmaßung nicht ungegründet. Sie kann zwar
durch kein einziges ausdrückliches Zeugniß aus jenen Zeiten unterstützt werden. Aber sie bekömmt durch Zusam-
menhaltung des Betragens, das Karl gegen den griechischen Hof, nach Eginhards Zeugniß beobachtete, mit
seiner Art, sich dem entferntesten Ziele immer nach und
nach zu nähern, einen nicht geringen Grad innerer Wahrscheinlichkeit. Karls Absicht gieng viel früher, als er den
Kaisertitel würklich annahm, dahin, von dem griechischen
Hofe die Anerkennung eines gleichen Ranges zu erhalten.
Vielleicht machte er schon, bey dieser Heirathsunterhand-
lung, gewisse dahin abzielende Bedingungen. Vielleicht
forderte er schon dießmal den Titel Basileus, den die
Griechen bloß ihrem Kaiser mit Ausschließung aller andern

12) Zonaras.

13) Eginh. Vita Caroli M. C. XIX.

dern Könige, gaben. Die Abneigung, welche die Griechen merken ließen, ihm in diesem Stück zu willfahren,
verursachte vielleicht seinen Widerwillen gegen diese Heirath.

Doch seine Weigerung mag entstanden seyn, woher
sie will; die Griechen würden schwerlich den Muth gehabt haben, sie für eine Beleidigung zu nehmen, wenn
sie nicht auf Beystand in Italien selbst gerechnet hätten.
Den hatte ihnen Aregis von Benevent versprochen.

Sobald Karl im Jahr 787 nach geschloßnem Vergleich mit diesem Herzoge, aus Italien zurückgegangen
war, hatte dieser darauf gedacht, sich durch ein Bündniß mit den Griechen in Stand zu setzen, jenen Vergleich
ungestraft zu brechen. Bisher waren fast beständig
Kriege zwischen den Griechen und Beneventanern gewesen.
Denn die Herzoge von Benevent waren Longobarden, die
sich immer zu vergrößern suchten, und die Griechen sahen
Italien als eine ihnen gehörige Provinz an, von der sie
wenigstens den untern Theil zu erhalten suchten. Jetzt
vereinigten sich beyde Parteyen, um der Obermacht der
Franken desto nachdrücklicher zu widerstehen. Vermöge
dieses Bündnißes sollten die Länder in Italien, welche
die Griechen bis dahin durch einen Statthalter hatten
regieren lassen, dem Herzoge, jedoch als griechischem
Statthalter übergeben werden. Der Kaiser sollte ihm
die Würde eines Patricius ertheilen, und der Herzog die
Oberherrschaft des Kaisers erkennen. Der Herzog sollte
seinen Sohn, Romuald, als Geißel, nach Konstantinopel schicken. Ein griechisches Heer sollte im Neapolitanischen landen und sich mit den Beneventanern vereinigen.
Adalgis, Desiderius Sohn, von dem oben erwehnt worden, daß er nach Konstantinopel geflohen war, sollte zugleich

gleich mit dem Heere kommen, und zum Könige von Italien ausgerufen werden. Es war vermuthlich niker Aregisens Vorsatz, diese Bedingungen alle zu erfüllen; seine
Absicht war bloß, sich der Griechen zu bedienen, um sich
von den Franken zu befreyen. Indessen machte er den
Anfang so, als ob es ihm mit seiner griechischen Vasallen-
schaft ganzer Ernst gewesen wäre. Er legte feierlich den
Patriciennmantel an, den ihm die Kaiserin Irene über-
sandte; er ließ sich das Haar auf griechische Art schneiden,
wozu die Scheere ebenfals von der Kaiserin geschikt wurde; er wurde ganz Grieche in seinem Aeußerlichen. Allein der Tod vereitelte seine Entwürfe. Sein Sohn,
Romuald, starb im Jahr 787, da er eben nach Konstantinopel abreisen sollte. Aregis starb einen Monat
nachher, aus Schmerz, wie einige Verfasser sagen, über
den Verlust dieses seines Sohnes. Väterliches Gefühl
müßte also doch noch stärker, als der Ehrgeiz bey ihm
gewesen seyn.

Die Beneventaner schikten darauf Gesandte an Karln,
um ihm beyde Todesfälle zu berichten und ihn zu bitten,
daß er Grimoalden, der als Geißel bey ihm war, in
Freyheit setzen und in der herzoglichen Würde bestätigen
möchte. Karl, der von Aregisens heimlicher Untreue
unterrichtet war, gewährte ihnen dennoch diese Bitte.
Er gab ihnen Grimoalden zum Herzog. Pabst Adrian,
der in so vielen andern Stücken mit Karln einstimmig
dachte, konnte sich in diese seine Großmuth nicht finden. Er
machte ihm ziemlich starke Vorstellungen über die anschei-
nende Unvorsichtigkeit, den jungen Longobarden, der höchstwahrscheinlich bey der ersten Gelegenheit in seines Vaters
Fußstapfen treten würde, ein Fürstenthum anzuvertrauen,
von wo aus er mit Hülfe der Griechen immer ein nicht zu
verachtender, ja ein gefährlicher Feind für Karls italieni-
sche

sche Staaten werden konnte [14]). Karl ließ sich durch diese Vorstellungen von seinem großmüthigen Entschlusse nicht abbringen; er glaubte an die Kraft der Dankbarkeit. Er sandte Grimoald als neuen Herzog nach Benevent. Vorher aber mußte dieser geloben, Karls Oberherrschaft anzuerkennen. Zum Zeichen dieser Anerkennung sollte in öffentlichen Schriften und auf den Münzen Karls Name vor des Herzogs seinem gesetzt werden. Aber einen noch größern Beweis seiner Treue sollte Grimoald dadurch geben, daß er sich selbst der Mittel, wodurch sein Vater den Franken so lange widerstanden hatte, berauben; daß er die Festungswerke von Salerno und allen übrigen Oertern seines Herzogthums schleifen sollte.

Grimoald mußte nun gegen die Griechen, die als Alliirte seines Vaters kamen, feindlich verfahren. Sie landeten wirklich im Jahr 788. Allein sie wurden von Grimoald geschlagen. Ihr Verlust war groß. Ihr erster Befehlshaber, Johannes, wurde gefangen. Adalgis, der gehofft hatte, seinen väterlichen Thron wieder zu erobern, gieng nach Konstantinopel zurück, gab allen Ehrgeiz auf, und begnügte sich mit dem Patriciat, das ihm der griechische Kaiser ertheilt hatte.

Bey dem Treffen gegen die Griechen war auf Grimoalds Seite einer von Karls liebsten Feldherren, Winigis, mit einer auserlesenen Mannschaft zugegen. Karl hatte ihn Grimoalden zu Hülfe gesandt. Es könnte scheinen, Karl, der Klugheit mit Großmuth verband, habe dabey auch die Absicht gehabt, daß dieser Winigis den jungen

---

14) Epist. Adriani in Cod. Carol. LXXXVI. LXXXVIII. XL. Recueil p. 571. sq.

jungen Herzog beobachten sollte. Aber was hätte das
bloße Beobachten geholfen, da Winigis nicht stark genug
war, etwas auszurichten, wenn Grimoald hätte treulos
handeln und sich mit den Griechen vereinigen wollen?
Grimoald blieb dem Monarchen auch in der Folge einige
Jahre treu, aber nicht beständig.

Karl hielt sich diese Zeit über von Taßilo's Absetzung
an bis gegen das Ende des Jahrs 788 in Bayern
auf. Er beschäftigte sich mit der innern Einrichtung
dieses Landes. Es war dieses das erste Jahr, daß er
sich nicht selbst an der Spitze seiner Truppen befand,
die indessen nicht nur gegen die Griechen, sondern auch
gegen die schrecklichen Hunnen glücklich fochten.

Ein Feldzug, den Karl im Jahr 789 wider die
Wilzen that, ein slavisches Volk am baltischen Meere,
scheint von ihm mehr in der Absicht unternommen zu
seyn, einige Streifereyen, die dieses Volk in das Fränkische gethan hatte, zu ahnden, als eine neue Provinz zu
erobern. Die Wilzen gaben ihm Geißeln zur Versicherung ihres künftigen ruhigen Betragens [15]). Karl
scheint die Elbe für die natürliche Grenze seines Reichs
gehalten zu haben. Wir werden in der Folge erwähnen,
daß er ihre Ufer mit verschiedenen Festungen verwahrte.

Im Jahr 790 kamen hunnische Gesandte nach
Worms, wo sich Karl den Winter über aufgehalten
hatte. Ihr Auftrag war, mit ihm wegen einiger Grenz-
streitigkeiten zu handeln. Karl schickte in eben der Absicht Gesandte an die Khane der Hunnen. Der Vergleich kam nicht zu Stande. Karl beschloß, seine
Rechte

---

[15]) Annal. Eginh. a. 789.

Rechte durch die Waffen zu behaupten, um so viel mehr, da er für die oberwehnten Einfälle der Hunnen keine Genugthuung erhalten hatte und besorgen mußte, daß sie in Zukunft so wenig mit dergleichen Streifereyen auf-hören würden, als sie sie seit ihrer Ankunft in Ungarn in der Mitte des sechsten Jahrhunderts jemals unter-lassen hatten.

In den unglücklichen Jahrhunderten, als aus dem nordlichen Asien zahllose aus Hirten, Jägern und Räu-bern bestehende Horden in Europa eindrangen, waren diejenigen Länder, die wir heut zu Tage unter dem Na-men von Ungarn und Oestreich begreifen, und die da-mals die Provinzen des römischen Kaiserthums, Nori-cum, Pannonien und Dacien ausmachten, den Be-suchen dieser grausamen Zerstörer am ersten ausgesetzt. Kein anderes Land war ein so trauriger Schauplatz so weit ausgebreiteter, so oft wiederholter Verwüstungen. Alle Spuren menschlicher Industrie wurden vertilgt, und als insbesondre diejenige Horden, deren Hauptbe-schäftigung Raub und Pferdezucht war, das Land zu ihrer zweyfachen Beschäftigung vorzüglich gelegen fan-den, indem es ihnen weitläuftige Weidegegenden für ihre Pferde, und durch Waldungen, Gebirge, Moräste und Flüße gedeckte Gränzen und umher reiche Provinzen zum Plündern darbot, verwandelten sie es bald in eine asiatische Stoppe. Von den Zeiten ihrer ersten Ein-wanderung an, ist es üblich geworden, alle diese wilden Völker, die Ungarn zu ihrem Sitze wählten, unter dem Namen Hunnen zu begreifen. Der gelehrte Geschichts-forscher unterscheidet sorgfältig die verschiedenen Völker, die zu verschiedenen Zeiten aus Asien nach Ungarn kamen, und nicht alle eigentliche Hunnen waren. Diejenigen, mit denen Karl zu thun hatte, sollten, wenn es nöthig wäre,

wäre, jedes Volk mit dem Namen zu benennen, den es
sich selbst beylegt, Ogern genannt werden. Avaren
sprachen die Griechen diesen Namen aus [15]). Aber
dem nicht so gelehrten Liebhaber der Geschichte kann man
vielleicht nicht ohne Pedanterie zumuthen, alle die verschiedenen Namen barbarischer Völker zu behalten. Begnügen
wir uns doch die noch heut zu Tage in America befindlichen vielen Völkerschaften mit dem gemeinschaftlichen,
freylich aus Irrthum gewählten, nun aber üblich gewordnen Namen Indianer zu bezeichnen. Schwerlich
würde sich auch ein Geschichtschreiber empfehlen, der von
seinen Lesern verlangte, daß sie immer die Ilinesen,
Algonkins, Irokesen und die übrigen kaum zählbaren
Völkerschaften mit ihren eigenthümlichen Namen im Gedächtniß gegenwärtig haben sollten. Es ist Pflicht des
Geographen, das Verzeichniß aller, auch der kleinsten,
Völkerschaften möglich vollständigst und mit ihren eigenthümlichen Namen zu liefern. Aber von dem Geschichtschreiber fordert das Publicum vielmehr, daß er sich des,
einmal gäng und gebe gewordnen Namen bediene, weil
er sonst, wenn er die zwar richtigen, aber auch unbe-
kannten Namen, die dabey so schwer zu behalten sind,
bedienen wollte, immer erst eine Erklärung beyfügen und
dadurch die Erzählung auf eine unangenehme Art unter-
brechen müßte.

Zu

---

[15]) Alcuin wußte, daß die damaligen Hunnen eigentlich
Avaren genannt werden sollten. In den Briefen an Colo-
neus, dem er allerley Neuigkeiten entdeckt, sagt er: Vivi-
liter et Avari, quos nos Hunnos dicimus exarserunt.
Recueil p. 607. Karl selbst in einem Brief an seine
Gemahlin Fastrade, Recueil p. 623, nennt sie auch
Avaren.

Zu dem Feldzuge wider dieses bisher so gefürchtete Volk machte Karl ungleich größere Anstalten, als er zu keinem seiner vorigen Kriege gemacht hatte [17]. Es scheint, es sey fast ein Jahr mit diesen Zurüstungen hingegangen. Denn, nach den Chroniken war es schon in der ersten Hälfte des Jahrs 790, daß Karl sich in vergebliche Unterhandlungen mit den Hunnen einließ, und erst 791 that er wider sie den ersten Feldzug. In der Zwischenzeit, in der letzten Hälfte des Jahrs 790 beschäftigte er sich mit der Schiffahrt auf den Mayn.

Die Hunnen stritten alle zu Pferde, und ihre Pferde waren schnell und dauerhaft. Karl hatte wenig Reuterey; die Ritterzeit, wo kein Fußvolk geachtet wurde, war noch nicht gekommen. Die Franken dienten von Anfang an zu Fuß. Nur ein einzigesmal wird in Karls Verordnung der frisischen Reuter erwehnt [18]. Es scheint, daß es wenig andre, als diese, bey seinen Armeen gab.

Wider die hunnischen Völker also den Krieg mit einem Heere zu führen, das mehrentheils aus Fußvolk bestand, erforderte ohne Zweifel eine eigene Art. Daß Karl die rechte Art getroffen hatte, bewies der Ausgang. Wenn ein Feldherr viel Kriege führt, langwierige Kriege, und gegen verschiedene Feinde, und wenn er am Ende eines jeden Krieges Sieger bleibt, so ist es wahrscheinlich, daß er es nicht bloß durch Glück oder zufällige Ursachen, sondern auch durch die Ueberlegenheit seines Genies, durch seine klugen Plane, durch seine bessern Anstalten geworden sey. Vermöge dieses Vorurtheils —

denn

[17] Eginh. Annal. ad a. 791.
[18] Capit. a. 807.

denn ein Vorurtheil ist es, aber das auf guten Gründen beruht — hat man immer Karln, den Bezwinger
der Sachsen nach dreyßigjährigem hartnäckigen Widerstand, den Besieger der einst so tapfern Longobarden,
den glücklichen Bekrieger der Araber, deren kriegerischer
Enthusiasmus freylich angefangen hatte zu erkalten, die
aber doch immer feurige Streiter waren, endlich den
Zerstörer des furchtbaren Reichs der Hunnen für einen
der größten Feldherren des Mittelalters gehalten. Allein
man sagt, im Mittelalter gab es keine Kriegeskunst;
sie war verloren ¹⁹): in Karls Feldzügen finden wir
keine Spuren, daß er den glücklichen Erfolg seiner
Kriege einer vorzüglichen Disciplin oder Taktik, oder
weisen Planen, oder Entschließungen, die einen Helden
verkündigten, hätte zu danken gehabt. Mich dünkt,
daß immer der Feldherr auch der rohesten Völker, ohne
alle Disciplin und Taktik Ein vorzügliches Talent besitzen und dadurch seinem Gegner wesentliche entscheidende
Vortheile abgewinnen kann: ich meine das von dem
größten Kenner der Kriegskunst unserer Zeiten so sehr
empfohlne coup d'oeil, auf das bey Schlachten und bey
der Wahl der Posten und Lager so viel ankommt. Die
alten Lehrer der Kriegskunst glaubten, ein Xenophon
behauptete, daß die Jagd eine trefliche Uebung sey, sich
dieses coup d'oeil zu erwerben. Nach ihrem Urtheil
war die Jagd eine gute Vorübungsschule künftiger Feldherren. Karl war ein eifriger Jäger.

Daß man zu Karls Zeiten noch viel zu roh war,
um durch seine Beobachtungen Grundsätze aufzusuchen

O 2 und

---

¹⁹) Gibbon Ch. XLIX. scheint mir Karln überhaupt, insbesondre im militairischen Fache, zu sehr herabgewürdigt
zu haben.

und zu entwickeln, auf die eine Kunſt gebaut werden
konnte, eine Armee wie eine große, aus viel kleinern
zuſammengeſetzte, Maſchine bald im Ganzen, bald theil-
weiſe, immer aber in Beziehung auf einen gewiſſen
Zweck, ſpielen zu laſſen. Daß man noch weit davon
entfernt war, die Mathematik auf die Stellungen, Wendungen und Bewegungen der Kriegsvölker anzuwenden,
dieſes wird niemand leugnen wollen. Auch würde es
lächerlich ſeyn, von einer Taktik der Franken zu reden.
Aber einige Regeln, die Kriegsvölker zu ſtellen, ſich bewegen zu laſſen, und ſie im Gebrauch der Waffen zu
üben, mußten doch die Franken haben. Man bedenke,
daß ihre Vorfahren viel in römiſchen Kriegsdienſten ſtanden, daß ſie die Kriegsübungen der Römer unter ihren
Landesleuten einführten, daß die Hauptwaffen der Franken
zu Karls Zeiten noch die nämlichen waren, die die römiſchen Legionen führten, Panzer, Schild und Lanze, iſt
es nicht wahrſcheinlich, daß ſich die mechaniſchen Regeln
der römiſchen Taktik durch Ueberlieferung bey den Franken erhalten hatte? Vielleicht geriethen dieſe Regeln
erſt nach Karls Zeiten völlig in Vergeſſenheit, als man
anfieng, den Dienſt zu Pferde vorzuziehn und den Dienſt
zu Fuß, als einem freyen Manne unanſtändig zu verachten [20]).

Aber

---

[20]) Der militairiſche Charakter der Franken beym Gibbon
ch. LIII. paßt nicht auf die Franken unſers Monarchen,
ſondern iſt der allgemeine kriegeriſche Charakter der europäiſchen Völker im Mittelalter, die von den Morgenlän-
dern aus Unwiſſenheit alle unter dem Namen Franken begriffen wurden — In den Verordnungen Karls, wo die
Waffen vorgeſchrieben werden, womit die aufgebotne
Mannſchaft verſehen ſeyn ſoll, wird des Schwerts, das
in der Folge eine Hauptwaffe wurde, noch nicht gedacht,
ſondern nur der Lanze. Es iſt bekannt, daß der Werth
eines

Aber auch an Disciplin fehlte es bey Karls Heeren wahrscheinlich nicht. Ein Monarch, der überhaupt so sehr auf Ordnung hielt, der so weit von der gewöhnlichen Indolenz, Unaufmerksamkeit und Unwissenheit der meisten Monarchen entfernt war, wie Karl, der selbst in der Oekonomie seiner ländlichen Besitzungen bestimmte Vorschriften über alles ertheilte, in allem pünktliche Befolgung seiner Vorschriften erwartete, und beständig ein Auge darauf hatte, wie sie befolgt wurden, ein Monarch, sage ich), der in allen Arten von Geschäften, in den geringsten wie in den wichtigsten, für nöthig hielt, sich nie auf den guten Willen der Menschen ganz zu verlassen, sondern ihn immer durch Vorschriften, Aufsicht und Erinnerung in unnachlassender Wirksamkeit zu erhalten, ein solcher Monarch wird ohne Zweifel auch die Wichtigkeit der Ordnung und des treusten, pünktlichsten und vollständigsten Gehorsams in Kriegsdiensten erkannt und darüber gehalten haben ²¹).

O 3   So

eines guten Fußvolks erst im funfzehnten Jahrhunderte anfieng wieder erkannt zu werden, und daß die Schweizer die ersten waren, die als gutes Fußvolk die Aufmerksamkeit von Europa erregten. Sollte ihre Art zu Fuß zu streiten nicht ursprünglich die fränkische gewesen seyn, die sich bey ihnen durch den Umstand, daß in ihren Gebürgen keine Reuterey gebraucht werden konnte, natürlicherweise am längsten erhalten mußte?

²¹) Nicht allein die Trunkenheit wurde bey Karls Armeen bestraft, sondern es durfte auch nicht einmal einer den andern zum Trinken einladen. Capit. a 812. VI. ap. Baluz. T. I. p. 493. So viel Tage ein Officier zu spät zum angesagten Sammelplatze kam, so viel mußte er der Fleischspeisen und des Weins entbehren ib. III. Wer ohne Erlaubniß vom Heere wegggieng — (dieses wurde Herislig genannt) — verlor das Leben. ib. IV.

So kümmerlich auch die Nachrichten von Karls Feldzügen sind, so unterscheiden sie sich doch von denen, die in den Geschichtbüchern des Mittelalters vorkommen, durch zwey Eigenthümlichkeiten, die vorzügliche Eigenschaften eines Feldherrn, der sie ausführte, vorauszusetzen scheinen, erstlich: Karl bewies in allen seinen Kriegen eine erstaunenswürdige Geschwindigkeit und zweytens: er wußte die Operationen mehrerer Armeen, zu Einem Zwecke zu verbinden.

Karls Geschwindigkeit hätte müssen bewundert werden, wenn er auch mit stehenden Armeen agirt hätte. Wenn die Sachsen, im Vertrauen er sey in Italien, in das Land der Franken einbrechen, so ist er, eh sie bis an den Rhein kommen, schon wieder über die Alpen zurück, und verfolgt sie bis über die Weser. Und wenn die Longobarden darauf rechnen, nun habe er sich tief in Norden im Sachsenlande verloren, und wenn sie, auf diese Rechnung sich verlassend, etwas gegen ihn auszuführen anfangen, so ist er schon wieder jenseits der Alpen auf italienischem Boden, und die kaum begonnenen Unternehmungen seiner Feinde werden, so zu sagen, in der Geburt erstickt. So schnell war kaum Cäsar mit seinen Legionen, und diese waren stehende Truppen. Karl aber war so schnell mit aufgebotener Mannschaft, mit Kriegern, die auf ihren Aeckern ruhig saßen, bis das Aufgebot ergieng, wo sie dann sich erst zum Sammelplatz begaben.

Wenn in der Volksversammlung im Herbst oder Frühjahr ein Feldzug beschlossen war, so sagte jeder Graf in seiner Grafschaft denen, die für das Jahr zu dienen verpflichtet waren, an, daß sie sich zur bestimmten Zeit auf dem Sammelplatze einfinden sollten. Dieses drückte

drückte man in der damaligen Sprache so aus: er
mahnte sie zum Heerbann. Die Lehnleute, die ein Gut
von einer gewissen Größe besaßen, mußten immer selbst
mit, Lehnleute, die geringere Güter besaßen, mußten nach
einem gewissen Verhältniß Einen aus ihrem Mittel stellen
und ausrüsten. Die Freyen waren zu keinen Kriegsdiensten verpflichtet, außer wenn es die Vertheidigung
des Landes galt, und alsdenn, je nachdem es die Umstände erforderten, mußten ihrer aus einer gewissen Anzahl bald mehr bald weniger gestellt werden. Die Lehnleute so wohl, als die Freyen, die sich nicht zu gehöri-
ger Zeit stellten, mußten eine Strafe, den Heerbann,
bezahlen, oder sie verloren auch wohl ihr Lehn. Den
Lehnleuten war vorgeschrieben, wie sie gerüstet seyn sollten, einige mit einem Panzer, einer Lanze und einem
Schilde, andere mit einem Bogen und zwölf Pfeilen.
Jedem wurde angesagt, so viel Lebensmittel mitzubringen, daß er von einer gewissen bestimmten Grenze an,
die man die March nannte, auf drey Monate Vorrath
bey sich hätte. Für die in Gallien ansäßigen, die von
der Loire her diesseits des Rheins Dienste thun sollten,
war der Rhein die March; für die aus Deutschland,
die jenseits der Loire hin bestimmt waren, war es die
Loire. Gieng der Zug nach Spanien, so waren es die
Pyrenäen; gegen die Dänen, die Elbe. Jeder District
mußte zur Fortbringung der Lebensmittel seine eigenen
Wagen halten. Auf Wagen wurden auch die nöthigen
Geräthschaften zum Aufschlagen eines Lagers, zum Bau
neuer Festungen und zu Belagerungen nachgebracht.
Karl war der erste in Deutschland, der sich zum Fort-
bringen aller dieser Bedürfnisse der Schiffahrt bediente.

Den Grafen, durch deren Grafschaften der Zug des
Heers gieng, wurde dieses ebenfalls früh genug angesagt,

daß

daß sie die Brücken, Schiffe und Wege in gehörigen Stand setzen konnten. Auch mußten dann in jeder Grafschaft zwey Drittheile des Grases für die Pferde der durchziehenden Armee bewahrt werden ²²).

Mit so organisirten Armeen so schnelle Märsche zu thun, wie Karl nicht etwa zwey oder dreymal, sondern fast immer in allen seinen Kriegen that, konnte nur durch die Pünktlichkeit, womit Karls Befehle gegeben und ausgeführt wurden, möglich werden. Diese Pünktlichkeit aber sowohl von seiner Seite im Anordnen, als von der Seite seiner Kriegsbeamten im Ausführen, setzt bey ihm, als Anordner und Oberaufseher den höchsten Grad von Wachsamkeit und Aufmerksamkeit, die genaueste Kenntniß des Details alles dessen, was einen vorgenommenen Zug betraf und ein schnelles und richtiges Urtheil voraus.

Das zweyte Eigenthümliche, wodurch sich Karls Feldzüge unterscheiden, seine Methode mit mehrern Armeen von verschiednen Seiten her zu gleicher Zeit zu agiren, erforderte eine genaue Kenntniß des Landes, wo sie agiren sollten; eine Kenntniß, die heut zu Tage durch die Landkarten, durch die Beschreibungen der Länder, und durch das größere Verkehr der Völker sehr erleichtert wird. Bey dem damaligen fast gänzlichen Mangel aller neuern Hülfsmittel konnte sich Karl die Kenntnisse der Länder, die seine Kriegsschauplätze seyn sollten, nicht anders, als durch mündliche Erkundigungen

²²) Die Capitularia von den Jahren 805, 807, 812 und 813 ap Baluz. T. I. p 423 — 457 — 493 und 505 enthalten die wichtigsten das fränkische Kriegswesen betreffenden Verordnungen.

gen verschaffen. Mit zwey Armeen gieng er gleich im
ersten Kriege wider die Longobarden über die Alpen;
mit zweyen über die Pyrenäen, mit dreyen werden wir
ihn gleich in Ungarn dringen sehen; jedesmal erreichte er
seine Zwecke und brachte die Kriege zu einer für ihn vortheilhaften Entscheidung. Ausser jenen Localkenntnissen
wird ohne Zweifel auch viel Combinationsgeist erfordert,
verschiedne Armeen so agiren zu lassen, daß durch ihre
auf einander sich beziehende und sich gegenseitig unter-
stützende Operationen ein grosser und entscheidender End-
zweck erreicht werde. Auch dieses Talent also muß man
Karln zugestehn.

Den Feldzug wider die Hunnen im Jahr 791 eröffnete Karl mit drey Armeen, die von drey Seiten in
Ungarn einbrechen mußten. Die eine, aus Thüringern,
Sachsen und Friesen bestehend, übergab er den beyden
Grafen Thederich und Meginfried, um von Böhmen
aus längst dem nördlichen Ufer der Donau in das Land
der Hunnen einzudringen. Mit dem andern aus Franken bestehenden Heere marschirte er selbst auf der südlichen Seite dieses Flusses bis zur Ens, welcher Fluß
damals die Grenze zwischen Bayern und dem Lande der
Hunnen machte. Hier ließ er seine Truppen ein Lager
schlagen. Die Zufuhr wurde in Schiffen auf der Donau nachgebracht. In diesem Lager hielt das Heer auf
Karls Befehl drey Bet- und Fasttage nach einander.
In diesen drey Tagen durfte kein Gesunder, ohne Dispensation Fleisch oder Wein genießen. Wer Dispensation suchte, mußte, wenn er wohlhabend war, für jeden
Tag einen Solidus [23]) bezahlen; die andern nach ihren
Vermögensumständen wenigstens einen Denarius [24]).

O 5 Ausser-

---

[23]) Der zehnte Theil von einer Mark feinen Silbers.
[24]) Der zwölfte Theil eines Solidus.

Außerdem wurden freywillige Gaben für die Armen gesammelt. Jeder im Lager anwesende Priester mußte
eine Messe lesen, und jeder andre Geistlicher funfzig
Psalmen singen. Bey der Procession mußten die Geistlichen mit bloßen Füßen gehn ²⁵). Gaillard hält sich
etwas darüber auf, daß Karl an der Spitze seiner Truppen so religiös war. Waren es denn die römischen
Feld-

²⁵) Karl muß in diesem Lager keinen Eginhard bey sich gehabt haben, der seine Briefe concipirt oder durchgesehen
hätte. Sein Brief aus diesem Lager an seine Gemahlin
Fastrade enthält Stellen, die ein Priscianus hätte auf-
mutzen können, um zu beweisen, daß, sintemal Karl die
Regeln der Grammatik so oft gröblich verletzte, seine so
gepriesene Kenntnisse von seinen Bewunderern allzusehr
übertrieben würden, z. E. Nos autem Domino adju-
uante, tribus diebus litaniam fecimus, id eſt, Nonis
Septembris, quod fuit Lunis die, incipienter et Mar-
tis et Mercaris etc. Unde volumus, vt ſaepius nobis de
tua ſanitate, vel de aliud, quod placuerit, ſignifare
debeas. Caroli M. Epiſt. v. Rec. p. 623.

Unter den Briefen Karls befindet sich noch einer an
den Bischof Garibald von Lüttich, worin er ähnliche drey-
tägige Fasten und Bußübungen befiehlt. Alle, denen keine
physische Ursachen es verwehren, sollen bis neun Uhr nichts
genießen, um neun einer Procession beywohnen, nach der
in der Kirche Messe gehalten werden soll. Dann mag
jeder etwas genießen, aber bloß zur Nothdurft, und keinen Wein, kein Fleisch. Wer überall nicht so lange fasten, oder Wein und Fleisch nicht entbehren kann, soll für
die Dispensation nach seinem Vermögen etwas geben.
Jeder Priester soll eine Messe lesen, und jeder Geistliche,
der singen gelernt, soll funfzig Psalmen singen. Alles
dieß wegen bevorstehender Noth verschiedener Art — wegen besorgter schlechter Ernte und Hungers, wegen böser,
ungesunder Witterung und wahrscheinlichen Krieges mit
den Nachbarn. Carol. M. Ep. XVIII. Recueil p. 631.

Feldherren weniger? Litaneyen und Pſalmen ſingen bey einer bevorſtehenden Schlacht mit einem furchtbaren, grauſamen Feinde, beweiſet gewiß eben ſo wenig Mangel an Muth, als der römiſche Gebrauch in den Eingeweiden der noch rauchenden Thiere herumzuwühlen und daſelbſt den Ausgang der Schlacht vorher entdecken zu wollen.

Nachdem die Kriegsvölker ausgeruht und Nachrichten von den beyden andern Heeren eingegangen waren, wurde den Hunnen der Krieg angekündigt, und die Heere ſetzten ſich zu gleicher Zeit in Bewegung. Die dritte Armee war aus Italien gekommen und die Herzoge von Friaul und Iſtrien commandirten ſie. Dieſe Armee ſtieß zuerſt auf den Feind. Die Hunnen wurden aus zwey Verſchanzungen, deren Lage zwar von den damaligen Verfaſſern angegeben, dennoch aber heut zu Tage ſchwer zu beſtimmen iſt, vertrieben. Karl ſelbſt gieng über die Raab und nahm ſein Lager jenſeits dieſes Fluſſes an der Donau. Bey ſeinem Heere brach eine Seuche unter den Pferden aus, die ſo heftig war, daß kaum der zehnte Theil übrig blieb. Vielleicht war dieſes die Urſache, warum Karl ſich nach Bayern zurückzog. Auf ſeinen Befehl mußten auch die Grafen Thederich und Meginfried mit ihrem Heere durch Böhmen zurückgehn. Die Truppen giengen, wie gewöhnlich, gegen den Winter auseinander. Karl blieb den Winter über in Regenſpurg.

In dem folgenden Jahre 792 finden wir nicht, daß Karl etwas wider die Hunnen vorgenommen habe. Eine Religionsſtreitigkeit, von der wir bald mehr erwehnen werden, beſchäftigte ihn; allein ſo wichtig ſie ihm war, ſo würde er doch ihrentwegen den Krieg nicht das ganze

Jahr

Jahr haben ruhen laſſen. Eine Verſchwörung wider ihn, die entdeckt wurde, war ohne Zweifel der Umſtand, der ihn abhielt, im Felde zu erſcheinen. Unterdeſſen ließ er neue Zurüſtungen machen; er ließ eine Schiff-brücke über die Donau bauen, um ſich ihrer, bey der Fortſetzung des Krieges zu bedienen [26].

Die Verſchwörung hatte ſein Sohn Pipin ange-ſtiftet; nicht der König von Italien; ſondern ein andrer Pipin, den er in ſeiner erſten unſtandesmäßi-gen und wieder aufgehobnen Ehe mit Himiltrude gezeugt hatte. Kinder aus einer ſolchen Ehe waren nach den alten deutſchen Rechten unfähig, von ihren Vätern zu erben, oder ihnen in der Regierung zu folgen. Die Strenge dieſes Geſetzes war dieſem ehrgeitzigen, unglück-lichen Pipin deſto empfindlicher, da ſeine jüngern, aber aus ſtandesmäßiger Ehe erzeugten Brüder, noch als Kinder, zu Königen ernannt waren. Einige vornehme, misvergnügte Franken unterhielten ſeinen Widerwillen gegen ſeinen Vater. Endlich gab ihnen, nach Egin-hards Verſicherung, die Grauſamkeit der Königin Faſt-rade abermals Anlaß, daß ſie eine Verſchwörung ein-giengen. Karl mit ſeinen übrigen Söhnen ſollte getödtet, und dieſer Pipin zum König ernannt werden. Ein Lon-gobarde, Ardulf, entdeckte die Sache. Pipin und ſeine Mitverſchwornen wurden auf dem Reichstage zu Regens-burg zum Tode verurtheit. Karl ſchenkte ſeinem Sohne das Leben, ſchickte ihn aber in das Kloſter zu Prüm. Die übrigen Mitverſchwornen wurden theils enthauptet, theils gehangen [27].

Karl

---

26) Annal. Eginh. ad a. 792.
27) Annal. Eginh. ad a. 792. — Eginh. vita Caroli M. c. XX.

Karl war im Begriff, im Frühjahr 793 den Feld-
zug wider die Hunnen zu eröffnen, als ihm berichtet
wurde, daß Graf Thederich, da er die in Friesland gesammelten Truppen durch Sachsen führen wollen, von den
Rustringern, einer sächsischen Völkerschaft in der heutigen
Grasschaft Oldenburg, überfallen und geschlagen war.
Diese unerwartete Nachricht und die Besorgniß, daß
diese That der Rustringer einen allgemeinen Aufstand der
Sachsen nach sich ziehen möchte, bewegten Karln, den
Zug wider die Hunnen auszusetzen. Damit indessen das
Heer, das bey Regensburg schon versammelt war, nicht
müßig bliebe, ließ er durch selbiges einen Kanal graben,
der die Redniz mit der Altmühl vereinigen sollte. Beyde
Flüsse sind schiffbar. Jener fließt in den Mayn, dieser
in die Donau. Die Absicht dieses Kanals war also, die
Donau mit dem Rhein zusammenzuhängen, freylich
wohl nur zum Behuf seiner Armeen, deren geschwindere
Bewegung dadurch zu befördern. Es gab noch keine
Handlung in Europa. Indessen wäre das Unternehmen
gelungen, so wäre es der mit der Zeit entstehenden Handlung zu Statten gekommen. Der Kanal sollte zweytausend
Schritte lang, dreyhundert Fuß breit seyn. Das Heer
arbeitete den ganzen Sommer daran. Aber der Boden
war morastig. Das beständige Regenwetter spülte die
ausgegrabne Erde wieder ab. Der Kanal war, eh man
sichs versah, wieder zugeschlemmt. Die Hülfsmittel,
die heut zu Tage dergleichen Arbeiten erleichtern, waren
damals unbekannt. Karl hatte den Verdruß dieses
Vorhaben aufgeben zu müssen. Es ist zu bedauern, daß
ein Monarch mit der Neigung und Anlage zu großen
und nützlichen Thaten durch die Unwissenheit seiner Zeiten, sie auszuführen, gehindert wurde [28].

Unter-

[28] Annal. Eginh, a. 793.

Unterdessen kamen Nachrichten, daß der Aufstand unter den Sachsen sich weiter ausbreite, und daß die Saracenen einen Einfall in Septimanien gethan hatten. Karl ließ darauf das Heer auseinander gehn und berief einen Reichstag auf den folgenden Frühling nach Frankfurt. In dieser Stadt brachte er selbst den Winter zu.

Da die Bischöffe und Aebte immer mit zu den Reichstagen berufen wurden, so pflegte Karl diese ihre zahlreiche Anwesenheit zu benutzen, um mit ihnen in besondern Versammlungen, theologische und Kirchenangelegenheiten vorzunehmen: Concilia oder Synoden wurden also gewöhnlich mit Reichstagen zu gleicher Zeit und an einem Orte gehalten. Hier zu Frankfurt wollte Karl einige der wichtigsten damaligen Streitigkeiten untersuchen lassen. Er hatte daher nicht nur die Bischöffe und Aebte aus seinen deutschen Ländern, sondern auch aus Gallien und Italien dazu eingeladen. Indessen müssen wir doch denen recht geben, die behaupten, daß es kein allgemeines, sondern nur ein Provincialconcilium gewesen sey, denn es waren nicht die Bischöffe aus der ganzen Christenheit, sondern nur aus Karls Staaten, die von der ganzen Christenheit, als dem Reiche Christi auf Erden, nur eine Provinz ausmachten, versammelt. Die Zahl der Theologen auf diesem Concilio belief sich auf dreyhundert.

Eine so zahlreiche Versammlung von Männern, die die dunkelsten und schwersten Fragen gelehrter Theologie beleuchten und entscheiden sollten, mitten in dem Deutschlande, dessen Bewohner eben erst anfiengen zu lernen, daß es noch andere, als bloß sinnliche Gegenstände des Denkens gäbe, mußte in den Augen des philosophischen Zuschauers, wenn es damals dergleichen gab, eine außer-

außerordentliche Erſcheinung ſeyn. Und ohne Zweifel mußte es ihn ſehr intereßiren, auf die Eindrücke acht zu geben, die durch die Behandlung dieſer Streitfragen von dreyhundert Theologen, größtentheils aus den lebhafteſten Nationen in Europa, auf die anweſenden rohen Deutſchen gemacht wurden, und von ihnen zu hören, was ſi e über ſolche Dinge dachten.

Ob Karl bey dieſer Verſammlung den Vorſitz geführt, darüber hat ſich unter denen, die die ſo genannte geiſtliche Gewalt durchaus unabhängig von der weltlichen und über ſie erhaben wiſſen wollen, und denen, die der weltlichen Macht auch Religionsſachen unterwerfen, ein ſehr natürlicher Streit erheben müſſen, da beyde Parteyen in den vorhandenen Nachrichten von dem Concilio Gründe für ihre Behauptung zu finden glauben. Die Bejahung oder Verneinung dieſer Frage iſt gleichgültig, ſobald man überzeugt iſt, daß es Thorheit iſt, Recht und Unrecht auf das, was einſt geſchah, und nicht auf die Natur der Dinge zu gründen. Indeſſen Karl ſelbſt in dem Schreiben, worin er den Biſchöffen in Spanien von dieſem Concilio Nachricht giebt, braucht Ausdrücke, die es deutlich beſagen, daß er ſich als den Vorſteher des auf ſeinen Befehl verſammelten Concilii betrachtet habe ²⁹), und die fränkiſchen Biſchöffe in ihrem Schreiben

²⁹) Ad impletionem vero hujus gaudii, *juſſimus* ſanctorum patrum ſynodale ex omnibus undique noſtrae ditionis eccleſiis congregari concilium etc. Er erwehnt darauf zwar, daß er auch an den Pabſt geſandt, ſcire cupientes, quid ſancta Romana eccleſia — de hac reſpondere voluiſſet. Aber er fügt gleich darauf hinzu: Nec non et de Britanniae partibus aliquod eccleſiaſticae diſciplinae viros conuocauimus etc. und es iſt aus dem Zuſammenhange klar, daß er die Meinung des Pabſtes

ben an die Spanier bezeugen, daß auch ſie auf ſeinen Be‐
fehl und unter ſeinem Vorſitz die Angelegenheit, wovon
in dem Schreiben die Rede iſt, verhandelt haben ³⁰).

Die erſte Frage, die das Concilium zu Frankfurt
beſchäftigte, betraf das Verhältniß der Menſchheit Jeſu
zu Gott dem Vater. Jeſus, der Gottmenſch iſt
Gottes Sohn. Ueber dieſen Satz war ſich die Kirche
einig. Allein der übelgeleitete Unterſuchungsgeiſt einiger
müßiger Köpfe anatomirte den Satz, und fragte: „ als
„Gott iſt Jeſus Gottes Sohn im vollkommſten Sinn
„des Wortes, aber als Menſch kann er es da in eben
„dem Sinne ſeyn?“ „Nein“ ſagten zwey Theologen in
„Spanien,“ als Menſch iſt er nur Gottes adoptirter
„Sohn.“ Dieſe beyden Theologen waren Erzbiſchof
Elipand von Toledo und Biſchof Felix von Urgel.

Karl hatte von dieſer neuen Meinung gehört, und
da er ſich auch durch theologiſche Einſichten zu unterſchei‐
den und Ruhm bey der chriſtlichen Nachwelt zu erwerben
ſuchte, ſo hatte er dieſe neue, folglich verdächtige Mei‐
nung mit einigen Biſchöffen, deren ſich ſtets etliche an
ſeinem Hofe aufhielten unterſucht, und gefunden, daß
ſie ketzeriſch wäre. Er ließ daher ſchon im Jahr 792
Felixen, als deſſen Bisthum in Karls Staaten lag, der
folglich ſein Unterthan war, zu ſich nach Regensburg
kommen,

ſtes aus keinem andern Grunde verlangt hatte, als wa‐
rum er die der gelehrten Britannier zu haben wünſchte —
vt ex *multorum* diligenti conſideratione veritas catho‐
licae fidei inueſtigaretur ap. Manſi T. XIII. p. 901.

³⁰) — congregatis nobis — *praecipiente* et *praeſidente*
piiſſimo et glorioſiſſimo Domino noſtro, Carolo rege
etc. ib. p. 884.

kommen, um ihn von seinem Irrthum zu überzeugen.
Da Felir beharrte, so schickte ihn Karl nach Rom, ob
vielleicht der Pabst selbst ihn überführen könnte. Unterdessen ließ er die Frage auf Veranlassung des Erzbischofs
von Toledo, Elipand, auf dem Concilio zu Frankfurt
prüfen und entscheiden. Dieser Elipand hatte die felici-
anische Meinung in einem Schreiben an Karln vertheidigt, und ihn aufgefodert, sie zu untersuchen. Er hatte
dieses in einem Tone gethan, den Karl zweydeutig fand,
in einem Tone, der, wie Karl in seinem Schreiben an
die spanische Bischöffe zu erkennen gab, eben so viel
Stolz als Lehrbegierde zu verrathen schien. Auf Karls
Verlangen wurden zwey Briefe an Elipanden, der eine
im Namen der italienischen, der andere im Namen der
fränkischen Bischöffe geschrieben. Es wurde ein dritter
beygefügt, den der Pabst ebenfals auf Karls Verlangen
geschrieben hatte; und ein vierter, der in Karls Namen
abgefaßt war. Er ist, so wie auch die übrigen drey, noch
vorhanden. Eine Stelle in Karls Schreiben ist ein
trauriger Beweis von dem schädlichen Einfluß, den der
Eifer für die Orthodorie auf die Gesinnungen auch sonst
edeldenkender Männer zu haben pflegt. Es war gewiß
ein widersinniger christlicher Glaubenseifer, daß Karl die
Ketzer lieber unter den Ungläubigen erliegen sehen, als
es ertragen wollte, daß sie sich durch seine Gründe nicht
bekehren ließen. „Wir waren willens," schreibt Karl
den Spaniern „euch in euren weltlichen Nöthen (gegen
„die Saracenen) Beystand zu leisten; allein dieses kann
„nicht geschehen, wenn ihr diese Ketzerey unter euch lei-
„det: wir müssen alle Gemeinschaft mit euch aufhe-
„ben ³¹)."

Felir

³¹) Manfi Concil. T. XIII. p. 904.

Hegewisch Gesch. P

Felix scheint nichts weniger, als hartnäckig, sondern vielmehr veränderlich in seinen Meinungen gewesen zu seyn. Mehr wie einmal widerrief er seine vermeinten ketzerischen Säße und wurde in dem Schooß der Kirche wieder aufgenommen; mehr wie einmal fiel er in die Ketzerey zurück. Seines zweyten Rückfalls wegen wurde er abgesezt (Karl konnte ihn absetzen lassen, weil Urgel, wo Felix Bischof war, in seinen Staaten lag) — und nach Lyons exilirt. Er widerrief hier seine Meinung, die ihm sein Schicksal zugezogen hatte, ertrug aber doch dieses Schicksal mit Geduld; in dem Schreiben, worin er der Geistlichkeit und der Gemeine seines Sprengels von seinem Widerruffe Nachricht giebt, nennt er sich einen weiland Bischof. Kann jene Veränderlichkeit in seinen Behauptungen nicht eben so sehr eine Folge von Aufrichtigkeit und Wahrheitsliebe, als von Leichtsinn, Eitelkeit, oder eigennüßigen Absichten gewesen seyn? Freylich verräth diese Veränderlichkeit eine gewisse Schwäche der Urtheilskraft; aber nicht nothwendig ein böses Herz [32]).

Aus einem an Felix gerichteten Briefe seines Mitgenossen in der Ketzerey, des Erzbischofs Elipand von Toledo — (den Karl nicht absetzen konnte, weil Toledo unter der Herrschaft der Saracenen stand), — erhellet, daß dieser Erzbischof noch im zwey und neunzigsten Jahre seines Alters bey seiner Behauptung, troß der Entscheidung des frankfurter Concilii, und aller Vorstellungen des

großen

---

[32]) Nur ein Pere Daniel konnte behaupten, daß in Ansehung eines in Meinungen veränderlichen Mannes nur die Alternative statt finde, daß er entweder fourbe ou inconstant müsse gewesen seyn. Hist. de la France Charlemagne unter dem Jahr 798 p. 107. der Ausgabe in 4. von 1757.

großen Monarchen ungeachtet, beharrte. Dennoch behaupten die spanischen Scribenten, ohne Zweifel weil sie
glauben, daß der Ehre ihrer Kirche daran gelegen sey,
Elipant sey noch vor seinem Tode bekehrt worden.

In Betracht der vor und nach Karln üblichen Art
gegen Ketzer zu verfahren, müssen wir noch zweyerley zu
seinem Ruhme bemerken. Es würde in der That Ungerechtigkeit gegen seinen Character seyn, sowohl das eine
als das andere zu verschweigen. Erstlich sein Ton in
seinem Briefe gegen die spanischen Ketzer ist, überhaupt
genommen, nicht heftig, nicht bitter, sondern sanft und
liebreich. Zweytens, als Karl den Bischof Felix zu sich
kommen ließ, daß er seine Behauptung in Gegenwart
des Monarchen vertheidigen sollte, versprach er ihm Sicherheit. Und dieß Versprechen hielt Karl. Noch hatten entweder die Orthodoxen jene abscheuliche Entdeckung
nicht gemacht, daß man Ketzern sein gegebenes Wort
nicht zu halten brauchte, welcher Entdeckung zufolge ein
Kaiser im vierzehnten Jahrhunderte sein öffentlich gegebenes Wort vor aller Welt Augen brach; — eine Entdeckung, die noch im achtzehnten Jahrhunderte Vertheidiger finden konnte — oder, wenn sie schon gemacht war,
so fühlte doch Karl etwas, das ihm nicht erlaubte, Gebrauch davon zu machen.

Der zweyte Punkt betraf den Bilderdienst. Lange
hatte der Streit darüber die Kirche beunruhigt. Er bezog
sich nicht auf Geheimnisse, auf Lehren, die metaphysischen
Grüblern so viel Anlaß geben, ihren Scharfsinn zu beweisen, aber eben dadurch die Kirche zu verwirren, sondern auf einen äußerlichen Gebrauch, den die eine Partey für nützlich und zweckmäßig, die andere für schädlich
und zweckwidrig erklärt. „Ist es nicht natürlich‟ sagten

die

die Bilderverehrer „daß man die Gegenſtände ſeiner Liebe, „Dankbarkeit und Verehrung gern ſeiner Einbildungs- „kraft wie gegenwärtig darſtellen möchte? Iſt es nicht „ein allgemeiner Wunſch zärtlicher, liebender, empfind- „licher Herzen die Bilder ihrer Eltern, ihrer Freunde, „ihrer Wohlthäter zu beſitzen? oft vor Augen zu haben? „ſich gleichſam mit ihnen zu unterhalten? warum nicht „die Bilder derer, die durch ihren Wandel, durch ihre „Lehren Wohlthäter der Chriſtenheit wurden? Bilder „ſind das bequemſte Mittel, dem Volke, den Kindern „die Kenntniß der Religionsgeſchichte beyzubringen; die „Mütter erklären ſie ihren Kindern, und die jungen „Herzen bekommen dadurch Eindrücke von Liebe, von „Verehrung, von Dankbarkeit gegen Gott und gegen die „Männer, durch die er ihnen eine ſo wohlthätige Reli- „gion gegeben hat; — Eindrücke, die ſie in ihrem „Leben nicht wieder verlieren. Man muß von ſehr kal- „ten und gefühlloſen Herzen ſeyn, den Bilderdienſt zu „verwerfen" [33]).

„Allein" antworteten die Bilderſtürmer „der Bilder- „dienſt artet in Abgötterey aus. Die erſten Chriſten „hatten keine Bilder. Man giebt Gott in den Bildern „eine menſchliche Geſtalt, und Gott hat dieſes ſelbſt „verboten."

Der gründlichſte Kenner der menſchlichen Natur wäre vielleicht bey dieſem Streite der competenteſte Rich- ter

---

[33] Mit ſolchen, aber nicht mit lauter ſolchen, ſondern mehr noch mit ſchlechten Gründen und mit viel heftigen und groben Declamationen vertheidigt Pabſt Gregorius II. die Verehrung der Bilder in einem Schreiben an Kaiſer Leo III.

ter gewesen, und dieser würde ohne Zweifel keine unbe-
dingte Entscheidung gegeben, sondern Bedingungen vor-
ausgesetzt haben, die sich theils auf die Beschaffenheit der Bilder, theils auf die Art der Verehrung, theils
auf den Character des Volks, bey dem der Bilderdienst
gelitten oder abgeschaft werden sollte, bezogen hätten.
Vielleicht bedarf ein sinnliches Volk von lebhafter Imagination gewisser äußerlicher Erweckungsmittel der Andacht, gewisser seine Imagination vorschwebender Gemälde, um seine Gedanken und Empfindungen auf sie
zu heften, wenn eben diese äußern Mittel und Gemälde
der geübtern Denkkraft eines Volkes von nicht so lebhafter Phantasie nicht allein entbehrlich, sondern gar anstößig seyn würden. Doch unser Geschäft ist, diesen
Streit zu erzählen, nicht über ihn zu urtheilen.

Seit funfzig oder sechszig Jahren hatten die Bilderstürmer im griechischen Kaiserthum gesiegt. Die Kaiser
waren fast immer an ihrer Spitze. Allein Irene, die
junge, die schöne, die gefallende Irene bekam endlich als
Vormünderin ihres minderjährigen Sohnes, Konstan-
tinus VI. alle Macht einer regierenden Kaiserin. Sie,
die um der ihr so werthen Bilder willen von ihrem Gemahl Leo IV. und von ihrem Schwiegervater, Konstantin V. viel gelitten hatte, sie legte gleich, nachdem sie
die Macht in ihren Händen sah, ihre Gesinnungen ohne
weitere Zurückhaltung an den Tag, Gesinnungen, die
sie so lange hatte unterdrücken müssen, Gesinnungen, die
der größte Theil ihrer Unterthanen ebenfalls im Herzen
genährt, aber nicht öffentlich hatte dürfen blicken lassen.
Patriarchen trugen nun kein Bedenken zu erklären, daß
sie selbst in ihrem Innersten, wie die Kaiserin gedacht
hätten; sie klagten sich selbst an, daß sie aus Menschen-
furcht, aus Furcht vor den Kaisern, ihre wahre Mei-

P 3 nung

nung verleugnet hätten. Irene berief also im Jahr
787 ein Concilium zu Nicäa, das zweyte, das daselbst
gehalten werden. Sie lud selbst den Pabst Adrian da=
zu ein, der zwey Legaten hinsandte. Die Verehrung
der Bilder wurde beschlossen und Grundsätze daher fest=
gesetzt. Ein Marienbild wurde feyerlich in die Ver=
sammlung gebracht, von allen anwesenden Geistlichen
begrüßt, und die Schriften der Bilderstürmer verbrannt.
Pabst Adrian, sehr zufrieden mit den Decreten dieses
Concilii, sandte sie Karln seinem Freunde. Aber dieser
aller seiner persönlichen Freundschaft gegen Adrian, aller
seiner Verehrung gegen den apostolischen Stuhl unge=
achtet, gab die Acten jenes Concilii den Bischöffen sei=
ner Staaten zu untersuchen, und sie setzten ein Werk
in seinem Namen auf, worin er die Entscheidungen des
zweyten nicäischen Concilii als dem Gebrauch und der
Lehre der abendländischen Kirche zuwider verwarf und be=
weisen wollte, daß jenes Concilium kein ökumenisches
oder allgemeines gewesen sey. Dieses Werk, das wir
noch haben und die karolingischen Bücher nennen, ist mit
vieler Bitterkeit geschrieben. Man urtheile aus dem
folgendermaßen lautenden Titel. „Wider die Versamm=
„lung, die heimlich und frecher Weise in Griechenland
„gehalten ist, um den Bildern die Anbetung zu ver=
„schaffen."

Alles dieß war schon geschehen, eh das Concilium
zu Fränkfurt gehalten wurde. Auf demselben wurde
die Sache von neuem vorgenommen, und das zweyte
nicäische Concilium wurde daselbst abermals verworfen.
Da bey diesem Concilio zwey Abgesandten vom Pabst
Adrian, die Bischöffe Theophylaktus und Stephanus
zugegen waren, so hat es der Partey, welche Karln
gern als einen gehorsamen, immer folgsamen Sohn ge=

gen

gen den apostolischen Stuhl vorstellen möchte, viele
Schwierigkeit machen müssen, dieses sein Betragen zu
erklären. Einige haben zu diesem Behuf den Umstand
erdacht, daß Karln und seinen Bischöffen vielleicht durch
die List der bilderstürmischen Partey die wahren Acten
des zweyten nicäischen Concilii verborgen geblieben, hingegen falsche Acten, oder ungetreue Uebersetzungen in
die Hände gespielt wären. In diesen falschen Acten,
oder in diesen, es sey mit Fleiß oder aus Unwissenheit,
ungetreuen Uebersetzungen, wäre der Bilderdienst gerade
mit solchen Worten gebilligt und geboten, die das nicäische Concilium nicht allein nicht gebraucht, sondern verworfen und verdammt hätte. In den griechischen Ori-
ginalacten war würklich diejenige Anbetung, die wir
Gott allein schuldig sind, durch einen eigenen Ausdruck,
Latria [34]) von der Verehrung, die wir auch Menschen
erweisen dürfen, und die die Griechen Proskünesis [35])
nannten, unterschieden. In den falschen Acten, oder
in der den Sinn des Originals falsch darstellenden
Uebersetzung habe es geheißen, man sey den Bildern
eben die Anbetung schuldig, wie der heiligen Dreyeinigkeit [36]). Diese Hypothese hat nur das wider sich, daß

P 4

Adrian

[34]) Λατρεια.

[35]) Προσκυνησις, auch wohl mit dem Beyworte τιμητικη
προσκυνησις

[36]) Dieser Meinung ist z. E. Baronius sub a. 794. n.
XXXVI imgleichen der Pere Daniel, Histoire de la France, Charlemagne p. 104. Uebrigens wird es vielleicht
manchem Leser lieb seyn, zu wissen, wie so consequente
Vertheidiger der päbstlichen Oberrichterwürde in Glau-
benssachen, wie diese beyden Männer, den Triumph einiger Protestanten über dieses vom frankfurther Concilio
gegen das zweyte Nicäische ausgesprochne Verwerfungs-
urtheil vernichtet haben. Sie gestehen zu, das zweyte
nicä-

Adrian ſelbſt die wahren Acten ſchon an Karln geſchickt
hatte, und daß ja ſeine Abgeordneten zu Frankfurt den
da=

nicäiſche Concilium wurde auf oder in dem frankfurter
Concilio, aber nicht von demſelben verworfen. Man
kann nicht eher ſagen, behaupten ſie, daß von einem Con=
cilio etwas beſchloſſen, feſtgeſetzt oder entſchieden ſey, als
bis ſeine Schlüſſe, Beſtimmungen und Entſcheidungen
vom Pabſte beſtätiget ſind. Baron ib. n XXVII. Nun
aber wurden die Ausſprüche der frankfurter Väter wider
das zweyte nicäiſche Concilium vom Pabſte nicht allein
nicht beſtätigt, ſonden vielmehr verworfen. Das Falſche
dieſer Behauptungen iſt zwar längſt von einer großen Par=
tey der Katholiken, von der ächten gallicaniſchen Kirche,
von den Janſeniſten und allen benen, deren Geſinnungen
Febronius ausdrückte, eingeſehen. Dennoch dünkt mich,
ſollten Proteſtanten Karls Benehmen, die Schlüſſe des
frankfurter Concilii betreffend, nicht rühmen. Er brachte
ſie ja ſelbſt, dieſe Schlüſſe, um ihre Kraft und um ihr
Anſehn, in dem er dem Pabſt Adrian I. nachgab. Ent=
weder alſo verließ er ſich nicht auf ſeine eigene Einſichten;
oder politiſche Abſichten galten bey ihm mehr als Wahr=
heit. Seit 788, da die in Vorſchlag geweſene Heirath
ſeiner Tochter Rotrude mit dem jungen griechiſchen Kaiſer,
Konſtantin, rückgängig geworden, waren die Geſinnun=
gen Karls und des griechiſchen Hofes gegen einander feind=
ſelig; und in Unteritalien kam es wohl zu Thätigkeiten.
Daß aber um die Zeit des frankfurter Concilii Irene ſchon
auf eine Wiederherſtellung des guten Vernehmens, daß ſie
vielleicht ſchon auf eine genauere perſönliche Verbindung
möge gedacht haben, und daß Pabſt Adrian von einem
Theile ihrer Friedenswünſche unterrichtet geweſen ſey,
wird dadurch wahrſcheinlich, daß ſchon im Jahr 798
förmlich Geſandten von ihr bey Karln ankamen, nach=
dem ſie 797 ihren Sohn Konſtantin hatte blenden und ab=
ſetzen laſſen. Solche förmliche öffentliche Geſandtſchaften
würde Irene nicht abgeordnet haben, wenn ſie ſich nicht
durch vorhergegangene geheimere Erkundigungen und Un=
terhandlungen von Karls Neigung, das gute Vernehmen

zu

daſelbſt verſammelten Vätern, falls ſie würklich mit falſchen Acten oder treuloſen Ueberſetzungen hintergangen
wären, ihren Irrthum leicht hätten benehmen können.
Andere haben alſo lieber zugeſtanden, daß Karl mit ſeinen Biſchöffen vor dem frankfurter Concilio das nicäiſche Concilium angefochten habe; aber ſie haben kühn
und dreiſt geleugnet, daß dieſes noch zu Frankfurt geſchehen ſey, ob gleich die Schlüſſe dieſes Concilii keinen
Verdacht der Unächtheit oder Interpolation unterworfen
ſind. Auch die Aechtheit der karoliniſchen Bücher haben
ſie bezweifelt [37]).

Ein Menſchenkenner, der ſich nicht zu verſündigen
glaubt, wenn er auch im Leben und in den Handlungen
der beſten Menſchen etwas auf die Rechnung menſchli-
cher Leidenſchaften ſchreibt, wird ſich Karls Betragen
viel natürlicher erklären, wenn er weiß, daß um dieſe
Zeit kein gutes Vernehmen zwiſchen Karln und der Kai-
ſerin Irene war; daß Karl als ein mächtiger und in ſeinen
Geſinnungen feſter Monarch, von großem perſönlichem
Anſehen, die dreyhundert Theologen, die beyden päbſtlichen Geſandten mit inbegriffen, um ſo viel eher, ſeinem
Verlangen gemäß zu ſtimmen, bewegen konnte, da der
Bilderdienſt überhaupt bis dahin in der abendländiſchen
Kirche noch nicht ſo weit getrieben war, als in der
griechiſchen, und daß er endlich den Geiſt des Wett-
eifers, der ihn ſelbſt gegen die griechiſchen Kaiſer zu

P 5   beſeelen

zu befördern, Gewißheit verſchaft hätte. Zu dieſen ge-
heimern Erkundigungen und Unterhandlungen konnte ſie
niemanden beſſer brauchen, als Pabſt Adrian I. einen ſehr
klugen Mann und Freund des Monarchen.

[37]) S. Manſi Concil. T. XIII. p. 914. die Note c) von
Severin Binius.

beſeelen anfieng, auch leicht den Erzbiſchöffen und Biſchöffen ſeiner Staaten einflößen konnte.

Indeſſen was auch die Veranlaſſung dieſer ſeiner heftigen Widerſetzlichkeit gegen das nicäiſche Concilium
ſeyn möchte, ſo ſchickte er nicht nur ſeinen geliebten Angilbert mit den, in ſeinem Namen verfertigten und auch
ſeinen Namen führenden Büchern wider das nicäiſche
Concilium, nebſt ſeinem Glaubensbekenntniß dieſen
Punct betreffend, an Pabſt Adrian, ſondern ließ dieſen
auch inſtändigſt erſuchen, den jungen Kaiſer Konſtantin
für einen Ketzer zu erklären. Warum er ſich nicht ein
gleiches Verdammungsurtheil über die Vormünderin des
jungen Kaiſers ausgebeten, ob aus Schonung, oder
Verachtung, möchte ſchwer zu errathen ſeyn.

Dem Pabſte mußte dieſes Betragen des ſonſt ſo ſehr
mit ihm harmonirenden Monarchen deſto unerwarteter
und ſchmerzhafter ſeyn, da theils ſeine Geſandten auf dem
von Karl ſo angefochtenen Concilio zu Nicäa alle daſelbſt
genommene Beſchlüſſe durch ihren Beytritt gebilligt hatten, theils Irene eben durch die Wiederherſtellung des
Bilderdienſtes anfieng, die griechiſche Kirche der abendländiſchen Kirche, wieder näher zu bringen, wodurch die
ſchon befürchtete Trennung, die anfangs bloß vom Bil-
derſtreit herrührte, ſchien abgewandt werden zu können.
Adrian ſchrieb gegen das in Karls-Namen abgefaßte
Werk in einem eben ſo ſanften, liebenswürdigen, väterlichen Ton, als der Ton in Karls Schrift bitter und heftig war. Diesesmal gab der Heftige dem Sanften nach,
Karl ließ ſich belehren, daß er geirret hatte. — Zu
gleicher Zeit wurde ein beſſeres Verſtändniß zwiſchen dem
fränkiſchen und griechiſchen Hofe eingeleitet, und es
wurde ſogar eine Heirath Karls mit Irene in Vorſchlag
gebracht.

Zwey

Zwey Jahr nachher 796 starb Adrian I. ³⁸).
Karls ungemein große Achtung und zärtliche Freund=
schaft für diesen Pabst sind ein Beweis, daß dieser ein
Mann von großem und seltenem Character war. Er
hatte sich dem Monarchen in einer so wichtigen Sache,
als ihm die Verwerfung des nicäischen Concilii war,
widersetzt. Gleichwohl blieben Karls Gesinnungen gegen
ihn unverändert. Als Karl von Adrians Tode Nach=
richt bekam, weinte er, nach Eginhards Ausdruck, nicht
anders, als ob er den liebsten seiner Söhne verlohren
hätte. Er hatte eben vor dem Empfang der Nachricht
seinen geliebten Angilbert mit ausgesuchten Geschenken
aus der Beute, die er in dem gleich zu erwähnenden Hun=
nenkriege gemacht hatte, absenden wollen. Er machte
ein elegisches Gedicht, das eingegraben in eine Marmor=
tafel auf Adrians Grab gesetzt wurde, und noch in der
Vaticans Kirche vorhanden seyn soll. Es hat nichts
von der geschmacklosen Künsteley der mittlern Zeiten.
Es ist voll natürlicher Empfindung.

Auf dem Reichstage, der zugleich mit dem Concilio
in Frankfurt gehalten wurde, kamen die drey Kriege, die
nunmehr an drey verschiedenen Seiten mit den Hunnen,
den Sachsen und den Saracenen zu führen waren, in
Ueber=

---

³⁸) Er soll ungefehr vier und zwanzig Jahr Pabst gewesen
seyn, Petrus soll es nach der Behauptung der päbstlichen
Scribenten, gerade vier und zwanzig Jahr, fünf Mo=
nate und zehn Tage gewesen seyn. Von allen seinen
Nachfolgern ist ihm Adrian I. in Ansehung der Dauer
seiner Würde am nächsten gekommen. Unter den For=
meln, womit jeder neue Pabst begrüßt wird, ist auch
diese: Sancte Pater, non videbis annos Petri. Im
Durchschnitt sollen die Regierungsjahre eines Pabstes sich
nur auf acht belaufen.

Ueberlegung. Der Saracenische war mit den beyden andern in Ansehung der Wichtigkeit nicht zu vergleichen. Die Pyrenäen waren von dieser Seite die natürliche Schutzwehr der fränkischen Staaten. Die Saracenen hatten viel von ihrem kriegerischen Geiste verlohren. Sie waren in kleine Fürstenthümer getheilt, deren gegenseitige Eifersucht sie unfähig machte, etwas Bedeutendes zu unternehmen. Es waren einige unter ihnen, die sich mit Karln verstanden. Karl vertraute die Führung dieses Krieges seinem Sohne Ludwig von Aquitanien.

Nach den Zurüstungen, die Karl in den beyden vorigen Jahren zu dem hunnischen Kriege gemacht hatte, muß man urtheilen, daß er diesen für den schwerern und gefährlichern gehalten habe. Gleichwohl überließ er auch diesen Krieg den Grafen in Bayern und Friaul, nebst seinem Sohne Pipini in Italien. Die Bezwingung der Sachsen übernahm er selbst. Eh ich erwehne, was in Ansehung dieser vorgieng, will ich den Verlauf des Hunnenkrieges ununterbrochen erzählen.

Zwey Jahre giengen hin, bis etwas entscheidendes gegen die Hunnen ausgeführt wurde. Damals war eine so große Uneinigkeit unter ihnen, daß einer von ihren Khanen, Tudun, sich mit Karln in Unterhandlung einließ. Er verlangte, ein Christ zu werden. Im Jahr 796 drangen Pipin von Italien und Herzog Erich oder Heinrich, der die Völker aus Friaul anführte, in das Land der Hunnen ein. Sie eroberten und zerstörten die Hauptverschanzungen, die von den fränkischen Annalisten der Ringus genannt werden, und die einen Kreis um das Gebiet des Oberkhans im Innern des Landes scheinen formirt zu haben. An diesem Ort hatten die Hunnen alle die Beute verwahrt, die sie seit drittehalb Jahrhunderten

derten auf ihren Zügen durch die reichsten europäischen
Länder gemacht hatten. Sie muß, nach den Ausdrücken gleichzeitiger Scribenten sehr beträchtlich gewesen
seyn. Kein Krieg, sagt Eginhard, habe die Franken
so bereichert; bis dahin wären sie fast ein armes Volk
gewesen in Vergleichung der Reichthümer, die sie sich
durch diesen Krieg erworben hätten. Karl schickte einen
Theil der Beute an den Pabst zum Geschenk. Alles
übrige vertheilte er an seinem Hofe und unter dem
Heere.

Der Khan, Tudun, kam in eben dem Jahre selbst
nach Aachen. Er wurde mit andern vornehmen Hunnen
getauft. Alle schwuren Karln die Treue. Allein entweder Tuduns Uebergang zum Christenthum und Unterwerfung unter Karln war von Anfang an nicht aufrichtig,
oder er wurde in der Folge anders Sinnes. Er bewog
die Hunnen zu einem allgemeinen Aufstande, dessen Ausbruch noch im Jahre 799 früh genug von Karln er-
deckt wurde, um ihm die kräftigsten Maaßregeln entgegen zu setzen. Auf seinen Befehl rückten Herzog Heinrich von Friaul und Graf Gerold von Bayern in Ungarn
ein, wo sie zwar glücklich fochten und den Rebellen gefangen bekamen; allein Herzog Heinrich gerieth in einen
Hinterhalt, wo er sein Leben einbüßte. Der gefangene
Tudun wurde als ein treuloser Vasall mit dem Tode bestraft, und nun waren die Hunnen zu sehr geschwächt,
um nicht Karls Oberherrschaft ohne weitern Widerstand
zu ertragen. Und in so weit kann man sagen, daß Karl
seine Staaten nun bis zum Zusammenfluß der Donau
mit der Theisse und mit der Save erweitert hatte [39]).

Allein

<hr>

[39]) Memoire sur les Limites de l'Empire de Charlemagne par Dom. Lieble.

Allein Ungarn war doch von der Zeit an nicht sowohl eigentlich eine Provinz der fränkischen Monarchie, als von ihr abhängig, wie die Moldau und Wallachey so lange von der Pforte abhängig gewesen sind. Die Hunnen behielten ihre eigene Verfassung, ihre eigene Khane, die sich aber beym Antritt ihrer Khanschaft von Karln bestätigen lassen und ihm den Vasalleneid leisten mußten.

Wir kehren zu dem Kriege mit den Sachsen zurück. Es ist wahrscheinlich, daß es bloß die nördlichen Gaue waren, die den Grafen Thederich überfallen und den Aufstand erneuert hatten. Die südlichen, den Franken näher gelegnen Gaue scheinen sich ruhig gehalten zu haben. Wir finden, daß während des neuen Krieges, der noch über zehn Jahr fortdauerte, ein Reichstag zu Aachen, im Jahr 797 berufen war, auf welchem die vom Adel sowohl als die Freyen aus Westphalen, Ostphalen und Ängrien erschienen. Es wurden mit ihrer Einwilligung verschiedene Schlüsse gemacht, welche beweisen, daß diese Sachsen an die fränkischen Einrichtungen schon gewohnt waren. Man findet in diesem Kapitulare nichts, das sich auf vorhergegangne Feindseligkeiten bezöge [40]; Sodann finden wir, daß der Krieg fast beständig in den nördlichen Gegenden geführt wurde. Bloß im Jahr 794 hatten sich einige Haufen aus den aufrührischen Gauen in einer Gegend bey Eresburg, die das Sintfeld genannt wurde, versammelt. Allein da Karl mit einem Heere aus Hessen, und sein ältester Sohn mit einem andern vom Rhein her gegen sie anrückte, ergaben sie sich ohne die geringste Gegenwehr.

In den nördlichen Gegenden fand Karl stärkern Widerstand. Im Frühjahr 795 hatte er sein Lager bey

Bar-

Bardewik. Hier sollte ein Heer der Abotriten zu ihm
stoßen. Sie wurden, da sie über die Elbe gehen wollten, von den Sachsen überfallen. Ihr König oder Anführer, Wilzan, wurde erschlagen. In den Jahren
796 und 797 war Karl beständig zwischen der Weser und
der Elbe; er kam bis an die Nordsee.

Im Herbste des Jahrs 797 fand er abermals nöthig,
seine Völker den Winter über in Sachsen zu behalten.
Er ließ an der Weser an dem Orte, wo er bisher sein
Lager gehabt hatte, Häuser für sich und sein Gefolge bauen.
Er gab dem Orte den Namen Heerstelle, der sich bis
auf unsre Zeiten erhalten hat. Hier ließ er seine beyden
Söhne, Ludwig aus Aquitanien und Pipin aus Italien,
zu sich kommen. Hier kamen auch Gesandte der Hunnen; von dem Könige von Asturien, Alphonsus, und
von dem Chalifen von Kordua, Abdalla, zu ihm. Es
war seine Gewohnheit, auswärtigen Gesandten, die sehr
oft an ihn geschickt wurden, entweder auf den Reichstagen, oder im Lager Gehör zu geben. Im Jahr 798
wurde ein Gesandter, den Karl an den dänischen König
Siegfried geschickt hatte, von den Nordalbingern überfallen und getödtet. Sie erschlugen auch einige Bevollmächtigte, die Karl, es ist nicht recht deutlich aus welcher Absicht, an sie geschickt hatte. Diese treulose That
zu rächen, verwüstete Karl, nach dem Ausdruck der
Chroniken, alles Land zwischen der Weser und Elbe, ohne
Zweifel, weil er die Einwohner für mitschuldig hielt, mit
Feuer und Schwert. Die Nordalbinger sollen auch in
einem Treffen gegen die Abotriten, die Bundsgenoßen
der Franken, vier tausend Mann verlohren haben. Dennoch war der Krieg von seiner Entscheidung noch weit
entfernt. Gegen das Ende des Jahrs gieng Karl nach
Franken zurück und blieb den Winter in Aachen. —

Noch

Noch ist eine für diejenigen, welche die Anordnung der die Religion betreffenden Anstalten als ein wesentliches Stück der höchsten Gewalt betrachten, und alles dahin Gehörige unter dem Namen der Majestätsrechte begreifen, wichtige Begebenheit des Jahres 798 zu bemerken. Karl übte eines dieser Majestätsrechte in Ansehung der Kirche dadurch aus, daß er den Bischof von Juvavia oder Salzburg zum Rang eines Erzbischofs erhöhte, und ihm die Aufsicht über die andern Bischöffe des damaligen Bayern, das, wie wir gesehen, von weit größerm Umfange war, wie das jetzige, vertraute. Es geschah auf seinen Befehl, daß Pabst Leo III. diesem neuen Erzbischoffe das Pallium und die erzbischöffliche Weihe ertheilte [*1]). — Als er im Frühjahr 799 seine Völker zu einem neuen Feldzuge versammelte, zog eine Begebenheit, die in Italien vorfiel, seine ganze Aufmerksamkeit an sich. Leo der III. der nach Adrians Tode zum Pabste erwählt war, wurde von einer Gegenpartey überfallen und mißhandelt. Er nahm seine Zuflucht zu Karln, der ihn zu sich in sein Lager bey Paderborn einlud. Der Pabst hielt sich einige Tage bey ihm auf. Er gieng alsdann in Begleitung einiger Bevollmächtigten, die Karl ihm mitgab, nach Rom zurück. Karl hielt diese italienischen Vorfälle für so wichtig, daß er beschloß, statt den Krieg mit den Sachsen zu Ende zu bringen, selbst nach Rom zu gehn. Er blieb vorerst bloß zurück, um die nöthigen Anstalten gegen die Unternehmungen der Sachsen zu machen. Er that darauf im Frühjahr 800 eine Reise nach den westlichen Küsten seiner Staaten. Die Normänner, unter welchem Namen auch die Dänen begriffen wurden, fiengen damals schon an, wegen ihrer

soge-

[*1]) Nachrichten von Juvavia, Salzburg 1784.

sogenannten Seeräubereyen berühmt zu werden. Sie fielen in die am Meer gelegnen Provinzen ein, plünderten und verheerten sie. Karl hatte bey jener Reise zur Absicht, seine Unterthanen gegen diese kühnen Völker zu schützen. Er ließ eine Flotte bauen, und die Hafen und Mündungen der Flüsse mit Festungen verwahren. Erst in der Mitte des Sommers kam er nach Maynz zurück, wo er zu einer ungewöhnlichen Zeit, im August, einen Reichstag hielt. Es wurde ein abermaliger Winterfeldzug nach Italien beschlossen. Karl trat ihn im Herbst an.

Fünftes Kapitel.

Inhalt.

Wahl Pabst Leos des III. — Karl erneuert mit ihm den Freundschaftsbund, den er mit Pabst Adrian geschlossen hatte. — Leo wird von seinen Feinden überfallen und mißhandelt — Er begiebt sich zu Karln, der ihn nach Rom zurückführen läßt — Unter Karls Vorsitz wird eine Untersuchung der über den Pabst von seinen Feinden geführten Klagen angestellt — In welcher Eigenschaft führte Karl den Vorsitz bey dieser Untersuchung? als Souverain? oder als erbetner Schiedsrichter? — Karl wird von Leo III. zum Kaiser gekrönt — Die drey Hauptmeinungen über die Natur dieser Wiederherstellung der abendländischen Kaiserwürde — Karl selbst sah sich als einen Nachfolger der alten römischen Kaiser an — Ueber die Gründe, wodurch Leo zur Wiederherstellung der Kaiserwürde mitzuwürken bewogen wurde — Geschenke die Karl seiner neuen Würde wegen der Peterskirche machte —

Sensation, die diese Begebenheit zu Konstantinopel machte — Unterhandlungen zwischen Karln und der Kaiserin Irene — wegen einer Heirath — Irene wird abgesetzt — Ihr Nachfolger, Nicephorus, schickt Gesandte an Karln — Anekdoten von ihrer Audienz —

Neue Unterhandlungen mit den Sachsen zu Selz — Durch was für Mittel Karls Politik sie zu gewinnen wußte — Statistische Anmerkungen — über Deutschlands Bevölkerung zu Karls Zeiten — Ueber die aus der Vereinigung der deutschen Völkerschaften unter ihm erfolgten Vortheile oder Nachtheile — Ueber die Mittel die Karl anwandte, seinen weitläuftigen Staaten Ruhe, Ordnung und Sicherheit zu verschaffen — Seine Reisen in der Hinsicht — Auch die Volksversammlungen dienten dazu — Reisende Intendanten — Damalige äusserst drückende Kriegsverfassung. —

Schon

Schon in dem alten Rom war, von seiner Entstehung
an, die Religion eine der wirksamsten Maschinen gewesen, deren sich die Vornehmen bedient hatten, den
großen Haufen zu lenken.   Die meisten ihrer gottesdienstlichen Anstalten hatten keine andre Absicht.   Ihre
geistlichen Aemter, wenn wir sie so nennen dürfen, gehörten daher mit unter die wichtigsten.   Insbesondre war
die Stelle eines Pontifex oder Oberpriesters ein Gegen-
stand, nach welchem die Ehrgeizigen eben so begierig
strebten, als nach der Stelle eines Censuls.   Diese
Gewohnheit durch Religion zu regieren und durch sie regiert zu werden, war bey den Vornehmen und Gemeinen dergestalt eingewurzelt, daß, als das Christenthum
die Oberhand bekam, die Anstalten und Einrichtungen
desselben ebenfalls zu politischen Endzwecken gemißbraucht
wurden.   Männer aus den vornehmsten Häusern bewarben sich daher um die Stelle eines römischen Bischofs,
oft so lebhaft, daß Parteyen entstanden, die einander
mit Gewalt von dem heiligen Stuhl zu verdrängen suchten.   So vertrieb im vierten Jahrhundert, Damasus
seinen Gegner Ursicinus durch die Ueberlegenheit seines
Anhangs.   Im fünften Jahrhundert war die Heftigkeit,
womit die Parteyen des Symmachus und des Lauren-
tius einander verfolgten, so groß, daß es nach vielen
schändlichen Auftritten zu einem Aufruhr kam, worin
eine Menge nicht bloß von römischen Bürgern, sondern
auch von Geistlichen getödtet wurde.   In diesen alten
Zeiten wurde der Pabst von der gesammten römischen
Geistlichkeit und vom Volk gewählt.   Das Volk und die
so genannte niedrige Geistlichkeit haben dieses Wahlrecht
erst lange nach Karls Zeiten einigen wenigen Geistlichen
von höherm Range, Cardinäle genannt überlassen müssen.
Seitdem das abendländische Kaiserthum zu Grunde gieng,
wuchs das Ansehn dieser Bischöffe in eben dem Ver-

O 2   hält-

hältniſſe, in welchem das Anſehn der griechiſchen Kaiſer, die ſich ſeit jenem Untergange die Herrſchaft über einen großen Theil und über die Stadt erworben hatten, ab= nahm. Wir haben ſchon geſehn, daß die Römer ſich in allen ihren Schritten, die ſie zur Unabhängigkeit tha= ten, von dieſen ihren Biſchöfen leiten ließen. Bey dem allen waren keine Regierungsrechte mit der Stelle ver= bunden. Die Römer gehorchten ihnen nicht als ihren Fürſten, ſie folgten ihnen, als ihren Vätern.

Die Geſchwindigkeit, womit eine Wahl zu Stande kommt, kann zwar eine Folge von der Einmüthigkeit der Wählenden ſeyn, wenn ſie über die Verdienſte und Würdigkeit des gewählten Subjects bald einig werden. Aber ſie kann auch daher rühren, daß eine Partey, die gern die Wahl auf ein gewiſſes Subject lenken will, ſchon vorher alles ſo eingeleitet hat, daß die Gegenpar= tey, vor der ſie ſich fürchtet, überraſcht wird, und nicht Zeit bekommt, ihre Gegenbeſtrebungen wirkſam zu machen. Schon am erſten auf Adrians Tod folgenden Tage, am 26ten December des Jahrs 795 wurde Leo III. ein gebohrner Römer erwählt [1]). Er ſandte gleich an

Karln,

---

[1]) Ein altes Mährchen ſagt, am Tage ſeiner Einſetzung hätte ihm eine Frau die Hand geküßt, die dadurch bey ihm entſtandenen Wallungen hätten den Gedanken bey ihm veranlaßt, ſich die Hand abhauen, und ſich von nun an den Fuß küſſen zu laſſen. In andern Legenden wird die= ſes von Leo I. erzählt. Die Erdichter ſolcher Legenden, und die ſo daran einfältiglich glaubten, hielten alſo eine durch äuſſerliche Gegenſtände, deren Anblick man ſich nicht ent= ziehen kann, ihrer Natur gemäß, veranlaßte Regung für eine entſetzliche Sünde, und argwöhnten nicht ein mal, daß der in einem Menſchen bloß durch ſeinen Willen ent= ſtehende, ihn ſelbſt bis zu einem Abgott erhöhende Stolz eines der ſchädlichſten gegen die wahre Religion und ge=

gen

Karln, um ihm diese Wahl bekannt zu machen, und ihn der Treue, die er ihm schuldig zu seyn glaubte, versichern zu lassen.

Wenn Eginhard, der als Secretair des Monarchen ohne Zweifel von den damaligen Vorgängen in der politischen Welt am besten unterrichtet war, von dieser Gesandschaft folgende Nachricht giebt, sie habe dem Könige die Schlüssel zum Grabe des heiligen Petrus und die Fahne der Stadt Rom zum Geschenke überbracht und gebeten, daß der König einen seiner vornehmsten Beamten absenden wolle, um dem römischen Volke den Eid der Treue und Unterthänigkeit abzunehmen [2]); so ist die letztere Hälfte dieser Nachricht, worin uns also Rom, als eine dem Könige unterthänige Stadt, vorgestellt wird, offenbar entscheidend, und weder in Ansehung ihres Sinns, noch in Ansehung ihrer Glaubwürdigkeit irgend einem gegründeten Zweifel ausgesetzt. Die Uebersendung der Fahne, deren in der ersten Hälfte gedacht wird, mag ein Zeichen dieser Unterthänigkeit gewesen seyn, wie einige behaupten, oder bloß ein Zeichen der Achtung, wie andere wollen, denen zufolge die Fahne auch wohl an andere Fürsten, die unstreitig nicht Herren der Stadt waren, gesandt sey — so wurde Karl doch, wie die letzte Hälfte dieser Nachricht deutlich sagt, von Leo III. für den Herrn der Stadt, dem diese den Eid

Q 3 der

gen die Menschheit begangenen Verbrechen ist. Solche Legenden, die uns den Geist und die Denkart der Zeiten so treulich darstellen, verdienen, nie in Vergessenheit zu gerathen. Es ist gleich wichtig, die Denkmäler menschlicher Größe und menschlichen Verfalls für die Nachwelt zu erhalten.

[2]) Eginh. Annal. a. 796.

der Treue und Unterthänigkeit schuldig war, anerkannt.
Allein die erste Hälfte dieser Nachricht — die Uebersendung der Schlüssel zum Grabe des heiligen Petrus —
ist in Ansehung der Absicht dieser Uebersendung desto un-
bestimmter. Es folgt nicht nothwendig, daß Leo dadurch sich auch als Bischof Karln als seinem Fürsten
unterworfen habe. Es konnte, nach unstreitiger damaliger Sitte, ein bloßes Zeichen der Achtung seyn, und
die zwischen Karln und den Päbsten Adrian I. und Leo III.
gewechselten Briefe enthalten keine einzige Stelle, worin Karl den Ton eines Oberherrn über die Päbste,
oder die Päbste den Ton von Unterthanen führten.
Vielmehr bezeugt der ganze Ton dieser Briefe und einzelne Stellen derselben beweisen, daß Karl und die
Päbste einander als unabhängige Freunde und Bundesgenossen ansahn [3]). In dem Glückwünschungsschreiben
an

---

[3]) Es ist sehr dienlich, und ich darf sagen, nothwendig, die
von Pabst Adrian an Karln geschriebene Briefe zu lesen,
wenn man in beyder Charaktere, Denkungsart, Absichten
und Plane recht eindringen, insbesondre wenn man sich
von dem in Karls Person so innig zusammenfließenden
Charakter eines Eroberers und eines eifrigen Christen einen
richtigen und bestimmten Begriff machen will. Wir haben
mehr Exempel von kriegerischen Fürsten, die zugleich
Schwärmer für ihre Religion waren z. E. Mahomed, der
Stifter des Reichs von Ghisni und Tamerlan. Karl gehört allerdings in diese Klasse. Karl glaubte ganz ernst-
lich, daß, wenn er sein Schwert zur Ausbreitung des
Reichs Christi auf Erden und zur Verherrlichung des
Stuhls Petri widme, die Nachfolger dieses Petri, die
Päbste durch ihre Fürbitten den Segen des Himmels auf
seine Waffen bringen würden. In diesem Glauben that
er wirklich bey seinem ersten Aufenthalt in Rom, da sein
kaum angefangner Krieg gegen die Longobarden, einen so
glänzenden, entscheidenden Erfolg gehabt hatte, dem
Pabste

an Leo III. über deſſen Wahl wünſcht Karl den Bund
mit ihm zu erneuern, den er mit ſeinem Vorgänger,
Adrian I. gemacht hatte.   „So wie ich mit eurem Vor-
„fahren“ ſagt er „einen Bund eingegangen war, ſo
„wünſche ich dieſen Bund des Glaubens und der Liebe
„unverletzlich mit euch zu erneuern. — Meine Pflicht
„ſey, die heilige Kirche Chriſti gegen die Heiden und
„Ungläubigen von außen zu vertheidigen, und innerlich
Q 4   „über

Pabſte Adrian öffentlich und feierlich am Grabe des heil.
Petri, ein dahin zielendes Gelübde. Hier iſt eine dieſe
Denkungsart des Monarchen und ſein Gelübde beweiſende
Stelle aus einem Briefe des Pabſtes:

„Dem treflichſten Herrn, unſerm Sohne, Karl,
„Könige der Franken und Longobarden Pabſt Adrian. —
„Tag und Nacht hören wir nie auf mit allen Prieſtern
„und dem ganzen chriſtlichen Volke, am Grabe des Für-
„ſten der Apoſtel, des heil. Petri, demüthig zu bitten,
„daß er dich — zum Sieger über alle barbariſche Natio-
„nen machen wolle, ſo daß ſie alle unter deinem Arme
„gedemüthigt, die Fußſtapfen deiner Füße küſſen, und
„die Kirche Gottes durch deine von Gott dir verliehne
„Königsgewalt erhöht werde. Denn nie können wir
„glauben, daß du das, was du einmal über den ehr-
„würdigen Leichnam des heil. Petri, des Schlüſſel-
„trägers des Himmelreichs verſprochen haſt, aus der
„Acht laſſen, und daß dich irgend eine falſche Größe oder
„Ruhmgier von der Liebe und von der Zuneigung entfer-
„nen, die du von der Wiege an für den Fürſten der
„Apoſtel, den heil. Petrus gehabt haſt, ſondern, wir
„haben das Vertrauen, daß du in der Treue bey dem Ver-
„ſprechen beharren werdeſt, worin auch wir feſt und ſtand-
„haft bleiben wollen, ſo wie wir es einander von Ange-
„ſicht zu Angeſicht unter Gottes Vorſitz und unter
„Vermittlung des heil. Petri, des Fürſten aller
„Apoſtel, gelobt haben.“ Cod. Carol. Ep. LXII.
Recueil p. 560.

„über den katholischen Glauben zu halten; ihr, heiligster „Vater, steht uns bey mit eurem Gebete [4]).‘‘ Karl glaubte zu aufrichtig an die Wirkungen des Gebets, schrieb seine bisherigen Siege und Eroberungen zu demüthig hauptsächlich den Gebeten des verstorbnen Adrians zu, als daß er diesen dem Nachfolger Adrians angebotnen Vertrag bloß wie ein Compliment sollte gemeint haben. Es war ihm Ernst damit, und es war keinesweges eine eigennützige Bedingung, die er dabey von seinem neuen Freunde und Bundesgenossen verlangte.

Dem Verlangen des Pabstes gemäß, sandte Karl seinen geliebten Angilbert nach Rom. Die Instruction, die er ihm mitgab, ist noch vorhanden. Ihr zufolge sollte Angilbert die Harmonie, die zwischen Karl und Adrian dem I. gewesen und für beyde so reich an vortheilhaften Folgen gewesen war, nun auch mit dem neuen Pabst zu erhalten und vollkommner zu machen suchen.

Vier Jahre ohngefehr hatte Leo III. die Würde eines Pabstes bekleidet, als plötzlich eine Verschwörung gegen

---

[4]) Epist. ad Leonem Papam. Recueil p. 615. Daß Karl dieses Beystehn mit Gebete, welches er für seine Bemühungen dem Pabste zur Gegenbedingung macht, für einen sehr reellen Dienst gehalten, erhellet aus der vorhergehenden Note. — Im Anfange des Briefes bezeugt Karl dem neuen Pabste seine Freude auch über dessen versprochne Treue — valde gavisi sumus — et in promissionis ad nos fidelitate. Allein hier ist nicht von der Treue eines Vasallen oder Unterthans, sondern eines Freundes, oder Bundesgenossen die Rede. Gleich darauf redet er vom verstorbenen Pabste, als seinem gewesenen fidelissimo amico, ingleichen von der suavissima familiaritatis fidelitate, die zwischen beyden gewesen sey.

gen ihn ausgeführt wurde, welche im Verborgenen von
seinen geheimen Feinden angestiftet war. Paschalis und
Campulus, Vettern seines Vorgängers Adrians I. die
unter den Geistlichen in Rom die ersten Stellen besaßen,
waren die Urheber und Anführer dieser Verschwörung.
Ihre Beweggründe zu ihrem Unternehmen sind nicht
bekannt, und es ist also zweifelhaft, ob sie aus Neid,
daß Leo bey der Wahl ihnen vorgezogen war, oder aus
Unzufriedenheit, daß sie vielleicht nach ihrem Wahne
nicht genug von ihm vorgezogen wurden, oder wegen
ihnen wiederfahrner Beleidigungen feindselig gegen ihn
dachten. Aber bey ihren feindseligen Gesinnungen brauchten sie so viel Verstellung, daß Leo, wo nicht sie für
seine besten Freunde hielt, wenigstens keinen Verdacht
gegen sie hegte. Zur Ausführung ihres Vorhabens bestimmten sie den Tag einer feyerlichen Proceßion. Warum sie einen Zeitpunkt dazu bequem hielten, wo das
ganze Volk seine Augen auf den Pabst gerichtet hatte,
darüber geben die alten Nachrichten keinen Aufschluß.

Am 25 April im Jahr 799 will Leo sich aus dem
Lateran nach der h. Lorenzkirche begeben, wo man sich
zur Proceßion versammelte. Paschalis begegnet ihm
und entschuldigt sich, daß er Unpäßlichkeit wegen der
Proceßion nicht beywohnen könne und daher den Kirchen-
habit nicht angelegt habe. Bald darauf kommt Campulus. Beyde begleiten den Pabst zum h. Stephanus
und Sylvester Kloster, das Leo gestiftet hatte. Hier
stürzen plötzlich bewaffnete Leute aus den benachbarten
Häusern hervor. Das den Pabst begleitende waffenlose
Volk, das sich auch die Möglichkeit eines solchen Ueberfalls bey einer religiösen Feyerlichkeit nie gedacht hatte,
wird vom Schrecken ergriffen und flieht. Die Frevler
bemächtigen sich des verlassenen Leo, schlagen ihn, tre-

Q 5   ten

ten ihn, wollen ihm die Augen ausstechen und die Zunge
ausschneiden, schleppen ihn, da sie auf der Straße nicht
damit fertig werden können, in die Klosterkirche, um an
heiliger Stätte die Greuelthat zu vollenden. Allein auch
hier wurden sie daran verhindert, wenn sie anders wirklich den Vorsatz hatten, diese Grausamkeit auszuüben ⁵).
Sie hielten ihn nun als einen Verbrecher gefangen.
Es gelang ihm aber die Nacht darauf aus der Gefangen-
schaft zu entkommen. Einige seiner Freunde halfen ihm
über die Mauern; er floh nach Spoleto. Leo schickte
darauf an Karln, ihm den Vorfall zu berichten. Dieser, der eben im Begriff war, einen Feldzug wider die
Sachsen anzufangen, verlangte, daß Leo zu ihm, in sein
Lager bey Paderborn kommen sollte. Leo that die Reise.
Hierüber betroffen glaubten seine Feinde den Eindrücken,
die Leos Klagen bey Karln machen würden, dadurch entgegen zu wirken, daß sie den Pabst einiger grober Verbrechen, die er begangen haben sollte, bey dem Monarchen beschuldigen ließen. Nach einem Aufenthalt von
einigen Tagen gieng Leo nach Rom zurück. Zwey Erzbischöffe, vier Bischöffe und drey Grafen als Bevollmächtigte von Karln, begleiteten ihn, um ihn nach der von der
gesunden Vernunft zu allen Zeiten und bey allen Völkern
anerkannten Rechtsregel, welcher zu folge der gewaltthäti-
gerweise aus seinem Besitz Gestoßne erst wieder hergestellt
wer-

---

⁵) Anastasius erzählt, sie hätten ihm die Augen würklich ausgestochen und die Zunge abgeschnitten. Durch ein Wunder habe er beydes Augen und Zunge wieder bekommen.
In den Annal. Eginh wird gesagt, sie hätten ihm, wie
einige meinten (vt aliquibus visum est) die Augen
ausgestochen u. s. w. Indessen ist jene Legende beym
Anastasius in das Martyrologium Rom. als eine wahre
Begebenheit aufgenommen.

werden muß, eh seine gewaltthätigen Kläger gehört werden
können, in seine Würde wieder einzusetzen, und bis zu der
Ankunft des Monarchen zu beschützen. Einige alte Nachrichten sagen, daß die Wiederkunft des Pabstes allgemeine
Freude verursacht habe, dahingegen andern zufolge der
schwache Eifer, den das römische Volk an dem Tage, da ihn
seine Feinde überfielen, zu seinem Beystande bewiesen hatte,
Zweifel erregen muß, ob Leo beliebt gewesen sey. Karl
selbst machte darauf, wie wir oben gesehen haben, die
nöthigen Einrichtungen gegen die Sachsen, besuchte im
Frühjahr 800 die westlichen Küsten seiner Staaten, um
Verkehrungen wider die schon furchtbar werdenden Normänner zu machen, hielt eine Reichsversammlung zu
Mainz, und gieng alsdann im Herbste mit einem Heere
nach Italien. Dieses Heer übergab er zu Ancona seinem
Sohn, Pipin. Er selbst setzte seine Reise nach Rom
mit einem großen Gefolge fort, wo er am vier und zwanzigsten November, auf eben die Weise, wie die beyden
erstenmale seinen feyerlichen Einzug hielt.

Den siebenten Tag nach seiner Ankunft, den ersten
December des Jahrs 800, setzte er zur öffentlichen Untersuchung der Beschuldigungen an, die Leos Gegner
wider denselben zur Rechtfertigung ihres gewaltsamen
Verfahrens angeführt hatten. Karl ließ zu dem Ende
alle in Rom gegenwärtige Bischöffe, Aebte und übrige
Geistliche, den römischen Adel und sein fränkisches Gefolge in die heilige Peterskirche einladen. Er selbst befahl allen denen, welche Klagen wider den Pabst hätten,
aufzutreten und zu reden. Karl ordnete die Untersuchung
an, und unter seinem Vorsitz wurde sie in der Peterskirche
öffentlich vorgenommen. Dieses ist gewiß. Allein ordnete er sie, als competenter Richter an, diese Untersuchung? Uebte er, als Patricius, das Richteramt über
den

den Pabst und dessen Gegner, als über seine Unterthanen
aus? oder war er nur ein vom Pabst selbst dazu erbetener
Schiedsrichter? Hierüber sind die Meinungen eben so
verschieden, als die Systeme verschieden sind, die sich die
bekannten Parteyen über den Ursprung und Rechte des
päbstlichen Stuhls gemacht haben. Um meinen Lesern,
die über diese Fragen gern selbst entscheiden möchten, völlige Befriedigung zu verschaffen, halte ich für das Zweck-
mäßigste, hier nicht selbst zu erzählen, sondern ihnen die
Berichte der Schriftsteller, die theils zu diesen Zeiten,
theils nicht lange nachher lebten, vorzulegen.

In dem Leben Karls führt Eginhard gar keine Umstände von diesem Vorgange an, sondern sagt bloß „Karl
„sey nach Rom gegangen, den sehr verworrnen Zustand
„der Kirche wieder herzustellen 6)“. In den Jahrbüchern
ist er etwas umständlicher „. Am siebenten Tage, sagt
„er, nach des Monarchen Ankunft wurde das wichtige
„und schwere Geschäft, die Untersuchung der dem Pabste
„schuld gegebenen Verbrechen vorgenommen. Da sich
„aber keiner fand, der den Beweis dieser Verbrechen über-
„nehmen wollte, so stieg der Pabst vor allem Volke in
„der h. Peterskirche auf eine Kanzel mit einem Evange-
„lienbuche in der Hand, rief die heilige Dreyeinigkeit an,
„und reinigte sich durch einen Eid von den ihm angeschul-
„digten Verbrechen 7)“.

Der Longobarde, Paulus Diaconus, sagt auch nur
ganz kurz „ im Jahr 800 sey Karl nach Rom gekommen,
„und Pabst Leo habe auf einer Kanzel, mit den vier Ev-
„angelisten in der Hand, geschworen, daß er sich bewußt
„sey,

---

6) Vita Caroli M. c. XXVIII.
7) Eginh. Annales a. 800.

„sey, die ihm von den Römern schuldgegebenen schändli-
„chen Verbrechen nicht begangen zu haben [8])".

Am umständlichsten erzählt der Biograph der Päbste,
Anastasius, den ganzen Vorgang„. Karl ließ die Erz-
„bischöffe, Bischöffe, Aebte und alle vornehme Franken
„und Römer in der Peterskirche zusammenkommen.
„Er selbst und der Pabst saßen, und hießen auch die
„Erzbischöffe, Bischöffe und Aebte sich setzen, (die übri-
„gen Geistlichen aber und die vornehmen Franken und
„Römer standen) und die gegen den Pabst vorgebrachten
„Klagen untersuchen. Allein alle Erzbischöffe, Bischöffe
„und Aebte antworteten einmüthig: das wagen wir
„nicht, den apostolischen Stuhl, der über alle Kir-
„chen Gottes gesetzt ist, zu richten; denn wir alle
„werden von ihm, von seinem Statthalter gerichtet,
„aber er selbst kann von niemand gerichtet werden,
„wie es von Alters her Gebrauch gewesen ist. Doch
„was er selbst, der höchste Bischof für gut finden
„wird, wir wollen ihm nach den Satzungen der Kir-
„che gehorchen. Darauf sagte der Pabst Leo: ich will
„in die Fußstapfen meiner Vorgänger treten, und
„bin bereit mich gegen die falschen Beschuldigungen,
„die so schändlich gegen mich vorgebracht sind, zu recht-
„fertigen. Darauf an einem andern Tage, als wieder
„alle Erzbischöffe, Bischöffe, Aebte und alle Franken
„im Gefolge des Königs und alle Römer in der h. Pe-
„terskirche versammelt waren, ergriff der Pabst die vier
„Evangelien, stieg auf eine Kanzel und schwur mit heller
„Stimme einen Eid, daß er gewiß sey, die Verbrechen,
„die ihm von seinen ungerechten Verfolgern schuldgegeben
„wären, nicht begangen zu haben. Darauf stimmten
„alle

[8]) Paul. Diacon. de gestis Longob. a. 800.

„alle Erzbischöffe, Bischöffe, Aebte und alle Geistliche „Lieder an, Gott, der heiligen Jungfrau Maria, dem „Fürsten der Apostel, Petro, und allen Heiligen zu „Ehren 9)“.

Die übrigen alten Schriftsteller haben entweder den Eginhard oder den Anastasius ausgeschrieben.

Ohne dem Urtheil meiner Leser vorgreifen zu wollen, bekenne ich, daß ich keine Möglichkeit sehe, bey theils so unvollständigen, theils dem Verdacht der Parteylichkeit so sehr unterworfenen Nachrichten — (denn wer wird die des päbstlichen Bibliothekars Anastasius unparteyisch finden)? — bestimmt zu sagen, in welchem Lichte sich Karl selbst bey diesem Vorgange habe betrachten wollen. Vielleicht dachte er sich selbst nicht deutlich, was für eine Person er dabey vorstelle; ob die eines eigentlichen Richters, oder eines Schiedsrichters. Auf der einen Seite ist wahr, daß er den Titel eines Beschützers und Vertreters des apostolischen Stuhls (Advocati et Defensoris) mit Bewilligung der Päbste angenommen hatte, und daß er vermöge seines römischen Patriciats die oberrichterliche Gewalt in Rom besaß. Allein die Päbste hatten ihn gewiß durch Ertheilung und Anerkennung jenes Titels nicht über sich zum Herrn erheben, sondern als beständigen Bundsgenossen zur Seite haben wollen, und der beständige Ton der Gleichheit in seinen Briefen an die Päbste und in den Briefen der Päbste an ihn beweißt, daß er wenigstens in seinem äußerlichen Betragen nie die Päbste, als von ihm abhängig, betrachtete. Vielleicht dürfte es denen, die in den staats-

klugen,

---

9) Anastas. Vita Leonis ap. Muratori Scriptor. Rer. Ital. T. III. P. I. p. 196. Recueil p. 466.

klugen, feinen, planvollen und alles allmälig vorberei-
tenden Character dieses außerordentlichen Mannes einge-
drungen sind, keine bloß gewagte Vermuthung scheinen,
wenn man annähme, daß Karl mit Fleiß sein Verhältniß als Herr von Rom zum Pabste als Bischof dieser
Stadt selbst im Fall, da er geglaubt in jener Eigenschaft
auf die Unterwürfigkeit den letzten Anspruch machen zu
können, gleichwohl lieber unbestimmt habe lassen wollen,
weil er von einer so innigen Verbindung mit ihnen bis
dahin so viel Vortheile geerndtet hatte, und noch mehr
zu erndten hoffen durfte, da hingegen ein Pabst, den er
durch den Ton oder durch Aeußerungen eines Oberherrn
gedrückt hätte, ihm in seinen weit aussehenden Planen
noch leicht hätte hinderlich seyn, und sich wieder auf die
Seite der Griechen schlagen können, zumal da von diesen seit Irenens Regierung Schritte zur Aussöhnung mit
Rom geschehen waren.   Karls Lage sowohl in Ansehung
der Griechen als seine Politik lassen kaum zweifeln, daß
er nicht alles werde vermieden haben, was ihn mit dem
Pabste hätte entzweyen können.

Ueber dieser Untersuchung und andern Beschäftigungen kam Weihnachten heran. Am ersten Tage dieses
Festes [10]) begab sich Karl nach der Peterskirche um der
hohen Messe beyzuwohnen. Es ist ein kleiner, aber doch
nicht aus der Acht zu lassender Umstand, daß Karl, der
ungern andre, als seine fränkische Kleidung trug, sich
während

---

[10]) Es ist zu bemerken, daß man in jenen Jahrhunderten
das neue Jahr mit dem ersten Weihnachtstage anfieng.
Dieser alten Rechnungsart zufolge geschah die Wiederherstellung des abendländischen Kaiserthums am ersten Weihnachtstage 801. Unter diesem Jahr muß man sie bey den
fränkischen Annalisten suchen.

während ſeines Aufenthalts in Rom von dem Pabſte bereden ließ, den Habit eines Patricius anzulegen ¹¹). [11]
In dieſem Anzuge begab er ſich auch dieſesmal nach der
Kirche. Nachdem er ſeinen Platz gegen den Altar über
eingenommen und ſein Gebet verrichtet hatte, gieng der
Pabſt unerwartet auf ihn zu und ſetzte ihm eine Krone
auf. Das ganze Volk, das entweder vorbereitet war,
oder durch den Enthuſiasmus, womit Leo die Handlung
verrichtete, fortgeriſſen wurde, rief darauf laut: Leben
und Sieg Karln, dem Auguſt, dem Großen, dem
friedeſtiftenden Kaiſer der Römer. Die ganze Verſammlung wiederholte dieſe Worte dreymal. Der Pabſt
adorirte alsdann den Monarchen und ſalbte ihn zum Kaiſer ¹²). [12]

Karl

¹¹) Eginh. Vita Caroli c. XXVIII.
¹²) Anaſtaſ. in vita Leonis III ap. Murat. T. III. P. I.
p. 199. Recueil p. 466. Annal Eginh. ad a. 801.
Anaſtaſius erwehnt des Adorirens nicht, wohl aber Eginhard. Dieſe uralte Sitte beſtand darin, daß man die
eine Hand an die Lippe hielt, als ob man dem Gegenſtande
ſeiner Verehrung einen Kuß zuwerfen wollte, mit der andern die Hand oder das Kleid des verehrten Gegenſtan-
des — bey Götzenbildern ihren Altar — ehrerbietig be-
rührte.

Keiner der alten Geſchichtſchreiber erwehnt eines Eides,
den Karl als neuer Kaiſer geleiſtet habe. Selbſt Anaſtaſius nicht. Sigonius aber fand in einem alten römiſchen
Ritual, Ordo Romanus betitelt, folgenden Eid, der
von Karln bey ſeiner Krönung ſey geſchworen worden:

„Im Namen Chriſti verſpreche und gelobe ich Karl als
„Kaiſer vor Gott und dem heiligen Apoſtel Petrus, daß ich
„dieſer heiligen römiſchen Kirche Beſchützer und Verfechter
„in allen ihren Angelegenheiten nach meinem beſten Wiſſen
„und Vermögen in ſo weit Gottes gnädiger Beyſtand mir
„helfen wird, ſeyn will.‟ Sigonius de Regno Italiae
ad a. 801.

Karl zeigte, bey dieser außerordentlichen Begeben̄heit, eine bescheidene Bestürzung, die den großen Be͞griff ausdrückte, den er sich von der Höheit der kaiserlichen Würde und von den Eigenschaften ḋešjenĩgen machte, der sie in seiner Person erneuern sollte. Als er nach geendigter Feyerlichkeit in seinen Pallast zu͞rückkam, erklärte er, daß er die Würde eines Kaisers für zu erhaben hielt, als daß er sie freywillig würde an͞genommen haben. Er versicherte, daß er, wenn er die Absicht des Pabstes vorher gewußt hätte, an dem Tage, ungeachtet es der größte Festtag der Christen sey, nicht würde in die Kirche gegangen seyn. Unterdessen legte er nun den Titel eines Patricius ab, und führte beständig den eines Kaisers (Imperatoris et Augusti).

Diejenigen, welche alle Handlungen dieses Monarchen dem Ehrgeiz und der Politik zuschreiben, zweifeln an der Aufrichtigkeit seiner angeführten Versicherungen, hal̄ten seine Bestürzung in der Kirche für geschickte Verstel͞lung, und glauben, alles sey nach einer im Lager, bey Paderborn genommenen Verabredung zwischen ihm und dem Pabste vergegangen. Natürlicherweise können weder für noch wider dergleichen Vermuthungen entscheidende Beweise geführt werden. In der That aber ist die ge͞genwärtige in der allgemeinen menschlichen Natur zu sehr gegründet, als daß nicht jeder Versuch, sie zu entkräften, kraftlos bleiben müßte.

Ich habe in der bisherigen Erzählung alle Umstände angeführt, die bey den alten Verfassern von dieser merk͞würdigen Begebenheit, der Wiederherstellung des Occi͞dentalischen Kaiserthums gefunden werden. Diese Be͞gebenheit ist die Hauptquelle, aus welcher wichtige Ver͞hältnisse der solchergestalt wiederhergestellten Kaiserwürde

Hegewisch Gesch. R theils

theils zur päbstlichen theils zur königlichen der übrigen europäischen Souveraine geflossen sind; Verhältnisse, die zum Theil noch fortdauern; Verhältnisse, über die die Meinungen in allen folgenden Zeiten sehr getheilt gewesen, und über die von verschiedenen Parteyen die verschiedensten Systeme sind behauptet worden. In unsern Zeiten läßt sich, nachdem die Sache hinlänglich aufgeklärt worden, kaum noch die Möglichkeit eines Streites darüber denken. Und wenn es möglich wäre, daß Publicisten und Geschichtforscher noch verschieden über den Vorgang dächten, so wird doch die Welt nicht mehr, wie in vorigen Zeiten, darüber zerrüttet werden. Kein deutsches Heer wird deswegen wieder über die Alpen gehn, und so wie überhaupt also wird auch dieses Streites wegen kein Banngewitter vom Vatican aus Deutschland mehr mit Furcht und Angst erfüllen. In unsern Zeiten also liegt einem Geschichtschreiber bloß die Pflicht ob, historisch und kurz die Hauptsysteme anzuzeigen, die über diese Begebenheit mit der Zeit entstanden.

I. Die Päbste behaupteten, Leo III. als von Gott dazu bevollmächtigter Statthalter seiner Oberherrschaft über alle Völker auf der Erde habe die griechischen Kaiser zu Konstantinopel ihrer Ketzerey wegen und wegen ihres Ungehorsams gegen den Stuhl des Apostel Petrus ihrer Kaiserwürde entsetzt und sie Karln übertragen. Sie nannten daher den ganzen Vorgang eine Uebertragung der den Griechen abgenommenen Würde an die Franken (translationem imperii) [13]).

II. Eine große Partey selbst unter den Katholiken hat schon längst dieser Behauptung der Päbste in so weit wider-

[13]) Baron. ad a. 800. n. IX : XXI. incl.

verſprochen, daß ſie nicht haben zugeben wollen, daß der
Pabſt den griechiſchen Kaiſern ihre Würde genommen
habe; die Griechen wären rechtmäßige Kaiſer geblieben.
Der Pabſt habe nur das abendländiſche in der Perſon des
Römulus Auguſtulus im Jahr 476 erloſchne Kaiſerthum
wiederhergeſtellt. Die Schriftſteller von dieſer Partey
nennen es eine Erneuerung der abendländiſchen Kaiſerwürde, (renouationem imperii) [14]. Dieſer Meinung war Karl ſelbſt, wie bald ſoll bewieſen werden.

III. Nicht der Pabſt allein, aus vermeinter von
Gott ihm anvertrauter ſtatthalteriſcher Gewalt, ſondern
das römiſche Volk einſtimmig mit ihm — und er eigentlich nur als Dolmetſcher der Wünſche des Volks —
ertheilten Karln die Kaiſerwürde. Dieſes war die Behauptung der deutſchen Publiciſten, ſobald ſie anfingen,
hiſtoriſche und philoſophiſche Kenntniſſe zu ihren Unter-
ſuchungen mitzubringen. Dieſe Meinung hat heut zu
Tage den Beyfall des ganzen aufgeklärten Europa —
nur daß einige ſie noch näher ſo beſtimmen, Karl habe
vom römiſchen Volk und ihrem Wortführer, dem Pabſte
bloß einen neuen Titel erhalten, ſo wie der Czaar Peter der Erſte von ſeinem Senate im Jahr 1721 den
neuen Kaiſertitel erhielt. Herr der Stadt Rom war
Karl ſchon, ſeitdem er ſein Patriciat, das ihm die
Römer ertheilt hatten, könnte gelten machen, und das
konnte er, ſo bald ihm und ſeinem Heere nach der Eroberung von Oberitalien und des longobardiſchen Reichs der
Weg nach Rom offen ſtand. Jeder Fürſt iſt befugt,
den Titel zu führen, der ihm von ſeinem Volk gegeben

					R 2						wird

---

[14] Pagi ad Baron. n. X. Sigonius de regno Italiæ
Lib. IV. ad a. 801.

wird [15]). Mehr als einen bloßen Titel konnten ihm die Römer nicht geben; am wenigſten könnten ſie ihm alle die Rechte ertheilen, die die vormaligen Kaiſer in Anſehung der zum Kaiſerthum gehörigen Länder gehabt hatten. Wer den Römern zu Karls Zeiten dieſes Recht zu erkennen wollte, der könnte es ohne Inconſequenz den heutigen Römern auch nicht verſagen. Wer behauptet, daß ſie damals Rechte, die ſeit drey bis vierhundert Jahren vernichtet waren, ſich wieder hätten zueignen können, der muß zugeben, daß ſie dieſes auch nach tauſend Jahren könnten. Dreyhundert oder tauſend Jahre machen hier keinen Unterſchied.

Wenn Karl ſelbſt ſeinen neuen Kaiſertitel als einen Ausdruck einer höhern Würde, eines höhern Ranges, der ihm als dem Beherrſcher von mehrern mit einander verbundenen Reichen, als Repräſentanten mehrerer großer mit einander verbundener Nationen vor andern Souverainen nur einzelner, nicht ſo großer Staaten, gebührte, betrachtet hätte, ſo würde er in der That eben das gethan haben, was in neuern Zeiten einige Fürſten thaten, die, nachdem ihre Staaten vermehrt und erweitert waren, einen ihrer erworbenen Größe, wie ſie glaubten, angemeßnern Titel gebrauchten. Allein Karl ſelbſt ſcheint ſo wenig, wie irgend einer ſeiner Zeitgenoſſen, dieſe Idee dabey gehabt zu haben. Vielmehr iſt

---

[15]) Es würde gewiß eine ſehr unzeitige Citirſucht verrathen, wenn ich von deutſchen Publiciſten und Geſchichtsforſchern, die von dieſer Begebenheit gehandelt haben, mehr, als den Herrn Geheimen Juſtizrath Pütter, und von ſeinen verſchiedenen hieher gehörigen Schriften mehr, als ſeine hiſtoriſche Entwicklung der Staatsverfaſſung des deutſchen Reichs (1. Thl. S. 58 : 65.) anführen wollte.

ist aus seinen Handlungen sichtbar, daß er selbst glaubte, an die Stelle und in die Rechte der alten römischen Kaiser getreten zu seyn. Er begnügte sich nicht bloß mit dem Titel Kaiser, sondern ließ den Zusatz beyfügen, Kaiser, der das Kaiserthum der Römer regiert [16]). Seine Urkunden ließ er nach der am griechischen Hofe gebräuchlichen Form einrichten, und ließ daher auch die Indictionszahl eines jeden Jahrs mit beyfügen, ob er gleich keine Indiction in seinen Staaten einführte [17]). Auf den Münzen, die zu Rom, vielleicht auf seinen Befehl, oder doch mit seiner Genehmigung zum Andenken dieser Begebenheit geprägt wurden, wird sie Erneuerung des römischen Kaiserthums (Renovatio Imperii Romani) genannt.

Unter Karls Verordnungen ist eine sehr merkwürdige, die man aber auf zweyerley Art erklären kann. Auf die eine Art würde sie beweisen, daß Karl auf die erlangte Kaiserwürde so gar neue Rechte über seine alten Unterthanen außer Italien habe gründen wollen. Nachdem er von seiner diesmaligen Reise in seine fränkische Staaten zurückgekommen war, gab er den Bevollmächtigten, die er in die Provinzen zu schicken pflegte, außer

R 3   ihren

---

[16]) Imperator, Romanorum gubernans imperium.

[17]) Indictionen heißen in den letztern Zeiten der römischen Kaiser die Steueredicte, die alle funfzehn Jahre neu gegeben und vom Kaiser feyerlich mit Purpurdinte unterschrieben wurden. Die so ausgeschriebne Steuer mußte während funfzehn Jahre unabänderlich bezahlt werden. Nach Verlauf von funfzehn Jahren wurden die Steuer den in der Zwischenzeit vorgefallenen Veränderungen in den Umständen der Provinzen, der Städte u. s. w. gemäß von neuem regulirt, und diese Regulirungen in einem neuen Edicte indicirt oder angesagt.

ihren gewöhnlichen Aufträgen, den Befehl, jeden ſeiner
Unterthanen, der über zwölf Jahr alt wäre, ihm, als
Kaiſer, einen neuen Eid der Treue ſchwören zu laſſen [18]. Das erſtemal, wenn man lieſt, wird man
ſchwerlich einen andern, als den angeführten Sinn, darin finden. So bald wir uns aber der damaligen Verfaſſung der Völker erinnern, ſo werden wir wenigſtens
die Möglichkeit einſehn, daß Karl dieſen Eid aus einer
andern Abſicht gefodert habe. Dieſe andere mögliche
Abſicht können wir am beſten erklären, wenn wir vorher eine andere Frage beantworten.

Ein ſehr ſcharfſinniger Verfaſſer nennt Karln den
größten Politiker ſeiner Zeiten; er beſchuldigt ihn gleichwohl der größten politiſchen Fehler. Unter andern tadelt
er ihn, daß er, nach Erlangung der Kaiſerwürde, ſeinen Sitz nicht in Rom genommen habe [19]. Rom
hätte er zur Hauptſtadt des wiederhergeſtellten Kaiſer-
thums machen müſſen; alsdann würden ſie ſich eher im
Beſitz ſo wohl Italiens als der Kaiſerwürde erhalten
haben. Allein wer ſich einen richtigen Begriff von
Karls Klugheit gemacht hat, der wird vermuthen, daß
es wichtige Urſachen waren, die Karln bewogen, lieber
unter ſeinen Franken zu bleiben, als ſeinen Sitz in Rom
zu nehmen. Die Urſachen lagen in der Verfaſſung der
Franken. Karl ſah ein, daß es wenigſtens noch viel
anderer Vorbereitungen bedürfte, mit Sicherheit Rom
zur Hauptſtadt ſeiner Staaten zu machen. Hätte er,
aus

---

[18] Capit. I, anni 802. II. ap. Baluz T. I. p. 365. vt om-
nis homo in toto regno ſuo qui antea fidelitatem ſibi
Regis nomine promiſiſſet, nunc ipſum promiſſum ho-
minis *Caeſari* faciat.

[19] Voltaire eſſai des Moeurs ch. XVI.

aus Eitelkeit, diese wichtige Veränderung jetzt gleich
vorgenommen; so wäre er in Gefahr gerathen, alle seine
bisher gewonnenen Vortheile zu verlieren. Wir brauchen uns nur zu erinnern, daß es keine stehende Armeen
gab. Dieser einzige Umstand machte die Ausführung
eines solchen Vorsatzes, gesetzt daß Karl ihn gehabt hätte,
gefährlich, ja unmöglich. Wir wissen, daß die Heere
aus einer aufgebotnen Mannschaft bestanden, die nur
während den Sommer zu Kriegesdiensten verpflichtet
war. Gegen den Winter gieng sie auseinander. Karl
also, wenn er in Italien bleiben wollte, mußte entweder
eine stehende Armee errichten, oder sich auf die Tapferkeit und Treue der Italiäner verlassen. Jenes würde
sehr viele und wesentliche Veränderungen in der damaligen Einrichtung der Staaten erfodert haben. Die
kriegerischen Tugenden der Italiäner aber waren schon
seit einigen Jahrhunderten sehr zweifelhaft geworden.
Und was ihre Treue betrift, so konnte es Karls Scharf-
sicht nicht entgehen, daß sie im Herzen seine Obermacht
eben so sehr haßten, als sie die Herrschaft der Griechen
und Longobarden verabscheut hatten ²⁰). So bald es
darauf ankam, seine Rechte durch die Waffen zu behaupten, so konnte er sich auf nichts, als die Treue und Tapferkeit seiner Franken verlassen. Dieser Umstand aber
machte seine Gegenwart unter den Franken nothwendig.
Wir wissen, die fränkischen Großen hatten unter den
vorigen Königen viel Gewalt gehabt, und strebten unab-
läßig, sie wieder zu erlangen. Dieses Streben wurde
nach Karls Tode sichtbar und gelang. Nur Karl mußte
während seiner funzigjährigen Regierung die Großen,

R 4 die

---

²⁰) Semper *Romanis* et Graecis suspecta suit Francorum
potentia. Eginh p. 99.

die sich seinen Vorgängern und noch mehr seinen Nachfolgern oft so nachdrücklich widersetzten, in der ruhigsten
Unterwürfigkeit zu erhalten. Aber dieses war bloß eine
Wirkung seiner Wachsamkeit, seiner Gegenwart des
Geistes, mit einem Worte, seines Genies. Durch die
Ueberlegenheit seines persönlichen Charakters herrschte er
über ihre Gemüther. Eine lange Abwesenheit würde
wahrscheinlich eine wichtige Veränderung in den Gesinnungen, mithin innerliche Unruhen verursacht haben.

Jetzt können wir die mögliche zweyte Absicht erklären, die Karl bey obgedachtem Eide hatte, durch welchen er sich als Kaiser die Treue von den Franken versprechen ließ. Er wollte sich bloß ihres Beystandes
versichern, seine Kaiserwürde, wenn es nöthig seyn sollte,
wider die Griechen, von denen er Widerspruch erwartete,
und gegen jeden andern Feind zu behaupten.

Vielleicht war Karl selbst der erste, der diesen Gedanken hatte, das abendländische Kaiserthum wieder herzustellen. Vielleicht hatte ihn Leo zuerst. Die ersten Urheber großer im Stillen angelegter Plane in der politischen Welt werden selten mit Gewißheit bekannt. Wenn
aber Leo Karln den Gedanken dieser Wiederherstellung
nicht zuerst eingab, so war er doch bey der Ausführung
eine Hauptperson. Ohne Einwilligung und Mitwirkung des Pabstes scheint sie kaum möglich gewesen zu
seyn.

Hier entsteht die Frage: wenn Leo sich nicht bloß
als Maschine von dem Monarchen brauchen ließ, wenn
er mit zur Sache rieth, wenn er sie gern beförderte,
was konnte er für Beweggründe dazu haben? was war
sein Zweck dabey?

Wenn

Wenn sich annehmen ließe, daß Leo die Folgen, die aus Erneuerung der Kaiserwürde entstehen konnten, und einst würklich entstanden, vorher gesehen habe — und sie ließen sich einigermaaßen vorhersehen — daß die neuen Kaiser ihre kaiserliche Rechte in Italien, und in Rom insbesondre, würden suchen gelten zu machen — daß alsdann die Päbste völlig von ihnen abhängen würden — daß sie alsdann mit unendlichen Schwierigkeiten würden zu kämpfen haben, um ihre weltlichen Besitzungen zu erweitern und in ein festes Ganze zu verbinden, insbesondere um ihre Herrschaft über die Stadt Rom zu befestigen, mit einem Wort, wenn schon Leo die Maxime gehabt hätte, die alle seine Nachfolger hatten, auf alle Weise zu verhüten, daß Italien, und Rom insbesondre, keinem mächtigen Monarchen unterworfen würde: so scheint es, daß Leo schwerlich aus eigner Meinung die neue Kaiserwürde befördern konnte. Vielleicht war dann persönliches Interesse sein Beweggrund. Vielleicht fürchtete er sich vor der Gegenpartey, die ihn gern vom päbstlichen Stuhle verdrängen wollte, so sehr, daß er sich lieber zu jedem Preise Karls Schutz gegen sie erkaufen wollte. Diese Vermuthung bekömmt dadurch einen Grad von Wahrscheinlichkeit, daß gleich schon im ersten Jahre nach Karls Tode eine neue Verschwörung wider Leo entdeckt wurde, und daß er immer bey den Römern so verhaßt blieb, daß eine Krankheit, die ihn dem Tode nahe brachte, neue Ausbrüche dieses Hasses veranlaßte [21]. —

Wenn wir hingegen voraussetzen, daß die Angelegenheiten der Kirche dem Pabst vorzüglich am Herzen lagen,

[21] Vita Lud. Pii. c. XXV. Recueil T. VI. p. 98. Eginh. Annal. a. 815.

lagen, und daß unter diesen Angelegenheiten die Wiedervereinigung der griechischen und lateinischen Kirche,
deren Trennung noch nicht ganz entschieden war, den
Hauptgegenstand seiner apostolischen Sorgen ausmachte;
so kann man mit dem gelehrten und frommen Pagi
glauben, Leo, voll froher Hoffnung über den glücklichen
Umstand, daß eben damals Irene, die religiöse und zu
einer Aussöhnung so geneigte Irene in Konstantinopel,
nach ihres Sohnes Absetzung, selbst regierende Kaiserin
war, habe die Idee gefaßt, eine Heirath zwischen ihr
und dem Monarchen, der sich und sein Schwert dem
Dienste des heil. Petrus gewidmet hatte, zu Stande zu
bringen, und habe geglaubt, daß Irene dazu desto eher
geneigt seyn würde, wenn auch Karl eine Kaiserkrone
trüge [22]).

Aber eine dritte Voraussetzung findet Statt. Eine
Wiedervereinigung der griechischen Kirche mit der lateinischen mußte doch schon damals in den Augen aller,
die auf den Grund sahen, kaum noch möglich scheinen.
Daß eine Frau, die durch eine Laune des Glücks den
griechischen Thron bestieg, von dem sie durch eine neue
Laune des Glücks leicht wieder konnte gestoßen werden,
daß eine Irene zu dieser Vereinigung Lust bezeigte,
mußte bey Verständigen von keiner Bedeutung seyn. Es
kam nicht mehr auf die Kaiser zu Konstantinopel an,
ob sie sich mit der lateinischen Kirche wieder aussöhnen
wollten. Das Volk war für die Trennung. Also hatte
vielmehr der Pabst an den Griechen, so zu sagen, ge-
borne und unversöhnliche Feinde. Die Griechen beharr-
ten bey ihren Ansprüchen an die Stadt Rom, und sie
waren noch Meister von Unteritalien. Dem mächtigen

Her-

---

[22]) Pagi ad Baron. 8co. n. XI.

Herzog von Benevent war nicht zu trauen; er war im Grunde griechisch gesinnt. Rom und der Pabst waren von dieser Seite also nie sicher, so lange die Griechen nicht aus ganz Italien vertrieben waren. Indem der Pabst und die Römer Karln zum Kaiser in Occident erklärten, und er diesen Titel annahm, eigneten sie ihm ganz Italien zu, das nach der alten Theilung zum abendländischen Kaiserthum gehörte, auf das aber die Griechen immer noch Anspruch machten. Sie veranlaßten dadurch einen unvermeidlichen Krieg zwischen Karln und den Griechen, und setzten jenen in die Nothwendigkeit alle seine Macht aufzubieten, um die Griechen völlig aus Italien zu vertreiben. Zwar wurde Karl, wenn ihm dieses gelang, mächtiger in Italien, als es vielleicht dem Pabste lieb war. Allein die Furcht vor den Griechen war ein gegenwärtiges Uebel; von dieser Furcht befreyt zu werden war ein empfundenes dringendes Bedürfniß; zu große Macht des neuen Kaisers, Anwendung derselben gegen den Pabst selbst war nur noch bloß ein denkbares, nicht empfundenes, nicht gegenwärtiges, sondern vielleicht erst kommendes Uebel. Ohne Zweifel ließ sich der Pabst, wenn wir anders zugeben, daß er nicht von höhern Eingebungen geleitet wurde, sondern als Mensch handelte, nach Menschenart durch Bedürfnisse, die er empfand, und nicht durch Folgen, die er sich nur als möglich denken konnte, bestimmen.

Noch müssen wir bemerken, daß Leo, nachdem er Karln zum Kaiser ausgeruffen und gesalbt hatte, auch seinen ältesten Prinzen, der mit dem Vater gleichen Namen führte, zum König salbte [23]), ohne Zweifel, um ihm

---

[23]) Anastas. in Vita Leon. III. ap. Muralor. T. III. P. I. p. 198.

ihm dadurch die Nachfolge in der Kaiserwürde zu sichern.

So sehr Karl am Weihnachtstage die Mine des Bescheidenen annahm, als ob Leo ihn mit der Kaiserwürde überrascht hätte, so zufrieden, ja man kann sagen, so dankbar bezeugte er sich dafür gegen den Apostel Petrus, in dessen Kirche ihm die neue Würde ertheilt war. Er, sein Sohn und seine Töchter machten viel kostbare Geschenke an diese Kirche und an das Grab des Apostels. Sie bestanden in einer goldenen, mit großen Edelsteinen besetzten, funfzig Pfund wiegenden Krone, die über den Altar aufgehängt wurde; in einer goldenen [24]) ebenfalls mit großen Edelsteinen besetzten, dreyßig Pfund wiegenden Schüssel; in einem großen, mit Edelsteinen besetzten Kelch von acht Pfund, einem andern von sieben und dreyßig, noch einem andern von sechs und dreyßig Pfund; einem silbernen Tisch von fünf und funfzig Pfund mit den dazu gehörigen Geräthschaften; einem Kreuz mit Hyacinthen besetzt, das der Pabst nach des Kaisers Verlangen bey Proceßionen vor sich her tragen ließ; einem Evangelienbuch mit goldenen Verzierungen und Edelsteinen reich besetzt, u. s. w. [25]). Alle diese Geschenke machte Karl noch am nemlichen Tage, da der Pabst ihm die Kaiserkrone aufsetzte, gleich nach geendigtem Gottesdienste [26]). Also hielt Karl sie in Bereitschaft, also war ihm die wiederfahrne Ehre nicht so ganz unerwartet.

Erst

---

[24]) Bey den Schriftstellern des Mittelalters heißt oft golden, was wahrscheinlich nur vergoldet war. — Die den Hunnen abgenommene Beute hatte Karln in den Stand gesetzt, diese Geschenke zu machen.

[25]) Anastas. in Vita Leonis III.

[26]) Anastas. ib.

Erst' nach seiner Krönung zum Kaiser sprach Karl
das Todesurtheil über die Feinde des Pabstes, Paschalis,
Campulus und ihre Mitgenoßen wegen der gegen Leo begangenen Gewalthätigkeit. Leo bat für sie, und Karl
milderte die Strafe in eine Verbannung von Rom und
Italien nach seinen diesseits der Alpen gelegenen Provinzen ²⁷).

Karl gieng erst im Herbste des Jahres 801 nach
Franken zurück. Die Regierung von Italien überließ er
seinem Sohn Pipin, den er bereits zum Könige dieses
Landes erklärt hatte. Karl hatte ihm erfahrne Männer
zu Räthen gegeben. Außerdem ließ er sich durch seine
Bevollmächtigten von allem die genausten Nachrichten
senden. Karl selbst kam nie wieder nach Italien.
Vielleicht hielten ihn die Kriege ab, die er, wie wir
gleich sehen werden, mit den nördlichen Völkern führen
mußte.

Die Nachricht von der Wiederherstellung der abendländischen Kaiserwürde durch einen Monarchen, dessen
große Eigenschaften und glänzende Thaten schon allgemeine Aufmerksamkeit und Bewunderung erregt hatten,
konnte nicht fehlen, zu Konstantinopel Erstaunen, Bestürzung und mannigfaltige Besorgnisse zu verursachen.
Nun war nicht allein die Hoffnung Italien wieder zu erobern ganz dahin, sondern nun mußte man befürchten,
auch das, was man noch in Unteritalien besaß, auch
Neapel und Sicilien zu verlieren. Noch nie war der
kaiserliche Scepter in einer Frauenhand gewesen, und auf
welche Art war er in die Hand der Frau, die ihn jego
führte, in Irenens Hand gekommen? Durch den schänd-
lichsten,

²⁷) Anastas. ib. p. Eginh. Annal. a. 801.

lichſten, grauſamen Mord, an ihrem Sohne begangen.
Mußte ſie nicht beſorgen, daß ihre Unterthanen, ſo ſehr
ſie an ſolche Abſcheulichkeiten gewöhnt waren, ſobald ſich
Karl für ihren Gegner erklärte, den Krieg mit ihm zum
Vorwande einer Empörung gegen ſie nehmen würden?
Und hatte ſie nicht Grund genug zu befürchten, daß Karl
feindſelig gegen ſie handeln, daß er ſich an ihr für alle
die geheimen Ränke rächen würde, wodurch ſie die Lon=
gobarden, den Prinzen Adalgis, und den Herzog Arigis
von Benevent, wodurch ſie vielleicht ſelbſt die Hunnen
gegen ihn aufgehetzt hatte? Einige Gründe gab es, dieſe
Beſorgniſſe zu mildern und die bevorſtehenden Gefahren
für nicht ſo groß, für wahrſcheinlich zu halten. Als Leo
Karln die Kaiſerkrone aufſetzte, ſchien dieſer überraſcht,
ſchien die Krone ungern anzunehmen. Vielleicht, konnte
Irene denken, wäre in der That dieſe Kaiſerkrönung nur
eine Würkung der enthuſiaſtiſchen Zueignung des Pabſtes
und der Römer gegen Karln, nicht eines überdachten
Plans von dieſem ſelbſt geweſen. Einige haben ſogar
die Vermuthung geäußert, daß Karl in der That an
jenem Weihnachtstage die Rolle eines Beſcheidnen nur
deßwegen geſpielt habe, um dadurch zu verhüten, daß
Irene nicht ihn als den Urheber des ganzen Vorganges
anſehn, und die ganze Macht des Orients gegen ihn auf=
bieten ſollte. Ob Karl ſich vor der ganzen Macht des
Orients gefürchtet hätte, mag unentſchieden bleiben.
Aber allerdings war es ſeiner feinen Klugheit gemäß, die
Sache ſo einzuleiten, daß er, wenn ſein neuer Titel von
den Griechen angefochten würde, ſagen konnte: ich habe
ihn nicht ſelbſt angenommen, ſondern der Pabſt und
die Römer haben ihn mir gegeben [28].

Jn

---

[28] Es war rathſam, die Sache ſo vorzuſtellen, da es nach
Karls eigenem Begriff die alte römiſche Kaiſerwürde ſeyn
ſollte,

In jener besorgnißvollen Lage waren schon Unterhandlungen gepflogen; Irene hatte an Karln zuerst im Jahr
802, er dann auch an.sie, im selbigen Jahre, Gesandte
gesendet, als sich sogar die Aussicht einer Heirath zwischen
beyden äußerte. Die abendländischen Geschichtschreiber
erwehnen nichts von dieser vorgewesenen Heirath. Den
griechischen Geschichtschreibern zufolge [29]) ließ Karl den
ersten Vorschlag thun. Irene war Witwe und sie war
zwar nicht jung mehr, aber noch schön: für Karls Ehr-
geitz konnte nichts so Verführerisches gedacht werden,
als nach der Erneuerung des abendländischen Kaiserthums,
auch noch das morgenländische damit zu verbinden.
Wie leicht sein Herz Feuer fing ist bekannt. Der Schwierigkeiten, die diese Heirath würden begleitet haben, theils

in

sollte, die ihm beygelegt wurde. Hätte er den bloßen
Kaisertitel, ohne Zusatz des römischen, aus dem natürlichen Grunde, daß er ihm als Beherrscher so vieler und so
großer Nationen gebühre, angenommen, so hätte er jene
Wendung nicht nöthig gehabt.

[29]) Zonaras T. III. p. 168. Theophanes in Chronogra-
phia sub anno IV. und V. Irenes; s. Recueil p. 183.
Gaillard, ohne dieser Behauptung der Griechen zu erwehnen, erzählt als eine ausgemachte Sache, Irene habe
Karln den ersten Antrag thun lassen. Mir ist keine Quelle
bekannt, woraus er diese Nachricht haben könnte. Der innern
Wahrscheinlichkeit nach läßt sichs kaum von Karls gründ-
lichem Verstande denken, daß er diese Heirath sollte gewünscht haben. Von dieser Seite betrachtet scheint es,
daß die Idee dazu nur von einer Frau entstehen konnte.
Indessen wie oft spielen Ehrsucht und Eitelkeit den Meister über den gründlichsten Verstand! Die Griechen sagen
auch noch, daß Pabst Leo die Heirath zu befördern gesucht habe. Wenn sich dieses so verhält, so konnte Leo
würklich bey Karls Kaiserkrönung jene gute Absicht haben,
die ihm Pagi beylegt.

in Ansehung der entweder gemeinschaftlichen oder getrennten Regierung, theils der Succeßion, theils der Zwistigkeiten zwischen beyden Kirchen, der griechischen und lateinischen, und noch in Ansehung vieler anderer wichtigen Puncte, mußten sich gleich beym ersten Nachdenken über diese Idee unendlich viel und unendlich große hervorthun. Aber alle diese Schwierigkeiten und selbst der Umstand, daß Irene mit so vieler Wahrscheinlichkeit für die Vergifterin ihres Gemahls, und für die Mörderin ihres Sohnes gehalten wurde, schreckten Karln nicht ab. Er schickte in eben dem Jahre zum zweytenmal eine Gesandtschaft nach Konstantinopel, an deren Spitze der Bischof Hetto war.

Aber diese Gesandte waren kaum zu Konstantinopel angelangt, als sie Zuschauer einer Revolution seyn mußten, wodurch Irene gestürzt wurde. Ihr Minister der Cästrat Aetius (Castraten waren sehr oft am griechischen Hofe die vornehmsten Minister) aus Besorgniß, seine Ministerschaft möchte ein Ende haben, wenn Karl Irenens Gemahl würde, suchte die Heirath auf alle Weise zu hintertreiben. Durch seine Emissarien brachte er das Volk zu Konstantinopel wider die Heirath auf. Dieses war desto leichter, da es an sich schon für den Stolz der Griechen ein unerträglicher Gedanke war, daß ein Franke, ein Barbar, den Thron Konstantins besteigen sollte. Die Großen fingen an, Irenen aufmerksam auf die nachtheiligen Folgen zu machen, die diese Heirath haben könnte; sie erklärten ihr endlich mit deutlichen Worten, sie müsse ihren Vorsatz fahren lassen; nicht ihr, sondern der Nation komme zu, den Thron im Erledigungsfall zu besetzen, und nie würde sich das Volk einen Fremden, einen Barbaren zum Oberherrn gefallen lassen,

Man

Man sah oder hoffte keine Wirkung von diesen Vor=
stellungen. Also wurde ein geheimer Plan gemacht, sie
abzusetzen. Vielleicht diesem Plan gemäß, vielleicht
durch andere Veranlassung erfolgte ein öffentlicher Auf=
stand. Das Volk und die Armee riefen den Reichskanz=
ler Nicephorus zum Kaiser aus, und der Patriarch sal=
bete ihn. Irene wurde in ein Kloster geschickt.

Karls Gesandte hatten nicht allein den Verdruß,
diese Scene mit anzusehen, sondern sie erlitten auch man=
cherley Beleidigungen von den stolzen und gegen die Fran=
ken sowohl wegen ihrer Eroberungen in Italien, als we=
gen Karls vorgehabter Heirath, so wie auch aus Religi=
onsvorurtheilen äußerst aufgebrachten Griechen. Die
Gesandten verhielten sich dabey nicht duldend, sondern
protestirten gegen Irenens Absetzung, drohten mit Karls
Rache, und giengen mit lebhaftem Bezeugen ihres Unwil=
lens von Konstantinopel weg. Indessen Nicephorus,
dessen Klugheit von der furchtsamen Art scheint gewesen
zu seyn, that den ersten Schritt zu Wiederherstellung
des guten Vernehmens dadurch, daß er Gesandte an
Karln schickte.

Karl gab diesen Gesandten im Jahr 803 Audienz
in seinem Pallaste zu Selz im heutigen Elsaß. Ein
Anecdotensammler [10]) der etwa funfzig Jahre nach Karls
Tode

_____

[10]) Der Mönch von St. Gallen lib. II. c. IX. Recueil
p. 123. Ich habe mir hier eine Freyheit erlaubt, von der
ich hoffe, daß man sie nicht für Gleichgültigkeit gegen
historische Wahrheit ansehen werde. Man weis, wie die
blühende Phantasie gewisser französischer Schriftsteller,
alles was sie andern nach erzählen, verschönern kann.
Die Erzählungen des Mönchs von Gallen sind alle von
der Art, daß sie Genies dieser Art reitzen mußten, ihre
Hegewisch Gesch.   S   Der

Tode lebte, hat von dieſer Audienz allerley Umſtände angeführt, die wir ſchwerlich für völlig glaubwürdig halten
können, die aber doch zuſammengenommen ein Gemälde
der damaligen Sitten und Gebräuche enthalten. Nach
ſeiner Erzählung ließ Karl die griechiſchen Geſandten mit
Fleiß nach Selz kommen; die Beſchwerlichkeiten der
Reiſe durch Italien und über die Alpen ſollten eine
Rache für die Begegnung ſeyn, die ſeine Geſandten
in Konſtantinopel erlitten hatten. Er ließ ſie daher
durch alle mögliche Umwege führen. Auch hatte der
Monarch dabey die kleine Abſicht gehabt, (ein Mönch nur
konnte ſie ihm andichten) daß ſie, wenn ſie auf einer ſo
langen Reiſe ihr Geld zugeſetzt und ihre Sachen verdorben hätten, bey ihrer Ankunft an ſeinem Hofe eine
ſchlechte Figur machen und durch den Conträſt ſeiner
Pracht, die er dießmal aufs äußerſte getrieben haben ſoll,
deſto tiefer ſollten gedemüthiget werden. Zur Audienz
wären ſie durch vier große Säle geführt worden. Im
erſten, wo ſie lauter Krieger erblickt, hätten ſie ſich
ganz erſtaunt ob der prächtigen Kleidung und ob der
von Gold und Silber ſchimmernden Waffen, vor
einem auf einem Thron ſitzenden Herrn nieder werfen
wollen. Aber zu ihrer Beſtürzung hätte man ſie zurük-
geſtoßen, mit den Worten: es ſey nur der Marſchall
(comes

Verſchönerungstalente bey dieſer und bey der weiter unten
folgenden die Geſandten des Chaliſen betreffenden Audi-
enzgeſchichte anzuwenden, und ich habe mir erlaubt, ihre
Verſchönerungen in meine Erzählung überzutragen. Um
aber jedem das Seinige zu laſſen, habe ich die Züge, die
dem ehrlichen Mönche nicht gehören, und die ich den Franzoſen abgeborgt, durch Schwabacher Schrift unterſchieden. Die Franzoſen, die ich vor Augen habe, ſind hier
Gaillard, und bey der Audienz der Araber, weiter unten,
der Père Daniel.

(comes ſtabuli). Im zweyten Saal hätten ſie abermals den Grafen des Pallaſtes ³¹), getäuſcht von der ihn umgebenden Pracht und Würde, für den Monarchen angeſehn. Das nämliche wäre ihnen im dritten mit dem Truchſeß ³²) und im vierten mit dem Oberkämmerer ³³) begegnet. Ihr Irrthum ſoll ihnen ſogar nach des Mönchs Erzählung mit Ohrfeigen verwieſen ſeyn. Der Oberkämmerer hätte ihnen denn endlich verſprochen, ſich zu erkundigen, ob ſie zur Audienz könnten gelaſſen werden. Darauf wären ſie von zwey Herren des Hofes in das Zimmer eines noch viel reicher geſchmückten Apartements geführt, wo ſie den Kaiſer, umringt von ſeiner Gemahlin, Söhnen, Töchtern, Erzbiſchöffen, Biſchöffen und Grafen, von Gold und Silber glänzend, am Fenſter ſtehend und gelehnt auf die Schulter des Biſchofs Hetto erblickt hätten. Ganz erſchrocken darüber, daß ſie den in Konſtantinopel ſo verächtlich behandelten Hetto hier in ſo vorzüglicher Gunſt bey Karln gefunden, hätten ſie ſich niedergeworfen. Karl aber mit einem Ton und mit einer Mine voll gütiger Heiterkeit und hohen Stolzes habe ſie aufſtehen heißen und geſagt: „Hetto verzeiht euch, und ich verzeihe uns auf ſeine Bitte; aber künftig ſey euch die Perſon eines Biſchofs und eines Geſandten ehrwürdig„. Die griechiſchen Geſandten giengen mit einem Schreiben Karls, worin er ſich über die Friedensbedingungen erklärte, nach Konſtantinopel zurück.

S 2   Nach-

---

³¹) Comes palatii, der im Namen des Königs im Gericht, das bey Hofe gehalten wurde, den Vorſitz hatte.

³²) Magiſter menſae regiae.

³³) Magiſter Cubiculariorum.

Nachdem Karl in Deutſchland angekommen war, ließ er ſich zuerſt angelegen ſeyn, die Empörung der Sachſen völlig zu dämpfen. Es ſcheinet nicht, wie wir ſchon erwehnt haben, daß die Oſtphälinger, Weſtphälinger und Angrarier Theil an den neuen Unruhen genommen hätten. Es waren bloß die nordwärts auf beyden Seiten der Elbe gelegnen Gaue, die ſich den Franken mit Hartnäckigkeit widerſetzten. Denn in dieſen Gegenden wurde der Krieg, nach den damaligen Verfaſſern, geführt [34]). Im Jahre 803 berief Karl die Sachſen zu einem allgemeinen Reichstage nach Selz, um ſich mit ihnen wegen der Punkte, worüber ſie ſich beſchwerten, zu vergleichen. Die Lage, worin beyde benachbarte Nationen, die Franken und die Sachſen, gerathen waren, führte für beyde unabſehbare Uebel mit ſich, und nur Nachgiebigkeit von beyden Seiten konnte jene Lage verbeſſern und dieſe Uebel entfernen. Karl mußte nach einer dreyßigjährigen Erfahrung von dieſer Wahrheit überzeugt ſeyn. Bey jedem Zuge nach Italien, oder Ungarn, bey jeder Reiſe, die er in die ſüdlichen und weſtlichen Provinzen machte, mußte er ſich einen feindſeligen grauſamen Beſuch von den Sachſen in ſeinem eigentlichen Frankenlande, während ſeiner Abweſenheit als höchſtwahrſcheinlich denken. Keine eidlichen Verſprechungen, keine Geißeln gaben ihm Sicherheit vor ihrem Empörungsgeiſte, ſo lange dieſer vom Haß gegen die fränkiſche Oberherrſchaft genährt wurde. Seine Franken wurden durch die ewigen Züge ins Sachſenland, ſelbſt den Winter durch, und durch die Verwüſtungen der Sachſen bey ihren Einbrüchen ins Frankenland zu Grunde gerichtet. Dieſe Betrachtungen ohne Zweifel leiteten Karln auf das einzige dieſer Lage angemeſſene Mittel,

die

---

[34]) Annal. Eginh. ad a. 804.

die Hauptquelle der Erbitterung zwischen beyden Nationen zu verstopfen, indem er den Sachsen völlige Gleichheit mit den Franken oder eine freye Vereinigung unter gleichen Gesetzen anbot. Die Sachsen sollten keinen Tribut geben, wie sonst damals immer von überwundenen Völkern gefodert wurde. Aber sie sollten an die unter ihnen gestifteten Kirchen und Schulen den Zehnten und andre bestimmte Abgaben zahlen, wie auch die Franken selbst und alle christliche Völker bezahlten. Sie sollten von nun an mit den Franken einerley Reichstäge, einerley Gerichtsverfassung, und in Ansehung der Kriegesdienste einerley Einrichtungen haben ³⁵). Aber auch bey diesem Anerbieten blieben doch für die Sachsen nicht wenige und nicht unwichtige Bedenklichkeiten übrig. Die Kriegesdienste bald jenseits der Alpen, bald an den Ufern der Donau, wozu sie sich, wenn sie diese Bedingungen annahmen, verpflichteten, waren äußerst beschwerlich, und unaufhörliche Kriegsdienste standen ihnen bevor. Auf allgemeinen Reichsversammlungen mußten sie befürchten, würde das Interesse einer einzelnen Völkerschaft nur als Nebensache, nur obenhin erwogen, und von den der Versammlung beywohnenden Sachsen zu oft vernachläßigt, oder wohl gar aufgeopfert werden. Unerträglich mußte ihnen auch die Abgabe des Zehnten an die Geistlichen fallen ³⁶).

S 3   Einem

---

³⁵) Poeta Saxo sub a. 503.

³⁶) Möser läßt die Sachsen in einer Rede die wesentlichen Nachtheile, die aus einer selbst nach den Grundsätzen der Gleichheit eingerichteten Vereinigung der Sachsen mit den Franken für die ersten entspringen mußten, vortrefflich aus einander setzen. Osnabr. Geschichte 1. Thl. 3. Abschnitt. S. 41 u. f. Im folgenden Abschnitte, wo Karls neue Einrichtungen in Sachsen und ihre Folgen ent-

Einem alten Autor zufolge ſcheint es, daß Karl bey den Edelingen und bey denen, die am meiſten Einfluß bey der Nation hatten, eine völlige Annahme ſeiner Vorſchläge und völlige Zufriedenheit mit denſelben, aller jener Bedenklichkeiten ungeachtet, durch ſeine Freygebigkeit zu bewürken wußte ¹⁷), und ſo ſcheint es, daß auch die∗ ſesmal das Intereſſe einer ganzen Nation dem Intereſſe der vornehmern und reichern Volksclaſſe aufgeopfert wurde. Vielleicht war auch die Ausſicht, die ſich durch dieſe Vereinigung für die Sachſen eröffnete, ſich in Kriegsdienſten des Monarchen Lehngüter in andern Län∗ dern zu erwerben, ein nicht ſchwach mitwürkender Be∗ weggrund. Eben jenem Autor zufolge ſcheint es in den letzten Zeiten nur das Volk in der eingeſchränktern Be∗ deutung des Worts, ſcheinen es nur die Gemeinen, die weder zu den Edelingen gehörten, noch ſich ihrer großen Beſitzungen wegen den Edelingen an die Seite ſetzen konnten, geweſen zu ſeyn, die Karln ſo ſtandhaft wider∗ ſtanden. Und jene Edelinge und ſonſt Angeſehne, be∗ ſtochen von Karls Freygebigkeit, ſahen mit einem Herzen, worin

entwickelt werden, ſehen wir, wie der Monarch die Be∗ denklichkeiten der Sachſen durch gewiſſe Modificationen dieſer neuen Einrichtung zu heben ſuchte.

17) Poeta Saxo ſub a 803

Quos per ter denos et tres tam duriter annos,
Liquere protracti penitus conamina belli,
Plus regis pietas et munificentia fecit,
Quam terror. Nam ſe quisquis commiſerat ejus
Egregiae fidei, ritus ſpernendo profanos,
Hunc opibus ditans ornabat honoribus amplis,
Copia pauperibus Saxonibus agnita primum
Tunc fuerat rerum, quas Gallia fert opulenta,
Praedia praeſtiterat cum Rex compluribus illic,
Ex quibus acciperent pretioſae tegmina veſtis,
Argenti cumulos, dulcisque fluenta Lyaei.

worin Selbſtſucht alles patriotiſche Mitgefühl erſtickte,
den blutigen Scenen zu, wenn ihre nicht beſchenkten,
für ihre alte Freyheit mit Verzweiflung kämpfenden
Landesleute vom ergrimmten Monarchen zertreten wurden ³⁸). Und unter dieſen ruhig zuſehenden Edelingen
war Wittekind, der, wie oben erwehnt worden, ſchon
früher gewonnen war ³⁹).

Karl mußte gegen die Nordalbinger und die Einwohner des Landes Wihmodi ſtrenger verfahren. Er hatte
ſich ihres Landes bemächtigt. Aber ſie gaben ihm hin-
länglichen Anlaß, die Aufrichtigkeit ihrer Unterwerfung
in Verdacht zu ziehn. Zu eben der Zeit machten die
Dänen, mit deren Beyſtand ſich die Sachſen ſo oft ge-
ſchmeichelt hatten, wirklich Anſtalten zu einem Kriege
wider die Franken. Dieſer Umſtand ſetzte Karln in die
Nothwendigkeit, ſolche Einrichtungen zu machen, daß
die Nordalbinger ſich nicht durch die Dänen zu neuen
Feindſeligkeiten verleiten ließen. Die Wahrſcheinlich-
keit, daß dieſes geſchehen würde, bewog Karln zu einem
Schritte, den man allerdings mit ſehr gehäßigen Farben

S 4　　　　　　　ſchil-

---

³⁸) Id. ib.
　　His vbi *Primores* donis *illexerat*, omnes
　　Subjectos ſibimet *reliquos obſtruerat* armis.
³⁹) Id. ſub a. 785.
　　Tunc vbi compererat Widokindum jam memora-
　　　　　　　　　　　　　　　　tum
　　Abbonemque ſimul　-　-　-　-　-
　　　　-　-　-　mittens propriis de ciuibus ipſis
　　Legatos, hortatur eos, quo flectere tandem
　　Colla ſibi, fideique ſuae ſe credere vellent,
　　Commiſſi veniam, nec non et *praemia* ſpondens
　　-　-　-　:　properarunt protinus ambo
　　Ad regem etc.

ſchildern kann, der aber in der That eine unvermeidliche
Folge von der Lage ſcheint geweſen zu ſeyn, worin er gegen dieſe Völker gerathen war. Entweder er mußte
ihrem neuen Aufſtande, der wegen der nahen Hülfe der
Dänen faſt gewiß war, zuvorkommen, oder er mußte
ſeine fränkiſchen Länder allen den Grauſamkeiten bloß
ſtellen, die von dem Haß und der Rache dieſer Völker zu
befürchten waren. Karl entſchloß ſich zu dem erſten,
und dieſe Abſicht zu erreichen, wählte er ein Mittel,
das ein ſpäterer Lehrer der Politik [40]) für das einzige
wirkſame in ſolchen Fällen erklärt hat. Karl ließ
im Frühlinge des Jahrs 804 an die zehntauſend
Sachſen aus Nordalbingien und Wihmodi mit ihren
Weibern und Kindern, nach ſeinen andern Ländern ver-
ſetzen. Das Land, das ſie bisher bewohnt hatten, gab
er den Abotriten, die beſtändig ſeine treue Bundsgenoſſen geweſen waren. Nach der Vermuthung einiger Verfaſſer gab Karl den transportirten Sachſen, ſieben Jahre
nachher die Erlaubniß, in ihr Vaterland zurück zu kommen. Die Sache iſt ungewiß [41]).

Nun erſt waren alle nicht ausgewanderten deutſchen
Völker im eigentlichen Sinn mit einander vereinigt;
nicht bloß unter einem gemeinſchaftlichen Oberherrn mit
einander verknüpft, wie es Frankreich und Italien waren,
wie Ungarn und Böhmen heut zu Tage ſind; ſondern
durch einerley Geſetze, durch einerley Reichsverſammlun-
gen, durch die Einheit der höchſten Gewalt waren ſie
von nun an Ein Volk, Ein Staat. Ich rechne zu den
nicht

---

[40]) Machiavelli.

[41]) Iacobi Schuback Differt. de Saxonum Transporta-
tione ſub Carolo M.

nicht ausgewanderten Deutſchen diejenigen Franken mit, die ſich nicht in dem eigentlichen Gallien niedergelaſſen hatten, ſondern längſt den weſtlichen Küſten des Rheins von ſeiner Mündung an bis zu den Alpen waren wohnend geblieben. Es ſcheint mir, daß in den gewöhnlichen Vorſtellungen die Franken als ein völlig ausgewandertes Volk betrachtet werden. Dieſes wäre ein Irrthum. Die Franken Karls des Großen waren ein Stamm, der ſich in zwey Nebenſtämme getheilt hatte. Der eine breitete ſich in Gallien aus, und ſeine Abkömmlinge wurden mit der Zeit aus Deutſchen Franzoſen. Der andere blieb in Deutſchland, und die heutigen Bewohner der öſtreichiſchen Niederlande, der Pfalz am Rhein, der drey geiſtlichen Churfürſtenthümer kurz des ober - und niederrheiniſchen Kreiſes ſind Abkömmlinge von ihm.

Dieſes Deutſchland Karls des Großen hatte gegen Weſten etwas ausgedehntere Grenzen, wie heut zu Tage, gegen Oſten aber viel eingeſchränktere. Dort erſtreckte es ſich oben bis an die Somme, unten faſt bis zur Rhone hin. Hier war die Elbe die Grenze. Es iſt ſchwer die damalige Bevölkerung dieſes Deutſchlandes auch nur ohngefähr zu beſtimmen. Der weſtliche Theil, oder der längſt dem Rhein, war bey weitem am meiſten angebaut. Der öſtliche Theil, oder der zwiſchen dem Rhein und der Elbe, war noch wohl dem heutigen Nordamerika in Anſehung der dünnen Bevölkerung ähnlich [42]). Vielleicht

S 5 wohn-

---

[42]) Dieſe Behauptung ſteht mit der im erſten Kapitel, wo ich vom Unterrheine bis zur Weſer hin eine ſtarke Bevölkerung annahm, nur in ſcheinbarem Widerſpruch. In jenen Gegenden wohnten in der Periode, von der im erſten Kapitel die Rede iſt, diejenigen Völkerſchaften, die ſich nachher Franken nannten, und die ſich durch ihre Neigung

zum

wohnten zu Karls Zeiten zwischen dem Rhein und der Elbe kaum zwey Millionen Menschen. Wenn das heutige Deutschland vier und zwanzig Millionen Menschen nährt, so hat mehr als die Hälfte davon ihren Unterhalt von der Industrie und der Handlung, die erst seit dem Ausgange des zwölften Jahrhunderts ergiebige Nahrungsquellen für die Deutschen wurden. Man vertilge in Gedanken alle jetzige Städte in Deutschland, alles Gewerbe, allen Handel, man hat alsdann ein Bild Deutschlandes vor dem zwölften Jahrhundert; und man wird sich bald überzeugen, daß vor dem zwölften Jahrhundert kaum zwölf Millionen Menschen in Deutschland lebten. Von Karls Zeiten an bis ins zwölfte Jahrhundert wurde der Ackerbau in Deutschland allenthalben eingeführt und mit großem Eifer betrieben. Deutschland war in der Hinsicht ungefehr in dem Zustande, worin das englische Nordamerika bis auf unsre Zeiten gewesen ist. In Nordamerika, wo der Fleiß der Menschen, die gern fortkommen wollen, allenthalben noch ungebaute Länder findet, verdoppelt sich die Menschenmenge mit jeder Generation. Ob aber gleich in jenen Jahrhunderten die Betriebsamkeit und die Gelegenheit Aecker anzubauen in Deutschland nicht geringer seyn mochte, so können wir doch keinen so geschwinden Fortgang der Bevölkerung damals annehmen, weil noch so viel und so grausame Kriege mit den Nachbarn geführt und so viel Auswanderungen theils durch die Kreuzzüge, theils durch die Züge

zum Landbau von andern deutschen Horden unterschieden. In ihren glücklichen Kriegen wider die Römer, da sie die von diesen angebauten schönen Rheinländer eroberten, zogen sie sich aus dem rauhen Westphalen dorthin, und Westphalen wurde ein Siz der viel wilderen und zum Landbau noch gar nicht geneigten Sachsen.

Züge nach Italien, theils durch die Bezwingung der
flavischen Länder veranlaßt wurden. Alle diese Auswanderungen scheinen mir aber zugleich zu beweisen, daß
die Menschen sich schneller vermehrten, als die Urbar-
machung des Bodens von statten gieng. Diese war
mühsam, und die jungen kraftvollen Menschen giengen
lieber auf Abentheuer aus, als daß sie Wälder ausra-
den und ihren Schweiß hinter dem Pfluge hätten vergießen wollen. Bey diesen Umständen, glaube ich,
kann man ohne Uebertreibung annehmen, daß sich die
Menschenmenge in Deutschland in jedem der drey Jahrhunderte von Karl dem Großen bis auf Friedrich den
Ersten verdoppelt habe. Von den zwölf Millionen also,
die wir ungefehr zu Friedrichs Zeiten annehmen, würden,
zu Karls Zeiten nur der dritte Theil, also ungefehr vier
Millionen, vorhanden gewesen seyn. - Wenn nun hinzu-
kommt, daß der westliche Theil oder der auf der West-
seite des Rheins bey weitem am meisten angebaut war,
daß Deutschland ostwärts sich nur bis an die Elbe erstreckte, daß das heutige Deutschland auf der Ostseite
der Elbe wenigstens den dritten Theil des Ganzen aus-
macht, daß also auch von den vier und zwanzig Millionen des heutigen Deutschlandes der dritte Theil auf der
östlichen Seite der Elbe wohne: so glaube ich, wird die
Rechnung nicht unwahrscheinlich befunden werden, nach
der ich zu Karls Zeiten die Menschenmenge zwischen dem
Rhein und der Elbe nur ungefehr auf zwey Millionen
geschätzt habe.

Ob es für die deutschen Völker ein Glück war, daß
sie durch das Schwert Karls des Großen genöthigt wurden, ihrer Unabhängigkeit zu entsagen, und einen großen Staatskörper mit einander zu bilden, ist eine Frage,
die mit nichts als Möglichkeiten, die keine Befriedigung

gung geben, beantwortet werden kann. So viel iſt gewiß, durch dieſe Vereinigung wurde die Cultur der
Deutſchen befördert, zwar langſam, zwar kümmerlich.
Aber dieſe Langſamkeit des Fortſchrittes war die Schuld
theils der Nachfolger Karls, theils der unglücklichen in-
nerlichen Kriege. Aber ohne jene Vereinigung durch
Karln wäre vielleicht überall kein Anfang mit der Cultur
gemacht worden, wenigſtens viel ſpäter. Viele kleine
rohe Völkerſchaften neben einander ſind in der größten
Gefahr ſo tief in Barbarey zu verſinken, daß ſie aller
Cultur unfähig werden. Sitten und Gewohnheiten
eines Volks werden durch ſeine anfänglichen Umſtände
und Bedürfniſſe veranlaßt. Seine erſte Generation
würde ſich ihrer noch leicht entwöhnen, wenn ihnen Anlaß dazu gegeben würde. Aber bey der dritten und vierten Generation iſt keine Entwöhnung mehr zu hoffen.
Sitten und Gewohnheiten von den Großvätern her, ſind
bey den Enkeln ſchon zu tief eingewurzelt, ſchon zur andern Natur geworden. Die erſten Menſchenfreſſer waren es aus Noth, ihre Enkel ſchon aus Neigung.
Wenn die Sachſen nicht von Karln bezwungen wären,
ſo würden ſie noch Jahrhunderte fortgefahren haben,
ihrem Wodan Menſchen zu opfern und durch Streifereyen ſich allen ihren Nachbarn furchtbar zu machen.
Die Franken hätten immer weiter ſchreiten mögen, die
Sachſen wären rohe Barbaren geblieben, wie es die
Aetolier mitten in Griechenland blieben, als ſchon die
Athenienſer die höchſte Stufe der Cultur erreichten.

Karl beherrſchte jetzt einen Staat, der ſich vom
Ebro bis zum baltiſchen Meere, vom aquitaniſchen
Meere bis zur Theiſſe, oder funfzehn Grade von Süden
nach Norden und zwey und zwanzig von Weſten nach
Oſten erſtreckte. Nach ihm ſind in Europa nur zwey-

mal. Mächte von ähnlichen Umfange wieder entſtanden. Es iſt hier ohne Zweifel der Ort, etwas über die Art zu ſagen, wie Karl dieſen großen Staat regierte, von dem Mechanismus, wodurch er eine ſo ungeheure Maſſe zu einem lebendigen, thätigen und gegen innere und äußere Gefahren hinlänglich geſicherten Staatskörper organiſirte. Etwas iſt zwar ſchon oben hierüber geſagt. Allein ich glaube, daß ich es bey der gegenwärtigen Veranlaſſung und in Verbindung mit andern die Regierungsart Karls betreffenden Punkten hier wieder anführen darf, ohne mich einer unnöthigen Wiederholung ſchuldig zu machen.

Karl war kein Attila, kein Gengiſchan, der mit wilden Horden die Erde wie ein reißender Strom überſchwemmte und verheerte. Jedes eroberte Land wollte er wenigſtens durch eifriger betriebnen Anbau, durch gute Geſetze und Anſtalten zu einer höhern Stufe von Glück erheben.

Der Regent eines großen Staats, der dieſen Zweck erreichen will, muß Mittel haben, nicht allein den wahren Zuſtand des Ganzen und jeder, auch der kleinſten Provinz überhaupt, ſondern auch jede in ihnen vorfallende Veränderung, die einigen Einfluß auf das Ganze haben kann, ſchnell und geſchwind kennen zu lernen, eben ſo ſchnell ſeinen Willen, ſeine Verordnungen und Verfügungen von ſeiner Reſidenz aus im ganzen Staate bis zur entfernteſten Grenze bekannt zu machen. Ihm ſind nicht allein Grenzfeſtungen gegen unruhige oder kühne Nachbarn, ſondern auch Feſtungen in dem Innern, zumal in Provinzen, deren muthige Bewohner an eine freyere Verfaſſung gewöhnt waren, unentbehrlich. Endlich iſt es unmöglich, daß er ſein Anſehn innerlich behaupte

häupte und seine Provinzen gegen feindselige Nachbarn
gehörig schütze, wenn er nicht ein Kriegsheer unterhält,
das wenigstens in einem solchen Grade gutgeordnet und
geübt seyn muß, daß es bey Unterthanen sowohl — ich
setze immer Unterthanen voraus, wie sie Karl würklich
hatte, die ihrer ehemaligen Unabhängigkeit nicht ver-
gessen konnten. — Eindrücke von Furcht und Ueberlegenheit errege; bey jenen aber auch keine gegründete
Klagen über Unterdrückungen veranlasse. Die Gesetzge-
berin des weitläuftigsten Staats unsrer Zeiten sagt: „Ein
„weitläuftiges Reich setzt eine unumschränkte Gewalt in
„derjenigen Person voraus, die solches regiert. Die
„Geschwindigkeit in der Entscheidung der Sachen, die
„aus fernen Orten einlaufen, muß die Langsamkeit er-
„setzen, die aus dieser weiten Entfernung entsteht.[43]„

Das erste Erforderniß also zu einer zweckmäßigen
Verfassung eines weitläuftigen Staates wäre nach dieser
Behauptung, deren Richtigkeit zu untersuchen, hier
nicht der Ort ist, die unumschränkte Gewalt des Re-
genten. Ob und in wie weit Karl sie nach der fränkischen Verfassung besaß, haben wir oben gesehen. Allein
was ihm die Verfassung nicht gab, das besaß er in der
That durch sein Genie. Niemand konnte zweifeln, alle
waren durch seine Handlungen überzeugt, daß das Beßte
des Ganzen immer sein Zweck war; niemand zweifelte,
alle gestanden, daß er immer die weisesten Mittel zu diesem
Zwecke wählte. Daher waren die Volksversammlungen
nie seinem Willen hinderlich, sie waren vielmehr Mittel,
seinen Willen desto schneller bekannt zu machen und auszuführen.

Das

[43] Katharina der II. Instruction zur Verfertigung eines
neuen Gesetzbuchs II. Kap. 10.

Das zweyte Erforderniß besteht in einer leichten und schnellen Communication des Hofs mit den Provinzen, selbst den entferntesten. Wie aber war diese zu Karls Zeiten möglich? Es gab überhaupt wenig Verkehr; es gab keine Posten, keine Couriere, die Kunst zu schreiben verstanden nur die Geistlichen, ja eigentlich nur wenige unter den Geistlichen. Nur ein unendlich kleiner Theil der Geschäfte konnte schriftlich verhandelt werden. Und in der einzigen Sprache, in der noch einige wenige zu schreiben verstanden, waren sie doch nicht geübt genug, sich immer verständlich, deutlich und bestimmt auszudrücken. Es ist ohne Zweifel der Mühe werth zu sehen, was bey diesen Umständen, da nie schriftliche Berichte eingiengen, auch nicht gefodert werden konnten; Karl für Mittel brauchte, theils sich von allem, was den Zustand der Provinzen betraf und was in ihnen vorgieng, aufs baldigste die nöthigen Nachrichten zu verschaffen, theils seine Verfügungen und Verordnungen geschwind genug bekannt zu machen.

Erstlich reiste Karl selbst viel, es war vielleicht keine Provinz seiner Staaten, die er nicht aus eigener Ansicht kannte, und er hatte einen scharfen, richtigen Blick. In seinen Verordnungen kommen viele Stellen vor, die sich auf von ihm selbst gemachte Beobachtungen beziehen.

Zweytens benutzte er dazu die Volksversammlungen. Da bediente er sich der Fragmethode, sagt ein alter Schriftsteller, der Karls Regierungsmaxime von einem Augenzeugen gelernt hatte [44]. Da durfte nicht nur jeder

[44] Secunda autem ratio Regis erat *interrogatio*, quid unusquisque ex illa parte regni, qua veniebat, dignâ relatu vel retractatu afferret, etc. Hincmar de Ord. Palat. ap. Du Chesne T. II. p. 476.

jeder dem Monarchen alles erzählen, was in seiner Provinz merkwürdiges vorgefallen war, sondern der Monarch trug es ihnen beym Auseinandergehn ausdrücklich
auf, ihm bey der Wiederkunft von allem genaue Berichte zu bringen. Seine wichtigsten Fragen — dieses
ist wohl zu bemerken — bezogen sich auf den Zustand
des Volks, ob es zufrieden sey, ob es sich worüber be-
schwere, wie den Beschwerden abzuhelfen wäre. Nie
verachtete er diese Beschwerden, oft hielt er es für wichtig genug, mit der ganzen Versammlung darüber zu
rathe zu gehn.

Auf eben diesen Versammlungen wurden den Bischöffen, Aebten und Grafen Abschriften von den neuen
Verordnungen und Gesetzen gegeben. Die eigentliche
Absicht der Gesetze und die Art, wie sie sollten vollzogen
werden, wurden vorher in der Versammlung mündlich
erwogen, so daß die Grafen, die kein Geschriebnes lesen
konnten, und nicht fähig waren, so kurze und in ihnen
so unbekannter Sprache so unbestimmt abgefaßte Gesetze
recht zu verstehn, gleichwohl wußten, was sie eigentlich
zu thun hatten, um das Gesetz zu Karls Befriedigung
in Ausübung zu bringen. Jeder Bischof, Abt und
Graf mußte bey seiner Zuhausekunft in seinem District
eine Versammlung halten, um das neue Gesetz, die
neue Verfügung bekannt zu machen.

Drittens ersah sich Karl die einsichtsvollsten, redlich-
sten und thätigsten Männer, sowohl aus den angesehensten
Geistlichen, als Weltlichen. Diese sandte er in den
Provinzen herum. Sie wurden Missi dominici genannt,
fürstliche Abgeordnete, oder Commissarii. Sie wurden
vom Monarchen selbst unterrichtet, auf was für Dinge
sie zu sehen hätten. Sie bekamen auch von ihm Vollmacht,

macht, gewissen Misbräuchen auf der Stelle abzuhelfen. Es sind noch einige schriftliche Instructionen, die er solchen Commissarien gab, vorhanden.

Viertens durfte jedermann aus der Provinz an den Hof kommen. Es war in jenen Zeiten gefährlich, anders, als in Gesellschaft zu reisen. Der wehrlose Reisende wurde wohl von gewaltsamen Gutsbesitzern angehalten und zum Leibeignen gemacht, oder verkauft. Karl verbot nicht allein alle Gewaltthätigkeiten gegen sie, sondern trug auch obigen Commissarien insbesondre auf, daß sie dahin sehen sollten, daß denen, die aus Mangel oder um Schutz zu suchen, nach Hofe reisten, nichts dergleichen wiederführe. Vielmehr sollte man ihnen unterweges des Kaisers Schutz und Almosen angedeihen lassen, das ist, in jedem District sollte der Bischof oder Graf ihnen Sicherheit und aus des Kaisers Gütern den nothdürftigen Unterhalt geben [45]).

Was das dritte Erforderniß zur Handhebung der öffentlichen Sicherheit und Ruhe in einem so weitläuftigen Staate, nämlich eine gute Kriegsverfassung, Festungen und eine stehende Armee anbetrift, so wird es nicht nöthig seyn der Festungen, oder wie man sie in Deutschland nannte, der Burge zu Karls Zeiten zu erwehnen. Aber wo war seine stehende Armee? wird man fragen.

Es ist schon bekannt genug, daß die Lehnleute, die Vasallen in den mittlern Zeiten eine Art stehender Truppen ausmachten. Dieses Lehnwesen ist keine Erfindung der Deutschen, sondern man mußte allenthalben und zu

allen

---

[45]) Capit. I. a. 802. XXX. ap. Baluz. T. I. p. 365.
Hegewisch Gesch.

T

allen Zeiten darauf verfallen, wo man viel Kriege führte,
folglich immer viel Kriegsleute in Bereitschaft haben
mußte, und wo man noch nicht im Stande war, ihnen
einen Sold an Gelde zu geben. Man gab dem Krieger
ein Gut für seine Dienste. Diese solchergestalt mit
Ländereyen, statt mit baarem Gelde, besoldeten Krieger
hießen in dem Latein zu Karls Zeiten die Treuen, die
fideles des Monarchen.

Diese Treuen mußten sich selbst die nöthigen Waffen
anschaffen, und mit den erforderlichen Lebensmitteln und
mit dem Futter für ihre Pferde auf Kriegeszügen selbst
versorgen. Den Treuen, das ist also den enrolirten Soldaten, werden in allen Denkmälern jener Zeiten, die
freyen Menschen (liberi homines) das ist, solche, die
nicht zu Kriegsdiensten verpflichtet waren, entgegen gesetzt. Karl fing an, auch diesen zuzumuthen, daß ihm
wenigstens einige nach einer gewissen Poportion, unter gewissen Umständen dienen sollten.

Es ist klar, daß diese Kriegsverfassung unendlich
drückender war als die heutige. Der Gutsbesitzer mußte
also oft selbst abwesend seyn. Diese Abwesenheit konnte
wenigstens leicht Anlaß zu allerley Schaden und Nachtheil geben. Er mußte einige seiner Knechte, einige seiner Pferde und Proviant und Futter, wenigstens auf
einige Monate mitnehmen, verlor er sie, so wurden sie
ihm nicht ersetzt. Er mußte sich alles auf eigene Kosten
wieder anschaffen, so auch seine Rüstung und Gewehr;
Auslagen, die beträchtlich waren, und für die er keine
Erstattung anders als vom Zufall erwarten konnte,
wenn er nämlich so glücklich war Gefangne und Beute
zu machen. Hier stand also in seiner Rechnung auf der
einen Seite immer gewisse und beträchtliche Auslage und

wahr-

wahrscheinlicher Verlust, auf der andern nur möglicher Gewinnst. So lange noch Länder zu erobern waren, wo der Eroberer unter seine Soldaten auch Ländereyen austheilen konnte, überwog die Hoffnung, sich ein beträchtliches Lehngut zu erwerben, das Beschwerliche der Auslagen und der zu leistenden Dienste. Wie aber keine Länder mehr übrig waren, wo man nach ihrer Eroberung, solche Austheilungen der Güter unter die Kriegsleute hätte vornehmen können, so wurde nun das drückende dieser Dienste empfunden. Die Lust der Deutschen in den folgenden Zeiten die Kaiser nach Italien zu begleiten, nahm in eben dem Verhältniß ab, als es seltener wurde, sich für seine Dienste mit Lehngütern dort belohnt zu sehen.

Heut zu Tage zahlt der Landbesitzer seine Contributionen; aber entweder von schon gehabtem Gewinnt, oder er hat Hoffnung das Geld, was er contribuirt, wieder zu gewinnen. Aus jener sehr beschwerlichen Einrichtung folgte es natürlich, daß die Kriege verwüstend und grausam seyn mußten. Der Krieger wollte für seinen gehabten Aufwand, für seinen ihm zu Hause durch die Expedition verursachten Schaden Ersatz haben, den konnte er nur durch Plündern und dadurch erhalten, daß er viel Gefangne machte, die sich entweder loskaufen, oder ihm als Leibeigene dienen mußten.

Wenn erst viele Menschen anfangen einander zu erkennen zu geben, daß sie gewisse Bedrückungen unerträglich finden, so werden die Gemüther allmälig im Stillen zu einer Revolution vorbereitet, die dann, je nachdem Veranlassungen kommen, entweder plötzlich und mit Gewalt ausbricht, oder nach und nach zu Stande gebracht wird. In diesen beschwerlichen Kriegsdiensten

iſt die Haupturſache von der Zertrümmerung der Karolingiſchen Monarchie zu ſuchen. Die Krieger hatten
alle Urſache zu wünſchen, daß der ungeheure Staat in
kleinere zerfallen möchte. Sie brauchten, ſobald ſie
einem Fürſten eines kleinen Staates dienten, nicht mehr
zu beſorgen, zu Feldzügen nach weit entfernten Ländern
aufgeboten zu werden. Der Gaſcogner brauchte dann
nicht mehr wie zu Karls Zeiten nach der Elbe, die
Sachſen nicht mehr über die Alpen oder nach Ungarn
zu marſchiren. Daher ſobald Karls Nachfolger die
Statthalter oder Herzoge in den Provinzen nicht mehr
unter genauer Aufſicht hielten, und daher dieſe Statthalter Luſt bekamen, die Provinzen als ihnen ſelbſt gehörige Länder zu betrachten, hingen die Krieger in jeder
Provinz mehr an dem Statthalter, als an dem Könige,
und beförderten die Unternehmungen des erſtern, weil
ſie dadurch die Ausſicht bekamen, künftig weniger, oder
doch nur auf kürzere Zeit Kriegsdienſte zu leiſten. In
der That finden wir, daß in den nachmaligen Jahrhunderten, da die vielen kleinen Staaten entſtanden waren,
die Kriege und Fehden gewöhnlich in einigen Wochen
abgethan wurden. Da konnten es die Ritter aushalten, wenn ſie aufſitzen mußten. Der Zug gieng z. E.
etwa aus Schwaben nach Bayern, oder aus Bayern
nach Schwaben. Ein Krieg, eine Fehde war faſt wie
eine Jagdpartie.

Die Kriegsdienſte, wie ſie unter Karln von Lehnleuten und freyen Gutsbeſitzern mußten geleiſtet werden,
waren nicht allein an ſich ſelbſt ſehr beſchwerlich und
drückend, ſondern ſie gaben auch zu einer beſondern Art
von Bedrückung Anlaß, deren Beſchaffenheit wir aus
den Verordnungen, die Karl dagegen machte, kennen
lernen. — Die Grafen ſagten oft denen Kriegsdienſte

an,

au, die überall nicht dazu verpflichtet waren; freyen
Leuten, die nur im Nothfall mitgehen mußten, mutheten sie auch in Angriffskriegen Dienste zu, wo sie doch
bloß der Lehnmann für sein Lehn schuldig war; sie foderten Kriegsdienste von denen, die eben die Reihe nicht
traf — alles dieses nur, um, wenn diese Leute ausblieben, wie sie zu thun befugt waren, die Strafe von
ihnen einzutreiben. Diese Leute klagten dann zwar über
dergleichen Bedrückungen; aber eh es Karl erfuhr, oder
eh er ihnen Gerechtigkeit verschaffen konnte, hatten sie
schon bezahlen müssen, oder waren, wenn sie nicht bezahlen wollten oder konnten ⁴⁶), von Haus und Hof vertrieben. So kamen oft freye Leute um ihr Haab und
Gut, dessen der Graf unter dem Vorwande des Heerbanns sich bemächtigte. Diese Ungerechtigkeit zu verhindern war eins der Hauptgeschäfte, die die Milli regii
auf ihren Untersuchungsreisen in den Provinzen zu besorgen hatten ⁴⁷).

⁴⁶) Die Strafe des Heerbanns betrug 60 Solidos. Capit II. a. 811. Ein Pfund Silbers wurde zu 20 Solidis ausgemünzt. 60 Solidi also enthielten 6 Mark fein,
waren also, nach dem zwanzig Guldenfuß 120 Gulden.
Das Silber hatte damals wenigstens dreyfach den Werth,
den es heut zu Tage hat. Mit 120 Gulden konnte man
wenigstens so viel ausrichten, als gegenwärtig mit 360.

⁴⁷) Ueber diese grausamen Mißbräuche haben wir Karls
eigne Zeugnisse in den Capitularibus a. 811 und 812 ap.
Baluz. T I p 485 459. Nur eine Stelle will ich aus
jenen hersetzen, die hinlänglich zeigt, wie weit diese Bedrückungen giengen. Dicunt etiam, quod quicunque
proprium suum Episcopo, Abbati vel Comiti, aut Judici vel Centenario dare noluerit, occasiones quaerunt
super illum pauperem, quomodo eum condemnare
possint, et illum semper in hostem faciant ire, vsque
dum *pauper factus, volens nolens suum proprium tradat*

T 3 *aut*

aus Vendut. Capit a. §11. III Diese Zeugnisse sind noch in anderer Hinsicht merkwürdig. Die Freyen, die solchergestalt von den königlichen Beamten, unterdrückt und in Armuth gestürzt wurden, mußten ohne Zweifel endlich Knechte werden. Dergleichen Unterdrückungen, wodurch Freye zur Knechtschaft gezwungen wurden, geschahen auch in spätern Zeiten. Man sehe meine Cha= raktere und Sittengemählde S. 223. Daraus folgt, daß die heutigen von Adel nicht die einzigen Abkömm= lings der ehemaligen Freyen sind, daß auch die heutigen Nichtadelichen zum Theil von Vorfahren abstammen, die vor tausend Jahren eben des Standes waren, als die Vorfahren des jetzigen Adels. Diese historische Wahrheit war dem großen Monarchen unbekannt, der dem Adel auch aus dem Grunde glaubte gewisse Vorrechte erhalten zu müssen, weil er das Ueberbleibsel der alten freyen Na= tion wäre. (Zimmermanns Fragmente über Fried= rich den Großen II. B. S. 130.) Der Adel ist es, aber er ist es nicht allein. Man wird sagen, der Adel kann diese seine Abstammung allein beweisen. Ja, wenn von Beweisen durch Stammbäume die Rede ist. Durch Gesinnungen und Handlungen kann es jeder, der sich würdig fühlt, ein Nachkomme von Männern zu seyn, die zu Karls Zeiten eben so frey, vielleicht freyer waren, als die Vorfahren manches jetzigen Freyherrn. — Dieses Argument muß den Nichtadlichen wenigstens in Hinsicht ihres Selbstgefühls so lange zu Statten kommen, als das positive Staatsrecht Vorzüge und Vorrechte der Geburt anerkennt.

Sechstes

Sechstes Kapitel.

Inhalt.

Ausbruch des Krieges mit den Dänen — Kriege mit verschiedenen flavischen Völkerschaften — Karl theilt seine Staaten unter seine drey Söhne — Seine Verordnung deswegen — Achtung, worin Karl bey auswärtigen Völkern stand — insbesondre bey dem Chalifen, Aaron Al Raschid, zu Bagdad — Gegenseitige Geschenke Karls und des Chalifen an einander — Einige Anekdoten vom Aufenthalte der Gesandten des Chalifen an Karls Hofe — Gotfried König der Dänen, bekriegt die Abötriten — legt das Dännemark an — Einige für Karln unglückliche Begebenheiten — Gotfried wird ermordet — Friede mit dessen Nachfolger Hemming — Karls Vorhersagung von den Unternehmungen der nordischen Völker — Concilium zu Aachen über das Ausgehen des heiligen Geistes vom Vater und Sohn — Kluge Entscheidung des Pabstes — Eine Hauptursache der verfallnen Kirchenzucht — Karl sucht sie wiederherzustellen — Die Geistlichen werden von Kriegsdiensten befreyt — Bittere Vorwürfe, die Karl den Geistlichen seiner Zeit, insbesondere über ihre Habsucht machte — Karls Achtung gegen den geistlichen Stand überhaupt — Er erweitert die Gerichtsbarkeit der Geistlichen zum Schaden des Staats — Er führt die Abgabe des Zehnten an die Geistlichkeit ein — Seine Bemühungen, die fränkische Gerichtsverfassung zu verbessern — Karl als Gesetzgeber betrachtet — und gegen Gibbon vertheidigt — Einige Merkwürdigkeiten aus seinen Gesetzen — Verschiedne politische Vorfälle — Reichstag zu Aachen im Jahre 813, wo Karl seinen Sohn Ludwig zum Nachfolger in der Kaiserwürde und zum Mitregenten annimmt — Karls Tod — Gemahlinnen und Kinder. —

T 4

Der

Der Krieg mit den Dänen ſchien in dieſem Jahre würklich ausbrechen zu wollen. Sie, zu denen Wittekind
geflohen war, ſo oft ſeine Unternehmungen gegen Karln
unglücklich ausfielen, und zu deren Beyſtand er, bey ſeiner jedesmaligen Zurückkunft ſeinen Sachſen Hoffnung
gemacht hatte, waren gleichwohl bisher immer ruhig geblieben. Im Jahr 782 hatte der König Siegfried von
Schleswig, oder wie es die Däniſchen Schriftſteller zu
nennen pflegen, von Südjutland, Geſandte an Karln geſchickt [1]), ohne Zweifel in Beziehung auf die Angelegenheiten der Sachſen überhaupt, vielleicht auch Wittekinds
insbeſondre. Allein es ſcheint nicht, daß dieſe Geſandtſchaft Folgen hatte. Wahrſcheinlich machten die Dänen
ſchon einige Verſuche, die Küſten der fränkiſchen Staaten zu plündern. Einer alten Nachricht zufolge mußte
ſchon 787 ſo etwas geſchehen ſeyn [2]); aber es war alles
dieſes wenigſtens nicht erheblich, obgleich Karl Urſach zu
haben glaubte, ſeine Küſten gegen ſie zu verwahren.

In Dännemark war noch keine regelmäßige Staatsverfaſſung. Die verſchiedenen Völkerſchaften im heutigen Schleswig und Jütland, auf den Inſeln und in
Schonen waren noch nicht zu Einem Volke, zu Einem
Staate vereinigt. Aber ſchon fiengen kriegeriſche und
vom Glück begünſtigte Anführer oder Könige einzelner
Völkerſchaften an, ſich die übrigen zu unterwerfen.
Natürlicherweiſe trachteten die unterwürfig gewordenen
das-

---

[1]) Annal. Franc. Loiſel. a. 782. Recueil p. 42. Poeta
Saxo a eod. Eginh. Annal. a. eod. Die Annales Fuld.
a. eod. Recueil p. 329. und die Annal. Mettienſes Recueil p. 344. nennen die däniſchen Geſandten mit wahr-
haft alten däniſchen Namen Helfdan und Reimund.
[2]) Vita Angelberti. Recueil p. 477.

darnach, sich wieder frey zu machen, und so konnte es
nicht an Revolutionen fehlen, wodurch diejenigen, die
die Oberherrschaft gehabt hatten, sie verloren und unterwürfig gewesene eine Art von Oberherrschaft erlang-
ten. Man kann mit den dänischen Geschichtschreibern
den, dem es gelungen war, sich eine Herrschaft über
die andern zu erwerben, den Oberkönig, die andern
Unterkönige nennen.

So ein Oberkönig war Gotfried oder Gothrich ³).
Karl war eben mit der Transportirung der Nordalbinger
beschäftigt, er hatte sein Lager bey Holden stehen jenseits
der Elbe, als dieser Gotfried mit allen Reutern, die
er aus ganz Dännemark aufbringen konnte, nach Sliestorf
oder dem heutigen Schleswig kam. Eben dahin ließ er
auch seine Flotte kommen. Seine Absicht soll anfangs
gewesen seyn, sich persönlich mit Karln zu unterreden.
Allein er soll diesen Vorsatz, auf Vorstellung der seinigen,
geändert haben. Karl schickte darauf an ihn und verlangte die Auslieferung einiger nach Dännemark geflohner
Sachsen ⁴). Von dem Erfolg dieser Gesandtschaft
wird nichts gemeldet. Wir finden überall keine Nachrichten wieder von Gotfried, als bis im Jahre 808.

In dieser Zwischenzeit führten die Franken verschiedene
kleine Kriege mit den slavischen Völkern, die sich von der
Ostsee an auf beyden Seiten der Oder bis in Mähren
hinunter ausgebreitet hatten. Sie bestanden aus mehreren unabhängigen Völkerschaften. Dergleichen waren

T 5

---

³) Sein ächter dänischer Name war Gudrod. S. v. Suhm
    Historie af Dänemark II. T. p. 1.

⁴) Annal. Eginh. ad a. 804.

ren die Weletaben oder Wilſen, die Soraben, die Behmannen, die Abotriten u. ſ. w. Von dieſen waren die
Abotriten die einzigen, die ſich mit den Franken vertrugen. Sie hatten mit Karln einen Bund geſchloſſen,
dem ſie mit einer Beſtändigkeit treu blieben, die bey den
Völkern in den mittlern Zeiten etwas ſehr ungewöhnli-
ches iſt. Denn was man auch von der Redlichkeit und
Treue dieſes Zeitalters zu rühmen pflegt, ſo waren es
wenigſtens nicht die Nationen, die dieſe Tugenden gegen
einander ausübten. Sie waren viel leichtſinniger, als
die heutigen verfeinerten Völker ſind, Bündniſſe und
Freundſchaften zu ſchließen und zu brechen, ſo wie es ihr
gegenwärtiger Vortheil zu erfordern ſchien. Die Standhaftigkeit der Abotriten iſt deſto außerordentlicher, da ſie
mehr Schaden, als Vortheil davon hatten. Es iſt
wahr, Karl räumte ihnen diejenigen Länder jenſeits der
Elbe ein, die durch die Transportirung der Sachſen
leer geworden waren. Allein dagegen wurde ihr eigenes
Land durch die unaufhörlichen Streifereyen der Wilſen
verwüſtet. Auch mußten ſie viel von den Sachſen leiden.
Im Jahre 795 verloren ſie ihren König, der bey dem
Uebergang über die Elbe von den Sachſen erſchlagen
wurde. Wir werden bald ſehen, daß es ihnen mit den
Dänen noch ſchlimmer gieng. Dennoch fielen ſie nie
von den Franken ab.

Die Wilſen und Behmannen nöthigten Karln durch
ihre Streifereyen, daß er verſchiednemale Kriegesheere
gegen ſie ſchickte, um ſie dafür zu züchtigen. Im Jahr
805 beklagten ſich die Hunnen, die unter Karls Oberherrſchaft ſtanden, über die Einfälle der Behmannen.
Karl ſchickte darauf ſeinen älteſten Sohn mit einem Heere
ab. Er ſtreifte tief in das Land der Behmannen. Einer
ihrer Fürſten, Lecho, blieb in einem Gefechte. Im
Jahr

Jahr 806 that dieser sein Sohn einen Zug wider die Soraben oder Sorben. Auch diese verloren in einem Gefechte ihren Fürsten, Milidoch. Die Franken bauten darauf zwey Festungen, die eine bey Halle an der Saale, die andere bey Magdeburg an der Elbe, um die Einfälle dieser Slaven zu verhüten. Im Jahr 812 wurden die Wilzen bezwungen. Der Ausgang aller dieser Züge war, daß diese Völker sich eine gewisse Abhängig- keit von den Franken mußten gefallen lassen. Wenn man bedenkt, daß Karls Staaten in Ansehung aller dieser Nachbarn ungefehr in der nemlichen Lage waren, worin die amerikanischen Colonien in Ansehung der Wilden sind, so wird man es unnöthig finden, über alle diese Kriege viele moralische und politische Betrachtungen zu verschwen- den, denen alle Kunst und Lebhaftigkeit des Vortrags, selbst eines Gaillard gleichwohl ihr Langweiliges nicht neh- men könnte.

Im Frühlinge des Jahres 806 hielt Karl einen Reichstag zu Thionville. Seine vornehmste Absicht war, der Versammlung einen Entwurf mitzutheilen, wie er wollte, daß nach seinem Tode, die Theilung seiner Staa- ten unter seine drey Söhne geschehen sollte. Die Ver- sammlung gab ihre Einwilligung zu der Theilung über- haupt und zu dem Entwurfe insbesondre. Karl ließ dar- auf eine Verordnung darüber aufsetzen; die Versamm- lung versprach eidlich, über ihre Erfüllung treulich zu halten und dahin zu sehn, daß die drey Prinzen den Inhalt derselben genau beobachten, und den Frieden mit einander niemals brechen sollten.

Um dieser Verordnung noch größere Kraft zu geben, wurde Eginhard mit dem Originale an den Pabst geschickt,

der

der zum Zeichen ſeiner Billigung ſeinen Namen darunter
ſchrieb [5]).

Dieſe Theilungsverordnung, welche die damaligen
Verfaſſer Karls Teſtament nennen, iſt noch vorhanden [6]).
Sie beſteht aus einem Eingange und zwanzig Artikeln.
In den drey erſten werden die Staaten, die jedem der drey
Prinzen nach Karls Tode anheim fallen ſollten, nach ihren
Gren-

[5]) Annal. Eginh. ad a. 806. Ueber die Abſicht die Karl
dabey hatte, daß er das Teſtament vom Pabſt unterſchrei-
ben ließ, ſagt Eginhard nichts. Dom Bouquet in dem
chronologiſchen Inder vor dem fünften T. ſagt: Karl ließ
das Teſtament von den fränkiſchen Großen und vom Pabſt
Leo confirmiren. - Das ſchrieb Dom Bouquet, als
Mönch. Er ſchrieb nicht immer ſo. Gaillard macht
folgende Anmerkung: „Wir behaupten in Frankreich mit
„Grunde, daß die Unterſchrift des Pabſtes dem Teſta-
„mente nicht mehr Rechtskraft, ſondern nur mehr Autho-
„rität geben ſollte. Die Erfahrung hat aber gelehrt, daß
„man immer dafür büßen muß, wenn man dem päbſtli-
„chen Hofe durch einen ſolchen Beweis von Achtung Ge-
„legenheit giebt, auf dieſen freywillig gegebenen Beweis
„das Recht zu gründen, ihn immerfort als Schuldigkeit
„zu fodern.“ So ſprachen von jeher die aufgeklärten
franzöſiſchen Publiciſten. Ich bin freylich der Meinung,
daß, weder Karl noch der Pabſt an eine Beſtätigung des
Teſtaments dachten. Aber mich dünkt doch, daß Karl
etwas mehr als bloße Authorität bey der Unterſchrift des
Pabſtes beabſichtete. Die Achtung, die Ehrfurcht vor
dem Nachfolger des heil. Petrus ſollte ſeine Söhne und
Nachkommen zu einer gewiſſenhaften Nachlebung ſeiner
Verordnung und zur Vermeidung alles Streits bewegen.
In dieſem Sinn ſchrieb ich der Unterſchrift des Pabſtes
eine größere Kraft zu.

[6]) Capit. I. anni 806. ſive Charta Diviſionis ap. Baluz
T. II. p. 1058. Recueil p. 771.

Grenzen bestimmt; und in dem vierten wird festgesetzt, wie es, wenn einer von den dreyen stürbe, mit der Theilung der von ihm besessenen Länder unter die beyden ihn überlebenden Brüder sollte gehalten werden.

Im fünften Artikel wird verordnet, daß, wenn einer der drey Prinzen einen Sohn hätte, welchen das Volk zum Nachfolger seines Vaters in der Regierung erwählen würde, die beyden Oheime ihre Einwilligung zu dieser Nachfolge ihres Vetters in seinem väterlichen Reiche geben sollten. In den folgenden Artikeln bis zum vierzehnten ist von verschiednen Punkten die Rede, welche Streitigkeiten zwischen den drey Brüdern veranlassen könnten. Der vierzehnte betrift den Fall, da eine wirklich entstandene Streitigkeit, die Grenzen der verschiedenen Reiche betreffend, durch keine Zeugnisse [7]) könnte entschieden werden. In solchem Fall verbietet ihnen Karl den Zweykampf und andere gewaltsame Mittel, und verordnet dagegen, daß sie sich des Kreuzgerichtes (Judicium crucis) bedienen sollten. Dieses Kreuzgericht war eine von den sonderbaren Methoden, die die Menschen in diesen Zeiten erfunden hatten, die Wahrheit oder Unwahrheit einer Behauptung, durch einen vermeinten göttlichen Ausspruch zu erfahren. Jede der beyden Parteyen wählte sich einen Menschen, den sie ihren Advocaten nannten. Diese wurden mit einiger Feyerlichkeit nach der Kirche geführt und gegen den Altar über gestellt. Beyde mußten alsdann ihre Arme über sich gen Himmel ausstrecken und kreuzweise übereinander legen. In dieser Stellung mußten

---

[7]) Da man keine Landcharten und keine Urkunden hatte, die Grenzen zu bestimmen, so waren Zeugnisse derer, die die Grenzen von langen Zeiten her kannten, das einzige Mittel, Zweifel darüber zu entscheiden.

ten ſie bleiben bis die Meſſe zu Ende war. Der Partey, deren Advocat am längſten in dieſer Stellung aushielt, wurde der Sieg zuerkannt. Man glaubte, Gott ſelbſt habe die Arme des Mannes geſtärkt. Durch dieſes Mittel wollte Karl, daß ſeine Söhne in dunkeln ſtreitigen Fällen die Wahrheit und den Willen Gottes, wie er ſich ausdrückt, erforſchen ſollten.

Von den übrigen ſechs Artikeln iſt zu unſerer Abſicht nur noch der achtzehnte zu merken. Er verbietet den drey Prinzen, einer des andern Kinder, ohne vorhergegangene Unterſuchung der etwa wider ſie angebrachten Beſchuldigungen, zu tödten, zu verſtümmeln, zu blenden, oder zum Kloſterleben zu zwingen.

Wir haben geſagt, Karl habe zu dieſer Theilung die Einwilligung der Verſammlung erhalten. Eginhard erwehnet dieſer Einwilligung [8]). Gleichwohl geſchieht in der Verordnung ſelbſt, dieſer Einwilligung mit keinem Wort Erwehnung. Vielmehr kommen Ausdrücke darin vor, welche zu ſagen ſcheinen, daß Karl über ſeine Staaten, wie über ſein Eigenthum, aus uneingeſchränkter Macht diſponirt habe. Er nennt ſeine Söhne die Erben ſeines Reichs, und die Länder, die jeder bekommen ſoll, die Erbſchaft deſſelben. Dieſe Verordnung ſcheint zu beweiſen, das fränkiſche Reich ſey ein Erbreich geweſen, und bey der verlangten Einwilligung der Verſammlung zu dieſer Theilung habe Karl vielleicht bloß zur Abſicht gehabt, die Verſammlung zu berechtigen, bey entſtehenden Streitigkeiten unter ſeinen Söhnen die Vermittlung zu übernehmen.

Karl hatte zwar dieß letzte zur Abſicht, aber nur zur Nebenabſicht. Wir finden in dieſer Verordnung

ſelbſt

---

[8]) Annal. a. 806.

selbst einen entscheidenden Beweis, daß Karl das Wahlrecht der Nation anerkannte. Der fünfte Artikel betrift
den Fall, da das Volk in einem der drey durch diese Theilung entstehenden Reiche den Sohn ihres Königs zu dessen Nachfolger wählen würde. Kann man sichs vorstellen,
daß Karl dieses Falls würde erwehnt haben, wenn schon
zu seiner Zeit die Nation kein Recht zu wählen mehr gehabt hätte? Eben dieser fünfte Artikel zeiget, in welchem
Sinne die Ausdrücke Erbe und Erbschaft in den damaligen Zeiten genommen wurden und in dieser Verordnung
zu nehmen sind, nämlich in einem sehr unbestimmten,
weitläuftigen Sinn. An dem erwehnten Orte ist die
Rede von dem Falle, da ein Prinz durch die Wahl des
Volks das Recht bekäme, seinem Vater in der Regierung zu folgen. Gleichwohl wird dieses auf die Wahl
des Volkes gegründete Folgerecht eines solchen Prinzen
seine Erbschaft genannt. Wir müssen also auch, wenn
Karl seine Söhne die Erben seiner Staaten nennt, darunter nichts anders als seine Nachfolger in der Regierung
ohne Rücksicht auf den Grund ihrer Nachfolge, verstehen.
So wenig war man damals gewohnt, mit den Worten
überhaupt, insbesondre mit denen, die man aus der
Sprache und den Gesetzen der Römer entlehnte, deutliche und bestimmte Begriffe zu verbinden. Vielleicht
ist diese Vernachläßigung der eigentlichen und genauen
Bedeutung der Worte eine der vornehmsten Quellen,
woraus viele Verwirrungen in den mittlern Zeiten entstanden sind.

Diese Theilung, um sie von einer andern Seite zu
betrachten, wird von einigen Neuern für einen Fehler
gehalten, den Karl wider die Politik begangen habe.
Wenn wir die Art erwägen, wie in jenen Zeiten Länder
regiert wurden; so ließen sich vielleicht gute Gründe fin-

den

den, warum Karl es für besser und sichrer hielt, so verschiedne und so weitläuftige Staaten zu theilen, als sie
alle einem einzigen seiner Söhne zu hinterlassen. Allein
es würde überflüßig seyn, diese Gründe hier auszuführen,
da sie sich aus dem, was oben von Karls Regierungs-
methode gesagt worden, von selbst ergeben; ich will nur
zeigen, daß Karl, wenn er auch gewünscht hätte einen
seiner Söhne zu seinem Nachfolger in dem ganzen unzer-
theilten Reiche ernennen zu können, durch andre Betrachtungen zu einer Theilung fast genöthigt war.

Die Theilung des Reichs, wenn ein König mehr
Söhne hinterließ, war bey den Franken so sehr Gewohnheit, daß es wie ein Grundsatz ihrer Verfassung konnte
betrachtet werden. Wir finden in der Geschichte der Merovinger nur sehr wenige Ausnahmen; und dann sind entweder gewisse besondre Umstände, die diese Ausnahmen veranlaßten, oder, wenn einer von den Brüdern den andern
durch Gewalt ausschließen wollte, so entstanden innerliche Unruhen und bürgerliche Kriege. Diese Gewohnheit
war so sehr zur Regel geworden, daß auch die Majores Domus sie befolgten. Karl mußte also theilen, oder er konnte
gewiß seyn, daß, wenn er alle seine Staaten nur Einem
seiner Söhne geben wollte, die beyden andern einen Aufstand erregen würden. Vergeblich hätte er dieses dadurch
zu verhüten gesucht, daß er sie zum geistlichen Leben be-
redt oder gezwungen hätte. Bey dem Ehrgeitze, der ihnen angeboren war, würden sie ein mit ihren Neigungen
so wenig übereinstimmendes Leben bald verlassen, Anhang
gefunden, und ihre Foderungen an den vorgezogenen Bruder durch die Waffen behauptet haben. Es war nur
Ein zuverläßiges Mittel, dergleichen Unruhen zu verhindern. Karl zielt darauf in dem achtzehnten Artikel
seiner Verordnung. Es war ein Mittel, dessen sich
herrsch-

herrschsüchtige Prinzen in diesen Zeiten nicht selten bedien=
ten. Einen Bruder oder Vetter, den sie wegen seiner
Ansprüche fürchteten, ließen sie, unter allerley Vorwand
tödten, blenden oder verstümmeln. In der Geschichte
der Merovinger kommen viel Exempel dieser Grausam=
keit vor; und es fehlt daran selbst unter Karls Nachkom=
men nicht, ob er sie gleich in dem angeführten Artikel
verboten hatte. Gesetzt also, Karl hätte selbst eine Thei=
lung eher für schädlich als nützlich gehalten; so waren
ihm die nachtheiligen Folgen, die daraus entspringen könn=
ten, nicht wichtig genug, um sie durch Begehung oder
Veranlassung solcher Grausamkeiten zu verhüten.

Der vierzehnte Artikel, in welchem Karl seinen Söh=
nen befiehlt, ihre Streitigkeiten durch das Kreuzgericht
zu entscheiden, wird ihn vielleicht in den Augen derjenigen
sehr herabsetzen; die es dem menschlichen Verstande zu=
trauen, daß er sich durch seine eigene Stärke, ohne alle
äußerliche Hülfe, über alle Vorurtheile seiner Zeiten er=
heben könne. Vielleicht würde ● ein richtigerer Schluß
seyn, wenn man aus diesem Artikel die Folge zöge, daß
Karls Anhänglichkeit an die Religion seiner Zeiten unge=
heuchelt und eine Würkung, nicht seiner Politik, sondern
seiner Ueberzeugung gewesen sey. Denn, in dem gegen=
seitigen Falle, würde er ohne Zweifel das Betrügliche
bey einem Kreuzgerichte eingesehn, und folglich nicht die=
ses als das einzige Mittel erwählt haben, den Frieden
unter seinen Nachkommen zu erhalten. Der Heuchler,
der die Religion bloß als ein Instrument gebraucht, seine
ehrgeitzigen oder eigennützigen Absichten zu erreichen, wird
sich dieses Instrumentes nicht bedienen, wo er nur schlechte
Dienste davon zu erwarten hat ⁹).

Ein

---

⁹) Karls aufrichtiger Glaube an das, was man zu seinen
 Zeiten von der göttlichen Vorsehung lehrte, kann keinem

Ein Monarch, der in einer so langen Regierung so
vorzügliche Eigenschaften im Kriege und im Frieden ge=
zeigt hatte, konnte nicht fehlen, die Bewunderung seiner
Zeitgenossen zu erwecken. Karls Name wurde, noch
bey seinem Leben, unter den entferntesten Völkern berühmt.
Auswärtige Könige verehrten ihn und suchten seine Freund=
schaft. Eginhard erzählt, Alphonsus, König von Gal=
licien und Asturien, habe, so oft er an Karln geschrieben,
oder Gesandte geschickt, sich nie anders als seinen Vasal=
len genannt. Die Könige von Schottland gingen noch
weiter. Sie nannten sich seine Unterthanen, seine Knech=
te [10]). Man sieht, daß diese Ausdrücke weiter nichts
als übertriebene Höflichkeiten unverfeinerter Zeiten waren.
Von allen Zeichen des Beyfalls, die Karl von allen Sei=
ten erhielt, waren ihm keine schmeichelhafter, als die,
welche er aus dem Orient bekam. Der Kalife Aaron
Al Raschid, unter welchem die Araber in der Handlung,
in den Wissenschaften und Künsten eben so groß wurden,
als sie es bisher im Kriege gewesen waren, dieser August
der Araber gab Karln vorzügliche Beweise seiner Ach=
tung und Freundschaft. Karl hatte ihm Vorstellungen
zum Besten der Christen, insbesondre derer, die nach
dem heiligen Grabe reisten, thun lassen. Aaron bewil=
ligte nicht nur alles, was Karl verlangte, sondern er
schenkte ihm auch das heilige Grab. Einige haben dieß
aber ohne Grund so verstanden, Aaron habe Jerusalem
und das ganze gelobte Land an Karln abgetreten.

Bey=

Zweifel unterworfen seyn. Dennoch gebe ich zu, daß,
wenn er auch das Kreuzgericht nur als eine Art von Loosen
betrachtet hätte, es seiner Denkungsart immer Ehre machen
würde, daß er dieses Mittel einen Streit zu entscheiden,
den Duellen, einer blutigen Art von Loosen, vorzog.

10) Eginh. vita Caroli M. c. XVI.

Beyde Monarchen schickten verschiedenemal Gesandte an einander, die immer, nach der damaligen Gewohnheit, kostbare Geschenke überbrachten. Im Jahr 807 bekam Karl von Aaron unter andern eine Art von Schlaguhr, welche die erste in Europa war. Die Beschreibung, welche die alten Verfasser von ihr machen, zeugt von der Verwunderung, welche diese Maschine an Karls Hofe erregte [11]).

Die Gegengeschenke, welche Karl dem Kalifen sandte, bestanden in spanischen Pferden und Maulthieren, und in weißen, grauen, und rothen friesischen wollenen Mänteln, von denen man an Karls Hofe Nachricht hatte, daß sie im Morgenlande sehr gesucht und theuer bezahlt wurden [12]).

Von dem Aufenthalt der arabischen Gesandten hat der Mönch von St. Gallen in seiner Anecdotensammlung einige Erzählungen, die verschiedene Züge zu einem Sittengemälde der damaligen Zeiten enthalten [13]). Um ihnen eine große Idee von der Pracht und der feinen Lebensart der Franken [14]) beyzubringen, mußte am Sonntage die Procession unter den Fenstern des Pallastes vorbeygehn, und alle Bischöffe, alle Aebte und übrigen Geistlichen mußten, in ihren schönsten Kleidern und ihrem reichsten Schmuck, den Zug vergrö-

U 2 ßern

[11]) Annal. Eginh. ad a. 807.

[12]) Monach. Sangall. lib. II c. 14.

[13]) Monach. Sangall. lib. II c. 11.

[14]) Meine Leser werden sich aus der Note eben bey der Audienz der griechischen Gesandten erinnern, warum hier einiges mit Schwabacher gedruckt ist.

ßern und verschönern. Am andern Tage wurde Muste-
rung der Truppen gehalten, die sich aufs prächtigste
kleiden mußten. Erstaunt über alle diese Pracht, ver-
sicherten die Gesandten, bis dahin hätten sie nur Menschen von Erde, jetzt aber Menschen von Golde gesehen [15];
Als sie bey Hofe speiseten, waren die Tafeln mit einem
Ueberfluß von Speisen besetzt. Aus allen Provinzen von
Karls Staaten waren vornehme Gäste zugegen, jeder
nach seiner Landesweise aufs prächtigste gekleidet.
Aber alles war den Gesandten so neu und ungewöhnlich,
daß sie fast hungrig vom Tische wieder aufstanden [16].
An einem andern Tage gab er, um ihnen Vergnügen
zu machen, eine Jagd, deren Gefährlichkeit sie vielleicht
mehr Angst als Vergnügen empfinden ließ, eine Auer-
ochsenjagd. Noch waren die Wälder in Deutschland
voll dieser wilden Thiere, und diese Jagd war noch ein
Lieblingsvergnügen deutscher Jünglinge und Männer.
Der erste Anblick dieser furchtbaren Thiere erschreckte
die Gesandten so, daß sie die Flucht ergriffen. Karl,
um sie zu beruhigen, sprengt herbey und giebt einem dieser
Thiere einen Hieb über den Nacken, um den Kopf her-
unter zu hauen. Er fehlt. Das Thier, bloß verwundet,

[15] Sollten die guten Franken die feinen Araber wohl recht
verstanden haben? Wo gab es mehr Reichthümer, mehr
wahre Pracht in jenen Zeiten, als zu Bagdad, woher die
Gesandten gekommen waren? Ist es nicht eher zu vermuthen, daß sie eine Anstrengung, prächtig zu seyn, die
aber in ihren Augen eben so armselig als geschmacklos ausgefallen war, persiflirten, und daß ihr Persiflage für ein
ernstliches Compliment genommen wurde?

[16] So sehr hatte man nur an eine recht prächtige Tafel gedacht, daß man sich nicht nach dem Geschmack der aus so
fernen Ländern hergekommenen Gäste erkundigt hatte.

det, geht auf ihn loß, zerreißt mit seinen Hörnern einen seiner Halbstiefel [17]), und bringt seinem Beine eine, jedoch nur leichte, Schramme bey. Ein Mann, den man hier nicht erwartete, weil er eben in Ungnade war, Isenbart, ein angesehner Franke [18]), springt hervor, und trift mit seiner Lanze das wütende Thier zwischen Hals und Bug, so daß es tödtlich verwundet, niederstürzt. Karl scheint es nicht zu bemerken. Aber auch waren schon alle Höflinge herbey geeilt, und waren so geschäftig um ihn, daß ihm keine Muße sich mit andern (am wenigsten mit seinem Retter) zu beschäftigen gelassen wurde. Man wollte ihm den Stiefel ausziehn, nach der Wunde sehn, u. s. w. Karl litt es nicht, sondern sagte:,, so wie ich bin, geh ich zur Königin Irmen=„garde.“ Sie war seines Sohnes, Ludwigs, Gemahlin, und er liebte sie sehr. Er zeigte ihr seine Schramme, läßt ihr auch den Kopf und die Hörner des furchtbaren Thieres weisen. Sie, erschrocken, macht ihm mit Thränen Vorwürfe, daß er sich so sehr gewagt.,, Aber was „verdient denn der, der mich gerettet?“ frägt sie der Monarch.,, Alles, alles, was du ihm geben kannst!“ antwortet Irmengarde. ,,Isenbart ist es“ erwiedert Karl. Nun fällt sie ihm zu Füßen und bittet für Isenbart. Karl begnadigt ihn, giebt ihm seine eingezogenen Güter wieder, und die Prinzeßin macht ihm große Geschenke. — Der Erzähler dieser Anecdote giebt die Ursache nicht an, warum Isenbart so sehr in Ungnade gefallen war, daß er mit der Einziehung seiner Güter war bestraft worden. Es scheint auch, daß sich Irmengarde

U 3   bey

---

[17]) Eigentlich Schuhe mit zwey langen Streifen, die um die Waden geflochten wurden.

[18]) Er hatte seine Güter in Thurgau.

bey seiner Ungnade auf irgend eine Weise thätig bewiesen, und entweder dazu beygetragen, oder sie zu verhindern gesucht habe. Aber auch diesen Umstand hat der Erzähler im Dunkeln gelassen.

Der dänische König Gotfried fieng im Jahre 808, wegen verschiedner wahrer oder vermeinter Beschwerden, Krieg mit den Abotriten an. Er bemächtigte sich des Landes, und die Abotriten mußten ihm Tribut versprechen. Da sie beständig treue Bundesgenoßen der Franken gewesen waren; so schickte ihnen Karl seinen ältesten Sohn mit einer starken Macht zu Hülfe. Allein der Prinz mußte sich über die Elbe nach Sachsen zurückziehn. Die fränkischen Verfasser merken, als zum Lobe des Prinzen an, daß dieser Rückzug ohne Verlust geschehen sey. Die Abotriten hatten sich übrigens tapfer gewehrt. Einer ihrer Fürsten, Godolaib, wurde von den Dänen gefangen. Gotfried ließ ihn hängen. Man sieht, daß er in Ansehung seiner Denkungsart tief unter Karln und ein Barbar war. Er zerstörte auch Rorich, eine Handelsstadt der Abotriten an der Ostsee.

Aller dieser Vortheile ungeachtet fürchtete Gotfried gleichwohl die Franken. Er machte sehr weit getriebne Anstalten, sein Reich gegen sie zu verwahren. Er ließ von der Ostsee längst der Eyder bis an die Nordsee einen Wall aufführen, in dem nur eine einzige Pforte für Wagen und Pferde soll gewesen seyn. Dieser Wall ist unter dem Namen Danewirk berühmt geworden.

Ob Gotfried bey dieser Vertheidigungsanstalt eine ähnliche des angelsächsischen Königs Offa nachahmte, oder ob ihn nicht sein eigner Verstand darauf leitete, den Eingang in einen Isthmus, den schon die Natur mit

mit

mit einem Fl e verwahrt hatte, noch mehr durch Auf-
werfung eines Walles zu befestigen, dieses kann uns hier,
wo wir uns nicht mit Gotfrieds, sondern Karls Geschichte beschäftigen, gleichgültig seyn. — Auch in den
folgenden Zeiten wurden von verschiednen dänischen Königen, zwar nicht völlig, aber doch ungefehr in der
nehmlichen Gegend ähnliche Werke aufgeführt, und die
noch an einigen Stellen befindlichen Ueberbleibsel sind vielleicht nicht von jenem Gotfriedischen, sondern von irgend
einem Danewerke der spätern Zeiten [19]).

Im Jahr 809 scheinen beyde Theile Neigung zum
Frieden gehabt zu haben. Bevollmächtigte sowohl von
Karln, als von Gotfried, kamen zu Badenfliet zusam-
men. Sie giengen, unverrichteter Sache, auseinander,

Karl, um seine Besitzungen von dieser Seite zu
sichern, legte in diesem Jahre an der Stör eine Stadt
mit einer Festung an, Essesfleth, vermuthlich das heu-
tige Itzehoe. Er ließ die Stadt durch eine Colonie
Franken und Sachsen anbaun. Graf Eckbert hatte die
Aufsicht darüber. Eine andere Festung an der Elbe,
Hochbuchi, vermuthlich das heutige Hamburg, hatte
Karl wahrscheinlich schon einige Jahre vorher angelegt.

Beyde Oerter scheinen durch ihre Lage, durch ihre
Festigkeit und durch ihre starke Besatzungen, Gotfrieden
abgehalten zu haben, etwas gegen die Franken zu unternehmen. Er hatte übrigens große Lust dazu. Er war,
nach Eginharden, eben so kühn als eitel. Sein Vorsatz war nicht geringer, als ganz Deutschland, wie er
sich schmeichelte, zu unterjochen. Er drohte, mit einem

U 4   großen

[19]) v. Suhm Historie rc. T. II. p. 13 etc.

großen Heere nach Aachen zu kommen. Im Jahr 810 schickte er eine Flotte von zweyhundert Schiffen nach Friesland. Ein dänisches oder normännisches Schiff in diesen Zeiten war höchstens mit hundert Mann besetzt. Es waren also ungefehr zwanzigtausend Mann, die in der genannten Provinz landeten. Die fränkischen Grafen, die ihnen entgegen giengen, wurden geschlagen, und die Friesen mußten eine Schazung von hundert Pfund Silber bezahlen. So bald Karl diese Nachricht bekam, ließ er das ganze fränkische Heer aufbieten. Allein er war zu ungeduldig, zu warten, bis es ganz versammelt war. Er gieng mit den wenigen Truppen, die er aus der Nähe zusammenbringen konnte, die Weser hinunter, und nahm sein Lager an einer Stelle, die er für bequem hielt, die Ankunft seiner übrigen Völker zu erwarten. Hier bekam er einige unangenehme Nachrichten. Die Wilzen, die mit Gotfrieden im Bunde waren, hatten die Festung Hochbuchi erobert und zerstört. Sein Sohn Pipin war zur See in einer Unternehmung gegen die Griechen unglücklich gewesen und war gestorben. Dieser Tod seines Sohnes war ihm das empfindlichste. Alle andere widrige Begebenheiten ertrug er mit männlicher Gelassenheit, nur den Tod seiner Kinder nicht [20].

Es erfolgten bald andere Nachrichten aus Dännemark und aus Friesland, die ihm die Beruhigung geben konnten, daß er nicht, wie andre Lieblinge des Glücks, dazu bestimmt war, erst im Alter von der Veränderlichkeit desselben völlig überzeugt zu werden. Gotfried war auf der Falkenjagd von einem seiner Kriegsbedienten erschlagen. Seine Flotte war nach Dännemark zurückgegangen.

Got-

[20] Eginh. Vita Caroli M. c. XIX.

Gotfrieds Ermordung soll, nach einiger Vermu-
thung durch seinen Vetter Hemming veranstaltet seyn ²¹).
Man hat keinen andern Grund zu dieser Vermuthung,
als den Umstand, daß Hemming jetzt König wurde, un-
geachtet Gotfried, wo nicht einen Sohn, doch einen
Enkel von regierungsfähigem Alter hinterlassen hatte.
Sodann eilte Hemming, sich mit Karln zu vergleichen.
Man schließet daraus, daß er seine Macht nicht sicher
genug gehalten, um den Krieg mit einem auswärtigen
Feinde fortzusetzen.

Ein Waffenstillstand wurde gleich verabredet. Der
völlige Friede wurde im Jahr 811 geschlossen. Die
Eyder wurde zur Grenze beyder Reiche bestimmt. Beyde
Theile gaben, einer dem andern zwölf Personen vom
ersten Range zu Geißeln. Unter den Franken, die in
dieser Eigenschaft nach Dännemark giengen, werden
einige genannt, die Karln bey wichtigen Gelegenheiten
gedient hatten. Z. E. Eckbert, der die Pflanzstadt,
Essesfeld, angelegt hatte, und Thederich, der in den
Kriegen wider die Sachsen und Hunnen verschiednemal
erster Befehlshaber gewesen war. Unter den Dänen,
die nach Franken kamen, waren zwey Brüder Hemmings.
Aus der gleichen Anzahl der beiderseitigen Geißeln und
aus ihrem hohen Range schließen die dänischen Geschichtschreiber mit gutem Grunde, daß Hemming mit Karln
sich nicht anders als unter der Bedingung völliger Gleichheit in Unterhandlungen einlassen wollen, und daß Karl

U 5 der

---

²¹) Nach einer andern von den dänischen Geschichtschreibern
auf bewahrten Tradition soll Gotfrieds eigner Sohn, dessen
Mutter Gotfried verstoßen habe, um eine andre zu heirathen, auf Antrieb seiner Mutter den Mord mit angestiftet
haben. v. Suhm l. c. p. 20.

der Umstände wegen, worin er sich befand, nöthig gefunden habe, nicht auf seinem Vorrange als Kaiser über dem Könige zu bestehn [22]).

Gleich nach geschloßnem Frieden ließ Karl die Festung Hochbuchi, die von den Wilsen zerstört war, wieder aufbauen. Er selbst that eine Reise nach den westlichen Küsten, um die Anstalten in Augenschein zu nehmen, die er wider die nordischen auf der See schon damals furchtbar gewordnen Völker hatte machen lassen. Alle Hafen und Flüsse waren hinlänglich mit Festungen und Truppen versehn, den Feind, wenn er landen wollte, zurückzutreiben. Es war eine Flotte erbaut, wovon der größte Theil zu Boulogne lag. In diesem Hafen ließ Karl einen Pharos wieder herstellen, der schon unter den Römern, und wie einige vermuthen, zu Kaligula's Zeiten errichtet war [23]).

Karl hatte große Begriffe von der Kühnheit und Tapferkeit der nordischen Völker. Auf einer seiner Reisen durch die Seeprovinzen, die er hauptsächlich in der Absicht machte, Anstalten gegen die Unternehmungen dieser furchtbaren Söhne des rauhen Nordens vorzukehren, trug sich ein Vorfall zu, den ein Mönch mit Recht wichtig genug gefunden hat, in seine Anekdotensammlung unsern Monarchen betreffend, mit einzutragen [24]). Der Mönch erzählt, Karl habe oben in einem Zimmer zu Mittage gegessen, wo man eine Aussicht in die See gehabt hätte. Man habe in der Ferne Schiffe entdeckt.

Man

----

[22]) v. Suhm l. c. p. 22.
[23]) Annal. Eginh. ad a. 811.
[24]) Monach. Sangall. lib. II. c. 22. ap. Du Chesne T. II. p. 130. Recueil p. 130.

Man habe sie für Kaufardeyschiffe gehalten, und jeder habe errathen wollen, von welcher Nation sie wären. „Sie haben keine Waaren geladen" habe Karl gesagt, „ein kühner Feind befindet sich am Bord." Er habe darauf behauptet, daß es nordische Seeräuber wären; er habe sie an der Bauart und leichten Bewegung der Schiffe erkannt. Hierauf hätte man gleich Anstalten gemacht, den Seeräubern die Landung zu verwehren. Diese aber wären von selbst zurückgegangen, nachdem sie von der Anwesenheit des Monarchen Nachricht bekommen. Während man sich mit den Anstalten gegen sie beschäftigt, habe Karl traurig am Fenster gestanden, man habe Thränen in seinen Augen wahrgenommen. Niemand habe den Muth gehabt, ihn um die Ursache seines Kummers zu befragen, bis er selbst seine Besorgnisse zu erkennen gegeben und vorhergesagt habe, was seinen Nachkommen von diesen Nordmännern, die immer kühner würden, bevorstünde.

In eben dem Jahre starb sein ältester Sohn, der einerley Namen mit ihm hatte. Dieser zweyte Verlust, der so geschwind auf den ersten folgte, (Pipin war das Jahr vorher gestorben) verursachte Karln einen innigen tiefen Schmerz, der zuletzt zu einer anhaltenden Traurigkeit ward. Gerade diese beyden Söhne hatten die meiste Hoffnung gegeben.

Wir wollen jetzt das merkwürdigste, was während des Krieges mit den Dänen vorfiel, nachholen. Im Jahr 809 hielt Karl ein Concilium zu Aachen, dessen Veranlassung folgende war.

In dem ältesten Glaubensbekenntnisse der Christen, das man lange den Aposteln zugeschrieben, wird des Ausgehens der dritten Person nicht erwähnt; in dem
nicä-

nicäniſchen auch nicht. Das erſte konſtantinopolitaniſche Concilium hatte in der nicäniſchen Formel, die Worte, daß der heilige Geiſt von dem Vater ausgehe, eingeſchaltet. In den fränkiſchen und ſpaniſchen Kirchen waren, man weis weder wann noch wie, die Worte: und von dem Sohn hinzugefügt. Dieſer Zuſatz war nun ſchon lange in allen abendländiſchen Kirchen außerhalb Italien, gebräuchlich. Ein Mönch, der von Jeruſalem kam, tadelte dieſe Abweichung. Karl wurde darüber unruhig. Er berief ein Concilium nach Aachen. Allein entweder er ſelbſt und die verſammelten Biſchöffe fanden die Frage zu wichtigen Schwierigkeiten unterworfen, oder ſie waren durch das, was in Anſehung des Frankfurter Concilii vorgegangen war, behutſamer geworden, einen Ausſpruch zu thun, den der Pabſt vielleicht nicht billigen würde. Es wurde alſo für nöthig gehalten, eine Geſandtſchaft an ihn zu ſchicken, um ſeine Entſcheidung zu vernehmen. Die Geſandtſchaft beſtand aus dem Biſchof Bernhard, von Worms und dem Abt Adelard von Corbie, einem Verwandten des königlichen Hauſes. Ein Abt Smaragdus, hat die Unterredung des Pabſtes mit den Geſandten, bey der er zugegen war, in einem Briefe an Karln umſtändlich beſchrieben. Wer ſich einen Begrif von der geiſtlichen Klugheit machen will, womit der Nachfolger des heiligen Petrus dieſe Sache behandelte, der wird dieſe Unterredung mit Vergnügen leſen. Der Pabſt erklärte, daß er zwar ſelbſt an das Ausgehen des heil. Geiſtes vom Sohne glaube, daß er folglich den Zuſatz: und vom Sohne billige, daß dieſer Zuſatz aber bisher von keinem allgemeinen Concilio autoriſirt ſey; daß er daher lieber riethe, die ſchon zur Trennung geneigten Griechen durch eine anſcheinende Neuerung nicht noch mehr zu reitzen. Die römiſchen Päbſte ſcheinen Religionsſtreitigkeiten mehrentheils als kluge

kluge Staatsmänner behandelt zu haben, wenn oft Könige und Fürsten sich dabey, wie Theologen von Pro-
feßion, benahmen. Die fränkischen Bischöffe antworteten, wenn die Griechen an Trennung dächten, so
würde keine Nachgiebigkeit sie davon abhalten; es würde
also Gefälligkeit ohne Nutzen seyn, wenn man den Zusatz wegließe, und das Weglassen würde bey dem großen
Haufen nur den Verdacht erregen, daß er einer irrigen
darin enthaltenen Lehre wegen weggelassen sey. Der
Pabst erklärte, man müsse den Zusatz nicht auf einmal
weglassen, sondern erst in der kaiserlichen Kapelle den Anfang machen ²⁵). Es geschah aber nicht, Leo, um die
Griechen zu überzeugen, wie wenig er geneigt wäre,
ihnen zu widersprechen, ließ das Symbolum ohne die
ihnen anstößigen Worte auf zwey großen silbernen Platten, auf der einen in lateinischer, auf der andern in
griechischer Sprache eingraben, und auf beyden Seiten des Grabes des heiligen Petrus aufhängen ²⁶). Er
konnte nicht stärker bezeugen, wie sehr er es mißbilligte,
daß die fränkischen Bischöffe den Zusatz; und vom
Sohne beybehielten. Indessen im eilften Jahrhunderte
auf dem Concilio zu Florenz 1055 ist er von der ganzen abendländischen Kirche als orthodox angenommen.
Der Streit über die Formel erweiterte die allmälig be-
gonnene Trennung der griechischen Kirche von der lati-
nischen, veranlaßte endlich einen Streit über die Sache
selbst, und da die eine Kirche sich für das ausschließliche
Ausgehen des Geistes vom Vater, die andere für das
doppelte Ausgehen vom Vater und Sohn erklärte, so
wurde dadurch die Trennung völlig zu Stande gebracht.

Die

---

²⁵) Baron. Annal. a. 809. L. III. sq. Sirmondi Concil.
Gall. T. II. p. 256. sq.
²⁶) Muratori Script. rer. ital. T. III. P. II. p. 205.

Die Kirchenzucht war Karln eben so wichtig, als die Reinigkeit der Lehre. Sie schien ihm in Verfall zu seyn. Ihre Wiederherstellung war eine der Hauptange-legenheiten, womit er die Geistlichen sowohl auf den allgemeinen Reichstagen, als in besondern Versamm-lungen zu besänftigen pflegte. Karls Großvater, der Major Domus Karl Martell, hatte diesen Sittenverfall der Geistlichkeit zuerst dadurch veranlaßt, daß er durch sein despotisches Verfahren Bischöffe und Aebte verleitet hatte, Kriegesdienste zu thun. Er, der immer im Kriege verwickelt war, der immer nur seine ehrsüchtigen Absichten, Eroberungen, und die Erlangung der Krone vor Augen hatte, er, der immer mehr Kriegsleute brauchte, als er unterhalten und belohnen konnte, er kam, da keine Lehnguter mehr übrig waren, womit er die Lust zu seinen Kriegsdiensten hätte unterhalten und anfeuren kön-nen, auf den unglücklichen Gedanken, von den Bischöf-fen und Aebten zu verlangen, daß sie ihm die Kirchen-güter, seine Krieger damit zu versorgen, überlassen soll-ten. Da er gegen die Saracenen und Sachsen Kriege führte, so gebrauchte er zum Vorwande dieses seines Ver-langes, daß seine Krieger, weil sie die Kirche gegen diese ungläubigen Völker vertheidigten, keiner Versorgung entbehren könnten. Die Geistlichen verbargen ihren Schmerz und Unwillen über diese Zumuthung nicht. Aber ihre Klagen waren ohne Frucht. Da sie nun sahen, daß Karl Martell den Kriegsstand so sehr vorzog, da sie fürchteten, sie würden immer mehr von ihren Pfrün-den hergeben müssen, so entschlossen sie sich, selbst an der Spitze der Mannschaft, die von den Gütern ihrer Kirchen, oder ihrer Abteyen gestellt werden mußten, zu Felde zu gehn. Was die Christenheit noch nie gesehen hatte — Bischöffe und Aebte legten nun die Waffen an, zogen vor ihren Schaaren einher, führten sie selbst zur

Schlacht

Schlacht — anfangs alſo bloß aus Eigennuß, aus Beſ
ſorgniß, wenn ſie es nicht thäten, ihre Güter zu verlieren
ren — bald aber ſchon aus Neigung. Im Umgange
mit Kriegsleuten nahmen ſie nun auch deren wilde Sitten
ten an. Der Biſchof, der Abt trug wie die Weltlichen,
ſein mit Gold und Silber beſetztes Wehrgeſchenke, ſeiſ
nen mit Gold, Silber und Edelſteinen beſetzten Degen,
ſeine vergoldete Sporen. Und wie in der Kleidung,
ſo wurden ſie auch in allem, was man Sitten und Betragen
tragen nennt, den Weltlichen immer ähnlicher.

Nun fiengen ſie an, ihres urſprünglichen Berufs zu
vergeſſen. Nun riß die Unwiſſenheit unter ihnen ein.
Nun fieng man ſchon an Bisthümer und Abteyen als
Verſorgungen der jüngern Söhne aus den angeſehnſten
Familien zu betrachten. Die griechiſchen Geiſtlichen
blieben ihrer Beſtimmung getreuer und nichts ſtach mehr
von einander ab in den folgenden Zeiten, als ein griechiſcher
ſcher und ein fränkiſcher oder überhaupt ein abendländiſcher
Biſchof. Jene kannten nur Bücher und theologiſche
Subtilitäten; dieſe nur Jagd, Pferde und Hunde.
Wenn griechiſche Geiſtliche zuſammenkamen, ſo diſputirten
tirten ſie, die abendländiſchen tranken und ſpielten.

Schon zu Pipins Zeiten gab es einige Eiferer, die
die Geiſtlichen wieder an ihre Beſtimmung erinnerten,
und ſie zu den dahin gehörigen Beſchäftigungen und zu
den damit übereinſtimmenden Sitten zurückzuführen
ſuchten. Bonifacius war es, der dieſe Reform am
thätigſten betrieb. Und hierin unterſtützte ihn Pipins
Bruder, Karloman, vorzüglich, ſo lang er noch
Major Domus war. Concilien wurden gehalten, um
theils den Kirchen die ihnen entzogenen Güter wieder zu
verſchaffen, theils die Kirchenzucht wiederherzuſtellen,

und

und den Geiſtlichen weltliche Beſchäftigungen und Ver-
gnügungen zu verbieten.

Mit größerm Erfolg geſchah dieſes unter Karl dem
Großen, der eine wahre Reform zu Stande brachte, ſo
daß die Geiſtlichen ſeines Zeitalters bis zur letzten Hälfte
des neunten Jahrhunderts würklich mit denen des folgenden Jahrhunderts, ſo wie mit denen zu den Zeiten ſeines
Vaters und Großvaters ſehr zu ihrem Vortheile contra-
ſtiren. Viele von ihnen waren gelehrt, ſo ſehr man es
in jenen Zeiten ſeyn konnte. Sie kannten ihren Beruf,
und ſtrebten wenigſtens die damit verknüpften Pflichten
zu erfüllen. Dieſe Reform wurde vielleicht eben ſo ſehr
durch Karls perſönlichen Charakter, als durch ſeine Verordnungen bewürkt. Sein Temperament riß ihn zu einigen Vergehungen hin, aber im Ganzen genommen war
er in ſeinem Wandel und in ſeinem Beſtreben, nicht nur
Religionskenntniſſe, ſondern auch religiöſe Geſinnungen
zu verbreiten, eben ſo ſehr Biſchof, als er in Staats-
und Kriegsgeſchäften Staatsmann und Feldherr war [27]).
Außerdem aber beſaß er ein zu richtiges Urtheil, und ein
zu feines Gefühl, als daß nicht kriegeriſche Biſchöffe,
und nur mit Jagd und Pferden beſchäftigte Aebte in ſeinen Augen unerträgliche Geſchöpfe hätten ſeyn ſollen.
Gleich die erſte ſeiner Verordnungen im erſten Jahr ſeiner Regierung enthielt folgende Artikel: 1) „Auf Zure-
„den aller unſerer Getreuen und hauptſächlich mit Rath
„der Biſchöffe und der übrigen Prieſter verbieten wir
„allen

---

[27]) Der Mönch von St. Gallen nennt ihn einen Biſchof
der Biſchöffe (1. 27.) und erzählt einige Hiſtörchen von
ſeiner ſtrengen Aufſicht über ſie. Jeder Biſchof muſte
an einem beſtimmten Tage ſelbſt predigen, bey Verluſt
ſeines Bisthums. ib.

„allen Knechten Gottes gänzlich, Waffen zu tragen, zu
„fechten, und sich bey der Armee einzufinden oder aufzu=
„halten; bloß diejenigen ausgenommen, die zur Besor=
„gung des Gottesdienstes, nehmlich Messe zu lesen und
„die Reliquien der Heiligen zu tragen, ernannt sind,
„welches alles Ein oder zwey Bischöffe mit ihren ältesten
„Capellänen, die Priester sind, verrichten können. Au=
„ßerdem kann jeder Hauptbefehlhaber einen Priester der
„Beichte wegen bey sich haben. 2) Die Priester sollen
„weder Christen= noch Heidenblut vergießen. 3) Wir
„verbieten allen Knechten Gottes zu jagen und in den
„Wäldern mit Hunden herumzustreifen. Auch sollen sie
„keine Habichte und Falken halten [28]). Allein es scheint,
daß diese Verordnung fruchtlos war. Den letzten Arti=
kel schärfte er von Zeit zu Zeit aufs neue ein [29]). Diese
Wiederholung beweist sowohl, wie wenig die Geistlichen
sich daran kehrten, als wie anstößig dem Monarchen
diese ungeistlichen Sitten waren. In Ansehung der
Kriegsdienste aber scheint er eine Weile nachgegeben zu ha=
ben, vielleicht weil er selbst bey seinen vielen Kriegen es
nicht gut ändern konnte, vielleicht auch weil er sah, daß
sich eine Sitte, die sich auf herrschende, tief eingewur=
zelte Vorurtheile gründete, durch bloße Verordnungen
nicht abschaffen ließ. Vorbereitungen von weitem her
wurden dazu erfordert. Viele Jahre scheinen hingegan=
gen

[28]) Capit. a. 769. I. II. et III; ap. Baluz T. I. 189. Recueil p. 645.

[29]) Im Capit. a. 789, XV. ap Baluz T I. p. 243. Recueil p. 649, wo den Bischöffen, Aebten und Aebtinnen,
auch untersagt wird Possenspieler (joculatores) zu halten.
Ingleichen in Capit. l. a. 802 XIX. ap Baluz. T. I.
p. 365, wo denen, die dagegen handeln, der Verlust
ihres Amtes gedroht wird.

Hegewisch Gesch.   X

gen zu ſeyn, ehe Karl aufs neue an der Abſchaffung dieſer Sitte mit glücklicherm Erfolg arbeiten konnte. Indeſſen wuchs ohne Zweifel durch Karls Einfluß die Zahl
der Geiſtlichen, die aus eigener Neigung oder Ueberzeugung eine Reform wünſchten, oder die es auch nur für
einen Weg hielten ſeinen Beyfall zu erlangen, wenn ſie
das ihrige zur Beförderung der Reform beytrugen. Dieſe
wagten nun den Schritt, ihn zu bitten, daß die Geiſtlichen von perſönlichen Kriegsdienſten möchten befreyt werden. Gewagt war aber dieſer Schritt deswegen, weil
man ſchon ſo ſehr daran gewöhnt war, Biſchöffe und Aebte
an der Spitze ihrer Schaaren zu ſehen, daß es auch für ſie
ſchon ein point d'honneur geworden war, bey einem er-
gangenen Aufgebot nicht wegzubleiben. Sie mußten daher
gewiß ſeyn, daß der Monarch ſie nicht nur durch die
Genehmigung ihres Wunſches, ſondern auch durch ſeinen
ausdrücklichen und öffentlichen Beyfall gegen alle Vorwürfe zum Nachtheil ihrer Achtung ſchützen würde.
Noch mehr, ſie mußten gewiß ſeyn, daß Befreyung von
Kriegsdienſten in der Folge nicht wieder zum Vorwande
gebraucht würde, ihnen ihre Lehne zu nehmen und Weltlichen zu geben.

In dieſer Hinſicht wurde die Sache ſo eingeleitet —
vielleicht von Karln ſelbſt. Auf einem Reichstage zu
Worms (— es iſt nicht gewiß in welchem Jahr; man
glaubt im Herbſte 803 —) wurde dem Monarchen
eine Bittſchrift von den Weltlichen übergeben, des Inhalts: „Kniend bäten ſie ihn, daß die Biſchöffe künftig
„von der Pflicht, mit zu Felde zu gehn, möchten be-
„freyt werden; ſo auch die übrigen Geiſtlichen. Bey
„dieſem Geſuch hätten ſie nicht die Abſicht, einen Vor-
„wand zu bekommen, irgend etwas von geiſtlichen Gü-
„tern an ſich zu bringen. Denn ſie wüßten, die einmal

„der

„der Kirche geschenkten Güter, als Opfer der Gläubi-
„gen, wären Gott heilig, und sie wünschten, daß wer etwas
„davon an sich zu bringen suchte, als ein Kirchenräuber
„bestraft würde." Indem die Wortführer der Weltlichen diese Erklärung gaben, warfen sie Strohhalme,
die sie in den Händen hielten, auf den Boden, welche
bildliche Handlung bedeuten sollte, daß sie allen Ansprüchen an die geistlichen Güter entsagten. Solche bildliche
Handlungen haben unter allen Völkern, wo man sich
schriftlicher Urkunden noch nicht bediente, üblich seyn
müssen.

Karl bewilligte ihr Gesuch, und nun wurde die Verordnung gemacht,„ daß in Zukunft nur zwey oder höch-
„stens drey Bischöffe, und unter ihrer Aufsicht so viel
„Geistliche bey der Armee seyn sollten, als zum Gottes-
„dienst, zur Austheilung der Sacramente, und zum
„Predigen nöthig wären. Die Geistlichen sollten keine
„Waffen tragen. Ihre Ehre sollte deswegen, weil sie
„keine Kriegsdienste mehr thäten, um nichts verkürzt wer-
„den, vielmehr wollte der Monarch sie um so vielmehr
„in Ehren halten, je sorgfältiger sie ihre eigentlichen
„Amtspflichten erfüllten [30].

Wenn Karl hoffte, daß die Geistlichen alle diese
Befreyung von Kriegsdiensten als eine Wohlthat ansehn,
und nun aus Dankbarkeit sich desto eifriger bestreben
würden, sich in ihrem Wandel mehr nach dem Muster
der Apostel zu bilden, so machte er zu seinem Verdruße
die Erfahrung, daß seine Bischöffe und Aebte großen-
theils zu rohe, sinnliche Menschen waren, als daß er

X 2 jemals

---

[30] Capit. de immunitat. Episcoporum ap. Baluz. T. I.
p. 405. Recueil p. 663 etc.

jemals in ihnen solche Männer, wie er sich die alten
Kirchenväter dachte, erblicken würde. Ihre Habsucht,
ihre Neigung zur Pracht, zur Jagd und andern weltlichen Beschäftigungen und Vergnügen fingen an ihm äußerst zu mißfallen. In einigen Kapitularien aus seinen
letzten Jahren finden wir häufige und deutliche Spuren
dieses Mißvergnügens. Die Vorwürfe, die er den
Geistlichen macht, sind oft nachdrücklich und bitter.

Einige dieser Kapitularien sind nicht sowohl Verordnungen, als Aufsätze von Fragen, die er in der Absicht
aufschreiben ließ, um sich über sie mit den Bischöffen zu
besprechen. Viele dieser Fragen sind des Inhalts, wie
der Wandel der Geistlichen sich mit ihrem Beruf vertragen könne. „Wir wollen von ihnen verlangen"
so lautet eine dieser Fragen, „daß sie uns doch die
„Wahrheit entdecken, was sie darunter verstehen, wenn
„sie sagen, sie hätten die Welt verlassen? woran man
„diejenigen, welche die Welt verlassen, von denen, die
„ihr noch anhängen, unterscheiden könne? ob etwa bloß
„daran, daß sie unbewaffnet und unverheirathet sind? —
„Ob derjenige die Welt verlassen hat, der nicht auf-
„hört, alle Tage auf alle Art und Weise, durch allerley
„Künste, seine Besitzungen zu vermehren? der, zu dem
„Ende, bald durch Androhung höllischer Strafen, bald
„durch Versprechungen himmlischer Belohnungen, ein-
„fältige, ungelehrte und unvorsichtige Leute, reiche so-
„wohl als arme, zu bereden sucht, sich selbst und ihre
„rechtmäßigen Erben, des ihnen gebührenden Vermö-
„gens zu berauben? Ob derjenige die Welt verlassen hat,
„der aus Begierde nach fremdem Gut falsche, meineidige
„Zeugen erkauft, und sich an einen gewissenlosen Richter
„wendet, um durch dessen Ausspruch zu erwerben, was
„ihm nach dem Rechte nicht gehört? — Was von denen
„zu

„zu halten ſey, die aus vorgegebener Liebe zu Gott, zu
„ſeinen Heiligen und Märtyrern, die Gebeine und Reli-
„quien der Heiligen von einem Orte zum andern tragen,
„um neue Kirchen zu bauen, und die Menſchen durch
„alles mögliche Zureden zu bewegen, das Ihrige ſolchen
„Kirchen hinzugeben, oder zu vermachen ³¹)?“ Welch
ein Zeugniß des großen, ſo ſcharf, ſo richtig ſehenden
Monarchen. In der That iſt es nicht zu verwundern,
daß dieſes Zeugniß ſich erhalten, wenn man bedenkt,
daß es nur durch die Federn der Mönche; die einzigen
Abſchreiber in den mittlern Zeiten konnte erhalten werden?

Dieſe bittern Verwürfe trafen die unwürdigen Mitglieder des geiſtlichen Standes. Für den Stand ſelbſt
hatte Karl eine große und wahre Achtung. Dieſe war
eine Wirkung des großen Begrifs, den er von ihrer
Stiftung und von den urſprünglichen Einrichtungen der
chriſtlichen Kirche hatte. Das, was die Kirchenväter
der erſten Jahrhunderte gelehrt und verordnet hatten,
ſchien ihm die einzige unverletzliche Regel zu ſeyn, von
welcher die Chriſten weder in ihrem Glauben, noch in
ihren äußerlichen Einrichtungen jemals abweichen müßten. Daher gab er ſich ſo viele Mühe, ſich die Lehren
dieſer Väter und die Schlüſſe und Verordnungen der
älteſten Kirchenverſammlungen bekannt zu machen.

Unglücklicherweiſe war die Kritik, zu ſeiner Zeit,
eine noch unerfundene Wiſſenſchaft. Die Geiſtlichen
legten ihm ein Geſetz vor, von welchem geglaubt wurde,
daß es ſchon von Konſtantin dem 1t gegeben wäre.
Kraft dieſes Geſetzes ſollte die eine oder andere von zwey

X 3 ſtrei-

---

³¹) Capit. II. s. 81. IV. etc. ap. Baluz. T. I. p. 480.

ſtreitenden Parteyen ſelbſt mitten im Laufe des Proceſſes
ſich von dem weltlichen Richter weg an einen geiſtlichen
wenden dürfen, und es ſollte von dem Ausſpruche des
letzten nicht weiter, können appellirt werden [32]). Man
weis jetzt, daß dieſes Geſetz untergeſchoben iſt.
Karl unterdeſſen beſtätigte es. Er war ohne Zweifel
berechtigt, dieſe Verordnung für eine glückliche Einrichtung zu halten. Welche Klaſſe von Menſchen ſcheint
fähiger zu ſeyn, die Gerechtigkeit uneigennützig und
redlich zu verwalten, als die Diener der Religion?
Nur die Erfahrung konnte einen Begrif von den mannigfaltigen Uebeln geben, die aus dieſer Einrichtung
wirklich entſtanden.

Dieſes Vorurtheil, das Karl für die urſprünglichen
Einrichtungen der Kirche hatte, und die irrigen Vorſtellungen, die er ſich aus Mangel richtiger Einſichten
von den älteſten Zeiten der Kirche machte, verleiteten
ihn, manches zu beſtätigen, oder anzuordnen, was er
bey beſſerer Kenntniß, höchſt wahrſcheinlich würde abgeſchaft, nicht aber ſelbſt angeordnet haben. Eine ſo
drückende Abgabe, wie der Zehnte, würde er ſeinen Unterthanen, deren Wohlſtand ihm gewiß nicht gleichgültig war, ſchwerlich befohlen haben, wenn er ſich nicht
hätte überreden laſſen, daß dieſe von Gott ſelbſt den Juden aufgelegte Laſt auch von Chriſten müſſe getragen
werden. Da Alcuin, wie wir oben geſehen, dieſe Abgabe nicht billigte, da er Karln verſicherte, daß die
Apoſtel ſich keinen Zehnten hätten geben laſſen, ſo wäre
es zu wünſchen, daß wir die Gründe wüßten, wodurch
Karl bewogen wurde, in dieſem Stücke der Meinung
und dem Rathe eines von ihm ſonſt ſo hochgeſchätzten
und

und fast den Kirchenvätern gleich geachteten Mannes
weniger Beyfall zu geben. Vielleicht war Alcuin der
einzige, der den Zehnten widerrieth; alle andere verlangten ihn vielleicht, und Karl gab der Menge nach ³³).
Es kostete Mühe die Menschen zur gutwilligen Abtra-
gung dieser Abgabe zu bewegen. Zufälligerweise fiel ein
Hungerjahr ein. Diese Calamität war für die Geistlichkeit eine erwünschte Begebenheit. Dem Aberglauben
wird es nie leichter seine Herrschaft über die menschlichen
Gemüther zu befestigen, als in Zeiten allgemeinen Unglücks. Das Hungerjahr, wurde von den Geistlichen
versichert, sey von Gott verhängt; er habe zugelassen,
daß der Teufel die Aehren ausgefressen, weil die Menschen
den Zehnten nicht gehörig bezahlt hätten. Die Bischöffe auf der Versammlung zu Frankfurt trugen kein
Bedenken dieses Mährchen der neuen Verordnung, wodurch der Zehnte geboten wurde, beyzufügen ³⁴). Karl
entweder weil er selbst, der Versicherung Alcuins ungeachtet, den Zehnten für eine göttliche Anordnung hielt,
oder um durch sein eigenes Exempel seine Unterthanen
zur Uebernehmung einer so harten Last willig zu machen,
ließ den Zehnten von seinen eigenen Gütern entrichten ³⁵).

Da eine gute Gerichtsverfassung, wodurch jeder
Bürger gegen Beleidigungen und Kränkungen von seinen
Mitbürgern hinlänglich gesichert wird, eine der Haupt-

X 4 absich-

³³) Die Abgabe des Zehnten wird befohlen in den Capit.
779. VII. ap Baluz. T 1 p. 196 in den Capit. de par-
tib. Saxon. XVIII. ap. Baluz. ib p 153 Es wird darin gesagt, der Zehnte würde secundum Dei mandatum
gefodert.

³⁴) Capit. a 794. XXIII. ap Baluz. T. I. p. 267.

³⁵) Cap. de Villis Vi. ap. Baluz. T. I. p. 332.

absichten ist, warum Menschen in bürgerliche Gesellschaften zusammen treten, so verkennt ein Fürst seine Bestimmung, dem es nicht unter allen seinen Angelegenheiten die wichtigste ist, in dieser Hinsicht die möglich
vollkommnisten Verfügungen zu treffen. Auch bildet sich
bey jedem erst entstehenden Staate, durch den natürlichen Verstand der Menschen, die ihn errichten, eine
ihren Bedürfnissen angemeßne gerichtliche Verfassung.
Aber wenn die Eroberer auftreten, die durch die Unterjochung der kleinen Staaten zuerst große Monarchien
errichten. so ist Gerechtigkeitspflege für diese gewaltsamen
Menschen nur eine Nebensache, oder was noch schlimmer
ist, die Verwaltung der Gerechtigkeit wird von ihnen
bloß als ein Mittel, ihre Gewalt und ihre Einkünfte zu
vermehren betrachtet. Zu Karls Verdiensten gehört,
daß er die Wichtigkeit einer zweckmäßigen gerichtlichen
Verfassung erkannte, und wesentliche Verbesserungen
einzuführen bemüht war, Verbesserung war es, daß auf
seinen Befehl die Gewohnheitsrechte der Völker, die bis
dahin noch nichts vom Schreiben gewußt hatten, aufge-
schrieben wurden [36]), daß er befahl, die Richter sollten nach geschriebenen Gesetzen sprechen [37]), daß er
befahl, jede Obrigkeit, jeder Bischof, jeder Graf sollte
zum Behuf seines Gerichts einen Notarius oder einen
in Rechtssachen geübten Schreiber halten [38]). Seinen
Vorsatz die verschiedenen Gesetze und Gewohnheitsrechte
der verschiedenen fränkischen Völkerschaften zu sammeln
und übereinstimmend zu machen, führete er nur sehr un-
vollkommen aus [39]). Eine zur Befestigung seiner Autorität

---

[36]) Eginh. vita Caroli M. c. XXIX.
[37]) Capit. 1. a. 802. XXVI. ap. Baluz. T. I. p. 370.
[38]) Capit. I. a. 805. III. ap. Baluz. ib. p. 421.
[39]) Eginh. l. c.

torität und zur Erhaltung der öffentlichen Ruhe, besonders unter den zur Unterwürfigkeit so wenig geneigten
Sachsen, damals vielleicht nöthige, aber an sich ver-
werfliche und despotische Anstalt war die Art von Inqui-
sitionsgerichten, die er anordnete, und die nur dadurch
minder unerträglich wurden, daß sie nicht aus beständigen
immer an einem Orte bleibenden Tribunälen bestanden,
sondern daß er dazu von Zeit zu Zeit gewisse Bevollmächtigte ernannte, die in den Provinzen herumrei-
sten [40]). Ihre Ankunft in einem Districte mochte bey
den Einwohnern nicht weniger ängstliche Gefühle verursachen, als die Annäherung eines schweren Gewitters;
und nach der Abreise jener Inquisitionsrichter war ihr
Gemüthszustand ohne Zweifel ihrem körperlichen Gefühle,
nach überstandenem Gewitter ähnlich, wenn sie freyer
wieder athmen konnten, und aus den Winkeln, wo sie
während des Donners sich verbergen hielten, in das
offne Feld eilten, um der gereinigten Luft zu genießen.

Der glänzendste unter den heutigen Geschichtschreibern, Gibbon, spricht von Karls Gesetzgebung nicht
mit Bewunderung [41]), und es scheint er würde es
überall nicht der Mühe werth gehalten haben, davon zu
reden, wenn er sich nicht erinnert hätte, daß sie von
einem sehr achtungswürdigen Richter — so drückt sich
Gibbon aus — mit so großen Lobsprüchen gepriesen
war. Dieser achtungsvolle Richter ist Montesquieu,
dessen Gemälde von Karln überhaupt nach französischer

X 5   Art,

[40]) Es sey mir erlaubt, hier meine Uebersicht der deutschen
    Culturgeschichte (Kap. 7. S. 107. u. f.) anzuführen.

[41]) The History. of the Decline and Fall of the Roman
    Empire. ch. XLIX. Vol IX. p. 53. (Baseler Edition.)

Art, ſchön colorirt, aber nicht richtig gezeichnet iſt [42].
Gibbon hat in Karls Anordnungen nur ſelten jene große
Abſichten, jenen unſterblichen Geiſt eines Geſetzgebers, der ſich ſelbſt zum Beſten der Nachwelt über-
lebt, finden können. Mich dünkt, es waren doch große
Abſichten, die Karl hatte, als er die Schulen errichtete,
als er befahl, Predigten in der Landesſprache zu halten.
Wir haben geſehen, daß ſeine Abſichten dabey nicht bloß
auf die Bildung der Geiſtlichen und auf Religion eingeſchränkt, ſondern auf allgemeine Verbreitung nützlicher Kenntniſſe, und auf die Veredlung des National-
charakters gerichtet war. Auch iſt Karl durch dieſe Anſtalten ein wahrer Wohlthäter aller folgenden Jahrhunderte geworden. Welchen Geſetzgeber kann man nennen,
der Karln durch die Größe, oder welches hier ohne
Zweifel einerley iſt, durch die Gemeinnützigkeit ſeiner
Abſich-

<hr>

[42] Eſprit des Loix Liv. XXXI. ch. 17. Gefahren, ſagt
Montesquieu, waren Karln ein Spiel. Ich denke, ſie
waren ihm eine ſehr ernſthafte Sache. Insbeſondre, ſagt
Montesquieu, waren ihm diejenigen Gefahren ein Spiel,
denen Eroberer faſt immer ausgeſetzt ſind, die Gefahren
nämlich, die durch Verſchwörungen entſtehn. Dieſes iſt
gewiß kein Lob, ob es gleich Montesquieu als ein Lob meinte.
Wem es ſo gleichgültig iſt, ob er durch ſeine Anordnungen Verſchwörungen veranlaßt, daß er dieſe Verſchwörungen unbekümmert, leichtſinnig und kaltblütig, wie
Spiele zum Zeitvertreibe anſieht, der hat keinen guten
Charakter. Dieſes Wenige reicht hoffentlich zur Rechtfertigung meines obigen Urtheils über Montesquieu im
angeführten Kapitel hin. Schön und wahr hatte er im
Anfang dieſes Kapitels Karln einen noch größern Menſchen,
als Fürſten genannt. Dem großen Mann wird vieles
leicht, was andern ſchwer, was ihnen unmöglich ſcheint;
aber dieſes vielleicht mit deswegen, weil er er nichts leicht
behandelt.

Abſichten überträfe? Wenn wir den Geiſt eines Geſetzgebers richtig beurtheilen wollen, ſo müſſen wir ſein
Verhältniß zu dem Geiſte ſeiner Nation und ſeiner Zeiten nothwendig mit in Betrachtung ziehen. Karl kannte
kein Geſetzbuch, wie Juſtinian ſammeln. Die Zeiten,
wo er lebte, waren jenen ähnlich, da die Römer den
Anfang ihrer Geſetzgebung mit den zehn Tafeln machten.

Die ökonomiſchen Kenntniſſe ſowohl als Tugenden,
die Karl in ſeiner Verordnung, ſeine Domainen betreffend, an Tag gelegt, ſeine Aufmerkſamkeit, ſeine Ordnung und Klugheit, ſind oft bewundert. Aus dieſer
Verordnung, ſagt Montesquieu, könnte ein Hausvater
lernen, ſein Haus zu regieren. Allein, freylich, wenn
Gibbon ſich in dieſer Verordnung, die ſo ſehr ins Kleine
geht, die ſogar den Verkauf der Eier und Gartenge-
wächſe betrifft, nach Proben großer geſetzgebender Weisheit umſah, ſo konnte er ſie da nicht finden. Iſt es denn
nicht aber auch entweder Mißverſtand oder Sophiſterey
eine Inſtruction für einen Gutsverwalter als ein eigentliches Geſetz zu betrachten? Eine Inſtruction aber für
einen Geſchäftsverwalter macht unſtreitig ihrem Urheber
um ſo vielmehr Ehre, je mehr er ſie mit vollſtändiger
und richtiger Kenntniß der Geſchäfte, mit Sorgfalt und
Beſtimmtheit abgefaßt hat. Und in dieſem Lichte betrachtet, hat Karl unleugbar in dieſer Verordnung oder Inſtruction ein Denkmal hinterlaſſen, das ihm allenthalben, wo der Werth ökonomiſcher Tugenden erkannt wird,
große Achtung erwerben muß.

Dieſe Verordnung iſt in einer andern, in einer hiſto-
riſchen Hinſicht lehrreich. Deutſchland hatte in jenen
Zeiten diſſeits des Rheins noch keine Städte: Viele
der nachmals entſtandenen Städte waren damals königliche

liche Meyerhöfe. Die Verordnung hilft mit erklären, wodurch die allmälige Verwandlung der Meyerhöfe in Städte bewürkt wurde. Wir ſehen hier, daß Karl ſeinen Verwaltern auftrug, dafür zu ſorgen, daß immer allerley Künſtler und Handwerker daſelbſt wohnhaft wären: Goldſchmiede, Schuſter, Drechsler, Wagener, Schildmacher, Seifenſieder, Bier = Moſt = und Cider = brauer, Becker, Netzmacher, und mehr andre, die er, um Weitläuftigkeit zu vermeiden, nicht nahmhaft macht. Wenn man nun hinzufügt, daß Karl ſich nicht nur ſelbſt mit ſeinem ganzen Hofſtaat bald auf dieſem, bald auf jenem dieſer Meyerhöfe aufzuhalten pflegte, daß nicht nur die Großen geiſtlichen und weltlichen Standes, deren immer viele aus allen Provinzen an den Hof kamen, dem Monarchen, wohin er ſich begab, folgen mußten, ſondern daß er auch auf dieſen Meyerhöfen Reichsverſamm= lungen hielt, ſo ſieht man, wie immer mehr fleißige Menſchen veranlaßt werden konnten, ſich daſelbſt nieder= zulaſſen, wodurch ein Flecken allmälig zu der Größe einer Stadt anwuchs.

Um Karln überhaupt als Geſetzgeber zu charakteriſi= ren, glaube ich, daß niemand in ſeinen Geſetzen, die zuſammengenommen eine beträchtliche Sammlung aus= machen, den aufmerkſamen, den eifrigen, den unermü= deten Beförderer der Ordnung erkennen wird. Wenn zuweilen der Inhalt dieſer Geſetze und der Ton worin ſie abgefaßt ſind, zu der Anmerkung Gelegenheit geben, daß er den Geſetzgeber mit dem Sittenlehrer vermengt habe; ſo beweißt dieſes, wie ſehr ihm auch die morali= ſche Verbeſſerung der Menſchheit am Herzen lag. Er gebot Gaſtfreyheit [43], eine edle, aber willkührliche Tu=
gend,

---

[43] Capit. a. 801. XXVII. ap. Baluz. T. I. p. 365.

gend, die der Regent durch weise Einrichtungen erzeu-
gen kann, aber nicht durch positive Gesetze befehlen soll.
Seine Strafgesetze wider die Trunkenheit sind Muster,
wie Nationallaster durch würksame Mittel zu vertilgen
sind. Ein dem Trunk Ergebener durfte, weder als
Zeuge noch Partey, vor Gericht erscheinen ⁴⁴). Ein
anderes Gesetz, worin Karl einen Mittelpreis des Ge-
traides auf gute und schlechte Jahre festsetzt, scheint in
seinem Jahrhunderte, da schlechte oder gute Ernten die
einzigen Ursachen theurer oder wohlfeiler Zeiten waren,
eine eben so weise, als billige Verordnung gewesen zu
seyn ⁴⁵). In andern Hinsichten merkwürdige Verordnungen sind folgende: Die Aebte sollen nicht länger aus
Habsucht von denen, die als Mönche in einem Kloster
wünschen aufgenommen zu werden, Geld nehmen ⁴⁶).
Die Aebte sollen keinen Mönch irgend eines Vergehens
wegen blenden oder an seinen Gliedmaßen verstümmeln⁴⁷).
Niemand soll glauben, daß Gott nur in drey Sprachen
dürfe angebetet werden. Man könne Gott in jeder
Sprache anruffen und der Mensch dürfe hoffen erhört
zu werden, wenn seine Bitte nur gerecht sey ⁴⁸). Bischöffe, die sich oft von ihrem Bisthum entfernen, oder
über drey Wochen abwesend sind, sollen ihr Bisthum
verlieren ⁴⁹). Karl hielt über diese Verfügung so genau,
daß er selbst, wenn er gern diesen oder jenen Bischof lange
bey sich behalten wollte, um Kirchenangelegenheiten mit
　　　　　　　　　　　　　　　　　　　　　　　　　　ihm

----

⁴⁴) Capit. III. a. 803. XV. ap. Baluz. ib. p 391.

⁴⁵) Capit. a. 704. II. ap. Baluz. ib. p. 263.

⁴⁶) Capit. a. 794. XIV. ap. Baluz T. I p. 261.

⁴⁷) Ib. XVI.

⁴⁸) Ibid. XXXI.

⁴⁹) Ibid. XXXIV.

ihm zu überlegen, bald ſich die Erlaubniß des Pabſtes
dazu ausbat, bald auch die Einwilligung der Biſchöffe,
wenn ſie auf einem Reichstage oder auf einer Synode verſammelt waren, dazu ſuchte [50]).

Im Jahr 810 ſchloß Karl Frieden mit den Saracenen in Spanien. Seit dem Einfall, den ſie im Jahr 793
in das Fränkiſche gethan hatten, war der Krieg zwiſchen
beyden Nationen mit abwechſelndem Glück, fortgeſetzt.
Im Jahr 797 übergab ein ſaraceniſcher Statthalter,
den die fränkiſchen Verfaſſer Zatus nennen, die Stadt
Barcelona den Franken. Allein ſeine Abſicht wär bloß
ſich durch ihre Hülfe von dem Könige von Korbua
unabhängig zu machen. Sobald er ſie erreicht zu haben
glaubte, wollte er die Oberherrſchaft der Franken eben ſo
wenig anerkennen. Barcelona wurde daher von den
letztern belagert, im Jahr 801 erobert, und Zatus gefangen. Im Jahr 799 machten ſich die Einwohner der
balcariſchen Inſeln, mit Hülfe der Franken von den Saracenen frey, und unterwarfen ſich Karls Oberherrſchaft.
Im Jahr 804 eroberte der König von Aquitanien Tortoſa. Aber die Saracenen nahmen den Ort im Jahr 806
wieder weg. Dagegen ergaben ſich den Franken Pampelona und andere Oerter in Navarra. Ludwig belagerte
Tortoſa im Jahr 809 vergeblich. Im folgenden Jahre
kam der Friede nach den Chroniken zu Stande. Gleichwohl findet man, daß die Saracenen bald nachher, faſt
in jedem Jahre, Landungen bald in Korſika, bald in
Italien verſuchten [51]).

Wir

---

[50]) Ibid. LIII.

[51]) Es wird leicht ſeyn die verſchiedenen Annales unter den
angeführten Jahren nachzuſchlagen, wenn man ſie über
alle dieſe Vorfälle nachleſen will.

Wir haben oben erwehnt, daß der Nachfolger der gestürzten Jrene, Nicephorus, des Friedens wegen, Gesandte an Karln geschickt habe. Die Unterhandlungen dauerten eine Weile fort, aber vergeblich. Der Kaisertitel, den Karl foderte, und den der Stolz der Griechen ihm nicht gern geben wollte, war die große Schwierigkeit, die man nicht übersteigen konnte, oder wollte. Eginhard beschuldigt die Griechen einer hartnäckigen Weigerung; Karl habe seine Rechte mit Würde und Gelassenheit gegen sie behauptet. Jndessen wurde der Krieg fortgesetzt und hauptsächlich zur See geführt. Karl, der im Jahr 786 noch nicht Schiffe genung hatte, den Hafen von Salerno, wo der Herzog von Benevent hingeflüchtet war, einzuschließen, war jetzt im Stande zu gleicher Zeit den Griechen und den Saracenen, damals den beyden mächtigsten Nationen auf dem mittelländischen Meere hinlängliche Flotten entgegen zu setzen. Venedig, das nebst andern Städten am adriatischen Meere noch dem Kaiser von Konstantinopel gehörte, war der Waffenplatz der Griechen. Jm Jahr 810 eroberte Pipin diese Stadt [52]). Allein in eben dem Jahre schloß er Frieden mit Nicephorus und gab ihm Venedig zurück [53]). Pipin starb gleich nach dem Schluße des Friedens, den Karl bestätigte; er schrieb bey dieser Gelegenheit an Nicephorus, um ihm sein Verlangen nach einem freundschaftlichen Vernehmen zu bezeugen. „Lan„ge“ sagt Karl, „aber vergeblich habe er ein brüderliches „Schreiben vom Nicephorus erwartet [54]).“ Ein brüderliches Schreiben bedeutete hier ohne Zweifel ein solches,

---

[52]) Annales Loisel. a. 810.

[53]) Ibid.

[54]) Epist. Caroli M. ad Nicephor Recueil p. 631.

ches, worin Nicephorus Karln für seinen Kollegen in der
Kaiserwürde anerkannte. Michael, der im Jahre 812,
an Nicephorus Statt den griechischen Thron bestieg,
schickte Gesandte an Karln, den von seinem Vorgänger
geschloßnen Frieden zu bestätigen. In einem Schreiben,
das er Karln durch die Gesandten überbringen ließ, nannte
er ihn zum erstenmal Basileus oder Kaiser [55]).

Nur ein Krieg war noch ungeendigt, der mit dem
Herzoge von Benevent. Unsre Leser erinnern sich der
Bedingungen, zu welchen sich Grimoald anheischig
hatte machen müssen, als er seinem Vater, Aregis, in
der herzoglichen Würde, mit Karls Einwilligung folgte.
Aus Noth oder aus Gewissenhaftigkeit blieb er, in den
ersten Jahren seiner Regierung, seinem Versprechen treu.
Allein nach und nach unterließ er, Karls Namen auf den
Münzen und in öffentlichen Acten zu erwehnen. Er
besserte seine Festungen aus, statt sie zu schleifen. Pipin
hatte diese Treulosigkeit ahnden wollen. Aber es war
Grimoalden gelungen, vermuthlich durch die Lage und
Festigkeit seiner Plätze sich gegen Pipins Tapferkeit und
überlegene Macht zu behaupten. Grimoald starb im
Jahre 806 ohne Erben. Ihm folgte ein anderer Grimoald, den die Beneventaner zum Herzog wählten [56]).
Dieser Grimoald der II. schloß im Jahr 812, Frieden
mit Karln. Die Bedingungen waren gelind, in Ansehung des langen Widerstandes, den die Beneventaner
Karln gethan hatten. Sie mußten aufs neue einen
jährlichen Tribut von siebentausend Gulden versprechen.

Für

[55]) Annales Loisel. a. 812.

[56]) Locus ex Erchemberti Historia Longob. Recueil
p. 324.

Für die ganze Zeit, da sie während des Krieges nicht bezahlt hatten, mußten sie fünf und zwanzig tausend Gulden geben [57]).

Dieser Krieg mit den Beneventanern, so wie der mit den Griechen und Saracenen, waren zuletzt nicht mehr mit dem Nachdruck, den man sonst von Karln gewohnt war, geführt worden. Sein zunehmendes Alter fieng an, merklich von ihm empfunden zu werden. Er war immer sehr gesund gewesen; er wurde jetzt oft krank. Dazu kam die Traurigkeit über den Tod seiner zwey Söhne.

Einige an seinem Hofe, die seine Betrübniß und die Abnahme seiner Kräfte sahn, riethen dem Könige von Aquitanien, seinen Vater zu besuchen. Er würde, glaubten sie, durch die Gegenwart seines dritten noch lebenden Sohnes getröstet und erheitert werden. Ludwig, dem seine Höflinge vorstellten, Karl könnte diesen unverlangten Besuch eigennützigen Absichten zuschreiben, hielt für rathsam diesen Verdacht zu vermeiden und blieb in Aquitanien [58]).

Karl selbst ließ seinen Sohn nicht eher, als im Jahr 813 zu sich nach Aachen rufen. Zu gleicher Zeit berief er einen Reichstag.

Der Tod seiner Söhne hatte eine Veränderung in dem, was er in Ansehung der Succeßion verordnet hatte, nöthig gemacht. Nur der eine von diesen Söhnen, Pipin,

---

[57]) Adonis Chron. a. 812 Recueil p 313. Annal Fuld. a. 812. Nach Ado hätte Grimoald jährlich 25000 solidos aureos bezahlen sollen. Dieß ist unglaublich. Die sulsdische Chronik sagt: tributi nomine d. i. wegen des bisher schuldig gebliebenen Tributs habe er auf einmal so viel bezahlen müssen. So versteht es Giannone.

[58]) Vita Lud. Pii. c XX. Recueil T. VI. p 96.

Hegewisch Gesch.   Y)

pin, hatte, außer einigen Töchtern, einen Sohn Bernhard, hinterlaſſen. Dieſer Bernhard hatte, nach dem
unter den damaligen europäiſchen Völkern üblichen
Staatsrechte, kein Recht, ſeinem Vater in der Regierung zu folgen. Denn ſein Vater ſelbſt war, des
königlichen Titels ungeachtet, bloß Karls Statthalter
in Italien geweſen. Karl hatte alſo jetzt die beſte Gelegenheit, ſeinen Sohn Ludwig zum einzigen Nachfolger
in allen ſeinen Staaten zu ernennen. Gleichwohl erklärte er, auf dieſem Reichstage zu Aachen, Bernharden zum König von Italien. Einigen alten Schriftſtellern zufolge ſoll Karl hauptſächlich durch Ludwigs
großmüthige Bitte bewogen worden ſeyn, eine ſo gün-
ſtige Verfügung für Bernharden zu machen. Ich weis
nicht, ob es mehr ſo großmüthige Prinzen gegeben hat;
Ludwigs Großmuth aber wäre noch außerordentlicher geweſen, wenn es zuverläßig wäre, was einer dieſer Schriftſteller noch hinzufügt, Bernhard ſey aus einer unſtandes-
mäßigen Ehe erzeugt geweſen; in welchem Fall er ſogar
nach den fränkiſchen Rechten der Regierung nicht fähig
war 59). Allein dieſe beyden Verfaſſer, die überhaupt
für Ludwigen partheyiſch ſind, verdienen in dieſem Punkte
am wenigſten Glauben. Eginhard, der ebenfalls dieſe
Ernennung Bernhards zum König von Italien als einen
vorzüglichen Beweis von Karls zärtlicher Geſinnung
gegen die Seinigen anführt, erwehnt dieſes Umſtandes
von Bernhards Geburt nicht, und würde er wohl vergeſſen haben, ihn, wenn er wahr geweſen wäre,
anzuführen? Die Güte des Monarchen wäre dadurch
in ein noch viel ſtärkeres Licht geſetzt. Auch die übrigen
Chronikenſchreiber erwehnen weder der vermeinten un-
ſtan-

---

59) Theganus de geſtis Ludovici Pii. c. XXI. Du Chesne T.
II. p 28. Recueil T. VI. p. 79. Vita Lud. Pii c. XXIX ap.
du Chesne ib. p. 299. Recueil T. VI. p. 101.

standesmäßigen Geburt Bernhards, noch der vermein«
ten großmüthigen Bitte Ludwigs.

Es ist aber nicht unwahrscheinlich, daß Karl selbst
das, was bloß Güte gegen seinen Enkel schien, viel«
leicht für Gerechtigkeit, vielleicht für Nothwendigkeit
hielt. In dem fünften Artikel der Theilungsverordnung
hatte er ausdrücklich erklärt, daß, wenn einer seiner
Söhne stürbe, dessen nachgelaßner Sohn in der Regie«
rung folgen sollte. Er gebot, daß, in solchem Fall,
die beyden Oheime sich der Succeßion des Vettern nicht
widersetzen sollten. Schien er nicht durch diesen Artikel
sich selbst ein Gesetz gegeben zu haben, dessen Beobach«
tung ihm eben so heilig seyn mußte, als er sie seinen
Söhnen empfohlen hatte? Was für Gründe hätte er
anführen können, eine Verordnung, die er überhaupt
zum Vortheil seiner Enkel gemacht hatte, zum Nachtheil
des einzigen Bernhards aufzuheben? Sodann war die
Verordnung bekannt, und Bernhard hatte daher, ohne
Zweifel, sich längst als seines Vaters Nachfolger in dem
italienischen Reiche betrachtet. Endlich war zu befürch«
ten, daß ihm einst, wenigstens nach Karls Tode, wenn
er jetzt seiner Hoffnung hätte sollen beraubt werden, weder
Neigung noch Anhang fehlen würde, innerliche Unruhen
zu erwecken.

In Karls übrigen Staaten war Ludwigs Succeßion
dergestalt gewiß und festgesetzt, daß sie keiner neuen Be«
stätigung bedurfte. Aber Karl wollte ihm die Kaiser«
würde versichern. Dieß war bey dem gegenwärtigen
Reichstage seine eigentliche Absicht.

Karl glaubte, daß die Kaiserwürde, die er in seiner
Person erneuert hatte, weder an Italien noch an Rom
gebunden sey. Die griechischen Kaiser, die ihren Sitz
in Konstantinopel hatten, nannten sich gleichwohl römi«
sche Kaiser und Nachfolger der alten Cäsarn. Er glaubte

eben«

ebenfalls, daß er in einer Würde, die er ſich ſelbſt ver=
dankte, ſich ſelbſt einen Nachfolger zu ernennen, berech=
tigt ſey. Auch hatten die letzten Kaiſer dieſes Recht
ausgeübt.

Aber zugleich ſah Karl, daß zu Beobachtung dieſer
Würde weder die Krönung durch den Pabſt noch die Ein=
ſtimmung der ohnmächtigen, wankelmüthigen Römer
hinlänglich ſey. Eigne Kräfte wurden dazu erfordert.
Dieſe ſeinem Sohne zu verſchaffen, hatte Karl dießmal
die Reichsverſammlung berufen; er ſuchte von den Fran=
ken das Verſprechen zu erhalten, daß ſie ſeinen Sohn
bey der Kaiſerwürde ſchützen wollten. Außer dieſem
Grunde, bedurfte er ihrer Einwilligung nicht, um ſei=
nem Sohne eine Würde zu ertheilen, die er ſelbſt nicht
von ihnen, ſondern von den Römern bekommen hatte.
Die Art, wie er Ludwig zu ſeinem Nachfolger erklärte,
beweißt hinlänglich, daß er die Einſtimmung der Fran=
ken bloß aus dieſer angeführten Abſicht verlangte.

Karl eröffnete den Reichstag durch eine Rede, wor=
in er die Franken ermahnte, ſeinem Sohne eben die
Treue zu beweiſen, die ſie ihm, dem Vater, bewieſen
hätten. Er ſchloß mit der Frage, ob ſie einwilligten,
daß er ſeinen Sohn zum Gehülfen in der Regierung
und zu ſeinem Nachfolger in der Kaiſerwürde annähme.
Die ganze Verſammlung, gerührt durch den Vortrag
des durch ſeine Jahre, durch ſeine Thaten und durch ſeine
Perſon ehrwürdigen Monarchen, gab ihre einmüthige
Einſtimmung lebhaft zu erkennen. Es wurde darauf
der nächſte Sonntag beſtimmt, Ludwigen die Würde
feierlich in der Kirche der heiligen Maria zu ertheilen.
Karl erſchien in feierlicher Kleidung mit einer Krone
auf dem Kopfe. Eine andere goldene Krone, die er als
Kaiſer bisweilen getragen hatte, lag auf dem Altar.
Nach einigen gottesdienſtlichen Handlungen hielt Karl
eine

eine Rede an seinen Sohn, den er an seine Pflichten
gegen Gott, gegen die Kirche, gegen seine Unterthanen,
gegen seinen Vater und seine Geschwister erinnerte. Als
dann befahl er ihm, die Krone mit eigenen Händen vom
Altar zu nehmen und sich selbst aufzusetzen ⁶⁰). Diese
von Karln selbst erfundene von der gewöhnlichen Krönung
der fränkischen Könige abweichende Ceremonie sagte so
deutlich, als eine Ceremonie etwas sagen kann; daß
nächst Gott, Karl der einzige sey, dem Ludwig die Krone
zu danken habe.

Karl lebte nach diesem Reichstage ungefehr noch ein
halbes Jahr. Er hatte in den vier letzten Jahren oft
Anfälle vom Fieber. Außer diesen natürlichen Vorboten
seines herannahenden Endes glaubten seine Zeitgenossen
noch andre in einigen zufälligen Begebenheiten zu entdecken. Eginhard erzählt verschiedne davon und fügt hinzu,
Karl selbst habe ihre Bedeutung zwar verstanden, aber
entweder so wenig geachtet, oder die Eindrücke, die sie
auf ihn gemacht, so glücklich verborgen, als ob sie ihn
am wenigsten betroffen hätten; eine Fassung, der diejenigen, welche an dergleichen Dinge glauben, selten mächtig sind, und die selbst einem Alexander und Julian
fehlte.

Karl starb an einer Pleuresie zu Aachen am acht und
zwanzigsten Januar im Jahr 814. Es ist wahrscheinlich, daß er sich in seiner Krankheit des Raths der Aerzte
nicht bediente; er hielt so wenig auf sie, daß er sie
fast zu hassen schien ⁶¹). Er selbst hielt das Uebel
für ein Fieber und hoffte es durch seine gewöhnliche

Y 3　　　Me-

---

⁶⁰). Thegan. c. VI. ap. Du Chesne T. II. p. 276. Recueil T. VI. p. 75. Eginh. vita Caroli M. c. XXX. Id.
Annal. a. 813.

⁶¹) Eginh. Vita Caroli M. c. XXII.

Methode, durch eine ſtrenge Enthaltung von Eſſen, zu heilen 62).

Er hat zwey und ſiebzig Jahr gelebt und ſieben und vierzig als König der Franken regiert. Vierzehn Jahre waren, ſeitdem er die Kaiſerwürde annahm, verfloſſen. Er wurde zu Aachen in der Stifts- oder Marienkirche, die er hatte bauen laſſen, begraben.

Die bisherige Geſchichte enthält die Hauptzüge von Karls Character. Aeußerſt thätig und unternehmend, aber vorausſehend, und richtig urtheilend, handelte er ſtets nach großen aber ſichern Planen. Ruhmgierig in dem Grade, unter welchem es nie einen großen Mann gegeben hat, war er gleichwohl nicht leichtſinnig genug, um des Ruhms willen das Außerordentliche zu lieben. Er wußte ihn mit edlern Zwecken zu verbinden. Durch ſein Genie, durch ſeine Bekanntſchaft mit der Geſchichte, durch das, was er in Italien von Denkmälern alter römiſcher Größe ſah, und durch das, was er von dem ehmaligen Zuſtande dieſes Landes aus dem, was er ſah, ſchließen konnte, hatte er Ideen von einer mächtigen, aufgeklärten und geſitteten Nation bekommen, die er ſehnlich wünſchte bey ſeinen Franken zur Würklichkeit zu bringen.

Ein Monarch von Karls Genie wird immer große Veränderungen in dem Zuſtande, in der Denkungsart, in den Sitten der Menſchen bewürken. Hat er zugleich die edlen Abſichten, die Karl hatte; ſo werden dieſe Veränderungen Wohlthaten für das menſchliche Geſchlecht ſeyn. Aber wenn er ſo glücklich iſt, in Zeiten zu leben, wo er alles vorbereitet findet, ſeine großen Entwürfe zu erleichtern; ſo denke er, ohne Stolz, an Karln zurück, der mit allen den Hinderniſſen, die ſich jemals der Ver-

'voll=

62) Eginh. ib. c. XXX.

vollkommnung der Menschheit widersetzten, zu kämpfen hatte.

Schon bey seinem Leben wurde Karl, auch von fremden Völkern, oft ein großer König genannt. Er selbst, nachdem er die Kaiserwürde angenommen hatte, gab sich in öffentlichen Schriften, unter andern Titeln, den eines großen Kaisers. Aber dieß war bloß Nachahmung des griechischen Hofes, bey dem gehäufte und großklingende Titel gebräuchlich waren. Den eigentlichen Beynamen des Großen, hat er erst nach seinem Tode bekommen. Dieser Beyname wurde so gewöhnlich, daß man endlich den Namen Karl nicht mehr ohne diesen Zusatz aussprach.

Karl war lang und stark gebaut; von majestätischer, aber heitrer Gesichtsbildung; in Leibesübungen geschickt; ein großer Liebhaber von der Jagd, vom Schwimmen und Reiten. In seiner Kleidung, wie an seiner Tafel, gewöhnlich ohne alle Pracht; mit vieler bey feierlichen Gelegenheiten. Pracht liebte er auch in Gebäuden, deren er verschiedne aufführte; am meisten aber beym Gottesdienst. Ueber Tische ließ er sich insgemein aus der Geschichte vorlesen. Auch hörte er gern aus Augustins Büchern von der Stadt Gottes.

Karl hatte sich viermal vermählt. Seine erste Gemahlin war eine longobardische Prinzeßin; die zweyte, Hildegarde, eine Schwäbin von vornehmen Adel, die dritte Fastrade, aus einem ostfränkischen; die vierte Lüdgarde, aus einem allemannischen Hause. Nur von den beyden mittlern hatte er Kinder; von Hildegarde, drey Söhne und drey Töchter; von Fastrade, zwey Töchter. Vor seiner ersten Heirath lebte er in einer unstandesmäßigen Ehe. Nach dem Tode seiner letzten Gemahlin, die im Jahr 800 starb, hatte er sich noch einigemal, aber ebenfalls unstandesmäßig verheirathet.

Die

Die Erziehung seiner Kinder war für Karln eine seiner wichtigsten Angelegenheiten. Er ließ seine Söhne und seine Töchter in den Wissenschaften unterrichten, die er selbst spät angefangen hatte, zu cultiviren. Daß er seine Töchter zum Weben und Spinnen anhalten ließ, war nicht Sonderbarkeit, sondern auch noch später allgemeine Sitte der Deutschen, wie sie, bey den Römern und Griechen gewesen war. Feinere, weiblichen Händen angemessnere Arbeiten waren noch nicht erfunden.

Seine Neigung zur Freundschaft, und seine Zärtlichkeit und Standhaftigkeit in derselben, wird von Eginhard, der sie erfahren hatte, gerühmt. Die Königin, Fastrade, verleitete ihn einigemal zu Handlungen, wie man sie von seinem gelinden und gütigen Charakter nicht gewohnt war. Alle übrige Zeit genoß er, nach Eginhards unverdächtigem Zeugniß, einer allgemeinen, lebhaften Zuneigung und Liebe.